2025年

国家统一法律职业资格考试

大纲最新增补

法律法规 · 考点解读

法律考试中心　组编

法律出版社
—— 北京 ——

图书在版编目（CIP）数据

2025年国家统一法律职业资格考试大纲最新增补法律法规·考点解读 / 法律考试中心组编. -- 北京：法律出版社，2025. -- ISBN 978-7-5244-0173-5

Ⅰ. D92-41

中国国家版本馆 CIP 数据核字第 2025SG5498 号

2025年国家统一法律职业资格考试大纲最新增补法律法规·考点解读

2025 NIAN GUOJIA TONGYI FALÜ ZHIYE ZIGE KAOSHI DAGANG ZUIXIN ZENGBU FALÜ FAGUI · KAODIAN JIEDU

法律考试中心 组编

策划编辑 徐 菲
责任编辑 徐 菲
装帧设计 李 瞻

出版发行 法律出版社
编辑统筹 法律考试·职业教育出版分社
责任校对 郭艳萍 王晓萍
责任印制 胡晓雅
经　　销 新华书店

开本 787毫米×1092毫米 1/16
印张 16.5　　**字数** 455千
版本 2025年5月第1版
印次 2025年5月第1次印刷
印刷 三河市龙大印装有限公司

地址：北京市丰台区莲花池西里7号（100073）
网址：www.lawpress.com.cn
投稿邮箱：info@lawpress.com.cn
举报盗版邮箱：jbwq@lawpress.com.cn

销售电话：010-83938349
客服电话：010-83938350
咨询电话：010-63939796

书号：ISBN 978-7-5244-0173-5　　**定价**：68.00元

凡购买本社图书，如有印装错误，我社负责退换。电话：010-83938349

编写说明

作为国家统一组织的从事特定法律职业的资格考试，国家统一法律职业资格考试的大纲和教材每年都根据现行法律以及社会热点的变动而有所变化，考试难度日益增加。那么，考试的命题思路究竟何在？我们认为，命题考点的筛选基本上有三个标准，即"实用的""常考的""新出的"，尤其后两者，是重中之重，考生只有抓住重点复习，才能事半功倍。

在《2025年国家统一法律职业资格考试大纲》及教材的修订过程中，我们与大纲和教材的撰写者不断沟通，亲历了大纲和教材每一点滴的改进与完善。因此，围绕国家统一法律职业资格考试命题思路，我们组编出版了《2025年国家统一法律职业资格考试大纲最新增补法律法规·考点解读》，希望在点明国家统一法律职业资格考试大纲、教材最新变化的同时，能帮助考生破解考试的奥秘，增强对新增考点和新增法条的理解和记忆。

从往年题目考查统计看，以过去两年新增考点和法条命题的题目，分值还是十分高的。而从复习角度讲，新增考点和法条，目标明确，重点突出，相对难度不大，比较容易得分。可以说，复习时抓住新增考点，就可以以最少的投入，获得最大的回报。

本书设置以下几个栏目：

1.【大纲新增考点·法条说明】对2025年国家统一法律职业资格考试大纲中新增及修订幅度较大的考点和法条进行总体介绍。包括以下两部分内容：

*(1)总结2025年国家统一法律职业资格考试大纲考点和法条变化情况，让考生对考试的最新变化了然于胸。2025年大纲和教材内容中，**法律法规新增10件，修订7件，删除8件**。新增与修订的法条与考点往往与法学理论发展密切相关。

(2)以便于记为出发点，用表格形式对2020~2024年考试大纲变化的考点与法条进行汇总，列出大纲新增、变化的考点及法条对照，直观体现近年考点与法条变化。

2.【大纲新增、变化考点解读】筛选2025年和2024年大纲新增考点中比较重要的考点及部分修订幅度较大的考点，为考生进行全面解读。

3.【大纲新增法条】以2025年大纲附录新增法律法规为主线，专门对新修订和颁布的法律法规中重要的条款进行提示。

4.【法条对照】针对部分修订法律法规，本书的作者专门整理了新旧法条对照，从而使考生

---

* 不含有法条的科目，设为【大纲新增考点说明】。——编者注

可以一目了然地了解法律的修改之处，直接抓住命题重点。

由于编写和出版时间紧迫，虽各位作者尽心竭力，但疏漏之处在所难免，敬请批评指正。

对明天最好的准备就是今天做到最好。衷心祝愿阅读本书的考生能够顺利通过 2025 年国家统一法律职业资格考试！

本书编写组

2025 年 5 月

目　录

2025年国家统一法律职业资格考试
大纲收录法律法规变化一览表

（新增法律法规10件，修订法律法规7件，删除法律法规8件）

科目	项目	文件、法律法规
习近平法治思想	参考文献	1. 习近平：《论坚持全面依法治国》，中央文献出版社2020年版。 2. 习近平：《高举中国特色社会主义伟大旗帜　为全面建设社会主义现代化国家而团结奋斗——在中国共产党第二十次全国代表大会上的报告（2022年10月16日）》，人民出版社2022年版。 3. 习近平：《坚定不移走中国特色社会主义法治道路　为全面建设社会主义现代化国家提供有力法治保障》，载《求是》2021年第5期。 4. 习近平：《坚持走中国特色社会主义法治道路　更好推进中国特色社会主义法治体系建设》，载《求是》2022年第4期。 5. 习近平：《谱写新时代中国宪法实践新篇章——纪念现行宪法公布施行40周年》，载《人民日报》2022年12月20日。 6.《中共中央关于全面推进依法治国若干重大问题的决定》（2014年10月23日中国共产党第十八届中央委员会第四次全体会议通过），人民出版社2014年版。 7. 习近平：《决胜全面建成小康社会　夺取新时代中国特色社会主义伟大胜利——在中国共产党第十九次全国代表大会上的报告（2017年10月18日）》，人民出版社2017年版。 8.《中共中央关于坚持和完善中国特色社会主义制度　推进国家治理体系和治理能力现代化若干重大问题的决定》（2019年10月31日中国共产党第十九届中央委员会第四次全体会议通过），人民出版社2019年版。 9.《中共中央关于党的百年奋斗重大成就和历史经验的决议》（2021年11月11日中国共产党第十九届中央委员会第六次全体会议通过），人民出版社2021年版。 10. 中共中央宣传部、中央全面依法治国委员会办公室编：《习近平法治思想学习纲要》，人民出版社、学习出版社2021年版。 11.《习近平法治思想概论》编写组编：《习近平法治思想概论》（第二版），高等教育出版社2024年版。 12.《法治中国建设规划（2020—2025年）》，中国法制出版社2021年版。 13.《法治社会建设实施纲要（2020—2025年）》，人民出版社2020年版。 14.《法治政府建设实施纲要（2021—2025年）》，人民出版社2021年版。 15.《中共中央关于进一步全面深化改革　推进中国式现代化的决定》（2024年7月18日中国共产党第二十届中央委员会第三次全体会议通过），人民出版社2024年版

续表

<table>
<tr><th>科目</th><th>项目</th><th>文件、法律法规</th></tr>
<tr><td rowspan="2">宪法</td><td>修订法律法规（3件）</td><td>1. 中华人民共和国全国人民代表大会和地方各级人民代表大会代表法
（1992年4月3日第七届全国人民代表大会第五次会议通过　根据2009年8月27日第十一届全国人民代表大会常务委员会第十次会议《关于修改部分法律的决定》第一次修正　根据2010年10月28日第十一届全国人民代表大会常务委员会第十七次会议《关于修改〈中华人民共和国全国人民代表大会和地方各级人民代表大会代表法〉的决定》第二次修正　根据2015年8月29日第十二届全国人民代表大会常务委员会第十六次会议《关于修改〈中华人民共和国地方各级人民代表大会和地方各级人民政府组织法〉、〈中华人民共和国全国人民代表大会和地方各级人民代表大会选举法〉、〈中华人民共和国全国人民代表大会和地方各级人民代表大会代表法〉的决定》第三次修正　根据2025年3月11日第十四届全国人民代表大会第三次会议《关于修改〈中华人民共和国全国人民代表大会和地方各级人民代表大会代表法〉的决定》第四次修正）
2. 中华人民共和国监察法
（2018年3月20日第十三届全国人民代表大会第一次会议通过　2018年3月20日中华人民共和国主席令第3号公布　根据2024年12月25日第十四届全国人民代表大会常务委员会第十三次会议《关于修改〈中华人民共和国监察法〉的决定》修正）
3. 中华人民共和国各级人民代表大会常务委员会监督法
（2006年8月27日第十届全国人民代表大会常务委员会第二十三次会议通过　2006年8月27日中华人民共和国主席令第53号公布　根据2024年11月8日第十四届全国人民代表大会常务委员会第十二次会议《关于修改〈中华人民共和国各级人民代表大会常务委员会监督法〉的决定》修正）</td></tr>
<tr><td>新增、删除法律法规</td><td>无</td></tr>
<tr><td>国际法</td><td>新增、修订、删除法律法规</td><td>无</td></tr>
<tr><td rowspan="2">司法制度和法律职业道德</td><td>删除法律法规（1件）</td><td>检察人员纪律处分条例
（2004年6月1日最高人民检察院第十届第十三次检察长办公会讨论通过　2007年3月6日最高人民检察院第十届第三十八次检察长办公会修改　2016年10月20日最高人民检察院第十二届检察委员会第五十六次会议修订）　高检发〔2016〕20号</td></tr>
<tr><td>新增、修订法律法规</td><td>无</td></tr>
</table>

续表

科目	项目	文件、法律法规
刑法	新增法律法规 （3件）	**1. 最高人民法院、最高人民检察院关于办理袭警刑事案件适用法律若干问题的解释** （2024年11月4日最高人民法院审判委员会第1930次会议、2024年6月27日最高人民检察院第十四届检察委员会第32次会议通过　2025年1月15日公布　自2025年1月18日起施行）　高检发释字〔2025〕1号 **2. 最高人民法院、最高人民检察院、公安部、司法部关于办理黑恶势力犯罪案件若干问题的指导意见** （2018年1月16日）　法发〔2018〕1号 **3. 最高人民法院、最高人民检察院关于办理侵犯知识产权刑事案件适用法律若干问题的解释** （2025年4月7日最高人民法院审判委员会第1947次会议、2025年4月11日最高人民检察院第十四届检察委员会第51次会议通过　2025年4月23日公布　自2025年4月26日起施行）　法释〔2025〕5号
	删除法律法规 （3件）	**1. 最高人民法院、最高人民检察院、公安部关于办理盗窃油气、破坏油气设备等刑事案件适用法律若干问题的意见** （2018年9月28日）　法发〔2018〕18号 **2. 最高人民法院关于审理黑社会性质组织犯罪的案件具体应用法律若干问题的解释** （2000年12月4日最高人民法院审判委员会第1148次会议通过　2000年12月5日公布　自2000年12月10日起施行）　法释〔2000〕42号 **3. 最高人民法院、最高人民检察院关于办理侵犯知识产权刑事案件具体应用法律若干问题的解释** （2004年11月2日最高人民法院审判委员会第1331次会议、2004年11月11日最高人民检察院第十届检察委员会第28次会议通过　2004年12月8日公布　自2004年12月22日起施行）　法释〔2004〕19号
	修订法律法规	无
刑事诉讼法	新增法律法规 （2件）	**1. 最高人民法院、最高人民检察院、公安部、国家安全部、司法部办理刑事案件排除非法证据规程** （2024年7月25日发布　自2024年9月3日起施行）　法发〔2024〕12号 **2. 最高人民法院、最高人民检察院、公安部、国家安全部、司法部办理刑事案件庭前会议规程** （2024年7月25日发布　自2024年9月3日起施行）　法发〔2024〕12号
	删除法律法规 （2件）	**1. 最高人民法院、最高人民检察院、公安部、国家安全部、司法部关于推进以审判为中心的刑事诉讼制度改革的意见** （2016年7月20日发布）　法发〔2016〕18号 **2. 人民检察院办理认罪认罚案件开展量刑建议工作的指导意见** （2021年12月3日发布）
	修订法律法规	无
行政法与行政诉讼法	删除法律法规 （1件）	**行政机关公务员处分条例** （2007年4月22日国务院令第495号公布　自2007年6月1日起施行）
	新增、修订法律法规	无

续表

科目	项目	文件、法律法规
民法	新增法律法规（2件）	**1. 最高人民法院关于适用《中华人民共和国民法典》侵权责任编的解释(一)** （2023年12月18日最高人民法院审判委员会第1909次会议通过　2024年9月25日公布　2024年9月27日起施行）　法释〔2024〕12号 **2. 最高人民法院关于适用《中华人民共和国民法典》婚姻家庭编的解释(二)** （2024年11月25日最高人民法院审判委员会第1933次会议通过　2025年1月15日公布　2025年2月1日起施行）　法释〔2025〕1号
	修订、删除法律法规	无
知识产权法	新增、修订、删除法律法规	无
商法	新增、修订、删除法律法规	无
经济法	新增法律法规（3件）	**1. 中华人民共和国增值税法** （2024年12月25日第十四届全国人民代表大会常务委员会第十三次会议通过　2024年12月25日中华人民共和国主席令第41号公布　自2026年1月1日起施行） **2. 最高人民法院关于审理垄断民事纠纷案件适用法律若干问题的解释** （2024年2月4日最高人民法院审判委员会第1915次会议通过　2024年6月24日公布　自2024年7月1日起施行）　法释〔2024〕6号 **3. 中华人民共和国民营经济促进法** （2025年4月30日第十四届全国人民代表大会常务委员会第十五次会议通过　2025年4月30日中华人民共和国主席令第46号公布　自2025年5月20日起施行）
	修订法律法规（1件）	**不动产登记暂行条例** （2014年11月24日中华人民共和国国务院令第656号公布　根据2019年3月24日《国务院关于修改部分行政法规的决定》第一次修订　根据2024年3月10日《国务院关于修改和废止部分行政法规的决定》第二次修订）
	删除法律法规	无
环境资源法	修订法律法规（1件）	**中华人民共和国矿产资源法** （1986年3月19日第六届全国人民代表大会常务委员会第十五次会议通过　根据1996年8月29日第八届全国人民代表大会常务委员会第二十一次会议《关于修改〈中华人民共和国矿产资源法〉的决定》第一次修正　根据2009年8月27日第十一届全国人民代表大会常务委员会第十次会议《关于修改部分法律的决定》第二次修正　2024年11月8日第十四届全国人民代表大会常务委员会第十二次会议修订）
	新增、删除法律法规	无

续表

科目	项目	文件、法律法规
劳动与社会保障法	新增、修订、删除法律法规	无
国际私法	新增法律法规	无
	修订法律法规（2件）	**1. 外国人在中华人民共和国收养子女登记办法** （1999年5月12日国务院批准　1999年5月25日民政部发布　根据2024年12月6日《国务院关于修改和废止部分行政法规的决定》修订） **2. 最高人民法院关于认可和执行台湾地区法院民事判决的规定** （2015年6月2日最高人民法院审判委员会第1653次会议通过　根据2024年10月29日最高人民法院审判委员会第1928次会议《关于修改〈最高人民法院关于认可和执行台湾地区法院民事判决的规定〉的决定》修正）　法释〔2024〕14号
	删除法律法规（1件）	**最高人民法院关于适用《中华人民共和国民事诉讼法》的解释** （2014年12月18日最高人民法院审判委员会第1636次会议通过　根据2020年12月23日最高人民法院审判委员会第1823次会议《关于修改〈最高人民法院关于人民法院民事调解工作若干问题的规定〉等十九件民事诉讼类司法解释的决定》第一次修正　根据2022年3月22日最高人民法院审判委员会第1866次会议《关于修改〈最高人民法院关于适用《中华人民共和国民事诉讼法》的解释〉的决定》第二次修正）　法释〔2022〕11号
国际经济法	新增、修订、删除法律法规	无
民事诉讼法与仲裁制度	新增、修订、删除法律法规	无

习近平法治思想

【大纲考点列明】

第一章　习近平法治思想的形成发展及重大意义

第一节　习近平法治思想的形成发展

习近平法治思想形成的时代背景　习近平法治思想形成发展的逻辑　习近平法治思想形成发展的历史进程　习近平法治思想的鲜明特色

第二节　习近平法治思想的重大意义

习近平法治思想是马克思主义法治理论同中国法治建设具体实际相结合、同中华优秀传统法律文化相结合的最新成果　习近平法治思想是对党领导法治建设丰富实践和宝贵经验的科学总结　习近平法治思想是在法治轨道上全面建设社会主义现代化国家的根本遵循　习近平法治思想是引领法治中国建设实现高质量发展的思想旗帜

第二章　习近平法治思想的核心要义

第一节　坚持党对全面依法治国的领导

党的领导是中国特色社会主义法治之魂　全面依法治国是要加强和改善党的领导　坚持党的领导、人民当家作主、依法治国有机统一　坚持党领导立法、保证执法、支持司法、带头守法　健全党领导全面依法治国的制度和工作机制

第二节　坚持以人民为中心

以人民为中心是中国特色社会主义法治的根本立场　坚持人民主体地位　牢牢把握社会公平正义的价值追求　推进全面依法治国的根本目的是依法保障人民权益

第三节　坚持中国特色社会主义法治道路

中国特色社会主义法治道路是建设中国特色社会主义法治体系、建设社会主义法治国家的唯一正确道路　中国特色社会主义法治道路的核心要义

第四节　坚持依宪治国、依宪执政

坚持依法治国首先要坚持依宪治国,坚持依法执政首先要坚持依宪执政　宪法是国家的根本法,是治国理政的总章程　全面贯彻实施宪法　推进合宪性审查工作　深入开展宪法宣传教育

第五节　坚持在法治轨道上推进国家治理体系和治理能力现代化

全面依法治国是国家治理的一场深刻革命　法治是国家治理体系和治理能力的重要依托　更好发挥法治固根本、稳预期、利长远的保障作用　坚持依法治军、从严治军　坚持依法保障“一国两制”实践与推进祖国统一　坚持依法治网

第六节　坚持建设中国特色社会主义法治体系

推进全面依法治国的总目标和总抓手　建设完备的法律规范体系　建设高效的法治实施体

系　建设严密的法治监督体系　建设有力的法治保障体系　建设完善的党内法规体系

第七节　坚持依法治国、依法执政、依法行政共同推进，法治国家、法治政府、法治社会一体建设

全面依法治国是一个系统工程　法治国家是法治建设的目标　法治政府是建设法治国家的主体　法治社会是构筑法治国家的基础

第八节　坚持全面推进科学立法、严格执法、公正司法、全民守法

科学立法、严格执法、公正司法、全民守法是推进全面依法治国的重要环节　推进科学立法　推进严格执法　推进公正司法　推进全民守法

第九节　坚持统筹推进国内法治和涉外法治

统筹推进国内法治和涉外法治是全面依法治国的迫切任务　加快涉外法治工作战略布局　加强对外法治交流合作　为构建人类命运共同体提供法治保障

第十节　坚持建设德才兼备的高素质法治工作队伍

建设一支德才兼备的高素质法治工作队伍至关重要　加强法治专门队伍建设　加强法律服务队伍建设　加强法治人才培养

第十一节　坚持抓住领导干部这个"关键少数"

领导干部是全面依法治国的关键　领导干部要做尊法学法守法用法的模范　领导干部要提高运用法治思维和法治方式的能力　党政主要负责人要履行推进法治建设第一责任人职责

第三章　习近平法治思想的实践要求

第一节　充分发挥法治对经济社会发展的保障作用

以法治保障经济发展　以法治保障政治稳定　以法治保障文化繁荣　以法治保障社会和谐　以法治保障生态良好

第二节　正确认识和处理全面依法治国一系列重大关系

政治和法治　改革和法治　依法治国和以德治国　依法治国和依规治党

【参考文献】

1. 习近平：《论坚持全面依法治国》，中央文献出版社 2020 年版。

2. 习近平：《高举中国特色社会主义伟大旗帜　为全面建设社会主义现代化国家而团结奋斗——在中国共产党第二十次全国代表大会上的报告(2022 年 10 月 16 日)》，人民出版社 2022 年版。

3. 习近平：《坚定不移走中国特色社会主义法治道路　为全面建设社会主义现代化国家提供有力法治保障》，载《求是》2021 年第 5 期。

4. 习近平：《坚持走中国特色社会主义法治道路　更好推进中国特色社会主义法治体系建设》，载《求是》2022 年第 4 期。

5. 习近平：《谱写新时代中国宪法实践新篇章——纪念现行宪法公布施行 40 周年》，载《人民日报》2022 年 12 月 20 日。

6.《中共中央关于全面推进依法治国若干重大问题的决定》(2014 年 10 月 23 日中国共产党第十八届中央委员会第四次全体会议通过)，人民出版社 2014 年版。

7. 习近平：《决胜全面建成小康社会　夺取新时代中国特色社会主义伟大胜利——在中国共产党第十九次全国代表大会上的报告(2017 年 10 月 18 日)》，人民出版社 2017 年版。

8.《中共中央关于坚持和完善中国特色社会主义制度　推进国家治理体系和治理能力现代化若干重

大问题的决定》(2019 年 10 月 31 日中国共产党第十九届中央委员会第四次全体会议通过),人民出版社 2019 年版。

9.《中共中央关于党的百年奋斗重大成就和历史经验的决议》(2021 年 11 月 11 日中国共产党第十九届中央委员会第六次全体会议通过),人民出版社 2021 年版。

10. 中共中央宣传部、中央全面依法治国委员会办公室编:《习近平法治思想学习纲要》,人民出版社、学习出版社 2021 年版。

11.《习近平法治思想概论》编写组编:《习近平法治思想概论》(第二版),高等教育出版社 2024 年版。

12.《法治中国建设规划(2020—2025 年)》,中国法制出版社 2021 年版。

13.《法治社会建设实施纲要(2020—2025 年)》,人民出版社 2020 年版。

14.《法治政府建设实施纲要(2021—2025 年)》,人民出版社 2021 年版。

15.《中共中央关于进一步全面深化改革　推进中国式现代化的决定》(2024 年 7 月 18 日中国共产党第二十届中央委员会第三次全体会议通过),人民出版社 2024 年版。

法　理　学

【大纲新增考点说明】

2025 年,在复习“法理学”学科时考生应在掌握重点的基础上,注重理论知识的应用,大纲部分考点略有调整,如下所示。

章　节	2024 年大纲	2025 年大纲
第一章第六节　法律部门与法律体系	法律体系	法律体系(含义、性质和功能)

2020~2024 年大纲新增考点对照

年　份	章　节	考点变化
2024	第二章第二节　法的实施守法	守法
2023	第一章第三节　法的要素	权利与义务
	第二章第一节　立法	立法指导思想
2022	无	
2021	第二章第四节　法律解释	法律解释方法的适用模式
2020	第二章第三节　法适用的一般原理	法的发现与法的证成

宪　　法

【大纲新增考点·法条说明】

2025 年,“宪法”学科以修订完善教材为主,大纲考点和附录法规略有调整,法规修订 3 件,如下所示。

章　节	2024 年大纲	2025 年大纲	提　示
第一章第三节　宪法的基本原则		坚持党的领导原则	增加考点
第二章第二节　国家的基本经济制度	社会主义市场经济体制	社会主义市场经济体制(毫不动摇巩固和发展公有制经济,毫不动摇鼓励、支持、引导非公有制经济发展)	增加子考点

大纲附录法律法规

项　目	法律法规
修订法规	**1. 中华人民共和国全国人民代表大会和地方各级人民代表大会代表法** (1992 年 4 月 3 日第七届全国人民代表大会第五次会议通过　根据 2009 年 8 月 27 日第十一届全国人民代表大会常务委员会第十次会议《关于修改部分法律的决定》第一次修正　根据 2010 年 10 月 28 日第十一届全国人民代表大会常务委员会第十七次会议《关于修改〈中华人民共和国全国人民代表大会和地方各级人民代表大会代表法〉的决定》第二次修正　根据 2015 年 8 月 29 日第十二届全国人民代表大会常务委员会第十六次会议《关于修改〈中华人民共和国地方各级人民代表大会和地方各级人民政府组织法〉、〈中华人民共和国全国人民代表大会和地方各级人民代表大会选举法〉、〈中华人民共和国全国人民代表大会和地方各级人民代表大会代表法〉的决定》第三次修正　根据 2025 年 3 月 11 日第十四届全国人民代表大会第三次会议《关于修改〈中华人民共和国全国人民代表大会和地方各级人民代表大会代表法〉的决定》第四次修正) **2. 中华人民共和国监察法** (2018 年 3 月 20 日第十三届全国人民代表大会第一次会议通过　2018 年 3 月 20 日中华人民共和国主席令第 3 号公布　根据 2024 年 12 月 25 日第十四届全国人民代表大会常务委员会第十三次会议《关于修改〈中华人民共和国监察法〉的决定》修正) **3. 中华人民共和国各级人民代表大会常务委员会监督法** (2006 年 8 月 27 日第十届全国人民代表大会常务委员会第二十三次会议通过　2006 年 8 月 27 日中华人民共和国主席令第 53 号公布　根据 2024 年 11 月 8 日第十四届全国人民代表大会常务委员会第十二次会议《关于修改〈中华人民共和国各级人民代表大会常务委员会监督法〉的决定》修正)

2020～2024 年大纲新增考点对照

年　份	章　节	新增与变化考点·法条
2024	第五章第四节　国务院	国务院所属机构
	修订法律法规:中华人民共和国国务院组织法	

续表

<table>
<tr><th>年 份</th><th>章 节</th><th>新增与变化考点 · 法条</th></tr>
<tr><td>2023</td><td colspan="2">修订法律法规:中华人民共和国立法法</td></tr>
<tr><td rowspan="3">2022</td><td>第五章第二节　全国人民代表大会</td><td>全国人大常委会</td></tr>
<tr><td>第五章第六节　地方各级人民代表大会和地方各级人民政府</td><td>地方各级人民政府</td></tr>
<tr><td colspan="2">修订法律法规:中华人民共和国地方各级人民代表大会和地方各级人民政府组织法</td></tr>
<tr><td rowspan="2">2021</td><td>第二章第一节　人民民主专政制度</td><td>维护国家安全法律制度</td></tr>
<tr><td colspan="2">1. 新增法律法规:
(1)中华人民共和国国家安全法
(2)中华人民共和国国旗法
(3)中华人民共和国国徽法
(4)中华人民共和国香港特别行政区维护国家安全法
(5)中华人民共和国香港特别行政区基本法附件一　香港特别行政区行政长官的产生办法
(6)中华人民共和国香港特别行政区基本法附件二　香港特别行政区立法会的产生办法和表决程序
2. 修订法律法规:
(1)中华人民共和国全国人民代表大会和地方各级人民代表大会选举法
(2)中华人民共和国全国人民代表大会组织法</td></tr>
<tr><td rowspan="2">2020</td><td>第三章第六节　特别行政区制度</td><td>特别行政区维护国家安定的宪制责任</td></tr>
<tr><td colspan="2">新增法律法规:全国人民代表大会关于建立健全香港特别行政区维护国家安全的法律制度和执行机制的决定</td></tr>
</table>

【大纲新增、变化考点解读】

☞ 2025 考点 1　坚持党的领导原则★★★★★

1. 坚持党的领导原则的含义。坚持中国共产党的领导不仅是我国的根本政治原则,也是我国宪法的基本原则。我国是工人阶级领导的、以工农联盟为基础的人民民主专政的社会主义国家。中国共产党领导是中国特色社会主义最本质的特征,也是我国民主政治的基石。

中国共产党的诞生是马克思主义同中国工人运动相结合的产物,是近代中国革命发展的现实需要和逻辑结果。中国共产党诞生后,团结带领全党全国各族人民,经过长期浴血奋斗,完成了新民主主义革命,建立了中华人民共和国,确立了社会主义基本制度,最终从局部执政走向全国执政,为当代中国一切发展进步奠定了根本政治前提和制度基础。因此,中国共产党领导作为中国特色社会主义最本质的特征,决定了党的全面领导权和国家政权是有机统一的。

在宪法层面上,中国共产党的领导与我国宪法的产生和发展存在密切联系。新中国第一部宪法即 1954 年《宪法》是在党的领导下制定的。此后,我国宪法的历次全面修改和部分修改,也由中国共产党领导完成,历次宪法修改通常都由中国共产党中央委员会向全国人大常委会提出修改宪法的建议。同时,我国宪法体现党的主张与人民意志的有机统一。一方面,我国宪法的基本原则、国家主要政策等内容,都与《中国共产党章程》的表述有较多的重合之处;另一方面,我国宪法中国家机构的设置和公民基本权利的规定,也都与党的主张密切相关。

2. 坚持党的领导原则在我国宪法中的体现。《宪法》第5~7自然段全面回顾了中国共产党领导中国各族人民进行革命和建设的历史过程，明确了党的领导对于国家建构和社会发展的必然性和必要性与正当性。《宪法》第7自然段确定中国人民“继续在中国共产党领导下”从事国家建设事业，明确坚持党的领导原则是我国建设和发展过程中的一项基本原则。

宪法明确了党的领导作为宪法规范中的法律原则地位。《宪法》第1条规定：“中华人民共和国是工人阶级领导的、以工农联盟为基础的人民民主专政的社会主义国家。社会主义制度是中华人民共和国的根本制度。中国共产党领导是中国特色社会主义最本质的特征。禁止任何组织或者个人破坏社会主义制度。”其中，“中国共产党领导是中国特色社会主义最本质的特征”是2018年《宪法》修改新增加的内容，意味着坚持党的领导成为宪法规范层面的宪法原则。

同时，宪法确定了党的领导方式。《宪法》第5条第4款规定：“一切国家机关和武装力量、各政党和各社会团体、各企业事业组织都必须遵守宪法和法律。一切违反宪法和法律的行为，必须予以追究。”这一规定在确定党的领导原则的前提下，强调党必须在宪法和法律范围内活动。

☞ 2025 考点2　全国人大常委会的职权★★★

根据现行《宪法》的规定，全国人大常委会的职权主要有以下几个方面：

1. 解释宪法，监督宪法的实施。宪法和其他普通法律一样，为了正确理解、准确执行，必要时需要作出具有法律效力的解释，即对宪法条文的含义、内容和界限进行说明。但宪法是根本法，对它的解释只能由特定的有权威的国家机关来进行。而解释宪法与监督宪法的实施又有着密切的联系。根据《宪法》的规定，全国人大及其常委会都有权监督宪法的实施。

2. 根据宪法规定的范围行使立法权。全国人大常委会有权制定和修改除应当由全国人大制定的法律以外的其他法律；在全国人大闭会期间，对全国人大制定的法律进行部分补充和修改，但是不得同该法律的基本原则相抵触。

3. 解释法律。全国人大常委会所解释的法律，并不限于它自己所制定的法律，也包括由全国人大制定的基本法律。全国人大常委会解释法律，是对于那些法律条文本身需要进一步明确界限或作补充规定的解释。

4. 审查和监督规范性文件。为维护社会主义法制统一，全国人大常委会有权撤销同宪法、法律相抵触的行政法规、决定和命令；有权撤销同宪法和法律相抵触的监察法规；有权撤销同宪法、法律和行政法规相抵触的地方性法规和决议；有权撤销省、自治区、直辖市人大常委会批准的违背《宪法》和《立法法》关于立法权限规定的自治条例和单行条例。为加强对司法解释活动的监督，全国人大常委会还可对最高人民法院、最高人民检察院作出的属于审判、检察工作中具体应用法律的解释进行监督。

5. 财政经济工作监督权。《宪法》规定，全国人大常委会在全国人大闭会期间，审查和批准国民经济和社会发展计划、国家预算在执行过程中所必须作的部分调整方案。《各级人民代表大会常务委员会监督法》（以下简称《监督法》）规定，财政经济工作监督是指常务委员会依法对下列事项进行监督：（1）审查和批准本级决算；（2）国民经济和社会发展五年规划纲要实施情况，国民经济和社会发展计划执行情况；（3）预算执行情况；（4）审查和批准国民经济和社会发展五年规划纲要、计划的调整方案；（5）审查和批准预算调整方案；（6）国有资产管理情况；（7）政府债务管理情况；（8）金融工作情况；（9）预算执行和其他财政收支的审计工作情况、审计查出问题整改情况；（10）财政经济领域其他重要事项。根据《预算法》的规定，全国人大常委会监督中央和地方预算的执行；审查和批准中央预算的调整方案；审查和批准中央决算；撤销国务院制定的同宪法、法律相抵触的关于预算、决算的行政法规、决定和命令；撤销省、自治区、直辖市人大及其常委会制定的同宪法、法律和行政法规相抵触的关于预算、决算的地方性法规和决议。根据《监督法》的规定，国务院应当在每年六月将上一年度的中央决算草案提请全国人大常委会审查和批准，在每年六月至九月期间向全国人大常委会报告本年度上一阶段国民经济和社会发展计划、预算的执行情况。全国人大常委会每年审查和批准决算的同时，听取和审议国务院提出的审计机关关于上一年度预算执行和其他财政收支的审计工作报告；在听取和审议审计工作报告后的六个月内，听取和审议国务院关于审计查出问题整改情况的报告。

6. 监督国家机关的工作。国务院、中央军事委员会、国家监察委员会、最高人民法院和最高人民检察院都由全国人大产生，根据宪法的规定，分别行使国家的各项权力。因此，它们都必须向全国人大负责并接受它的监督。但是，监督这些机关是一项经常性的日常工作，因此，《宪法》规定，在全国人大闭会期间，由全国人大常委会行使监督权。全国人大常委会行使监督权主要有以下具体形式。

一是在全国人大常委会会议期间，常委会组成人员10人以上联名，可以向常务委员会书面提出对国务院及其部门、国家监察委员会、最高人民法院、最高人民检察院的质询案，委员长会议可以决定由受质询机关在常委会会议上或者有关专门委员会会议上口头答复，或者由受质询机关书面答复。

二是全国人大常委会根据年度工作计划和需要听取国务院、国家监察委员会、最高人民法院和最高人民检察院的专项工作报告，定期听取国民经济和社会发展计划、预算执行情况，国务院有关工作的报告等报告。常委会组成人员对各项报告的审议意见交由有关机关研究处理，有关机关应当将研究处理情况向常委会提出书面报告。常委会认为必要时，可以对有关报告作出决议。有关机关应当在决议规定的期限内，将执行决议的情况向常务委员会报告。

三是开展对法律法规实施情况的检查。全国人大常委会每年选择若干关系改革发展稳定大局和群众切身利益、社会普遍关注的重大问题，有计划地对有关法律、法规或者相关法律制度实施情况组织执法检查。根据《监督法》的规定，全国人大常委会组成人员对执法检查报告的审议意见连同执法检查报告，一并交由国务院、国家监察委员会、最高人民法院或者最高人民检察院研究处理。国务院、国家监察委员会、最高人民法院或者最高人民检察院应当将研究处理情况由其办事机构送交全国人大有关专门委员会或者全国人大常委会有关工作机构征求意见后，向全国人大常委会提出报告。常委会认为必要时，可以对执法检查报告作出决议，委员长会议可以决定将研究处理情况或者执行决议情况的报告提请常委会审议，必要时常委会可以组织跟踪检查，也可以委托全国人大有关专门委员会或者常委会有关工作机构组织跟踪检查。执法检查报告及审议意见，国务院、国家监察委员会、最高人民法院或者最高人民检察院对其研究处理情况的报告，向全国人大代表通报并向社会公布。

7. 决定、任免国家机关组成人员。在全国人大闭会期间，全国人大常委会根据国务院总理的提名，可以决定国务院其他组成人员的任免；根据中央军事委员会主席的提名，可以决定中央军事委员会其他组成人员的任免；根据委员长会议、国务院总理的提请，可以决定撤销国务院其他个别组成人员的职务；根据中央军事委员会主席的提请，可以决定撤销中央军事委员会其他个别组成人员的职务。在全国人大闭会期间，全国人大常委会根据国家监察委员会主任的提请，任免国家监察委员会副主任、委员；根据最高人民法院院长的提名，任免最高人民法院副院长、审判员、审判委员会委员和军事法院院长；根据最高人民检察院检察长的提名，任免最高人民检察院副检察长、检察员、检察委员会委员、军事检察院检察长，并且批准省、自治区、直辖市的人民检察院检察长的任免。

8. 国家生活中其他重要事项的决定权。在全国人大闭会期间，全国人大常委会有权决定批准或废除同外国缔结的条约和重要协定；决定驻外全权代表的任免；规定军人和外交人员的衔级制度和其他专门衔级制度；规定和决定授予国家的勋章和荣誉称号；决定特赦；如果遇到国家遭受武装侵犯或者必须履行国家间共同防止侵略的条约的情况，有权决定宣布战争状态；决定全国总动员和局部动员；决定全国或者个别省、自治区、直辖市进入紧急状态。

决定法律在一定期限、部分地方的暂时调整或暂停适用属于重大事项决定权的范围。《立法法》第16条规定，全国人大及其常委会可以根据改革发展的需要，决定就特定事项授权在规定期限和范围内暂时调整或者暂时停止适用法律的部分规定。暂时调整或者暂时停止适用法律的部分规定的事项，实践证明可行的，由全国人大及其常委会及时修改有关法律；修改法律的条件尚不成熟的，可以延长授权的期限，或者恢复施行有关法律规定。

国家的勋章和荣誉称号制度是宪法规定的重要国家制度。《国家勋章和国家荣誉称号法》规定，国家勋章和国家荣誉称号为国家最高荣誉。国家勋章包括"共和国勋章"和"友谊勋章"，国家荣誉称号的具体名称由全国人大常委会在决定授予时确定。授予国家勋章、国家荣誉称号的议案由全国人大常委会委员长会议及国务院、中央军事委员会向全国人大常委会提出，由全国人大常委会作出决定，由国家主席授予和签发证书。国家主席进行国事活动，可以直接授予外国政要、国际友人等人士"友谊勋章"。国家设立国家功勋簿，记载国家勋章和国家荣誉称号获得者及其功绩。

全国人大常委会有决定特赦的职权。特赦是赦免的一种形式。一般来说，大赦既赦其刑也赦其罪，特赦只赦其刑不赦其罪。我国1954年《宪法》曾规定大赦与特赦两种赦免形式，1959年第二届全国人大常委会第九次会议通过了《关于特赦确实改恶从善的罪犯的决定》，但从未有过大赦的实践。1975年《宪法》没有规定赦免，1978年《宪法》和1982年《宪法》均只规定了特赦。2015年8月29日，第十二届全国人大常委会第十六次会议通过特赦部分服刑罪犯的决定。2019年6月29日，第十三届全国人大常委会第十一次会议表决通过了《全国人民代表大会常务委员会关于在中华人民共和国成立七十周年之际对部分服刑罪犯予以特赦的决定》。这次特赦的对象是依据2019年1月1日前人民法院作出的生效判决正在服刑的罪犯，包括：中华人民共和国成立以后，为国家重大工程建设做过较大贡献并获得省部级以上"劳动模范""先进工作者""五一劳动奖章"等荣誉称号的；曾系现役军人并获得个人一等功以上奖励的；因防卫过当或者避险过当，被判处3年以下有期徒刑或者剩余刑期在1年以下的等9类。

9. 全国人大授予的其他职权。例如，第七届全国人大第二次会议审议了国务院提请授权深圳市人大及其常委会和深圳市政府分别制定深圳经济特区法规和深圳经济特区规章的议案，决定授权全国人大常委会在深圳市依法选举产生市人大及其常委会后，对国务院提出的上述议案进行审议，作出相应决定。

☞ 2025 考点3　全国人大代表的权利★★★

根据《宪法》和《全国人民代表大会和地方各级人民代表大会代表法》（以下简称《代表法》）等的规定，全国人大代表享有以下权利：

1. 出席全国人大会议，参加审议各项议案、报告和其他议题，发表意见。全国人大代表受人民委托，按期出席全国人大会议，并对提交给大会审议的议案进行讨论，发表意见，参与表决，参加决定国家生活中的重大问题。为便于全国人大代表行使该项权利，在全国人大会议举行1个月前，全国人大常委会必须把开会日期和建议会议讨论的主要事项通知代表，并将准备提请会议审议的法律草案发给代表。全国人大常委会在全国人大会议举行前，可以组织代表研读讨论有关法律草案，征求代表的意见，并通报会议拟讨论的主要事项的有关情况。

2. 提出议案、质询案、罢免案等。全国人大代表有权依照宪法规定的程序向全国人民代表大会提出修改宪法的议案。一个代表团或者30名以上代表联名，可以向全国人大提出属于全国人大职权范围内的议案。全国人大代表对全国人大及其常委会的工作，有提出建议、意见和批评的权利；对提出的建议、意见和批评，由全国人大常委会负责落实。在全国人大会议期间，一个代表团或者30名以上代表联名，有权书面提出对国务院和国务院各部门、国家监察委员会、最高人民法院、最高人民检察院的质询案。质询案按照主席团的决定由受质询机关答复。提出质询案的代表或者代表团对答复不满意的，可以要求受质询机关再作答复。此外，全国人大代表在审议议案和报告时，可以向有关国家机关提出询问，有关部门应当派负责人到会，听取意见，回答代表提出的询问。全国人大代表有权依照法律规定的程序提出对全国人大常委会组成人员、中华人民共和国主席和副主席、国务院组成人员、中央军事委员会组成人员、国家监察委员会主任、最高人民法院院长、最高人民检察院检察长的罢免案。

3. 提出对各方面工作的建议、批评和意见。全国人大代表有权对主席团提名的全国人大常委会组成人员的人选，中华人民共和国主席、副主席的人选，中央军事委员会主席的人选，国家监察委员会主任的人选，最高人民法院院长和最高人民检察院检察长的人选，全国人大各专门委员会的人选，提出意见。全国人大代表有权对全国人大主席团的人选，提出意见。

4. 参加各项选举和表决。全国人大代表参加决定国务院组成人员、中央军事委员会副主席和委员的人选，参加表决通过全国人大各专门委员会组成人员的人选。

5. 参加全国人大闭会期间统一组织的履职活动。这些履职活动包括视察、专题调研、执法检查等。全国人大代表参加视察、专题调研活动时，可以向有关机关、组织提出建议、批评和意见，但不直接处理问题。

6. 获得依法履职所需的信息资料和各项保障。全国人大常委会、国务院及其所属各部门、国家监察委员会、最高人民法院、最高人民检察院应当及时向全国人大代表通报工作情况，提供信息资料，保障代表的知情权。全国人大代表在出席全国人大会议和其他依法履职的时候，代表所在单位必须给予时间保障，并按正常出勤对待，享受所在单位的工资和其他待遇。代表依法执行代表职务，国家根据需要给予往返的旅费和必要的物质上的便利或者补贴。身体残疾或者其他行动不便的代表执行代表职务时，有关部门应当根据需要给予必要的帮助和照顾。

7. 人身受特别保护。在全国人大开会期间，没有经过全国人大会议主席团的许可，在全国人大闭会期间，没有经过全国人大常委会的许可，全国人大代表不受逮捕或者刑事审判。如果因为全国人大代表是现行犯而被拘留的，执行拘留的机关必须立即向全国人大会议主席团或者全国人大常委会报告。如果依法对全国人大代表采取除逮捕和刑事审判等法律规定之外的限制人身自由的措施，如行政拘留、监视居住等，应当经全国人大主席团或者全国人大常委会许可。

8. 言论免责权。宪法规定，全国人大代表在全国人大各种会议上的发言和表决不受法律追究。全国人大的会议包括大会全体会议、小组会议、代表团会议、专门委员会会议、主席团会议、常委会全体会议和分组会议。

9. 其他权利，如参观、视察等。代表在依法履职中发现问题，可以提交有关国家机关处理，必要时可以报全国人大常委会处理。

☞ 2025 考点4 地方人大代表的权利★★★

根据《宪法》和《代表法》等的规定，地方人大代表主要有以下权利：

1. 出席本级人民代表大会会议，参加审议各项议案、报告和其他议题，发表意见。代表在审议议案和报告时，可以向本级有关国家机关提出询问。代表在出席本级人大会议前，应当通过多种方式听取人民群众的意见和要求，根据安排认真研读拟提请会议审议的议案和报告，为会议期间执行代表职务做好准备。

2. 提出议案、质询案、罢免案等。县级以上地方各级人大代表10人以上联名，乡级人大代表5人以上联名，可以向本级人大提出属于本级人大职权范围内的议案。10人以上联名，有权提出对本级政府及其所属各部门、监察委员会、法院、检察院的质询案。乡级人大代表有权依照法律规定的程序提出对本级政府的质询案。县级以上的地方各级人大代表有权依照法律规定的程序提出对本级人大常委会组成人员、政府组成人员、监察委员会主任、法院院长、检察院检察长的罢免案。乡级人大代表有权依照法律规定的程序提出对本级人大主席、副主席和政府领导人员的罢免案。

3. 提出对各方面工作的建议、批评和意见。地方各级人大代表在本级人大闭会期间，有权向本级人大常委会或者乡级人大主席团提出对各方面工作的建议、批评和意见。建议、批评和意见应当明确具体，注重反映实际情况和问题。除乡级人大代表提出的批评建议和意见由该级人大主席团交有关机关和组织处理并负责答复外，其他地方各级人大代表提出的批评建议和意见均由本级人大常委会的办事机构交有关机关和组织研究处理并负责答复。建议、批评和意见的办理情况由常委会办事机构或者乡镇人大主席团向本级人大常委会或者乡镇人大报告，并予以公开。

4. 参加本级人大的选举和表决。具体包括：(1)县级以上的地方各级人大代表有权依照法律规定的程序提出本级人大常委会的组成人员、政府领导人员、监察委员会主任、法院院长、检察院检察长以及上一级人大代表的人选，并有权对本级人大主席团和代表依法提出的上述人员的人选提出意见；(2)乡级人大代表有权依照法律规定的程序提出本级人大主席、副主席和政府领导人员的人选，并有权对本级人大主席团和代表依法提出的上述人员的人选提出意见；(3)各级人大代表有权对本级人大主席团的人选，提出意见；(4)县级以上地方各级人大代表有权参加表决通过本级人大各专门委员会组成人员的人选。

5. 参加本级人大闭会期间统一组织的履职活动，如视察、专题调研、执法检查等。县级以上的各级人大代表根据本级人大常委会的安排，对本级或者下级国家机关和有关单位的工作进行视察。乡级人大代表根据本级人大主席团的安排，对本级政府和有关单位的工作进行视察。根据安排，设区的市级以上的各级人大代表也可以在本行政区域内跨原选举单位进行视察。代表进行视察时，可以提出约见本级或者下级有关国家机关负责人。被约见的有关国家机关负责人或者由他委托的负责人员应当听取代表的建议、批评和意见。代表可以持代表证就地进行视察。县级以上的地方各级人大常委会或者乡级人大主席团根据代表的要求，联系安排本级或者上级的代表持代表证就地进行视察。代表根据本级人大常委会或者乡镇人大主席团的安排，围绕经济社会发展和关系人民群众切身利益、社会普遍关注的重大问题、重大事项，以及本级人民代表大会常务委员会重点工作，开展专题调研。代表参加视察、专题调研活动时，可以向有关机关、组织提出建议、批评和意见，但不直接处理问题。

6. 获得依法履职所需的信息资料和各项保障。县级以上的各级人大常委会和各级政府及其所属各部门、监察委员会、法院、检察院，应当及时向本级人大代表通报工作情况，提供信息资料，保障代表的知情权。地方各级人大代表在出席人大会议和其他依法履职的时候,代表所在单位必须给予时间保障,并按正常出勤对待,享受所在单位的工资和其他待遇。代表依法执行代表职务,国家根据需要给予往返的旅费和必要的物质上的便利或者补贴。身体残疾或者其他行动不便的代表执行代表职务时,有关部门应当根据需要给予必要的帮助和照顾。

7. 人身特别保护。县级以上地方各级人大代表非经本级人大主席团许可,闭会期间非经本级人大常委会许可,不受逮捕或刑事审判。如果因为是现行犯被拘留,执行拘留的机关应立即向该级人大主席团或人大常委会报告。乡级人大代表如果被逮捕、受刑事审判或被采取法律规定的其他限制人身自由的措施,执行机关应当立即报告乡级人大。

8. 言论免责权。地方各级人大代表、常委会组成人员在人大或常委会会议上的发言与表决,不受法律追究。

9. 其他依法享有的权利。

☞ 2024 考点1　国务院所属机构★★★

1. 国务院所属机构的性质和地位。国务院是组织、管理我国政治、经济、文化、教育、科学、技术等各项事业的最高行政机关。为了完成全国范围内的各项组织管理任务,必须设立相应的组织机构。按照《宪法》和《国务院组织法》的规定,国务院设有办公厅,设有部、委员会等组成部门,设有直属机构以及办事机构。

国务院所属各部、各委员会等组成部门受国务院统一领导。国务院组成部门在工作中的方针、政策、计划和重大行政措施,应向国务院请示报告,由国务院决定。

国务院各部、各委员会的设立、撤销或者合并,经总理提出,由全国人大决定;在全国人大闭会期间,由全国人大常委会决定。《国务院组织法》规定,组成部门设部长(主任、行长、审计长)1人,副部长(副主任、副行长、副审计长)2~4人,委员会可以设委员5~10人。

国务院办公厅由秘书长领导。国务院直属机构是国务院设立的主办各项专门业务的机关。国务院办事机构的主要职能是协助总理办理专门事项。

2. 国务院组成部门的领导体制。国务院组成部门实行部长(委员会主任、行长、审计长)负责制。部长(委员会主任、行长、审计长)领导本部门的工作,召集和主持部务(委务、行务、署务)会议,讨论决定本部门工作的重大问题;签署上报国务院的重要指示、报告和发布的命令。副部长(副主任、副行长、副审计长)协助部长(主任、行长、审计长)工作。

部务会议、委务会议、行务会议、署务会议是各组成部门发挥集体作用的组织,其成员包括部长(委员会主任、行长、审计长)、副部长(副主任、副行长、副审计长)和其他成员。

3. 国务院组成部门的职权。各部、各委员会等组成部门是分管某一方面行政事务的职能部门,根据法律和国务院的行政法规、决定、命令,在本部门的权限内,发布命令、指示和规章。这包括三层含义:一是它们主要通过发布命令、指示和规章来管理本部门的工作;二是它们必须在本部门的权限范围内进行领导、组织和管理;三是它们发布的命令、指示和规章,必须以法律和国务院的行政法规、决定、命令为依据,不得同它们相抵触。

此外,国务院具有行政管理职能的直属机构以及法律规定的机构,可以根据法律和国务院的行政法规、决定、命令,在本部门的权限范围内,制定规章。

☞ 2024 考点2　宪法监督的方式★★★★

我国采取事先审查与事后审查相结合的方式。

1. 事先审查。主要体现为自治条例和单行条例、地方性法规等规范性文件经批准后生效，有权机关在批准过程中要审查其是否抵触宪法。根据《宪法》和《立法法》，自治区人大制定的自治条例和单行条例报全国人大常委会批准后生效，自治州、自治县人大制定的自治条例和单行条例报省、自治区、直辖市人大常委会批准后生效，设区的市、自治州人大及其常委会制定的地方性法规报省、自治区人大常委会批准后施行。此外，《海南自由贸易港法》第 10 条第 3 款规定："海南自由贸易港法规涉及依法应当由全国人民代表大会及其常务委员会制定法律或者由国务院制定行政法规事项的，应当分别报全国人民代表大会常务委员会或者国务院批准后生效。"

关于规范性文件的批准制度，如下所示。

规范性文件	制定机关	批准机关
自治条例和单行条例	自治区人大	全国人大常委会
	自治州、自治县人大	省、自治区、直辖市人大常委会
地方性法规	设区的市、自治州人大及其常委会	省、自治区人大常委会

2. 事后审查。主要体现为有权机关接受规范性文件备案后进行合宪性审查，并可要求原制定机关作出处理。

(1)规范性文件的备案。

法规、规章等规范性文件的备案审查是我国宪法监督的重要方式。根据《宪法》《立法法》《监督法》等规定：**①全国人大常委会接受行政法规、监察法规、地方性法规、自治州和自治县的自治条例和单行条例、经济特区法规、浦东新区法规、海南自由贸易港法规以及司法解释的备案**；②省、自治区、直辖市人大常委会接受本级政府制定的规章的备案；③设区的市、自治州人民政府制定的规章应当报国务院，省、自治区人大常委会和人民政府以及本级人大常委会备案；④根据授权制定的法规应当报授权决定规定的机关备案。上述规范性文件应当在公布后的30日内报有关机关备案。

按照《立法法》的规定，全国人大专门委员会和常委会工作机构可以对报送备案的规范性文件进行主动审查，并可以根据需要进行专项审查。其中，对于行政法规、地方性法规、自治条例和单行条例，如果全国人大专门委员会、常委会工作机构认为同宪法或者法律相抵触，或者存在合宪性、合法性问题，可以向制定机关提出书面审查意见；也可以由宪法和法律委员会与有关专门委员会、常委会工作机构召开联合审查会议，要求制定机关到会说明情况，再向制定机关提出书面审查意见。制定机关应当在两个月内研究提出是否修改或者废止的意见，并向全国人大宪法和法律委员会、有关的专门委员会或者常委会工作机构反馈。制定机关按照所提意见进行修改或者废止的，审查终止。如果被认为同宪法或者法律相抵触，或者存在合宪性、合法性问题需要修改或者废止，而制定机关不予修改或者废止的，则全国人大宪法和法律委员会、有关的专门委员会、常委会工作机构应向委员长会议提出予以撤销的议案、建议，由委员长会议决定提请常委会会议审议决定。

关于规范性文件的备案制度，如下所示。

规范性文件	制定机关	接受备案机关	其他要求
行政法规	国务院	全国人大常委会	—
监察法规	国家监察委员会	全国人大常委会	—

续表

规范性文件	制定机关	接受备案机关	其他要求
地方性法规	省、自治区、直辖市人大及其常委会	全国人大常委会、国务院	—
	设区的市、自治州人大及其常委会	全国人大常委会、国务院	由省、自治区人大常委会报备
自治条例和单行条例	自治州、自治县人大	全国人大常委会、国务院	由省、自治区、直辖市人大常委会报备,报备时应说明对法律、行政法规、地方性法规的变通情况
经济特区法规	**经济特区所在地的省、市的人大及其常委会**	**全国人大常委会**	**报备时,应说明变通的情况**
浦东新区法规	**上海市人大及其常委会**	**全国人大常委会**	**报备时,应说明变通的情况**
海南自由贸易港法规	**海南省人大及其常委会**	**全国人大常委会**	**报备时,应说明变通的情况**
部门规章	国务院部门	国务院	—
地方政府规章	省、自治区、直辖市政府	国务院、本级人大常委会	—
	设区的市、自治州政府	国务院,省、自治区人大常委会和政府,本级人大常委会	—
根据授权制定的法规	被授权机关	授权决定规定的机关	—
具体应用法律的解释(司法解释)	最高人民法院、最高人民检察院	全国人大常委会	—

(2)规范性文件的审查请求。

规范性文件的审查请求包括要求审查和建议审查两种情况。按照《立法法》的规定,如果认为行政法规、地方性法规、自治条例和单行条例同宪法或者法律相抵触,或者存在合宪性、合法性问题的,国务院、中央军委、国家监察委员会、最高人民法院、最高人民检察院和各省、自治区、直辖市人大常委会可以向全国人大常委会书面提出进行审查的要求,由全国人大有关的专门委员会和常委会工作机构进行审查、提出意见。其他国家机关和社会团体、企业事业组织以及公民认为行政法规、地方性法规、自治条例和单行条例同宪法或者法律相抵触的,可以向全国人大常委会书面提出进行审查的建议,由常委会工作机构进行审查;必要时送有关的专门委员会进行审查、提出意见。全国人大有关专门委员会和常委会工作机构应当将审查情况向提出审查建议的国家机关、社会团体、企业事业组织以及公民反馈,并可以向社会公开。值得注意的是,2019 年 12 月 4 日,全国人大常委会在中国人大网开通公民网上提交审查建议功能,公民可以通过该网站向全国人大常委会提起法规及司法解释的审查建议。

根据《全国人民代表大会常务委员会关于完善和加强备案审查制度的决定》,地方各级监察委员会、人民法院、人民检察院在监察、审判、检察工作中发现法规、司法解释同宪法或者法律相抵触,

或者存在合宪性、合法性问题的，可以逐级上报至国家监察委员会、最高人民法院、最高人民检察院，由国家监察委员会、最高人民法院、最高人民检察院向全国人民代表大会常务委员会书面提出审查要求。

关于规范性文件的审查请求制度，如下所示。

审查对象	请求主体	请求方式	处理方式
行政法规、地方性法规、自治条例和单行条例	国务院、中央军委、国家监察委员会、最高人民法院、最高人民检察院和各省、自治区、直辖市人大常委会	向全国人大常委会书面提出审查要求	全国人大有关的专门委员会和常委会工作机构进行审查、提出意见
	其他国家机关和社会团体、企业事业组织以及公民	向全国人大常委会书面提出审查建议	常委会工作机构进行审查，必要时送有关专门委员会进行审查、提出意见，审查情况向建议者反馈并可向社会公开

☞ 2024 考点3 违宪的制裁措施★★★

违宪的制裁措施是宪法监督的核心内容，没有制裁措施的宪法监督缺乏实效性。从各国实践来看，违宪的制裁措施主要包括：撤销违宪法律，宣布违宪法律无效，允许宪法主体不受该违宪法律约束或者不适用该法律，不得通过违宪法案，并责令立法机关修改，以弹劾、罢免等措施追究违宪行为的责任者。

根据《宪法》和《立法法》的规定：(1)全国人大有权改变或者撤销全国人大常委会制定的不适当的法律和决定，有权撤销全国人大常委会批准的违背《宪法》和《立法法》的自治条例和单行条例；(2)全国人大常委会有权撤销国务院制定的同宪法、法律相抵触的行政法规、决定和命令，有权撤销同宪法和法律相抵触的监察法规，有权撤销同宪法、法律和行政法规相抵触的地方性法规，有权撤销省、自治区、直辖市国家权力机关制定的同宪法、法律和行政法规相抵触的决议，有权撤销省、自治区、直辖市人大常委会批准的违背《宪法》和《立法法》的自治条例和单行条例；(3)国务院有权改变或者撤销不适当的部门规章和地方政府规章，有权改变或者撤销各部、各委员会发布的不适当的命令、指示，有权改变或者撤销地方各级国家行政机关不适当的决定、命令；(4)县级以上地方各级人大有权改变或者撤销本级人大常委会不适当的决定；(5)省、自治区、直辖市人大有权改变或者撤销其常委会制定的和批准的不适当的地方性法规；(6)地方人大常委会有权撤销本级政府制定的不适当的规章，有权撤销本级政府不适当的决定和命令，有权撤销下一级人大不适当的决议；(7)县级以上地方各级政府有权改变或者撤销所属各工作部门和下级政府不适当的决定；(8)省、自治区政府有权改变或者撤销下一级政府制定的不适当的规章；(9)授权机关有权撤销被授权机关制定的超越授权范围或者违背授权目的的法规，必要时可以撤销授权。

根据《全国人民代表大会常务委员会关于完善和加强备案审查制度的决定》，制定机关未按照书面审查意见或者处理计划对法规、司法解释予以修改、废止的，全国人大专门委员会、常委会工作机构可以依法提出下列议案、建议，由委员长会议决定提请常务委员会会议审议决定：(一)确认有关法规、司法解释与宪法、法律相抵触或者违背宪法、法律的原则和精神，要求制定机关限期修改或者废止；(二)要求制定机关自行修改完善有关法规、司法解释，或者要求制定机关进行清理；(三)依法予以撤销；(四)依法作出法律解释。法规、司法解释被纠正或者撤销后，其他规范性文件存在相

同问题的，制定机关应当及时修改或者废止。

关于规范性文件的改变和撤销制度，如下所示。

有权机关	处理对象	处理方式	审查标准
全国人大	其常委会制定的法律	改变或者撤销	不适当
	其常委会的决定	改变或者撤销	不适当
	其常委会批准的自治条例和单行条例	撤销	违背《宪法》和《立法法》
全国人大常委会	行政法规、国务院决定和命令	撤销	同宪法和法律相抵触
	监察法规	撤销	同宪法和法律相抵触
	地方性法规	撤销	同宪法、法律和行政法规相抵触
	省、自治区、直辖市人大及其常委会的决议	撤销	同宪法、法律和行政法规相抵触
	省、自治区、直辖市人大常委会批准的自治条例和单行条例	撤销	违背《宪法》和《立法法》
国务院	部门规章	改变或者撤销	不适当
	地方政府规章	改变或者撤销	不适当
	各部委发布的命令、指示	改变或者撤销	不适当
	地方各级国家行政机关的决定、命令	改变或者撤销	不适当
县级以上地方各级人大	本级人大常委会的决定	改变或者撤销	不适当
省、自治区、直辖市人大	其常委会制定和批准的地方性法规	改变或者撤销	不适当
地方人大常委会	本级地方政府规章	撤销	不适当
	本级政府的决定、命令	撤销	不适当
	下一级人大的决议	撤销	不适当
县级以上地方各级政府	所属工作部门的决定	改变或者撤销	不适当
	下级政府的决定	改变或者撤销	不适当
省、自治区政府	下一级地方政府规章	改变或者撤销	不适当
授权机关	被授权机关制定的法规	撤销	超越授权范围或者违背授权目的
	必要时可以撤销授权		

我国宪法监督制度在宪法实施、推进社会主义民主政治建设和法治国家建设方面发挥了重要作用，同时还应当进一步完善。深化依法治国实践需要继续加强宪法实施和监督，强化全国人大宪法和法律委员会的统一审议功能，切实推进合宪性审查工作。

【大纲新增法条】

中华人民共和国全国人民代表大会和地方各级人民代表大会代表法

（1992年4月3日第七届全国人民代表大会第五次会议通过　根据2009年8月27日第十一届全国人民代表大会常务委员会第十次会议《关于修改部分法律的决定》第一次修正　根据2010年10月28日第十一届全国人民代表大会常务委员会第十七次会议《关于修改〈中华人民共和国全国人民代表大会和地方各级人民代表大会代表法〉的决定》第二次修正　根据2015年8月29日第十二届全国人民代表大会常务委员会第十六次会议《关于修改〈中华人民共和国地方各级人民代表大会和地方各级人民政府组织法〉、〈中华人民共和国全国人民代表大会和地方各级人民代表大会选举法〉、〈中华人民共和国全国人民代表大会和地方各级人民代表大会代表法〉的决定》第三次修正　根据2025年3月11日第十四届全国人民代表大会第三次会议《关于修改〈中华人民共和国全国人民代表大会和地方各级人民代表大会代表法〉的决定》第四次修正）

【法条对照】

旧法条(2015)	新法条(2025)
第一章　总　　则	**第一章　总　　则**
第一条　为保证全国人民代表大会和地方各级人民代表大会代表依法行使代表的职权，履行代表的义务，发挥代表作用，根据宪法，制定本法。	**第一条**　为保证全国人民代表大会和地方各级人民代表大会代表依法行使代表的职权，履行代表的义务，发挥代表作用，根据宪法，制定本法。
第二条　全国人民代表大会和地方各级人民代表大会代表依照法律规定选举产生。 全国人民代表大会代表是最高国家权力机关组成人员，地方各级人民代表大会代表是地方各级国家权力机关组成人员。 全国人民代表大会和地方各级人民代表大会代表，代表人民的利益和意志，依照宪法和法律赋予本级人民代表大会的各项职权，参加行使国家权力。	**第二条**　全国人民代表大会和地方各级人民代表大会代表依照法律规定选举产生。 全国人民代表大会代表是最高国家权力机关组成人员，地方各级人民代表大会代表是地方各级国家权力机关组成人员。 全国人民代表大会和地方各级人民代表大会代表每届任期五年，从每届本级人民代表大会举行第一次会议开始，到下届本级人民代表大会举行第一次会议为止。 **第三条**　全国人民代表大会和地方各级人民代表大会代表应当坚持中国共产党的领导，坚持以马克思列宁主义、毛泽东思想、邓小平理论、“三个代表”重要思想、科学发展观、习近平新时代中国特色社会主义思想为指导，坚定不移走中国特色社会主义政治发展道路，依照宪法和法律赋予本级人民代表大会的各项职权，遵循民主集中制原则，参加行使国家权力。

续表

旧法条(2015)	新法条(2025)
	第四条 全国人民代表大会和地方各级人民代表大会代表应当以坚持好、完善好、运行好人民代表大会制度为己任,做到政治坚定、服务人民、尊崇法治、发扬民主、勤勉尽责,为各级人民代表大会及其常务委员会建设自觉坚持中国共产党领导的政治机关、保证人民当家作主的国家权力机关、全面担负宪法法律赋予的各项职责的工作机关、始终同人民群众保持密切联系的代表机关而积极履职。
	第五条 全国人民代表大会和地方各级人民代表大会代表应当坚持以人民为中心,践行全过程人民民主,始终同人民群众保持密切联系,忠实代表人民的利益和意志,自觉接受人民监督。
	第六条 全国人民代表大会和地方各级人民代表大会代表应当忠于宪法,弘扬宪法精神,维护宪法权威,维护社会主义法制的统一和尊严,为推进全面依法治国、建设更高水平的社会主义法治国家贡献力量。
第三条 代表享有下列权利: (一)出席本级人民代表大会会议,参加审议各项议案、报告和其他议题,发表意见; (二)依法联名提出议案、质询案、罢免案等; (三)提出对各方面工作的建议、批评和意见; (四)参加本级人民代表大会的各项选举; (五)参加本级人民代表大会的各项表决; (六)获得依法执行代表职务所需的信息和各项保障; (七)法律规定的其他权利。	**第七条** 代表享有下列权利: (一)出席本级人民代表大会会议,参加审议各项议案、报告和其他议题,发表意见; (二)依法联名提出议案、质询案、罢免案等; (三)提出对各方面工作的建议、批评和意见; (四)参加本级人民代表大会的各项选举; (五)参加本级人民代表大会的各项表决; (六)参加本级人民代表大会闭会期间统一组织的履职活动; (七)获得依法履职所需的信息资料和各项保障; (八)法律规定的其他权利。
第四条 代表应当履行下列义务: (一)模范地遵守宪法和法律,保守国家秘密,在自己参加的生产、工作和社会活动中,协助宪法和法律的实施; (二)按时出席本级人民代表大会会议,认真审议各项议案、报告和其他议题,发表意见,做好会议期间的各项工作; (三)积极参加统一组织的视察、专题调研、执法检查等履职活动; (四)加强履职学习和调查研究,不断提高执行代表职务的能力; (五)与原选区选民或者原选举单位和人民群众保持密切联系,听取和反映他们的意见和要求,努力为人民服务; (六)自觉遵守社会公德,廉洁自律,公道正派,勤勉尽责; (七)法律规定的其他义务。	**第八条** 代表应当履行下列义务: (一)模范地遵守宪法和法律,保守国家秘密,在自己参加的生产、工作和社会活动中,协助宪法和法律的实施; (二)按时出席本级人民代表大会会议,认真审议各项议案、报告和其他议题,发表意见,参加选举和表决,遵守会议纪律,做好会议期间的各项工作; (三)带头宣传贯彻本级人民代表大会会议精神; (四)积极参加统一组织的视察、专题调研、执法检查等履职活动; (五)加强履职学习和调查研究,不断提高履职能力; (六)与原选区选民或者原选举单位和人民群众保持密切联系,听取和反映他们的意见和要求,努力为人民服务; (七)带头践行社会主义核心价值观,铸牢中华民族共同体意识,自觉遵守社会公德,廉洁自律,公道正派,勤勉尽责; (八)法律规定的其他义务。

续表

旧法条(2015)	新法条(2025)
第五条　代表依照本法的规定在本级人民代表大会会议期间的工作和在本级人民代表大会闭会期间的活动,都是执行代表职务。 国家和社会为代表执行代表职务提供保障。 代表不脱离各自的生产和工作。代表出席本级人民代表大会会议,参加闭会期间统一组织的履职活动,应当安排好本人的生产和工作,优先执行代表职务。	**第九条**　代表依照本法的规定在本级人民代表大会会议期间的工作和在本级人民代表大会闭会期间的活动,都是执行代表职务。 国家和社会为代表执行代表职务提供保障。 代表不脱离各自的生产和工作。代表出席本级人民代表大会会议,参加闭会期间统一组织的履职活动,应当安排好本人的生产和工作,优先执行代表职务。
第六条　代表受原选区选民或者原选举单位的监督。	**第十条**　代表受原选区选民或者原选举单位的监督。
	第十一条　县级以上的各级人民代表大会常务委员会和乡、民族乡、镇的人民代表大会主席团应当密切同代表的联系,丰富代表联系人民群众的内容和形式,加强代表工作能力建设,支持和保障代表依法履职,充分发挥代表作用。 各级人民政府、监察委员会、人民法院、人民检察院应当加强同代表的联系,听取代表的意见和建议,加强和改进各方面工作。
	第十二条　县级以上的各级人民代表大会常务委员会设立代表工作委员会,作为常务委员会的工作机构。
第二章　代表在本级人民代表大会会议期间的工作	**第二章　代表在本级人民代表大会会议期间的工作**
第七条　代表应当按时出席本级人民代表大会会议。代表因健康等特殊原因不能出席会议的,应当按照规定请假。 代表在出席本级人民代表大会会议前,应当听取人民群众的意见和建议,为会议期间执行代表职务做好准备。	**第十三条**　代表应当按时出席本级人民代表大会会议。代表因健康等特殊原因不能出席会议的,应当按照规定请假。 代表在出席本级人民代表大会会议前,应当通过多种方式听取人民群众的意见和要求,根据安排认真研读拟提请会议审议的议案和报告,为会议期间执行代表职务做好准备。
第八条　代表参加大会全体会议、代表团全体会议、小组会议,审议列入会议议程的各项议案和报告。 代表可以被推选或者受邀请列席主席团会议、专门委员会会议,发表意见。 代表应当围绕会议议题发表意见,遵守议事规则。	**第十四条**　县级以上的各级人民代表大会代表按照选举单位、行政区域等组成代表团。乡、民族乡、镇的人民代表大会代表根据实际需要,可以组成代表团。 代表根据大会主席团、代表团的组织和安排,参加大会全体会议、代表团全体会议、小组会议,审议列入会议议程的各项议案、报告和其他议题。 代表可以被推选或者受邀请列席主席团会议、专门委员会会议,发表意见。 代表应当围绕会议议题发表意见,遵守议事规则。
第九条　代表有权依照法律规定的程序向本级人民代表大会提出属于本级人民代表大会职权范围内的议案。议案应当有案由、案据和方案。 代表依法提出的议案,由本级人民代表大会主席团决定是否列入会议议程,或者先交有关的专门委员会审议、提出是否列入会议议程的意见,再决定是否列入会议议程。 列入会议议程的议案,在交付大会表决前,提出议案的代表要求撤回的,经主席团同意,会议对该项议案的审议即行终止。	**第十五条**　代表有权依照法律规定的程序向本级人民代表大会提出属于本级人民代表大会职权范围内的议案。议案应当有案由、案据和方案。 代表依法提出的议案,由本级人民代表大会主席团决定是否列入会议议程,或者先交有关的专门委员会审议、提出是否列入会议议程的意见,再决定是否列入会议议程。 列入会议议程的议案,在交付大会表决前,提出议案的代表要求撤回的,经主席团同意,会议对该项议案的审议即行终止。

续表

旧法条(2015)	新法条(2025)
第十条 全国人民代表大会代表,有权依照宪法规定的程序向全国人民代表大会提出修改宪法的议案。	**第十六条** 全国人民代表大会代表,有权依照宪法规定的程序向全国人民代表大会提出修改宪法的议案。
第十一条 代表参加本级人民代表大会的各项选举。 全国人民代表大会代表有权对主席团提名的全国人民代表大会常务委员会组成人员的人选,中华人民共和国主席、副主席的人选,中央军事委员会主席的人选,最高人民法院院长和最高人民检察院检察长的人选,全国人民代表大会各专门委员会的人选,提出意见。 县级以上的地方各级人民代表大会代表有权依照法律规定的程序提出本级人民代表大会常务委员会的组成人员,人民政府领导人员,人民法院院长,人民检察院检察长以及上一级人民代表大会代表的人选,并有权对本级人民代表大会主席团和代表依法提出的上述人员的人选提出意见。 乡、民族乡、镇的人民代表大会代表有权依照法律规定的程序提出本级人民代表大会主席、副主席和人民政府领导人员的人选,并有权对本级人民代表大会主席团和代表依法提出的上述人员的人选提出意见。 各级人民代表大会代表有权对本级人民代表大会主席团的人选,提出意见。 代表对确定的候选人,可以投赞成票,可以投反对票,可以另选他人,也可以弃权。	**第十七条** 代表参加本级人民代表大会的各项选举。 全国人民代表大会代表有权对主席团提名的全国人民代表大会常务委员会组成人员的人选,中华人民共和国主席、副主席的人选,中央军事委员会主席的人选,国家监察委员会主任的人选,最高人民法院院长和最高人民检察院检察长的人选,全国人民代表大会各专门委员会的人选,提出意见。 县级以上的地方各级人民代表大会代表有权依照法律规定的程序提出本级人民代表大会常务委员会的组成人员、人民政府领导人员、监察委员会主任、人民法院院长、人民检察院检察长以及上一级人民代表大会代表的人选,并有权对本级人民代表大会主席团和代表依法提出的人选提出意见。 乡、民族乡、镇的人民代表大会代表有权依照法律规定的程序提出本级人民代表大会主席、副主席和人民政府领导人员的人选,并有权对本级人民代表大会主席团和代表依法提出的上述人员的人选提出意见。 各级人民代表大会代表有权对本级人民代表大会主席团的人选,提出意见。 代表对确定的候选人,可以投赞成票,可以投反对票,也可以投弃权票;表示反对的,可以另选他人。
第十二条 全国人民代表大会代表参加决定国务院组成人员和中央军事委员会副主席、委员的人选。 县级以上的各级人民代表大会代表参加表决通过本级人民代表大会各专门委员会组成人员的人选。	**第十八条** 全国人民代表大会代表参加决定国务院组成人员和中央军事委员会副主席、委员的人选。 县级以上的各级人民代表大会代表参加表决通过本级人民代表大会各专门委员会组成人员的人选。
第十三条 代表在审议议案和报告时,可以向本级有关国家机关提出询问。有关国家机关应当派负责人或者负责人员回答询问。	**第十九条** 代表在审议议案和报告时,可以向本级有关国家机关提出询问。有关国家机关应当派负责人或者负责人员回答询问。
第十四条 全国人民代表大会会议期间,一个代表团或者三十名以上的代表联名,有权书面提出对国务院和国务院各部、各委员会,最高人民法院,最高人民检察院的质询案。 县级以上的地方各级人民代表大会代表有权依照法律规定的程序提出对本级人民政府及其所属各部门,人民法院,人民检察院的质询案。 乡、民族乡、镇的人民代表大会代表有权依照法律规定的程序提出对本级人民政府的质询案。 质询案应当写明质询对象、质询的问题和内容。 质询案按照主席团的决定由受质询机关答复。提出质询案的代表半数以上对答复不满意的,可以要求受质询机关再作答复。	**第二十条** 全国人民代表大会会议期间,一个代表团或者三十名以上的代表联名,有权书面提出对国务院和国务院各部门、国家监察委员会、最高人民法院、最高人民检察院的质询案。 县级以上的地方各级人民代表大会代表有权依照法律规定的程序提出对本级人民政府及其所属各部门、监察委员会、人民法院、人民检察院的质询案。 乡、民族乡、镇的人民代表大会代表有权依照法律规定的程序提出对本级人民政府的质询案。 质询案应当写明质询对象、质询的问题和内容。 质询案按照主席团的决定由受质询机关答复。提出质询案的代表半数以上对答复不满意的,可以要求受质询机关再作答复。

续表

旧法条(2015)	新法条(2025)
第十五条 全国人民代表大会代表有权依照法律规定的程序提出对全国人民代表大会常务委员会组成人员,中华人民共和国主席、副主席,国务院组成人员,中央军事委员会组成人员,最高人民法院院长,最高人民检察院检察长的罢免案。 县级以上的地方各级人民代表大会代表有权依照法律规定的程序提出对本级人民代表大会常务委员会组成人员,人民政府组成人员,人民法院院长,人民检察院检察长的罢免案。 乡、民族乡、镇的人民代表大会代表有权依照法律规定的程序提出对本级人民代表大会主席、副主席和人民政府领导人员的罢免案。 罢免案应当写明罢免的理由。	**第二十一条** 全国人民代表大会代表有权依照法律规定的程序提出对全国人民代表大会常务委员会组成人员,中华人民共和国主席、副主席,国务院组成人员,中央军事委员会组成人员,国家监察委员会主任,最高人民法院院长,最高人民检察院检察长的罢免案。 县级以上的地方各级人民代表大会代表有权依照法律规定的程序提出对本级人民代表大会常务委员会组成人员,人民政府组成人员,监察委员会主任,人民法院院长,人民检察院检察长的罢免案。 乡、民族乡、镇的人民代表大会代表有权依照法律规定的程序提出对本级人民代表大会主席、副主席和人民政府领导人员的罢免案。 罢免案应当写明罢免的理由。
第十六条 县级以上的各级人民代表大会代表有权依法提议组织关于特定问题的调查委员会。	**第二十二条** 县级以上的各级人民代表大会代表有权依法提议组织关于特定问题的调查委员会。
第十七条 代表参加本级人民代表大会表决,可以投赞成票,可以投反对票,也可以弃权。	**第二十三条** 代表参加本级人民代表大会表决,可以表示赞成,可以表示反对,也可以表示弃权。
第十八条 代表有权向本级人民代表大会提出对各方面工作的建议、批评和意见。建议、批评和意见应当明确具体,注重反映实际情况和问题。	**第二十四条** 代表有权向本级人民代表大会提出对各方面工作的建议、批评和意见。建议、批评和意见应当明确具体,注重反映实际情况和问题。
第三章　代表在本级人民代表大会闭会期间的活动	**第三章　代表在本级人民代表大会闭会期间的活动**
第十九条 县级以上的各级人民代表大会常务委员会组织本级人民代表大会代表开展闭会期间的活动。 县级以上的地方各级人民代表大会常务委员会受上一级人民代表大会常务委员会的委托,组织本级人民代表大会选举产生的上一级人民代表大会代表开展闭会期间的活动。 乡、民族乡、镇的人民代表大会主席、副主席根据主席团的安排,组织本级人民代表大会代表开展闭会期间的活动。	**第二十五条** 县级以上的各级人民代表大会常务委员会组织本级人民代表大会代表开展闭会期间的活动。 县级以上的地方各级人民代表大会常务委员会受上一级人民代表大会常务委员会的委托,组织本级人民代表大会选举产生的上一级人民代表大会代表开展闭会期间的活动。 乡、民族乡、镇的人民代表大会主席、副主席根据主席团的安排,组织本级人民代表大会代表开展闭会期间的活动。
第二十条 代表在闭会期间的活动以集体活动为主,以代表小组活动为基本形式。代表可以通过多种方式听取、反映原选区选民或者原选举单位的意见和要求。	**第二十六条** 代表在闭会期间的活动以集体活动为主,以代表小组活动为基本形式。代表可以通过多种方式听取、反映原选区选民或者原选举单位的意见和要求。
第二十一条 县级以上的各级人民代表大会代表,在本级或者下级人民代表大会常务委员会协助下,可以按照便于组织和开展活动的原则组成代表小组。 县级以上的各级人民代表大会代表,可以参加下级人民代表大会代表的代表小组活动。	**第二十七条** 县级以上的各级人民代表大会代表,在本级或者下级人民代表大会常务委员会协助下,可以按照便于组织和开展活动的原则,根据地域、领域等组成代表小组。 县级以上的各级人民代表大会代表,可以参加下级人民代表大会代表的代表小组活动。

续表

旧法条(2015)	新法条(2025)
	第二十八条 县级以上的地方各级人民代表大会常务委员会和乡、民族乡、镇的人民代表大会主席团按照就地就近的原则，定期组织和协助本行政区域内的代表开展联系人民群众的活动，听取和反映人民群众的意见和要求。
第二十二条 县级以上的各级人民代表大会代表根据本级人民代表大会常务委员会的安排，对本级或者下级国家机关和有关单位的工作进行视察。乡、民族乡、镇的人民代表大会代表根据本级人民代表大会主席团的安排，对本级人民政府和有关单位的工作进行视察。 代表按前款规定进行视察，可以提出约见本级或者下级有关国家机关负责人。被约见的有关国家机关负责人或者由他委托的负责人员应当听取代表的建议、批评和意见。 代表可以持代表证就地进行视察。县级以上的地方各级人民代表大会常务委员会或者乡、民族乡、镇的人民代表大会主席团根据代表的要求，联系安排本级或者上级的代表持代表证就地进行视察。 代表视察时，可以向被视察单位提出建议、批评和意见，但不直接处理问题。	**第二十九条** 县级以上的各级人民代表大会代表根据本级人民代表大会常务委员会的安排，对本级或者下级国家机关和有关单位的工作进行视察。乡、民族乡、镇的人民代表大会代表根据本级人民代表大会主席团的安排，对本级人民政府和有关单位的工作进行视察。根据安排，设区的市级以上的各级人民代表大会代表也可以在本行政区域内跨原选举单位进行视察。 代表按前款规定进行视察，可以提出约见本级或者下级有关国家机关负责人。被约见的有关国家机关负责人或者由他委托的负责人员应当听取代表的建议、批评和意见。 代表可以持代表证就地进行视察。县级以上的地方各级人民代表大会常务委员会或者乡、民族乡、镇的人民代表大会主席团根据代表的要求，联系安排本级或者上级的代表持代表证就地进行视察。
第二十三条 代表根据安排，围绕经济社会发展和关系人民群众切身利益、社会普遍关注的重大问题，开展专题调研。	**第三十条** 代表根据本级人民代表大会常务委员会或者乡、民族乡、镇的人民代表大会主席团的安排，围绕经济社会发展和关系人民群众切身利益、社会普遍关注的重大问题、重大事项，以及本级人民代表大会常务委员会重点工作，开展专题调研。根据安排，设区的市级以上的各级人民代表大会代表也可以在本行政区域内跨原选举单位开展专题调研。
第二十四条 代表参加视察、专题调研活动形成的报告，由本级人民代表大会常务委员会办事机构或者乡、民族乡、镇的人民代表大会主席团转交有关机关、组织。对报告中提出的意见和建议的研究处理情况应当向代表反馈。	**第三十一条** 代表参加视察、专题调研活动形成的报告，由本级人民代表大会常务委员会办事机构、工作机构或者乡、民族乡、镇的人民代表大会主席团转交有关机关、组织。有关机关、组织对报告中提出的意见和建议的研究处理情况应当及时向代表反馈。 代表参加视察、专题调研活动时，可以向有关机关、组织提出建议、批评和意见，但不直接处理问题。
第二十五条 代表有权依照法律规定的程序提议临时召集本级人民代表大会会议。	**第三十二条** 代表有权依照法律规定的程序提议临时召集本级人民代表大会会议。
第二十六条 县级以上的各级人民代表大会代表可以应邀列席本级人民代表大会常务委员会会议、本级人民代表大会各专门委员会会议，参加本级人民代表大会常务委员会组织的执法检查和其他活动。乡、民族乡、镇的人民代表大会代表参加本级人民代表大会主席团组织的执法检查和其他活动。	**第三十三条** 县级以上的各级人民代表大会代表可以应邀列席本级人民代表大会常务委员会会议、本级人民代表大会各专门委员会会议，并可以应邀参加本级人民代表大会常务委员会、各专门委员会和常务委员会办事机构、工作机构组织的有关会议；根据安排参加本级人民代表大会常务委员会组织的执法检查、专题询问和其他活动。 乡、民族乡、镇的人民代表大会代表参加本级人民代表大会主席团组织的执法检查和其他活动。

续表

旧法条(2015)	新法条(2025)
第二十七条 全国人民代表大会代表,省、自治区、直辖市、自治州、设区的市的人民代表大会代表可以列席原选举单位的人民代表大会会议,并可以应邀列席原选举单位的人民代表大会常务委员会会议。	**第三十四条** 全国人民代表大会代表,省、自治区、直辖市、自治州、设区的市的人民代表大会代表可以列席原选举单位的人民代表大会会议,并可以应邀列席原选举单位的人民代表大会常务委员会会议。 县、自治县、不设区的市、市辖区的人民代表大会代表可以列席原选区所在的乡、民族乡、镇的人民代表大会会议。
第二十八条 县级以上的各级人民代表大会代表根据本级人民代表大会或者本级人民代表大会常务委员会的决定,参加关于特定问题的调查委员会。	**第三十五条** 县级以上的各级人民代表大会代表根据本级人民代表大会或者本级人民代表大会常务委员会的决定,参加关于特定问题的调查委员会。
第二十九条 代表在本级人民代表大会闭会期间,有权向本级人民代表大会常务委员会或者乡、民族乡、镇的人民代表大会主席团提出对各方面工作的建议、批评和意见。建议、批评和意见应当明确具体,注重反映实际情况和问题。	**第三十六条** 代表在本级人民代表大会闭会期间,有权向本级人民代表大会常务委员会或者乡、民族乡、镇的人民代表大会主席团提出对各方面工作的建议、批评和意见。建议、批评和意见应当明确具体,注重反映实际情况和问题。
第三十条 乡、民族乡、镇的人民代表大会代表在本级人民代表大会闭会期间,根据统一安排,开展调研等活动;组成代表小组,分工联系选民,反映人民群众的意见和要求。	**第三十七条** 乡、民族乡、镇的人民代表大会代表在本级人民代表大会闭会期间,根据统一安排,开展调研等活动;组成代表小组,分工联系选民,反映人民群众的意见和要求。
第四章 代表执行职务的保障	**第四章 代表执行职务的保障**
第三十一条 代表在人民代表大会各种会议上的发言和表决,不受法律追究。	**第三十八条** 代表在人民代表大会各种会议上的发言和表决,不受法律追究。
第三十二条 县级以上的各级人民代表大会代表,非经本级人民代表大会主席团许可,在本级人民代表大会闭会期间,非经本级人民代表大会常务委员会许可,不受逮捕或者刑事审判。如果因为是现行犯被拘留,执行拘留的机关应当立即向该级人民代表大会主席团或者人民代表大会常务委员会报告。 对县级以上的各级人民代表大会代表,如果采取法律规定的其他限制人身自由的措施,应当经该级人民代表大会主席团或者人民代表大会常务委员会许可。 人民代表大会主席团或者常务委员会受理有关机关依照本条规定提请许可的申请,应当审查是否存在对代表在人民代表大会各种会议上的发言和表决进行法律追究,或者对代表提出建议、批评和意见等其他执行职务行为打击报复的情形,并据此作出决定。 乡、民族乡、镇的人民代表大会代表,如果被逮捕、受刑事审判、或者被采取法律规定的其他限制人身自由的措施,执行机关应当立即报告乡、民族乡、镇的人民代表大会。	**第三十九条** 县级以上的各级人民代表大会代表,非经本级人民代表大会主席团许可,在本级人民代表大会闭会期间,非经本级人民代表大会常务委员会许可,不受逮捕或者刑事审判。如果因为是现行犯被拘留,执行拘留的机关应当立即向该级人民代表大会主席团或者人民代表大会常务委员会报告。 对县级以上的各级人民代表大会代表,如果采取法律规定的其他限制人身自由的措施,应当经该级人民代表大会主席团或者人民代表大会常务委员会许可。 人民代表大会主席团或者常务委员会受理有关机关依照本条规定提请许可的申请,应当审查是否存在对代表在人民代表大会各种会议上的发言和表决进行法律追究,或者对代表提出建议、批评和意见等其他执行职务行为打击报复的情形,并据此作出决定。 乡、民族乡、镇的人民代表大会代表,如果被逮捕、受刑事审判、或者被采取法律规定的其他限制人身自由的措施,执行机关应当立即报告乡、民族乡、镇的人民代表大会。

续表

旧法条(2015)	新法条(2025)
第三十三条 代表在本级人民代表大会闭会期间,参加由本级人民代表大会常务委员会或者乡、民族乡、镇的人民代表大会主席团安排的代表活动,代表所在单位必须给予时间保障。	**第四十条** 代表在本级人民代表大会闭会期间,参加统一组织和安排的代表履职活动,代表所在单位必须给予时间保障。
第三十四条 代表按照本法第三十三条的规定执行代表职务,其所在单位按正常出勤对待,享受所在单位的工资和其他待遇。 无固定工资收入的代表执行代表职务,根据实际情况由本级财政给予适当补贴。	**第四十一条** 代表依法执行代表职务,其所在单位按正常出勤对待,享受所在单位的工资和其他待遇。 无固定工资收入的代表依法执行代表职务,根据实际情况由本级财政给予适当补贴。 代表依法执行代表职务,国家根据需要给予往返的旅费和必要的物质上的便利或者补贴。
第三十五条 代表的活动经费,应当列入本级财政预算予以保障,专款专用。	**第四十二条** 代表的活动经费,应当列入本级财政预算予以保障,专款专用。
	第四十三条 县级以上的各级人民代表大会常务委员会制定年度代表工作计划,依法统筹组织和安排代表履职活动,增强代表履职活动的计划性、组织性和规范性。 年度代表工作计划由委员长会议或者主任会议通过,向本级人民代表大会代表通报,并向社会公布。
第三十六条 县级以上的各级人民代表大会常务委员会应当采取多种方式同本级人民代表大会代表保持联系,扩大代表对本级人民代表大会常务委员会活动的参与。	**第四十四条** 县级以上的各级人民代表大会常务委员会应当采取多种方式同本级人民代表大会代表保持联系,建立健全常务委员会组成人员、各专门委员会和常务委员会办事机构、工作机构联系代表的工作机制,扩大代表对立法、监督等各项工作的参与。 乡、民族乡、镇的人民代表大会主席、副主席在本级人民代表大会闭会期间负责联系本级人民代表大会代表。
第三十七条 县级以上的地方各级人民代表大会常务委员会,应当为本行政区域内的代表执行代表职务提供必要的条件。	**第四十五条** 县级以上的地方各级人民代表大会常务委员会应当加强同本行政区域内的代表的联系,为代表依法履职提供必要的条件。 县级以上的各级人民代表大会常务委员会可以运用现代信息技术,建立健全代表履职网络平台,为代表依法履职、加强履职学习培训等提供便利和服务。
第三十八条 县级以上的各级人民代表大会常务委员会,各级人民政府和人民法院、人民检察院,应当及时向本级人民代表大会代表通报工作情况,提供信息资料,保障代表的知情权。	**第四十六条** 县级以上的各级人民代表大会常务委员会和各级人民政府及其所属各部门、监察委员会、人民法院、人民检察院,应当及时向本级人民代表大会代表通报工作情况,提供信息资料,保障代表的知情权。 各级人民政府及其所属各部门、监察委员会、人民法院、人民检察院,根据本级人民代表大会常务委员会的统筹安排,邀请代表参与相关工作和活动,听取代表的意见和建议。

续表

旧法条(2015)	新法条(2025)
第三十九条 县级以上的各级人民代表大会常务委员会应当有计划地组织代表参加履职学习,协助代表全面熟悉人民代表大会制度、掌握履行代表职务所需的法律知识和其他专业知识。 乡、民族乡、镇的人民代表大会代表可以参加上级人民代表大会常务委员会组织的代表履职学习。	**第四十七条** 县级以上的各级人民代表大会常务委员会应当有计划地组织代表参加履职学习培训和交流,提高代表履职能力。 代表应当学习贯彻中国共产党的理论和路线、方针、政策,熟悉宪法和人民代表大会制度,掌握履职所需的法律知识和其他专业知识。 乡、民族乡、镇的人民代表大会代表应当参加上级人民代表大会常务委员会和乡、民族乡、镇的人民代表大会主席团组织的代表履职学习培训。
第四十条 县级以上的各级人民代表大会常务委员会的办事机构和工作机构是代表执行代表职务的集体服务机构,为代表执行代表职务提供服务保障。	**第四十八条** 县级以上的各级人民代表大会常务委员会的办事机构和工作机构是代表执行代表职务的集体服务机构,为代表执行代表职务提供服务保障。
第四十一条 为了便于代表执行代表职务,各级人民代表大会可以为本级人民代表大会代表制发代表证。	**第四十九条** 为了便于代表执行代表职务,各级人民代表大会应当为本级人民代表大会代表制发代表证。
	第五十条 县级以上的各级人民代表大会专门委员会审议本级人民代表大会主席团交付的代表议案,应当与代表联系沟通,充分听取意见,并及时通报情况。
第四十二条 有关机关、组织应当认真研究办理代表建议、批评和意见,并自交办之日起三个月内答复。涉及面广、处理难度大的建议、批评和意见,应当自交办之日起六个月内答复。 有关机关、组织在研究办理代表建议、批评和意见的过程中,应当与代表联系沟通,充分听取意见。 代表建议、批评和意见的办理情况,应当向本级人民代表大会常务委员会或者乡、民族乡、镇的人民代表大会主席团报告,并印发下一次人民代表大会会议。代表建议、批评和意见办理情况的报告,应当予以公开。	**第五十一条** 代表对各方面工作提出的建议、批评和意见,由本级人民代表大会常务委员会办事机构、工作机构或者乡、民族乡、镇的人民代表大会主席团交有关机关、组织研究办理。 有关机关、组织应当认真研究办理代表建议、批评和意见,与代表联系沟通,充分听取意见,并自交办之日起三个月内答复。涉及面广、处理难度大的建议、批评和意见,应当自交办之日起六个月内答复。 代表建议、批评和意见的办理情况,由常务委员会办事机构、工作机构或者有关机关、组织向本级人民代表大会常务委员会报告,并印发下一次人民代表大会会议;或者由乡、民族乡、镇的人民代表大会主席团或者有关机关、组织向乡、民族乡、镇的人民代表大会报告。代表建议、批评和意见办理情况的报告,应当予以公开。
	第五十二条 县级以上的各级人民代表大会有关专门委员会和常务委员会办事机构、工作机构,乡、民族乡、镇的人民代表大会主席团,应当加强对代表建议、批评和意见的督促办理。 委员长会议或者主任会议可以围绕经济社会发展和关系人民群众切身利益、社会普遍关注的问题,确定重点督促办理的代表建议、批评和意见。
第四十三条 少数民族代表执行代表职务时,有关部门应当在语言文字、生活习惯等方面给予必要的帮助和照顾。	**第五十三条** 少数民族代表执行代表职务时,有关部门应当在语言文字、生活习惯等方面给予必要的帮助和照顾。

续表

旧法条(2015)	新法条(2025)
	第五十四条 身体残疾或者其他行动不便的代表执行代表职务时,有关部门应当根据需要给予必要的帮助和照顾。
第四十四条 一切组织和个人都必须尊重代表的权利,支持代表执行代表职务。 有义务协助代表执行代表职务而拒绝履行义务的,有关单位应当予以批评教育,直至给予行政处分。 阻碍代表依法执行代表职务的,根据情节,由所在单位或者上级机关给予行政处分,或者适用《中华人民共和国治安管理处罚法》第五十条的处罚规定;以暴力、威胁方法阻碍代表依法执行代表职务的,依照刑法有关规定追究刑事责任。 对代表依法执行代表职务进行打击报复的,由所在单位或者上级机关责令改正或者给予行政处分;国家工作人员进行打击报复构成犯罪的,依照刑法有关规定追究刑事责任。	**第五十五条** 一切组织和个人都必须尊重代表的权利,支持代表执行代表职务。 有义务协助代表执行代表职务而拒绝履行义务的,有关单位应当予以批评教育,直至给予处分。 阻碍代表依法执行代表职务的,根据情节,由所在单位或者有关机关给予处分,或者适用《中华人民共和国治安管理处罚法》有关规定给予处罚;以暴力、威胁方法阻碍代表依法执行代表职务的,依照刑法有关规定追究刑事责任。 对代表依法执行代表职务进行打击报复的,由所在单位或者有关机关责令改正或者给予处分;国家工作人员进行打击报复构成犯罪的,依照刑法有关规定追究刑事责任。
	第五十六条 县级以上的各级人民代表大会常务委员会和乡、民族乡、镇的人民代表大会主席团应当通过多种方式宣传代表依法履职、发挥作用的典型事迹,展现代表践行全过程人民民主的生动实践。
第五章 对代表的监督	**第五章 对代表的监督**
	第五十七条 代表应当坚定政治立场,履行政治责任,加强思想作风建设,自觉接受监督,自觉维护代表形象。
第四十五条 代表应当采取多种方式经常听取人民群众对代表履职的意见,回答原选区选民或者原选举单位对代表工作和代表活动的询问,接受监督。 由选民直接选举的代表应当以多种方式向原选区选民报告履职情况。县级人民代表大会常务委员会和乡、民族乡、镇的人民代表大会主席团应当定期组织本级人民代表大会代表向原选区选民报告履职情况。	**第五十八条** 代表应当采取多种方式经常听取人民群众对代表履职的意见,回答原选区选民或者原选举单位对代表工作和代表活动的询问,接受监督。 代表应当以多种方式向原选区选民或者原选举单位报告履职情况。县级以上的地方各级人民代表大会常务委员会和乡、民族乡、镇的人民代表大会主席团应当记录代表履职情况,定期组织本级人民代表大会代表向原选区选民或者原选举单位报告履职情况,并公示代表基本信息和履职信息。
第四十六条 代表应当正确处理从事个人职业活动与执行代表职务的关系,不得利用执行代表职务干涉具体司法案件或者招标投标等经济活动牟取个人利益。	**第五十九条** 代表应当正确处理从事个人职业活动与执行代表职务的关系,不得利用执行代表职务干预具体执法、司法案件,插手招标投标等经济活动或者变相从事商业活动牟取个人利益。
第四十七条 选民或者选举单位有权依法罢免自己选出的代表。被提出罢免的代表有权出席罢免该代表的会议提出申辩意见,或者书面提出申辩意见。	**第六十条** 选民或者选举单位有权依法罢免自己选出的代表。被提出罢免的代表有权出席罢免该代表的会议提出申辩意见,或者书面提出申辩意见。

续表

旧法条（2015）	新法条（2025）
第四十八条　代表有下列情形之一的，暂时停止执行代表职务，由代表资格审查委员会向本级人民代表大会常务委员会或者乡、民族乡、镇的人民代表大会报告： （一）因刑事案件被羁押正在受侦查、起诉、审判的； （二）被依法判处管制、拘役或者有期徒刑而没有附加剥夺政治权利，正在服刑的。 前款所列情形在代表任期内消失后，恢复其执行代表职务，但代表资格终止者除外。	**第六十一条**　代表有下列情形之一的，暂时停止执行代表职务，由代表资格审查委员会向本级人民代表大会常务委员会或者乡、民族乡、镇的人民代表大会报告： （一）因刑事案件被羁押正在受侦查、起诉、审判的； （二）被依法判处管制、拘役或者有期徒刑而没有附加剥夺政治权利，正在服刑的。 前款所列情形在代表任期内消失后，恢复其执行代表职务，但代表资格终止者除外。
第四十九条　代表有下列情形之一的，其代表资格终止： （一）地方各级人民代表大会代表迁出或者调离本行政区域的； （二）辞职被接受的； （三）未经批准两次不出席本级人民代表大会会议的； （四）被罢免的； （五）丧失中华人民共和国国籍的； （六）依照法律被剥夺政治权利的； （七）丧失行为能力的。	**第六十二条**　代表有下列情形之一的，其代表资格终止： （一）地方各级人民代表大会代表迁出或者调离本行政区域的； （二）辞职或者责令辞职被接受的； （三）未经批准两次不出席本级人民代表大会会议的； （四）被罢免的； （五）丧失中华人民共和国国籍的； （六）依照法律被剥夺政治权利的； （七）丧失行为能力的。 代表去世的，其代表资格自然终止。
第五十条　县级以上的各级人民代表大会代表资格的终止，由代表资格审查委员会报本级人民代表大会常务委员会，由本级人民代表大会常务委员会予以公告。 乡、民族乡、镇的人民代表大会代表资格的终止，由代表资格审查委员会报本级人民代表大会，由本级人民代表大会予以公告。	**第六十三条**　县级以上的各级人民代表大会代表资格的终止，由代表资格审查委员会报本级人民代表大会常务委员会，由本级人民代表大会常务委员会予以公告。 乡、民族乡、镇的人民代表大会代表资格的终止，由代表资格审查委员会报本级人民代表大会，由本级人民代表大会予以公告。
第六章　附　　则	**第六章　附　　则**
第五十一条　省、自治区、直辖市的人民代表大会及其常务委员会可以根据本法和本行政区域的实际情况，制定实施办法。	**第六十四条**　省、自治区、直辖市的人民代表大会及其常务委员会可以根据本法和本行政区域的实际情况，制定实施办法。
第五十二条　本法自公布之日起施行。	**第六十五条**　本法自公布之日起施行。

中华人民共和国监察法

（2018年3月20日第十三届全国人民代表大会第一次会议通过　2018年3月20日中华人民共和国主席令第3号公布　根据2024年12月25日第十四届全国人民代表大会常务委员会第十三次会议《关于修改〈中华人民共和国监察法〉的决定》修正）

【法条对照】

旧法条（2018）	新法条（2024）
第一章　总　　则	**第一章　总　　则**
第一条　为了深化国家监察体制改革，加强对所有行使公权力的公职人员的监督，实现国家监察全面覆盖，深入开展反腐败工作，推进国家治理体系和治理能力现代化，根据宪法，制定本法。	**第一条**　为了深入开展反腐败工作，加强对所有行使公权力的公职人员的监督，实现国家监察全面覆盖，持续深化国家监察体制改革，推进国家治理体系和治理能力现代化，根据宪法，制定本法。
第二条　坚持中国共产党对国家监察工作的领导，以马克思列宁主义、毛泽东思想、邓小平理论、"三个代表"重要思想、科学发展观、习近平新时代中国特色社会主义思想为指导，构建集中统一、权威高效的中国特色国家监察体制。	**第二条**　坚持中国共产党对国家监察工作的领导，以马克思列宁主义、毛泽东思想、邓小平理论、"三个代表"重要思想、科学发展观、习近平新时代中国特色社会主义思想为指导，构建集中统一、权威高效的中国特色国家监察体制。
第三条　各级监察委员会是行使国家监察职能的专责机关，依照本法对所有行使公权力的公职人员（以下称公职人员）进行监察，调查职务违法和职务犯罪，开展廉政建设和反腐败工作，维护宪法和法律的尊严。	**第三条**　各级监察委员会是行使国家监察职能的专责机关，依照本法对所有行使公权力的公职人员（以下称公职人员）进行监察，调查职务违法和职务犯罪，开展廉政建设和反腐败工作，维护宪法和法律的尊严。
第四条　监察委员会依照法律规定独立行使监察权，不受行政机关、社会团体和个人的干涉。 监察机关办理职务违法和职务犯罪案件，应当与审判机关、检察机关、执法部门互相配合，互相制约。 监察机关在工作中需要协助的，有关机关和单位应当根据监察机关的要求依法予以协助。	**第四条**　监察委员会依照法律规定独立行使监察权，不受行政机关、社会团体和个人的干涉。 监察机关办理职务违法和职务犯罪案件，应当与审判机关、检察机关、执法部门互相配合，互相制约。 监察机关在工作中需要协助的，有关机关和单位应当根据监察机关的要求依法予以协助。
第五条　国家监察工作严格遵照宪法和法律，以事实为根据，以法律为准绳；在适用法律上一律平等，保障当事人的合法权益；权责对等，严格监督；惩戒与教育相结合，宽严相济。	**第五条**　国家监察工作严格遵照宪法和法律，以事实为根据，以法律为准绳；权责对等，严格监督；遵守法定程序，公正履行职责；尊重和保障人权，在适用法律上一律平等，保障监察对象及相关人员的合法权益；惩戒与教育相结合，宽严相济。
第六条　国家监察工作坚持标本兼治、综合治理，强化监督问责，严厉惩治腐败；深化改革、健全法治，有效制约和监督权力；加强法治教育和道德教育，弘扬中华优秀传统文化，构建不敢腐、不能腐、不想腐的长效机制。	**第六条**　国家监察工作坚持标本兼治、综合治理，强化监督问责，严厉惩治腐败；深化改革、健全法治，有效制约和监督权力；加强法治教育和道德教育，弘扬中华优秀传统文化，构建不敢腐、不能腐、不想腐的长效机制。

续表

旧法条(2018)	新法条(2024)
第二章　监察机关及其职责	**第二章　监察机关及其职责**
第七条　中华人民共和国国家监察委员会是最高监察机关。 省、自治区、直辖市、自治州、县、自治县、市、市辖区设立监察委员会。	**第七条**　中华人民共和国国家监察委员会是最高监察机关。 省、自治区、直辖市、自治州、县、自治县、市、市辖区设立监察委员会。
第八条　国家监察委员会由全国人民代表大会产生,负责全国监察工作。 国家监察委员会由主任、副主任若干人、委员若干人组成,主任由全国人民代表大会选举,副主任、委员由国家监察委员会主任提请全国人民代表大会常务委员会任免。 国家监察委员会主任每届任期同全国人民代表大会每届任期相同,连续任职不得超过两届。 国家监察委员会对全国人民代表大会及其常务委员会负责,并接受其监督。	**第八条**　国家监察委员会由全国人民代表大会产生,负责全国监察工作。 国家监察委员会由主任、副主任若干人、委员若干人组成,主任由全国人民代表大会选举,副主任、委员由国家监察委员会主任提请全国人民代表大会常务委员会任免。 国家监察委员会主任每届任期同全国人民代表大会每届任期相同,连续任职不得超过两届。 国家监察委员会对全国人民代表大会及其常务委员会负责,并接受其监督。
第九条　地方各级监察委员会由本级人民代表大会产生,负责本行政区域内的监察工作。 地方各级监察委员会由主任、副主任若干人、委员若干人组成,主任由本级人民代表大会选举,副主任、委员由监察委员会主任提请本级人民代表大会常务委员会任免。 地方各级监察委员会主任每届任期同本级人民代表大会每届任期相同。 地方各级监察委员会对本级人民代表大会及其常务委员会和上一级监察委员会负责,并接受其监督。	**第九条**　地方各级监察委员会由本级人民代表大会产生,负责本行政区域内的监察工作。 地方各级监察委员会由主任、副主任若干人、委员若干人组成,主任由本级人民代表大会选举,副主任、委员由监察委员会主任提请本级人民代表大会常务委员会任免。 地方各级监察委员会主任每届任期同本级人民代表大会每届任期相同。 地方各级监察委员会对本级人民代表大会及其常务委员会和上一级监察委员会负责,并接受其监督。
第十条　国家监察委员会领导地方各级监察委员会的工作,上级监察委员会领导下级监察委员会的工作。	**第十条**　国家监察委员会领导地方各级监察委员会的工作,上级监察委员会领导下级监察委员会的工作。
第十一条　监察委员会依照本法和有关法律规定履行监督、调查、处置职责: (一)对公职人员开展廉政教育,对其依法履职、秉公用权、廉洁从政从业以及道德操守情况进行监督检查; (二)对涉嫌贪污贿赂、滥用职权、玩忽职守、权力寻租、利益输送、徇私舞弊以及浪费国家资财等职务违法和职务犯罪进行调查; (三)对违法的公职人员依法作出政务处分决定;对履行职责不力、失职失责的领导人员进行问责;对涉嫌职务犯罪的,将调查结果移送人民检察院依法审查、提起公诉;向监察对象所在单位提出监察建议。	**第十一条**　监察委员会依照本法和有关法律规定履行监督、调查、处置职责: (一)对公职人员开展廉政教育,对其依法履职、秉公用权、廉洁从政从业以及道德操守情况进行监督检查; (二)对涉嫌贪污贿赂、滥用职权、玩忽职守、权力寻租、利益输送、徇私舞弊以及浪费国家资财等职务违法和职务犯罪进行调查; (三)对违法的公职人员依法作出政务处分决定;对履行职责不力、失职失责的领导人员进行问责;对涉嫌职务犯罪的,将调查结果移送人民检察院依法审查、提起公诉;向监察对象所在单位提出监察建议。

续表

旧法条(2018)	新法条(2024)
第十二条 各级监察委员会可以向本级中国共产党机关、国家机关、法律法规授权或者委托管理公共事务的组织和单位以及所管辖的行政区域、国有企业等派驻或者派出监察机构、监察专员。 监察机构、监察专员对派驻或者派出它的监察委员会负责。	**第十二条** 级监察委员会可以向本级中国共产党机关、国家机关、中国人民政治协商会议委员会机关、法律法规授权或者委托管理公共事务的组织和单位以及所管辖的行政区域、国有企业、事业单位等派驻或者派出监察机构、监察专员。 经国家监察委员会批准,国家监察委员会派驻本级实行垂直管理或者双重领导并以上级单位领导为主的单位、国有企业的监察机构、监察专员,可以向驻在单位的下一级单位再派出。 经国家监察委员会批准,国家监察委员会派驻监察机构、监察专员,可以向驻在单位管理领导班子的普通高等学校再派出;国家监察委员会派驻国务院国有资产监督管理机构的监察机构,可以向驻在单位管理领导班子的国有企业再派出。 监察机构、监察专员对派驻或者派出它的监察委员会或者监察机构、监察专员负责。
第十三条 派驻或者派出的监察机构、监察专员根据授权,按照管理权限依法对公职人员进行监督,提出监察建议,依法对公职人员进行调查、处置。	**第十三条** 派驻或者派出的监察机构、监察专员根据授权,按照管理权限依法对公职人员进行监督,提出监察建议,依法对公职人员进行调查、处置。
第十四条 国家实行监察官制度,依法确定监察官的等级设置、任免、考评和晋升等制度。	**第十四条** 国家实行监察官制度,依法确定监察官的等级设置、任免、考评和晋升等制度。
第三章　监察范围和管辖	**第三章　监察范围和管辖**
第十五条 监察机关对下列公职人员和有关人员进行监察: (一)中国共产党机关、人民代表大会及其常务委员会机关、人民政府、监察委员会、人民法院、人民检察院、中国人民政治协商会议各级委员会机关、民主党派机关和工商业联合会机关的公务员,以及参照《中华人民共和国公务员法》管理的人员; (二)法律、法规授权或者受国家机关依法委托管理公共事务的组织中从事公务的人员; (三)国有企业管理人员; (四)公办的教育、科研、文化、医疗卫生、体育等单位中从事管理的人员; (五)基层群众性自治组织中从事管理的人员; (六)其他依法履行公职的人员。	**第十五条** 监察机关对下列公职人员和有关人员进行监察: (一)中国共产党机关、人民代表大会及其常务委员会机关、人民政府、监察委员会、人民法院、人民检察院、中国人民政治协商会议各级委员会机关、民主党派机关和工商业联合会机关的公务员,以及参照《中华人民共和国公务员法》管理的人员; (二)法律、法规授权或者受国家机关依法委托管理公共事务的组织中从事公务的人员; (三)国有企业管理人员; (四)公办的教育、科研、文化、医疗卫生、体育等单位中从事管理的人员; (五)基层群众性自治组织中从事管理的人员; (六)其他依法履行公职的人员。
第十六条 各级监察机关按照管理权限管辖本辖区内本法第十五条规定的人员所涉监察事项。 上级监察机关可以办理下一级监察机关管辖范围内的监察事项,必要时也可以办理所辖各级监察机关管辖范围内的监察事项。 监察机关之间对监察事项的管辖有争议的,由其共同的上级监察机关确定。	**第十六条** 各级监察机关按照管理权限管辖本辖区内本法第十五条规定的人员所涉监察事项。 上级监察机关可以办理下一级监察机关管辖范围内的监察事项,必要时也可以办理所辖各级监察机关管辖范围内的监察事项。 监察机关之间对监察事项的管辖有争议的,由其共同的上级监察机关确定。

旧法条(2018)	新法条(2024)
第十七条　上级监察机关可以将其所管辖的监察事项指定下级监察机关管辖,也可以将下级监察机关有管辖权的监察事项指定给其他监察机关管辖。 监察机关认为所管辖的监察事项重大、复杂,需要由上级监察机关管辖的,可以报请上级监察机关管辖。	**第十七条**　上级监察机关可以将其所管辖的监察事项指定下级监察机关管辖,也可以将下级监察机关有管辖权的监察事项指定给其他监察机关管辖。 监察机关认为所管辖的监察事项重大、复杂,需要由上级监察机关管辖的,可以报请上级监察机关管辖。
第四章　监察权限	**第四章　监察权限**
第十八条　监察机关行使监督、调查职权,有权依法向有关单位和个人了解情况,收集、调取证据。有关单位和个人应当如实提供。 监察机关及其工作人员对监督、调查过程中知悉的国家秘密、商业秘密、个人隐私,应当保密。 任何单位和个人不得伪造、隐匿或者毁灭证据。	**第十八条**　监察机关行使监督、调查职权,有权依法向有关单位和个人了解情况,收集、调取证据。有关单位和个人应当如实提供。 监察机关及其工作人员对监督、调查过程中知悉的国家秘密、工作秘密、商业秘密、个人隐私和个人信息,应当保密。 任何单位和个人不得伪造、隐匿或者毁灭证据。
第十九条　对可能发生职务违法的监察对象,监察机关按照管理权限,可以直接或者委托有关机关、人员进行谈话或者要求说明情况。	**第十九条**　对可能发生职务违法的监察对象,监察机关按照管理权限,可以直接或者委托有关机关、人员进行谈话,或者进行函询,要求说明情况。
第二十条　在调查过程中,对涉嫌职务违法的被调查人,监察机关可以要求其就涉嫌违法行为作出陈述,必要时向被调查人出具书面通知。 对涉嫌贪污贿赂、失职渎职等职务犯罪的被调查人,监察机关可以进行讯问,要求其如实供述涉嫌犯罪的情况。	**第二十条**　在调查过程中,对涉嫌职务违法的被调查人,监察机关可以要求其就涉嫌违法行为作出陈述,必要时向被调查人出具书面通知。 对涉嫌贪污贿赂、失职渎职等职务犯罪的被调查人,监察机关可以进行讯问,要求其如实供述涉嫌犯罪的情况。
	第二十一条　监察机关根据案件情况,经依法审批,可以强制涉嫌严重职务违法或者职务犯罪的被调查人到案接受调查。
第二十一条　在调查过程中,监察机关可以询问证人等人员。	**第二十二条**　在调查过程中,监察机关可以询问证人等人员。
	第二十三条　被调查人涉嫌严重职务违法或者职务犯罪,并有下列情形之一,经监察机关依法审批,可以对其采取责令候查措施: (一)不具有本法第二十四条第一款所列情形的; (二)符合留置条件,但患有严重疾病、生活不能自理的,系怀孕或者正在哺乳自己婴儿的妇女,或者系生活不能自理的人的唯一扶养人; (三)案件尚未办结,但留置期限届满或者对被留置人员不需要继续采取留置措施的; (四)符合留置条件,但因为案件的特殊情况或者办理案件的需要,采取责令候查措施更为适宜的。 被责令候查人员应当遵守以下规定: (一)未经监察机关批准不得离开所居住的直辖市、设区的市的城市市区或者不设区的市、县的辖区; (二)住址、工作单位和联系方式发生变动的,在二十四小时以内向监察机关报告; (三)在通知的时候及时到案接受调查; (四)不得以任何形式干扰证人作证; (五)不得串供或者伪造、隐匿、毁灭证据。 被责令候查人员违反前款规定,情节严重的,可以依法予以留置。

旧法条(2018)	新法条(2024)
第二十二条 被调查人涉嫌贪污贿赂、失职渎职等严重职务违法或者职务犯罪,监察机关已经掌握其部分违法犯罪事实及证据,仍有重要问题需要进一步调查,并有下列情形之一的,经监察机关依法审批,可以将其留置在特定场所: (一)涉及案情重大、复杂的; (二)可能逃跑、自杀的; (三)可能串供或者伪造、隐匿、毁灭证据的; (四)可能有其他妨碍调查行为的。 对涉嫌行贿犯罪或者共同职务犯罪的涉案人员,监察机关可以依照前款规定采取留置措施。 留置场所的设置、管理和监督依照国家有关规定执行。	**第二十四条** 被调查人涉嫌贪污贿赂、失职渎职等严重职务违法或者职务犯罪,监察机关已经掌握其部分违法犯罪事实及证据,仍有重要问题需要进一步调查,并有下列情形之一的,经监察机关依法审批,可以将其留置在特定场所: (一)涉及案情重大、复杂的; (二)可能逃跑、自杀的; (三)可能串供或者伪造、隐匿、毁灭证据的; (四)可能有其他妨碍调查行为的。 对涉嫌行贿犯罪或者共同职务犯罪的涉案人员,监察机关可以依照前款规定采取留置措施。 留置场所的设置、管理和监督依照国家有关规定执行。
	第二十五条 对于未被留置的下列人员,监察机关发现存在逃跑、自杀等重大安全风险的,经依法审批,可以进行管护: (一)涉嫌严重职务违法或者职务犯罪的自动投案人员; (二)在接受谈话、函询、询问过程中,交代涉嫌严重职务违法或者职务犯罪问题的人员; (三)在接受讯问过程中,主动交代涉嫌重大职务犯罪问题的人员。 采取管护措施后,应当立即将被管护人员送留置场所,至迟不得超过二十四小时。
第二十三条 监察机关调查涉嫌贪污贿赂、失职渎职等严重职务违法或者职务犯罪,根据工作需要,可以依照规定查询、冻结涉案单位和个人的存款、汇款、债券、股票、基金份额等财产。有关单位和个人应当配合。 冻结的财产经查明与案件无关的,应当在查明后三日内解除冻结,予以退还。	**第二十六条** 监察机关调查涉嫌贪污贿赂、失职渎职等严重职务违法或者职务犯罪,根据工作需要,可以依照规定查询、冻结涉案单位和个人的存款、汇款、债券、股票、基金份额等财产。有关单位和个人应当配合。 冻结的财产经查明与案件无关的,应当在查明后三日内解除冻结,予以退还。
第二十四条 监察机关可以对涉嫌职务犯罪的被调查人以及可能隐藏被调查人或者犯罪证据的人的身体、物品、住处和其他有关地方进行搜查。在搜查时,应当出示搜查证,并有被搜查人或者其家属等见证人在场。 搜查女性身体,应当由女性工作人员进行。 监察机关进行搜查时,可以根据工作需要提请公安机关配合。公安机关应当依法予以协助。	**第二十七条** 监察机关可以对涉嫌职务犯罪的被调查人以及可能隐藏被调查人或者犯罪证据的人的身体、物品、住处和其他有关地方进行搜查。在搜查时,应当出示搜查证,并有被搜查人或者其家属等见证人在场。 搜查女性身体,应当由女性工作人员进行。 监察机关进行搜查时,可以根据工作需要提请公安机关配合。公安机关应当依法予以协助。

续表

旧法条(2018)	新法条(2024)
第二十五条 监察机关在调查过程中,可以调取、查封、扣押用以证明被调查人涉嫌违法犯罪的财物、文件和电子数据等信息。采取调取、查封、扣押措施,应当收集原物原件,会同持有人或者保管人、见证人,当面逐一拍照、登记、编号,开列清单,由在场人员当场核对、签名,并将清单副本交财物、文件的持有人或者保管人。 对调取、查封、扣押的财物、文件,监察机关应当设立专用账户、专门场所,确定专门人员妥善保管,严格履行交接、调取手续,定期对账核实,不得毁损或者用于其他目的。对价值不明物品应当及时鉴定,专门封存保管。 查封、扣押的财物、文件经查明与案件无关的,应当在查明后三日内解除查封、扣押,予以退还。	**第二十八条** 监察机关在调查过程中,可以调取、查封、扣押用以证明被调查人涉嫌违法犯罪的财物、文件和电子数据等信息。采取调取、查封、扣押措施,应当收集原物原件,会同持有人或者保管人、见证人,当面逐一拍照、登记、编号,开列清单,由在场人员当场核对、签名,并将清单副本交财物、文件的持有人或者保管人。 对调取、查封、扣押的财物、文件,监察机关应当设立专用账户、专门场所,确定专门人员妥善保管,严格履行交接、调取手续,定期对账核实,不得毁损或者用于其他目的。对价值不明物品应当及时鉴定,专门封存保管。 查封、扣押的财物、文件经查明与案件无关的,应当在查明后三日内解除查封、扣押,予以退还。
第二十六条 监察机关在调查过程中,可以直接或者指派、聘请具有专门知识、资格的人员在调查人员主持下进行勘验检查。勘验检查情况应当制作笔录,由参加勘验检查的人员和见证人签名或者盖章。	**第二十九条** 监察机关在调查过程中,可以直接或者指派、聘请具有专门知识的人在调查人员主持下进行勘验检查。勘验检查情况应当制作笔录,由参加勘验检查的人员和见证人签名或者盖章。 必要时,可以进行调查实验。调查实验情况应当制作笔录,由参加实验的人员签名或者盖章。
第二十七条 监察机关在调查过程中,对于案件中的专门性问题,可以指派、聘请有专门知识的人进行鉴定。鉴定人进行鉴定后,应当出具鉴定意见,并且签名。	**第三十条** 监察机关在调查过程中,对于案件中的专门性问题,可以指派、聘请有专门知识的人进行鉴定。鉴定人进行鉴定后,应当出具鉴定意见,并且签名。
第二十八条 监察机关调查涉嫌重大贪污贿赂等职务犯罪,根据需要,经过严格的批准手续,可以采取技术调查措施,按照规定交有关机关执行。 批准决定应当明确采取技术调查措施的种类和适用对象,自签发之日起三个月以内有效;对于复杂、疑难案件,期限届满仍有必要继续采取技术调查措施的,经过批准,有效期可以延长,每次不得超过三个月。对于不需要继续采取技术调查措施的,应当及时解除。	**第三十一条** 监察机关调查涉嫌重大贪污贿赂等职务犯罪,根据需要,经过严格的批准手续,可以采取技术调查措施,按照规定交有关机关执行。 批准决定应当明确采取技术调查措施的种类和适用对象,自签发之日起三个月以内有效;对于复杂、疑难案件,期限届满仍有必要继续采取技术调查措施的,经过批准,有效期可以延长,每次不得超过三个月。对于不需要继续采取技术调查措施的,应当及时解除。
第二十九条 依法应当留置的被调查人如果在逃,监察机关可以决定在本行政区域内通缉,由公安机关发布通缉令,追捕归案。通缉范围超出本行政区域的,应当报请有权决定的上级监察机关决定。	**第三十二条** 依法应当留置的被调查人如果在逃,监察机关可以决定在本行政区域内通缉,由公安机关发布通缉令,追捕归案。通缉范围超出本行政区域的,应当报请有权决定的上级监察机关决定。
第三十条 监察机关为防止被调查人及相关人员逃匿境外,经省级以上监察机关批准,可以对被调查人及相关人员采取限制出境措施,由公安机关依法执行。对于不需要继续采取限制出境措施的,应当及时解除。	**第三十三条** 监察机关为防止被调查人及相关人员逃匿境外,经省级以上监察机关批准,可以对被调查人及相关人员采取限制出境措施,由公安机关依法执行。对于不需要继续采取限制出境措施的,应当及时解除。

续表

旧法条（2018）	新法条（2024）
第三十一条　涉嫌职务犯罪的被调查人主动认罪认罚，有下列情形之一的，监察机关经领导人员集体研究，并报上一级监察机关批准，可以在移送人民检察院时提出从宽处罚的建议： （一）自动投案，真诚悔罪悔过的； （二）积极配合调查工作，如实供述监察机关还未掌握的违法犯罪行为的； （三）积极退赃，减少损失的； （四）具有重大立功表现或者案件涉及国家重大利益等情形的。	**第三十四条**　涉嫌职务犯罪的被调查人主动认罪认罚，有下列情形之一的，监察机关经领导人员集体研究，并报上一级监察机关批准，可以在移送人民检察院时提出从宽处罚的建议： （一）自动投案，真诚悔罪悔过的； （二）积极配合调查工作，如实供述监察机关还未掌握的违法犯罪行为的； （三）积极退赃，减少损失的； （四）具有重大立功表现或者案件涉及国家重大利益等情形的。
第三十二条　职务违法犯罪的涉案人员揭发有关被调查人职务违法犯罪行为，查证属实的，或者提供重要线索，有助于调查其他案件的，监察机关经领导人员集体研究，并报上一级监察机关批准，可以在移送人民检察院时提出从宽处罚的建议。	**第三十五条**　职务违法犯罪的涉案人员揭发有关被调查人职务违法犯罪行为，查证属实的，或者提供重要线索，有助于调查其他案件的，监察机关经领导人员集体研究，并报上一级监察机关批准，可以在移送人民检察院时提出从宽处罚的建议。
第三十三条　监察机关依照本法规定收集的物证、书证、证人证言、被调查人供述和辩解、视听资料、电子数据等证据材料，在刑事诉讼中可以作为证据使用。 监察机关在收集、固定、审查、运用证据时，应当与刑事审判关于证据的要求和标准相一致。 以非法方法收集的证据应当依法予以排除，不得作为案件处置的依据。	**第三十六条**　监察机关依照本法规定收集的物证、书证、证人证言、被调查人供述和辩解、视听资料、电子数据等证据材料，在刑事诉讼中可以作为证据使用。 监察机关在收集、固定、审查、运用证据时，应当与刑事审判关于证据的要求和标准相一致。 以非法方法收集的证据应当依法予以排除，不得作为案件处置的依据。
第三十四条　人民法院、人民检察院、公安机关、审计机关等国家机关在工作中发现公职人员涉嫌贪污贿赂、失职渎职等职务违法或者职务犯罪的问题线索，应当移送监察机关，由监察机关依法调查处置。 被调查人既涉嫌严重职务违法或者职务犯罪，又涉嫌其他违法犯罪的，一般应当由监察机关为主调查，其他机关予以协助。	**第三十七条**　人民法院、人民检察院、公安机关、审计机关等国家机关在工作中发现公职人员涉嫌贪污贿赂、失职渎职等职务违法或者职务犯罪的问题线索，应当移送监察机关，由监察机关依法调查处置。 被调查人既涉嫌严重职务违法或者职务犯罪，又涉嫌其他违法犯罪的，一般应当由监察机关为主调查，其他机关予以协助。
第五章　监察程序	**第五章　监察程序**
第三十五条　监察机关对于报案或者举报，应当接受并按照有关规定处理。对于不属于本机关管辖的，应当移送主管机关处理。	**第三十八条**　监察机关对于报案或者举报，应当接受并按照有关规定处理。对于不属于本机关管辖的，应当移送主管机关处理。
第三十六条　监察机关应当严格按照程序开展工作，建立问题线索处置、调查、审理各部门相互协调、相互制约的工作机制。 监察机关应当加强对调查、处置工作全过程的监督管理，设立相应的工作部门履行线索管理、监督检查、督促办理、统计分析等管理协调职能。	**第三十九条**　监察机关应当严格按照程序开展工作，建立问题线索处置、调查、审理各部门相互协调、相互制约的工作机制。 监察机关应当加强对调查、处置工作全过程的监督管理，设立相应的工作部门履行线索管理、监督检查、督促办理、统计分析等管理协调职能。

续表

旧法条(2018)	新法条(2024)
第三十七条 监察机关对监察对象的问题线索,应当按照有关规定提出处置意见,履行审批手续,进行分类办理。线索处置情况应当定期汇总、通报,定期检查、抽查。	**第四十条** 监察机关对监察对象的问题线索,应当按照有关规定提出处置意见,履行审批手续,进行分类办理。线索处置情况应当定期汇总、通报,定期检查、抽查。
第三十八条 需要采取初步核实方式处置问题线索的,监察机关应当依法履行审批程序,成立核查组。初步核实工作结束后,核查组应当撰写初步核实情况报告,提出处理建议。承办部门应当提出分类处理意见。初步核实情况报告和分类处理意见报监察机关主要负责人审批。	**第四十一条** 需要采取初步核实方式处置问题线索的,监察机关应当依法履行审批程序,成立核查组。初步核实工作结束后,核查组应当撰写初步核实情况报告,提出处理建议。承办部门应当提出分类处理意见。初步核实情况报告和分类处理意见报监察机关主要负责人审批。
第三十九条 经过初步核实,对监察对象涉嫌职务违法犯罪,需要追究法律责任的,监察机关应当按照规定的权限和程序办理立案手续。 监察机关主要负责人依法批准立案后,应当主持召开专题会议,研究确定调查方案,决定需要采取的调查措施。 立案调查决定应当向被调查人宣布,并通报相关组织。涉嫌严重职务违法或者职务犯罪的,应当通知被调查人家属,并向社会公开发布。	**第四十二条** 经过初步核实,对监察对象涉嫌职务违法犯罪,需要追究法律责任的,监察机关应当按照规定的权限和程序办理立案手续。 监察机关主要负责人依法批准立案后,应当主持召开专题会议,研究确定调查方案,决定需要采取的调查措施。 立案调查决定应当向被调查人宣布,并通报相关组织。涉嫌严重职务违法或者职务犯罪的,应当通知被调查人家属,并向社会公开发布。
第四十条 监察机关对职务违法和职务犯罪案件,应当进行调查,收集被调查人有无违法犯罪以及情节轻重的证据,查明违法犯罪事实,形成相互印证、完整稳定的证据链。 严禁以威胁、引诱、欺骗及其他非法方式收集证据,严禁侮辱、打骂、虐待、体罚或者变相体罚被调查人和涉案人员。	**第四十三条** 监察机关对职务违法和职务犯罪案件,应当进行调查,收集被调查人有无违法犯罪以及情节轻重的证据,查明违法犯罪事实,形成相互印证、完整稳定的证据链。 调查人员应当依法文明规范开展调查工作。严禁以暴力、威胁、引诱、欺骗及其他非法方式收集证据,严禁侮辱、打骂、虐待、体罚或者变相体罚被调查人和涉案人员。” 监察机关及其工作人员在履行职责过程中应当依法保护企业产权和自主经营权,严禁利用职权非法干扰企业生产经营。需要企业经营者协助调查的,应当保障其人身权利、财产权利和其他合法权益,避免或者尽量减少对企业正常生产经营活动的影响。
第四十一条 调查人员采取讯问、询问、留置、搜查、调取、查封、扣押、勘验检查等调查措施,均应当依照规定出示证件,出具书面通知,由二人以上进行,形成笔录、报告等书面材料,并由相关人员签名、盖章。 调查人员进行讯问以及搜查、查封、扣押等重要取证工作,应当对全过程进行录音录像,留存备查。	**第四十四条** 调查人员采取讯问、询问、强制到案、责令候查、管护、留置、搜查、调取、查封、扣押、勘验检查等调查措施,均应当依照规定出示证件,出具书面通知,由二人以上进行,形成笔录、报告等书面材料,并由相关人员签名、盖章。 调查人员进行讯问以及搜查、查封、扣押等重要取证工作,应当对全过程进行录音录像,留存备查。
第四十二条 调查人员应当严格执行调查方案,不得随意扩大调查范围、变更调查对象和事项。 对调查过程中的重要事项,应当集体研究后按程序请示报告。	**第四十五条** 调查人员应当严格执行调查方案,不得随意扩大调查范围、变更调查对象和事项。 对调查过程中的重要事项,应当集体研究后按程序请示报告。

续表

旧法条(2018)	新法条(2024)
	第四十六条 采取强制到案、责令候查或者管护措施的,应当按照规定的权限和程序,经监察机关主要负责人批准。 强制到案持续的时间不得超过十二小时;需要采取管护或者留置措施的,强制到案的持续的时间不得超过二十四小时。不得以连续强制到案的方式变相拘禁被调查人。 责令候查最长不得超过十二个月。 监察机关采取管护措施的,应当在七日以内依法作出留置或者解除管护的决定,特殊情况下可以延长一日至三日。
第四十三条第一款 监察机关采取留置措施,应当由监察机关领导人员集体研究决定。设区的市级以下监察机关采取留置措施,应当报上一级监察机关批准。省级监察机关采取留置措施,应当报国家监察委员会备案。	**第四十七条** 监察机关采取留置措施,应当由监察机关领导人员集体研究决定。设区的市级以下监察机关采取留置措施,应当报上一级监察机关批准。省级监察机关采取留置措施,应当报国家监察委员会备案。
第四十三条第二款 留置时间不得超过三个月。在特殊情况下,可以延长一次,延长时间不得超过三个月。省级以下监察机关采取留置措施的,延长留置时间应当报上一级监察机关批准。监察机关发现采取留置措施不当的,应当及时解除。	**第四十八条** 留置时间不得超过三个月。在特殊情况下,可以延长一次,延长时间不得超过三个月。省级以下监察机关采取留置措施的,延长留置时间应当报上一级监察机关批准。监察机关发现采取留置措施不当或者不需要继续采取留置措施的,应当及时解除或者变更为责令候查措施。 对涉嫌职务犯罪的被调查人可能判处十年有期徒刑以上刑罚,监察机关依照前款规定延长期限届满,仍不能调查终结的,经国家监察委员会批准或者决定,可以再延长二个月。 省级以上监察机关在调查期间,发现涉嫌职务犯罪的被调查人另有与留置时的罪行不同种的重大职务犯罪或者同种的影响罪名认定、量刑档次的重大职务犯罪,经国家监察委员会批准或者决定,自发现之日起依照第一款的规定重新计算留置时间。留置时间重新计算以一次为限。
第四十三条第三款 监察机关采取留置措施,可以根据工作需要提请公安机关配合。公安机关应当依法予以协助。	**第四十九条** 监察机关采取强制到案、责令候查、管护、留置措施,可以根据工作需要提请公安机关配合。公安机关应当依法予以协助。 省级以下监察机关留置场所的看护勤务由公安机关负责,国家监察委员会留置场所的看护勤务由国家另行规定。留置看护队伍的组建依照国家有关规定执行。

续表

旧法条(2018)	新法条(2024)
第四十四条 对被调查人采取留置措施后,应当在二十四小时以内,通知被留置人员所在单位和家属,但有可能毁灭、伪造证据,干扰证人作证或者串供等有碍调查情形的除外。有碍调查的情形消失后,应当立即通知被留置人员所在单位和家属。 监察机关应当保障被留置人员的饮食、休息和安全,提供医疗服务。讯问被留置人员应当合理安排讯问时间和时长,讯问笔录由被讯问人阅看后签名。 被留置人员涉嫌犯罪移送司法机关后,被依法判处管制、拘役和有期徒刑的,留置一日折抵管制二日,折抵拘役、有期徒刑一日。	**第五十条** 采取管护或者留置措施后,应当在二十四小时以内,通知被管护人员、被留置人员所在单位和家属,但有可能伪造、隐匿、毁灭证据,干扰证人作证或者串供等有碍调查情形的除外。有碍调查的情形消失后,应当立即通知被管护人员、被留置人员所在单位和家属。解除管护或者留置的,应当及时通知被管护人员、被留置人员所在单位或者家属。 被管护人员、被留置人员及其近亲属有权申请变更管护、留置措施。监察机关收到申请后,应当在三日以内作出决定;不同意变更措施的,应当告知申请人,并说明不同意的理由。 监察机关应当保障被强制到案人员、被管护人员以及被留置人员的饮食、休息和安全,提供医疗服务。对其谈话、讯问的,应当合理安排时间和时长,谈话笔录、讯问笔录由被谈话人、被讯问人阅看后签名。 被管护人员、被留置人员涉嫌犯罪移送司法机关后,被依法判处管制、拘役和有期徒刑的,管护、留置一日折抵管制二日,折抵拘役、有期徒刑一日。
	第五十一条 监察机关在调查工作结束后,应当依法对案件事实和证据、性质认定、程序手续、涉案财物等进行全面审理,形成审理报告,提请集体审议。
第四十五条 监察机关根据监督、调查结果,依法作出如下处置: (一)对有职务违法行为但情节较轻的公职人员,按照管理权限,直接或者委托有关机关、人员,进行谈话提醒、批评教育、责令检查,或者予以诫勉; (二)对违法的公职人员依照法定程序作出警告、记过、记大过、降级、撤职、开除等政务处分决定; (三)对不履行或者不正确履行职责负有责任的领导人员,按照管理权限对其直接作出问责决定,或者向有权作出问责决定的机关提出问责建议; (四)对涉嫌职务犯罪的,监察机关经调查认为犯罪事实清楚,证据确实、充分的,制作起诉意见书,连同案卷材料、证据一并移送人民检察院依法审查、提起公诉; (五)对监察对象所在单位廉政建设和履行职责存在的问题等提出监察建议。 监察机关经调查,对没有证据证明被调查人存在违法犯罪行为的,应当撤销案件,并通知被调查人所在单位。	**第五十二条** 监察机关根据监督、调查结果,依法作出如下处置: (一)对有职务违法行为但情节较轻的公职人员,按照管理权限,直接或者委托有关机关、人员,进行谈话提醒、批评教育、责令检查,或者予以诫勉; (二)对违法的公职人员依照法定程序作出警告、记过、记大过、降级、撤职、开除等政务处分决定; (三)对不履行或者不正确履行职责负有责任的领导人员,按照管理权限对其直接作出问责决定,或者向有权作出问责决定的机关提出问责建议; (四)对涉嫌职务犯罪的,监察机关经调查认为犯罪事实清楚,证据确实、充分的,制作起诉意见书,连同案卷材料、证据一并移送人民检察院依法审查、提起公诉; (五)对监察对象所在单位廉政建设和履行职责存在的问题等提出监察建议。 监察机关经调查,对没有证据证明被调查人存在违法犯罪行为的,应当撤销案件,并通知被调查人所在单位。
第四十六条 监察机关经调查,对违法取得的财物,依法予以没收、追缴或者责令退赔;对涉嫌犯罪取得的财物,应当随案移送人民检察院。	**第五十三条** 监察机关经调查,对违法取得的财物,依法予以没收、追缴或者责令退赔;对涉嫌犯罪取得的财物,应当随案移送人民检察院。

续表

旧法条(2018)	新法条(2024)
第四十七条 对监察机关移送的案件,人民检察院依照《中华人民共和国刑事诉讼法》对被调查人采取强制措施。 人民检察院经审查,认为犯罪事实已经查清,证据确实、充分,依法应当追究刑事责任的,应当作出起诉决定。 人民检察院经审查,认为需要补充核实的,应当退回监察机关补充调查,必要时可以自行补充侦查。对于补充调查的案件,应当在一个月内补充调查完毕。补充调查以二次为限。 人民检察院对于有《中华人民共和国刑事诉讼法》规定的不起诉的情形的,经上一级人民检察院批准,依法作出不起诉的决定。监察机关认为不起诉的决定有错误的,可以向上一级人民检察院提请复议。	**第五十四条** 对监察机关移送的案件,人民检察院依照《中华人民共和国刑事诉讼法》对被调查人采取强制措施。 人民检察院经审查,认为犯罪事实已经查清,证据确实、充分,依法应当追究刑事责任的,应当作出起诉决定。 人民检察院经审查,认为需要补充核实的,应当退回监察机关补充调查,必要时可以自行补充侦查。对于补充调查的案件,应当在一个月内补充调查完毕。补充调查以二次为限。 人民检察院对于有《中华人民共和国刑事诉讼法》规定的不起诉的情形的,经上一级人民检察院批准,依法作出不起诉的决定。监察机关认为不起诉的决定有错误的,可以向上一级人民检察院提请复议。
第四十八条 监察机关在调查贪污贿赂、失职渎职等职务犯罪案件过程中,被调查人逃匿或者死亡,有必要继续调查的,经省级以上监察机关批准,应当继续调查并作出结论。被调查人逃匿,在通缉一年后不能到案,或者死亡的,由监察机关提请人民检察院依照法定程序,向人民法院提出没收违法所得的申请。	**第五十五条** 监察机关在调查贪污贿赂、失职渎职等职务犯罪案件过程中,被调查人逃匿或者死亡,有必要继续调查的,应当继续调查并作出结论。被调查人逃匿,在通缉一年后不能到案,或者死亡的,由监察机关提请人民检察院依照法定程序,向人民法院提出没收违法所得的申请。
第四十九条 监察对象对监察机关作出的涉及本人的处理决定不服的,可以在收到处理决定之日起一个月内,向作出决定的监察机关申请复审,复审机关应当在一个月内作出复审决定;监察对象对复审决定仍不服的,可以在收到复审决定之日起一个月内,向上一级监察机关申请复核,复核机关应当在二个月内作出复核决定。复审、复核期间,不停止原处理决定的执行。复核机关经审查,认定处理决定有错误的,原处理机关应当及时予以纠正。	**第五十六条** 监察对象对监察机关作出的涉及本人的处理决定不服的,可以在收到处理决定之日起一个月内,向作出决定的监察机关申请复审,复审机关应当在一个月内作出复审决定;监察对象对复审决定仍不服的,可以在收到复审决定之日起一个月内,向上一级监察机关申请复核,复核机关应当在二个月内作出复核决定。复审、复核期间,不停止原处理决定的执行。复核机关经审查,认定处理决定有错误的,原处理机关应当及时予以纠正。
第六章 反腐败国际合作	**第六章 反腐败国际合作**
第五十条 国家监察委员会统筹协调与其他国家、地区、国际组织开展的反腐败国际交流、合作,组织反腐败国际条约实施工作。	**第五十七条** 国家监察委员会统筹协调与其他国家、地区、国际组织开展的反腐败国际交流、合作,组织反腐败国际条约实施工作。
第五十一条 国家监察委员会组织协调有关方面加强与有关国家、地区、国际组织在反腐败执法、引渡、司法协助、被判刑人的移管、资产追回和信息交流等领域的合作。	**第五十八条** 国家监察委员会会同有关单位加强与有关国家、地区、国际组织在反腐败方面开展引渡、移管被判刑人、遣返、联合调查、调查取证、资产追缴和信息交流等执法司法合作和司法协助。

续表

旧法条(2018)	新法条(2024)
第五十二条 国家监察委员会加强对反腐败国际追逃追赃和防逃工作的组织协调,督促有关单位做好相关工作: (一)对于重大贪污贿赂、失职渎职等职务犯罪案件,被调查人逃匿到国(境)外,掌握证据比较确凿的,通过开展境外追逃合作,追捕归案; (二)向赃款赃物所在国请求查询、冻结、扣押、没收、追缴、返还涉案资产; (三)查询、监控涉嫌职务犯罪的公职人员及其相关人员进出国(境)和跨境资金流动情况,在调查案件过程中设置防逃程序。	**第五十九条** 国家监察委员会加强对反腐败国际追逃追赃和防逃工作的组织协调,督促有关单位做好相关工作: (一)对于重大贪污贿赂、失职渎职等职务犯罪案件,被调查人逃匿到国(境)外,掌握证据比较确凿的,通过开展境外追逃合作,追捕归案; (二)向赃款赃物所在国请求查询、冻结、扣押、没收、追缴、返还涉案资产; (三)查询、监控涉嫌职务犯罪的公职人员及其相关人员进出国(境)和跨境资金流动情况,在调查案件过程中设置防逃程序。
第七章 对监察机关和监察人员的监督	**第七章 对监察机关和监察人员的监督**
第五十三条 各级监察委员会应当接受本级人民代表大会及其常务委员会的监督。 各级人民代表大会常务委员会听取和审议本级监察委员会的专项工作报告,组织执法检查。 县级以上各级人民代表大会及其常务委员会举行会议时,人民代表大会代表或者常务委员会组成人员可以依照法律规定的程序,就监察工作中的有关问题提出询问或者质询。	**第六十条** 各级监察委员会应当接受本级人民代表大会及其常务委员会的监督。 各级人民代表大会常务委员会听取和审议本级监察委员会的专项工作报告,组织执法检查。 县级以上各级人民代表大会及其常务委员会举行会议时,人民代表大会代表或者常务委员会组成人员可以依照法律规定的程序,就监察工作中的有关问题提出询问或者质询。
第五十四条 监察机关应当依法公开监察工作信息,接受民主监督、社会监督、舆论监督。	**第六十一条** 监察机关应当依法公开监察工作信息,接受民主监督、社会监督、舆论监督。
	第六十二条 监察机关根据工作需要,可以从各方面代表中聘请特约监察员。特约监察员按照规定对监察机关及其工作人员履行职责情况实行监督。
第五十五条 监察机关通过设立内部专门的监督机构等方式,加强对监察人员执行职务和遵守法律情况的监督,建设忠诚、干净、担当的监察队伍。	**第六十三条** 监察机关通过设立内部专门的监督机构等方式,加强对监察人员执行职务和遵守法律情况的监督,建设忠诚、干净、担当的监察队伍。
	第六十四条 监察人员涉嫌严重职务违法或者职务犯罪,为防止造成更为严重的后果或者恶劣影响,监察机关经依法审批,可以对其采取禁闭措施。禁闭的期限不得超过七日。 被禁闭人员应当配合监察机关调查工作。监察机关经调查发现被禁闭人员符合留置或者管护条件的,可以对其采取留置或者管护措施。 本法第五十条的规定,适用于禁闭措施。
第五十六条 监察人员必须模范遵守宪法和法律,忠于职守、秉公执法,清正廉洁、保守秘密;必须具有良好的政治素质,熟悉监察业务,具备运用法律、法规、政策和调查取证等能力,自觉接受监督。	**第六十五条** 监察人员必须模范遵守宪法和法律,忠于职守、秉公执法,清正廉洁、保守秘密;必须具有良好的政治素质,熟悉监察业务,具备运用法律、法规、政策和调查取证等能力,自觉接受监督。

续表

旧法条(2018)	新法条(2024)
第五十七条 对于监察人员打听案情、过问案件、说情干预的,办理监察事项的监察人员应当及时报告。有关情况应当登记备案。 发现办理监察事项的监察人员未经批准接触被调查人、涉案人员及其特定关系人,或者存在交往情形的,知情人应当及时报告。有关情况应当登记备案。	**第六十六条** 对于监察人员打听案情、过问案件、说情干预的,办理监察事项的监察人员应当及时报告。有关情况应当登记备案。 发现办理监察事项的监察人员未经批准接触被调查人、涉案人员及其特定关系人,或者存在交往情形的,知情人应当及时报告。有关情况应当登记备案。
第五十八条 办理监察事项的监察人员有下列情形之一的,应当自行回避,监察对象、检举人及其他有关人员也有权要求其回避: (一)是监察对象或者检举人的近亲属的; (二)担任过本案的证人的; (三)本人或者其近亲属与办理的监察事项有利害关系的; (四)有可能影响监察事项公正处理的其他情形的。	**第六十七条** 办理监察事项的监察人员有下列情形之一的,应当自行回避,监察对象、检举人及其他有关人员也有权要求其回避: (一)是监察对象或者检举人的近亲属的; (二)担任过本案的证人的; (三)本人或者其近亲属与办理的监察事项有利害关系的; (四)有可能影响监察事项公正处理的其他情形的。
第五十九条 监察机关涉密人员离岗离职后,应当遵守脱密期管理规定,严格履行保密义务,不得泄露相关秘密。 监察人员辞职、退休三年内,不得从事与监察和司法工作相关联且可能发生利益冲突的职业。	**第六十八条** 监察机关涉密人员离岗离职后,应当遵守脱密期管理规定,严格履行保密义务,不得泄露相关秘密。 监察人员辞职、退休三年内,不得从事与监察和司法工作相关联且可能发生利益冲突的职业。
第六十条 监察机关及其工作人员有下列行为之一的,被调查人及其近亲属有权向该机关申诉: (一)留置法定期限届满,不予以解除的; (二)查封、扣押、冻结与案件无关的财物的; (三)应当解除查封、扣押、冻结措施而不解除的; (四)贪污、挪用、私分、调换以及违反规定使用查封、扣押、冻结的财物的; (五)其他违反法律法规、侵害被调查人合法权益的行为。 受理申诉的监察机关应当在受理申诉之日起一个月内作出处理决定。申诉人对处理决定不服的,可以在收到处理决定之日起一个月内向上一级监察机关申请复查,上一级监察机关应当在收到复查申请之日起二个月内作出处理决定,情况属实的,及时予以纠正。	**第六十九条** 监察机关及其工作人员有下列行为之一的,被调查人及其近亲属、利害关系人有权向该机关申诉: (一)采取强制到案、责令候查、管护或者留置措施法定期限届满,不予以解除或者变更的; (二)查封、扣押、冻结与案件无关或者明显超出涉案范围的财物的; (三)应当解除查封、扣押、冻结措施而不解除的; (四)贪污、挪用、私分、调换以及违反规定使用查封、扣押、冻结的财物的; (五)利用职权非法干扰企业生产经营或者侵害企业经营者人身权利、财产权利和其他合法权益的; (六)其他违反法律法规、侵害被调查人合法权益的行为。 受理申诉的监察机关应当在受理申诉之日起一个月内作出处理决定。申诉人对处理决定不服的,可以在收到处理决定之日起一个月内向上一级监察机关申请复查,上一级监察机关应当在收到复查申请之日起二个月内作出处理决定,情况属实的,及时予以纠正。
第六十一条 对调查工作结束后发现立案依据不充分或者失实,案件处置出现重大失误,监察人员严重违法的,应当追究负有责任的领导人员和直接责任人员的责任。	**第七十条** 对调查工作结束后发现立案依据不充分或者失实,案件处置出现重大失误,监察人员严重违法的,应当追究负有责任的领导人员和直接责任人员的责任。

续表

旧法条(2018)	新法条(2024)
第八章　法律责任	**第八章　法律责任**
第六十二条　有关单位拒不执行监察机关作出的处理决定,或者无正当理由拒不采纳监察建议的,由其主管部门、上级机关责令改正,对单位给予通报批评;对负有责任的领导人员和直接责任人员依法给予处理。	**第七十一条**　有关单位拒不执行监察机关作出的处理决定,或者无正当理由拒不采纳监察建议的,由其主管部门、上级机关责令改正,对单位给予通报批评;对负有责任的领导人员和直接责任人员依法给予处理。
第六十三条　有关人员违反本法规定,有下列行为之一的,由其所在单位、主管部门、上级机关或者监察机关责令改正,依法给予处理: (一)不按要求提供有关材料,拒绝、阻碍调查措施实施等拒不配合监察机关调查的; (二)提供虚假情况,掩盖事实真相的; (三)串供或者伪造、隐匿、毁灭证据的; (四)阻止他人揭发检举、提供证据的; (五)其他违反本法规定的行为,情节严重的。	**第七十二条**　有关人员违反本法规定,有下列行为之一的,由其所在单位、主管部门、上级机关或者监察机关责令改正,依法给予处理: (一)不按要求提供有关材料,拒绝、阻碍调查措施实施等拒不配合监察机关调查的; (二)提供虚假情况,掩盖事实真相的; (三)串供或者伪造、隐匿、毁灭证据的; (四)阻止他人揭发检举、提供证据的; (五)其他违反本法规定的行为,情节严重的。
第六十四条　监察对象对控告人、检举人、证人或者监察人员进行报复陷害的;控告人、检举人、证人捏造事实诬告陷害监察对象的,依法给予处理。	**第七十三条**　监察对象对控告人、检举人、证人或者监察人员进行报复陷害的;控告人、检举人、证人捏造事实诬告陷害监察对象的,依法给予处理。
第六十五条　监察机关及其工作人员有下列行为之一的,对负有责任的领导人员和直接责任人员依法给予处理: (一)未经批准、授权处置问题线索,发现重大案情隐瞒不报,或者私自留存、处理涉案材料的; (二)利用职权或者职务上的影响干预调查工作、以案谋私的; (三)违法窃取、泄露调查工作信息,或者泄露举报事项、举报受理情况以及举报人信息的; (四)对被调查人或者涉案人员逼供、诱供,或者侮辱、打骂、虐待、体罚或者变相体罚的; (五)违反规定处置查封、扣押、冻结的财物的; (六)违反规定发生办案安全事故,或者发生安全事故后隐瞒不报、报告失实、处置不当的; (七)违反规定采取留置措施的; (八)违反规定限制他人出境,或者不按规定解除出境限制的; (九)其他滥用职权、玩忽职守、徇私舞弊的行为。	**第七十四条**　监察机关及其工作人员有下列行为之一的,对负有责任的领导人员和直接责任人员依法给予处理: (一)未经批准、授权处置问题线索,发现重大案情隐瞒不报,或者私自留存、处理涉案材料的; (二)利用职权或者职务上的影响干预调查工作、以案谋私的; (三)违法窃取、泄露调查工作信息,或者泄露举报事项、举报受理情况以及举报人信息的; (四)对被调查人或者涉案人员逼供、诱供,或者侮辱、打骂、虐待、体罚或者变相体罚的; (五)违反规定处置查封、扣押、冻结的财物的; (六)违反规定发生办案安全事故,或者发生安全事故后隐瞒不报、报告失实、处置不当的; (七)违反规定采取强制到案、责令候查、管护、留置或者禁闭措施的,或者法定期限届满,不予以解除或者变更的; (八)违反规定采取技术调查、限制出境措施,或者不按规定解除技术调查、限制出境措施的; (九)利用职权非法干扰企业生产经营或者侵害企业经营者人身权利、财产权利和其他合法权益的。 (十)其他滥用职权、玩忽职守、徇私舞弊的行为。
第六十六条　违反本法规定,构成犯罪的,依法追究刑事责任。	**第七十五条**　违反本法规定,构成犯罪的,依法追究刑事责任。

续表

旧法条(2018)	新法条(2024)
第六十七条 监察机关及其工作人员行使职权，侵犯公民、法人和其他组织的合法权益造成损害的，依法给予国家赔偿。	**第七十六条** 监察机关及其工作人员行使职权，侵犯公民、法人和其他组织的合法权益造成损害的，依法给予国家赔偿。
第九章 附　　则	**第九章 附　　则**
第六十八条 中国人民解放军和中国人民武装警察部队开展监察工作，由中央军事委员会根据本法制定具体规定。	**第七十七条** 中国人民解放军和中国人民武装警察部队开展监察工作，由中央军事委员会根据本法制定具体规定。
第六十九条 本法自公布之日起施行。《中华人民共和国行政监察法》同时废止。	**第七十八条** 本法自2025年6月1日起施行。《中华人民共和国行政监察法》同时废止。

中华人民共和国各级人民代表大会常务委员会监督法

（2006年8月27日第十届全国人民代表大会常务委员会第二十三次会议通过　2006年8月27日中华人民共和国主席令第53号公布　根据2024年11月8日第十四届全国人民代表大会常务委员会第十二次会议《关于修改〈中华人民共和国各级人民代表大会常务委员会监督法〉的决定》修正）

目　　录

第一章　总　　则

第一条　为了保障全国人民代表大会常务委员会和县级以上地方各级人民代表大会常务委员会依法行使监督职权，坚持好、完善好、运行好人民代表大会制度，发展社会主义民主政治，推进全面依法治国，根据宪法，制定本法。

第二条　各级人民代表大会常务委员会依据宪法和有关法律的规定，行使监督职权。

各级人民代表大会常务委员会行使监督职权的程序，适用本法；本法没有规定的，适用有关法律的规定。

第三条　各级人民代表大会常务委员会行使监督职权，应当坚持中国共产党的领导，坚持以马克思列宁主义、毛泽东思想、邓小平理论、“三个代表”重要思想、科学发展观、习近平新时代中国特色社会主义思想为指导，坚持中国特色社会主义道路，确保宪法和法律、法规得到全面有效实施，确保行政权、监察权、审判权、检察权依法正确行使。

第四条　各级人民代表大会常务委员会行使监督职权，应当围绕党和国家工作大局，以经济建设为中心，坚持改革开放，贯彻新发展理念，推动高质量发展，保障全面建设社会主义现代化国家、以中国式现代化全面推进中华民族伟大复兴。

第五条 全国人民代表大会常务委员会监督宪法和法律的实施，地方各级人民代表大会及其常务委员会在本行政区域内保证宪法、法律、行政法规和上级人民代表大会及其常务委员会决议的遵守和执行，维护国家法治统一、尊严、权威。

第六条 各级人民代表大会常务委员会对本级人民政府、监察委员会、人民法院和人民检察院的工作实施监督，实行正确监督、有效监督、依法监督，促进依法行政、依法监察、公正司法。

各级人民政府、监察委员会、人民法院和人民检察院应当严格依法行使职权、履行职责、开展工作，自觉接受本级人民代表大会常务委员会的监督。

第七条 各级人民代表大会常务委员会行使监督职权，应当坚持和发展全过程人民民主，尊重和保障人权，维护和促进社会公平正义。

各级人民代表大会常务委员会应当扩大人民代表大会代表对监督工作的参与，充分发挥代表作用。

第八条 各级人民代表大会常务委员会按照民主集中制的原则，集体行使监督职权。

第九条 各级人民代表大会常务委员会行使监督职权的情况，应当向本级人民代表大会报告，接受监督。

第十条 各级人民代表大会常务委员会行使监督职权的情况，向社会公开。

第二章 听取和审议专项工作报告

第十一条 各级人民代表大会常务委员会每年选择若干关系改革发展稳定大局和群众切身利益、社会普遍关注的重大问题，有计划地安排听取和审议本级人民政府、监察委员会、人民法院和人民检察院的专项工作报告。

第十二条 常务委员会听取和审议本级人民政府、监察委员会、人民法院和人民检察院的专项工作报告的议题，根据有关法律的规定和下列途径反映的问题确定：

（一）本级人民代表大会常务委员会在执法检查中发现的突出问题；

（二）本级人民代表大会代表对人民政府、监察委员会、人民法院和人民检察院工作提出的建议、批评和意见集中反映的问题；

（三）本级人民代表大会常务委员会组成人员提出的比较集中的问题；

（四）本级人民代表大会专门委员会、常务委员会工作机构在调查研究中发现的突出问题；

（五）人民来信来访集中反映的问题；

（六）社会普遍关注的其他问题。

人民政府、监察委员会、人民法院和人民检察院可以向本级人民代表大会常务委员会要求报告专项工作。

常务委员会根据法律规定，听取和审议本级人民政府关于环境状况和环境保护目标完成情况的报告。

第十三条 常务委员会听取和审议专项工作报告前，委员长会议或者主任会议可以组织本级人民代表大会常务委员会组成人员和本级人民代表大会代表，对有关工作进行视察或者专题调查研究。

常务委员会可以安排参加视察或者专题调查研究的代表列席常务委员会会议，听取专项工作报告，提出意见。

常务委员会听取和审议专项工作报告前，本级人民代表大会有关专门委员会或者常务委员会有关工作机构可以进行专题调查研究，提出报告并印发常务委员会会议。

第十四条 常务委员会听取和审议专项工作报告前，常务委员会办事机构应当将各方面对该项工作的意见汇总，交由本级人民政府、监察委员会、人民法院或者人民检察院研究并在专项工作报告中作出回应。

第十五条 人民政府、监察委员会、人民法院或者人民检察院应当在常务委员会举行会议的二十日前，由其办事机构将专项工作报告送交本级人民代表大会有关专门委员会或者常务委员会有关工作机构征求意见；人民政府、监察委员会、人民法院或者人民检察院对报告修改后，在常务委员会举行会议的十日前送交常务委员会。

常务委员会办事机构应当在常务委员会举行会议的七日前，将专项工作报告发给常务委员会组成人员。

第十六条 专项工作报告由人民政府、监察委员会、人民法院或者人民检察院的负责人向本级人民代表大会常务委员会报告，人民政府也可以委托有关部门负责人向本级人民代表大会常务委员会报告。

委员长会议或者主任会议可以决定将报告交有关专门委员会审议。

第十七条 常务委员会组成人员对专项工作报告的审议意见交由本级人民政府、监察委员会、人民法院或者人民检察院研究处理。人民政府、监察委员会、人民法院或者人民检察院应当将研究处理情况由其办事机构送交本级人民代表大会有关专门委员会或者常务委员会有关工作机构征求意见后，向常务委员会提出书面报告。常务委员会认为必要时，可以对专项工作报告作出决议；本级人民政府、监察委员会、人民法院或者人民检察院应当在决议规定的期限内，将执行决议的情况向常务委员会报告。

委员长会议或者主任会议可以决定将审议意见研究处理情况或者执行决议情况的报告提请常务委员会审议。必要时，常务委员会可以组织开展跟踪监督。

常务委员会听取的专项工作报告及审议意见，人民政府、监察委员会、人民法院或者人民检察院对审议意见研究处理情况或者执行决议情况的报告，向本级人民代表大会代表通报并向社会公布。

第三章 财政经济工作监督

第十八条 本法所称财政经济工作监督，是指常务委员会依法对下列事项进行监督：

（一）审查和批准本级决算；

（二）国民经济和社会发展五年规划纲要实施情况，国民经济和社会发展计划执行情况；

（三）预算执行情况；

（四）审查和批准国民经济和社会发展五年规划纲要、计划的调整方案；

（五）审查和批准预算调整方案；

（六）国有资产管理情况；

（七）政府债务管理情况；

（八）金融工作情况；

（九）预算执行和其他财政收支的审计工作情况、审计查出问题整改情况；

（十）财政经济领域其他重要事项。

第十九条 国务院应当在每年六月，将上一年度的中央决算草案提请全国人民代表大会常务委员会审查和批准。

县级以上地方各级人民政府应当在每年六月至九月期间，将上一年度的本级决算草案提请本级人民代表大会常务委员会审查和批准。

决算草案应当按照本级人民代表大会批准的预算所列科目编制，按预算数、调整预算数以及决算数分别列出，并作出说明。

第二十条 国务院和县级以上地方各级人民政府应当在每年六月至九月期间，向本级人民代表大会常务委员会报告本年度上一阶段国民经济和社会发展计划、预算的执行情况。

第二十一条 常务委员会根据《中华人民共和国预算法》和全国人民代表大会常务委员会的有关决定，确定对决算草案和预算执行情况报告的重点审查内容。

第二十二条 国民经济和社会发展计划、预算经人民代表大会批准后，在执行过程中需要作部分调整的，国务院和县级以上地方各级人民政府应当将调整方案提请本级人民代表大会常务委员会审查和批准。

第二十三条 国民经济和社会发展五年规划纲要经人民代表大会批准后，在实施的中期阶段，人民政府应当将规划纲要实施情况的中期评估报告提请本级人民代表大会常务委员会审议。规划纲要经中期评估需要调整的，人民政府应当将调整方案提请本级人民代表大会常务委员会审查和批准。

第二十四条 常务委员会应当对国有资产管理情况进行监督，建立健全国有资产管理情况报告制度。

国务院和县级以上地方各级人民政府应当每年向本级人民代表大会常务委员会报告国有资产管理情况。

第二十五条 常务委员会应当对政府债务进行监督，建立健全政府债务管理情况报告制度。

国务院和县级以上地方各级人民政府应当每年向本级人民代表大会常务委员会报告政府债务管理情况。

第二十六条 常务委员会应当对金融工作进行监督，建立健全金融工作情况报告制度。

国务院应当每年向全国人民代表大会常务委员会报告金融工作有关情况。

第二十七条 常务委员会每年审查和批准决算的同时，听取和审议本级人民政府提出的审计机关关于上一年度预算执行和其他财政收支的审计工作报告。

常务委员会在听取和审议审计工作报告后的六个月内，听取和审议本级人民政府关于审计查出问题整改情况的报告。常务委员会认为必要时，可以对审计工作报告、审计查出问题整改情况报告作出决议。

第二十八条 常务委员会开展财政经济工作监督，可以组织开展专题调查研究，提出报告。

专题调查研究报告印发常务委员会会议；必要时，委员长会议或者主任会议可以决定将有关专题调查研究报告提请常务委员会审议。

第二十九条 常务委员会组成人员对本章规定的有关报告的审议意见交由本级人民政府研究处理。人民政府应当将研究处理情况由其办事机构送交本级人民代表大会有关专门委员会或者常务委员会有关工作机构征求意见后，向常务委员会提出书面报告。常务委员会认为必要时，可以对有关报告作出决议；本级人民政府应当在决议规定的期限内，将执行决议的情况向常务委员会报告。

委员长会议或者主任会议可以决定将审议意见研究处理情况或者执行决议情况的报告提请常务委员会审议。必要时，常务委员会可以组织开展跟踪监督。

常务委员会听取的本章规定的有关报告及审议意见，人民政府对审议意见研究处理情况或者执行决议情况的报告，向本级人民代表大会代表通报并向社会公布。

第三十条 常务委员会运用现代信息技术开展联网监督，建立健全信息共享和工作贯通协调机制，提高财政经济工作监督效能。

第四章　法律法规实施情况的检查

第三十一条 各级人民代表大会常务委员会参照本法第十二条规定的途径，每年选择若干关系改革发展稳定大局和群众切身利益、社会普遍关注的重大问题，有计划地对有关法律、法规或者相关法律制度实施情况组织执法检查。

第三十二条 常务委员会执法检查工作由本级人民代表大会有关专门委员会或者常务委员会有关工作机构具体组织实施。

执法检查前，本级人民代表大会有关专门委员会或者常务委员会有关工作机构可以对重点问题开展专题调查研究。

第三十三条 常务委员会按照精干、效能的原则，组织执法检查组。

执法检查组的组成人员，从本级人民代表大会常务委员会组成人员以及本级人民代表大会有关专门委员会组成人员或者常务委员会有关工作机构的人员中确定，并可以邀请本级人民代表大会代表参加。

第三十四条 全国人民代表大会常务委员会和省、自治区、直辖市的人民代表大会常务委员会根据需要，可以委托下一级人民代表大会常务委员会对有关法律、法规或者相关法律制度在本行政区域内的实施情况进行检查。受委托的人民代表大会常务委员会应当将检查情况书面报送上一级人民代表大会常务委员会。

上级人民代表大会常务委员会根据需要，可以与下级人民代表大会常务委员会联动开展执法检查。

有关地方人民代表大会常务委员会根据区域协调发展的需要，可以协同开展执法检查。

第三十五条　执法检查可以采取座谈会、实地检查、第三方评估、问卷调查或者抽查等形式，深入了解情况，广泛听取意见。

第三十六条　执法检查结束后，执法检查组应当及时提出执法检查报告，由委员长会议或者主任会议决定提请常务委员会审议。

执法检查报告包括下列内容：

（一）对所检查的法律、法规或者相关法律制度实施情况进行评价，提出执法中存在的问题和改进执法工作的建议；

（二）对有关法律、法规提出修改完善的建议。

第三十七条　常务委员会组成人员对执法检查报告的审议意见及执法检查报告交由本级人民政府、监察委员会、人民法院或者人民检察院研究处理。人民政府、监察委员会、人民法院或者人民检察院应当将研究处理情况由其办事机构送交本级人民代表大会有关专门委员会或者常务委员会有关工作机构征求意见后，向常务委员会提出书面报告。常务委员会认为必要时，可以对执法检查报告作出决议；本级人民政府、监察委员会、人民法院或者人民检察院应当在决议规定的期限内，将执行决议的情况向常务委员会报告。

委员长会议或者主任会议可以决定将人民政府、监察委员会、人民法院或者人民检察院对执法检查报告及审议意见研究处理情况或者执行决议情况的报告提请常务委员会审议。必要时，常务委员会可以组织跟踪检查，也可以委托本级人民代表大会有关专门委员会或者常务委员会有关工作机构组织跟踪检查。

常务委员会的执法检查报告及审议意见，人民政府、监察委员会、人民法院或者人民检察院对其研究处理情况或者执行决议情况的报告，向本级人民代表大会代表通报并向社会公布。

第五章　规范性文件的备案审查

第三十八条　行政法规、监察法规、地方性法规、自治条例和单行条例、规章等的备案、审查和撤销，依照《中华人民共和国立法法》和全国人民代表大会常务委员会的有关决定办理。

第三十九条　县级以上地方各级人民代表大会常务委员会对下一级人民代表大会及其常务委员会作出的决议、决定和本级人民政府、监察委员会、人民法院、人民检察院制定的规范性文件，经审查，认为有下列不适当的情形之一的，有权予以撤销：

（一）超越法定权限，限制或者剥夺公民、法人和其他组织的合法权利，或者增加公民、法人和其他组织的义务的；

（二）同法律、法规规定相抵触的；

（三）有其他不适当的情形，应当予以撤销的。

第四十条　县级以上地方各级人民代表大会常务委员会审查、撤销下一级人民代表大会及其常务委员会作出的不适当的决议、决定和本级人民政府、监察委员会、人民法院、人民检察院制定的不适当的规范性文件的程序，由省、自治区、直辖市的人民代表大会常务委员会参照《中华人民共和国立法法》和全国人民代表大会常务委员会的有关决定，作出具体规定。

第四十一条　最高人民法院、最高人民检察院作出的属于审判、检察工作中具体应用法律的解释，应当自公布之日起三十日内报全国人民代表大会常务委员会备案。

第四十二条　国务院、中央军事委员会、国家监察委员会和省、自治区、直辖市的人民代表大会常务委员会认为最高人民法院、最高人民检察院作出的具体应用法律的解释同宪法或者法律相抵触，或者存在合宪性、合法性问题的，最高人民法院、最高人民检察院之间认为对方作出的具体应用法律的解释同宪法或者法律相抵触，或者存在合宪性、合法性问题的，可以向全国人民代表大会常务委员会书面提出进行审查的要求，由全国人民代表大会有关专门委员会和常务委员会工作机构进行审查、提出意见。

前款规定以外的其他国家机关和社会团体、企业事业组织以及公民认为最高人民法院、最高人民检察院作出的具体应用法律的解释同宪法或者法律相抵触的，可以向全国人民代表大会常务委员会书面提出进行审查的建议，由常务委员会工作机构进行审查;必要时,送有关专门委员会进行审查、提出意见。

全国人民代表大会有关专门委员会、常务委员会工作机构可以对报送备案的具体应用法律的解释进行主动审查,并可以根据需要进行专项审查。

第四十三条 全国人民代表大会宪法和法律委员会、有关专门委员会、常务委员会工作机构经审查认为最高人民法院或者最高人民检察院作出的具体应用法律的解释同宪法或者法律相抵触,或者存在合宪性、合法性问题需要修改或者废止,而最高人民法院或者最高人民检察院不予修改或者废止的,应当提出撤销或者要求最高人民法院或者最高人民检察院予以修改、废止的议案、建议,或者提出由全国人民代表大会常务委员会作出法律解释的议案、建议,由委员长会议决定提请常务委员会审议。

第四十四条 备案审查机关应当建立健全备案审查衔接联动机制,对应当由其他机关处理的审查要求或者审查建议,及时移送有关机关处理。

第四十五条 常务委员会应当每年听取和审议备案审查工作情况报告。

第六章 询问、专题询问和质询

第四十六条 各级人民代表大会常务委员会会议审议议案和有关报告时,本级人民政府或者有关部门、监察委员会、人民法院或者人民检察院应当派有关负责人员到会,听取意见,回答询问。

第四十七条 各级人民代表大会常务委员会围绕关系改革发展稳定大局和群众切身利益、社会普遍关注的重大问题,可以召开全体会议、联组会议或者分组会议,进行专题询问。本级人民政府及其有关部门、监察委员会、人民法院或者人民检察院的负责人应当到会,听取意见,回答询问。

第四十八条 专题询问应当坚持问题导向,增强针对性、实效性,积极回应社会关切。

专题询问可以结合审议专项工作报告、执法检查报告或者其他报告进行。

第四十九条 常务委员会开展专题询问前,可以组织开展专题调查研究,深入了解情况,广泛听取意见。

常务委员会办事机构应当及时将有关专题调查研究报告和汇总的有关方面意见发给常务委员会组成人员。

第五十条 专题询问中提出的意见交由有关国家机关研究处理,有关国家机关应当及时向常务委员会提交研究处理情况报告。必要时,委员长会议或者主任会议可以决定将研究处理情况报告提请常务委员会审议。

第五十一条 全国人民代表大会常务委员会组成人员十人以上联名,省、自治区、直辖市、自治州、设区的市人民代表大会常务委员会组成人员五人以上联名,县级人民代表大会常务委员会组成人员三人以上联名,可以向常务委员会书面提出对本级人民政府及其部门和监察委员会、人民法院、人民检察院的质询案。

质询案应当写明质询对象、质询的问题和内容。

第五十二条 质询案由委员长会议或者主任会议决定交由受质询的机关答复。

委员长会议或者主任会议可以决定由受质询机关在常务委员会会议上或者有关专门委员会会议上口头答复,或者由受质询机关书面答复。在专门委员会会议上答复的,提质询案的常务委员会组成人员有权列席会议,发表意见。委员长会议或者主任会议认为必要时,可以将答复质询案的情况报告印发常务委员会会议。

第五十三条 提质询案的常务委员会组成人员的过半数对受质询机关的答复不满意的,可以提出要求,经委员长会议或者主任会议决定,由受质询机关再作答复。

第五十四条 质询案以口头答复的,由受质询机关的负责人到会答复。质询案以书面答复的,由受质询机关的负责人签署。

第七章 特定问题调查

第五十五条 各级人民代表大会常务委员会对属于其职权范围内的事项,需要作出决议、决定,但有关重大事实不清的,可以组织关于特定问题的调查委员会。

第五十六条 委员长会议或者主任会议可以向本级人民代表大会常务委员会提议组织关于特定问题的调查委员会，提请常务委员会审议。

五分之一以上常务委员会组成人员书面联名，可以向本级人民代表大会常务委员会提议组织关于特定问题的调查委员会，由委员长会议或者主任会议决定提请常务委员会审议，或者先交有关的专门委员会审议、提出报告，再决定提请常务委员会审议。

第五十七条 调查委员会由主任委员、副主任委员和委员组成，由委员长会议或者主任会议在本级人民代表大会常务委员会组成人员和本级人民代表大会代表中提名，提请常务委员会审议通过。调查委员会可以聘请有关专家参加调查工作。

与调查的问题有利害关系的常务委员会组成人员和其他人员不得参加调查委员会。

第五十八条 调查委员会进行调查时，有关的国家机关、社会团体、企业事业组织和公民都有义务向其提供必要的材料。

提供材料的公民要求对材料来源保密的，调查委员会应当予以保密。

调查委员会在调查过程中，可以不公布调查的情况和材料。

第五十九条 调查委员会应当向产生它的常务委员会提出调查报告。常务委员会根据报告，可以作出相应的决议、决定。

第八章　撤职案的审议和决定

第六十条 县级以上地方各级人民代表大会常务委员会在本级人民代表大会闭会期间，可以决定撤销本级人民政府个别副省长、自治区副主席、副市长、副州长、副县长、副区长的职务；可以撤销由它任命的本级人民政府其他组成人员和监察委员会副主任、委员，人民法院副院长、庭长、副庭长、审判委员会委员、审判员，人民检察院副检察长、检察委员会委员、检察员，中级人民法院院长，人民检察院分院检察长的职务。

第六十一条 县级以上地方各级人民政府、监察委员会、人民法院和人民检察院，可以向本级人民代表大会常务委员会提出对本法第六十条所列国家机关工作人员的撤职案。

县级以上地方各级人民代表大会常务委员会主任会议，可以向常务委员会提出对本法第六十条所列国家机关工作人员的撤职案。

县级以上地方各级人民代表大会常务委员会五分之一以上的组成人员书面联名，可以向常务委员会提出对本法第六十条所列国家机关工作人员的撤职案，由主任会议决定是否提请常务委员会会议审议；或者由主任会议提议，经全体会议决定，组织调查委员会，由以后的常务委员会会议根据调查委员会的报告审议决定。

第六十二条 撤职案应当写明撤职的对象和理由，并提供有关的材料。

撤职案在提请表决前，被提出撤职的人员有权在常务委员会会议上提出申辩意见，或者书面提出申辩意见，由主任会议决定印发常务委员会会议。

撤职案的表决采用无记名投票的方式，由常务委员会全体组成人员的过半数通过。

第九章　附　　则

第六十三条 各级人民代表大会常务委员会制定年度监督工作计划，加强工作统筹，综合运用听取和审议专项工作报告、执法检查、专题询问、专题调研等方式进行监督，增强监督工作的针对性、协调性、实效性。

年度监督工作计划由委员长会议或者主任会议通过并向社会公布。

年度监督工作计划可以根据实际需要作出适当调整。

第六十四条 省、自治区、直辖市的人民代表大会常务委员会可以根据本法和有关法律，结合本地实际情况，制定实施办法。

第六十五条 本法自 2007 年 1 月 1 日起施行。

中国法律史

【大纲新增考点说明】

2025年"中国法律史"学科考点没有变化。

2020~2024年大纲新增考点对照

年 份	章 节	新增考点
2024	第六章 新民主主义革命时期民主政权法制	《中华苏维埃共和国宪法大纲》《陕甘宁边区施政纲领》《陕甘宁边区宪法原则》 陕甘宁边区高等法院 马锡五审判方式 废除《六法全书》
2023	第五章第五节 中国共产党民主政权宪法性文件	马锡五审判方式
2022	第二章第二节 魏晋南北朝时期的法律思想与制度	魏晋南北朝时期法典的发展变化
2021	第五章第五节 中国共产党民主政权宪法性文件	中华苏维埃共和国宪法大纲 陕甘宁边区施政纲领 陕甘宁边区宪法原则
2020	第五章第四节 南京国民政府的法律制度	五院制 司法院

【大纲新增、变化考点解读】

☞ 2024 考点1 《中华苏维埃共和国宪法大纲》★★★

1.《中华苏维埃共和国宪法大纲》制定经过。1930年7月党中央成立中华工农兵苏维埃第一次全国代表大会中央准备委员会,负责草拟宪法。1931年11月7~20日第一次代表大会在江西瑞金召开,通过《中华苏维埃共和国宪法大纲》。1934年1月第二次代表大会作某些修正,最主要的是在第2条增加"同中农巩固的联合"。

2.《中华苏维埃共和国宪法大纲》的主要内容。《中华苏维埃共和国宪法大纲》遵循党中央提出的"制宪七大原则",规定苏维埃政权的性质、政治制度、公民权利义务、外交政策等内容,共17条。主要内容是:

(1)确定苏维埃国家性质是"工人和农民的民主专政国家"。所谓专政,一是将地主资产阶级(军阀、官僚、地主、资本家、豪绅、僧侣及一切剥削者)拒绝于政权之外;二是剥夺他们的言论、出版、集会、结社等自由;三是使用革命武力和法庭镇压一切反革命复辟活动。

(2)确定苏维埃国家政治制度是工农兵苏维埃代表大会制度。它保证工农大众参加国家管理,便于工人阶级及其政党的领导,实行民主集中制和议行合一原则。它是根据革命实践及苏联经验建立的新式民主制度。

(3)确定苏维埃国家公民的权利和义务,包括政治、经济、文化等各方面。工农兵及一切劳苦民众享有广泛民主权利。各级政府采取切实有效措施,提供力所能及的物质保障条件。

(4)确定苏维埃国家外交政策。宣布中华民族完全自由独立,不承认帝国主义在中国的特权及不平等条约。与世界无产阶级和被压迫民族站在一起,苏联是巩固的同盟者。对受迫害的世界革命者给予保护。对居住在苏区从事劳动的外国人给予法定的政治权利。

3.《中华苏维埃共和国宪法大纲》的意义。

(1)它是第一部由劳动人民制定、确保人民民主制度的宪法性文件,是共产党领导人民反帝反封建的工农民主专政的伟大纲领。

(2)它同民国政府制定的"约法""宪法"有本质的区别。

(3)它肯定革命胜利成果,提出斗争方向。尽管受到"左"的影响,但仍是划时代的宪法性文件。

(4)它的颁行调动了苏区人民的革命积极性,为以后制定民主宪法提供了宝贵经验。

☞ 2024 考点 2 《陕甘宁边区施政纲领》★★★

1.《陕甘宁边区施政纲领》的制定。中国共产党领导的地方抗日民主政权以 1937 年 8 月 25 日公布的《抗日救国十大纲领》为准绳,继承发扬苏区法制传统,建立起切合国情的抗日民主法制,标志着新民主主义法制的形成和重大发展。

1939 年 1 月陕甘宁边区第一届参议会通过《陕甘宁边区抗战时期施政纲领》。1941 年经中共中央政治局批准,边区第二届参议会通过了新的《陕甘宁边区施政纲领》,完善了原有的保障抗战、加强团结、健全民主、发展经济、普及文化教育的规定,增加了"三三制"政权组织形式和保障人权等崭新内容。

2.《陕甘宁边区施政纲领》的主要内容。

(1)保障抗战的规定。团结边区各社会阶级、各抗日党派,发挥一切人力、物力、财力、智力抗战。严厉镇压汉奸及反共分子。

(2)加强团结的规定。坚持抗日民族统一战线方针,团结边区各抗日阶级、工人、农民、地主、资本家。主要措施是:调节各阶级的关系,地主减租息,农民交租息;改善工农生活,资本家有利可图;一致对外,共同抗日。

(3)健全民主制度的规定。将其提到保证全国人民团结的高度。规定几项重大措施:其一,普遍、直接、平等、无记名投票的选举制度。其二,保障一切抗日人民的选举权与被选举权。其三,"三三制"政权组织原则。明确规定:"本党愿与各党各派及一切群众团体进行选举联盟,并在候选名单中确定共产党员只占三分之一,以便各党各派及无党无派人士均能参加边区民意机关之活动与边区之行政管理。在共产党员被选为某一行政机关之主管人员时,应保证该机关之职员有三分之二为党外人士充任,共产党员应与这些党外人士实行民主合作,不得一意孤行,把持包办。"毛泽东在《抗日根据地的政权问题》中强调:"根据抗日民族统一战线政权的原则,在人员分配上,应规定为共产党员占三分之一,非党的左派进步分子占三分之一,不左不右的中间派占三分之一。"中国共产党在抗日战争期间为把根据地建设成"民主的模范",巩固和扩大抗日民族统一战线,在根据地政权建设中普遍实行了"三三制"原则。其四,保障一切抗日党派、团体、人民的人权、财权及各项自由。其五,人民享有用任何方式控告任何公务人员非法行为的权利。其六，男女平等，提高妇女地位，保护其特殊利益。其七，反对民族歧视，实行民族平等、自治，尊重宗教信仰、风俗习惯。

(4)发展经济的规定。从“发展经济，保障供给”总方针出发，发展农业、林业、牧业、手工业和工业，奖励扶助私人企业，保障经营自由。实施外贸统治。贯彻统筹统支的财政制度。征收统一累进税，巩固边币，维护法币。

(5)普及文化教育的规定。举办各类学校，普及免费义务教育。尊重知识分子，提高边区人民政治文化水平。

3.《陕甘宁边区施政纲领》的意义。《陕甘宁边区施政纲领》以反对日本帝国主义、保护抗日人民、调节各抗日阶级利益、改善工农生活、镇压汉奸反动派为基本出发点，全面系统反映了抗日民族统一战线的要求，是法制实践经验的科学概括与总结。

☞ 2024 考点 3 《陕甘宁边区宪法原则》★★★

1.《陕甘宁边区宪法原则》制定的背景。1945 年抗日战争结束，国共两党于 10 月 10 日签订“双十协定”。1946 年 1 月南京国民政府在重庆召开政治协商会议，通过《关于宪草问题的协议》，规定了制定省宪的原则。因此，各解放区政府开始制定宪法原则与施政纲领，其中，有代表性的是 1946 年 4 月陕甘宁边区第三届参议会通过的《陕甘宁边区宪法原则》。其结构分为“政权组织”“人民权利”“司法”“经济”“文化”五部分，共 26 条。

2.《陕甘宁边区宪法原则》的主要内容。

(1)确立边区、县、乡人民代表会议为管理政权机关。

(2)规定人民政治上行使的各项自由权利，受政府指导与物质帮助。边区人民不分民族一律平等。

(3)规定除司法机关、公安机关依法执行职务外，任何机关、团体不得有逮捕审讯行为。人民有权用任何方式控告失职的任何公务人员。各级司法机关独立行使职权，除服从法律外，不受任何干涉。

(4)应保障耕者有其田，劳动者有职业，企业者有发展机会。经济上采取公营、合作、私营三种方式，组织一切人力、财力为促进经济繁荣消灭贫穷而斗争。

(5)普及并提高人民文化水准。从速消灭文盲，减少疾病与死亡。

国　际　法

【大纲新增考点·法条说明】

2025 年，“国际法”学科大纲考点和附录法律法规均没有变化。

2020~2024 年大纲新增考点对照

年　份	章　节	新增考点
2024	新增法律法规： (1)中华人民共和国对外关系法 (2)中华人民共和国外国国家豁免法	
2023	无	
2022	无	
2021	无	
2020	第七章第二节“国际争端的法律解决法”	司法方式

司法制度和法律职业道德

【大纲新增考点 · 法条说明】

2025 年，“司法制度和法律职业道德”学科考点没有变化，大纲附录法规删除 1 件，如下所示。

大纲附录法律法规

项　目	法律法规
删除法规	**检察人员纪律处分条例** (2004 年 6 月 1 日最高人民检察院第十届第十三次检察长办公会讨论通过　2007 年 3 月 6 日最高人民检察院第十届第三十八次检察长办公会修改　2016 年 10 月 20 日最高人民检察院第十二届检察委员会第五十六次会议修订)高检发〔2016〕20 号

2020~2024 年大纲新增考点对照

年　份	章　节	新增与变化考点 · 法条
2024	新增法律法规：法律援助法实施工作办法	
2023	无	
2022	第一章第五节　法律援助制度	法律援助的概念　法律援助的机构和人员　法律援助的形式和范围　法律援助的程序和实施　法律援助的保障和监督　法律援助的法律责任　法律援助制度
2022	新增法律法规： (1)最高人民法院、最高人民检察院、司法部关于建立健全禁止法官、检察官与律师不正当接触交往制度机制的意见 (2)最高人民法院、最高人民检察院、司法部关于进一步规范法院、检察院离任人员从事律师职业的意见 (3)中华人民共和国法律援助法 (4)法律援助值班律师工作办法	

续表

年　份	章　节	新增与变化考点·法条
2021	新增法律法规： (1)中华人民共和国公职人员政务处分法 (2)律师和律师事务所违法行为处罚办法 (3)律师协会会员违规行为处分规则(试行)	
2020	无	

【大纲新增、变化考点解读】

☞ 2024 考点1　法律援助的机构和人员★★★

1. 法律援助机构。《法律援助法》规定，县级以上人民政府司法行政部门应当设立法律援助机构。法律援助机构负责组织实施法律援助工作，受理、审查法律援助申请，指派律师、基层法律服务工作者、法律援助志愿者等法律援助人员提供法律援助，支付法律援助补贴。

法律援助机构根据工作需要，可以安排本机构具有律师资格或者法律职业资格的工作人员提供法律援助；可以设置法律援助工作站或者联络点，就近受理法律援助申请。法律援助机构可以在人民法院、人民检察院和看守所等场所派驻值班律师，依法为没有辩护人的犯罪嫌疑人、被告人提供法律援助。

2. 法律援助人员。**法律援助人员是指接受法律援助机构的指派或者安排，依法为经济困难公民和符合法定条件的其他当事人提供法律援助服务的律师、基层法律服务工作者、法律援助志愿者以及法律援助机构中具有律师资格或者法律职业资格的工作人员等。**

根据《法律援助法》，司法行政部门可以通过政府采购等方式，择优选择律师事务所等法律服务机构为受援人提供法律援助。律师事务所、基层法律服务所、律师、基层法律服务工作者负有依法提供法律援助的义务。律师事务所、基层法律服务所应当支持和保障本所律师、基层法律服务工作者履行法律援助义务。

同时，国家鼓励和规范法律援助志愿服务；支持符合条件的个人作为法律援助志愿者，依法提供法律援助。高等院校、科研机构可以组织从事法学教育、研究工作的人员和法学专业学生作为法律援助志愿者，在司法行政部门指导下，为当事人提供法律咨询、代拟法律文书等法律援助。

按照《法律援助法》的规定，国家建立健全法律服务资源依法跨区域流动机制，鼓励和支持律师事务所、律师、法律援助志愿者等在法律服务资源相对短缺地区提供法律援助。

法律援助人员应当依法履行职责，及时为受援人提供符合标准的法律援助服务，维护受援人的合法权益。法律援助人员应当恪守职业道德和执业纪律，不得向受援人收取任何财物。

法律援助机构、法律援助人员对提供法律援助过程中知悉的国家秘密、商业秘密和个人隐私应当予以保密。

☞ 2024 考点2　法律援助的程序★★★★

根据《法律援助法》的规定，法律援助的程序主要包括申请、审查、指派、办理、归案结档等。

(1)申请。对诉讼事项的法律援助，由申请人向办案机关所在地的法律援助机构提出申请；对非诉讼事项的法律援助,由申请人向争议处理机关所在地或者事由发生地的法律援助机构提出申请。

值班律师依法为没有辩护人的犯罪嫌疑人、被告人提供法律咨询、程序选择建议、申请变更强制措施、对案件处理提出意见等法律帮助。人民法院、人民检察院、公安机关应当在确定的法律帮助日期前3个工作日,将法律帮助通知书送达法律援助机构,或者直接送达现场值班律师。该期间没有安排现场值班律师的,法律援助机构应当自收到法律帮助通知书之日起2个工作日内确定值班律师,并通知人民法院、人民检察院、公安机关。被羁押的犯罪嫌疑人、被告人、服刑人员,以及强制隔离戒毒人员等提出法律援助申请的,办案机关、监管场所应当在24小时内将申请转交法律援助机构。犯罪嫌疑人、被告人通过值班律师提出代理、刑事辩护等法律援助申请的,值班律师应当在24小时内将申请转交法律援助机构。

无民事行为能力人或者限制民事行为能力人需要法律援助的,可以由其法定代理人代为提出申请。法定代理人侵犯无民事行为能力人、限制民事行为能力人合法权益的,其他法定代理人或者近亲属可以代为提出法律援助申请。

被羁押的犯罪嫌疑人、被告人、服刑人员,以及强制隔离戒毒人员,可以由其法定代理人或者近亲属代为提出法律援助申请。

因经济困难申请法律援助的,申请人应当如实说明经济困难状况。法律援助机构核查申请人的经济困难状况,可以通过信息共享查询,或者由申请人进行个人诚信承诺。法律援助机构开展核查工作,有关部门、单位、村民委员会、居民委员会和个人应当予以配合。

法律援助申请人有材料证明属于下列人员之一的,免予核查经济困难状况:①无固定生活来源的未成年人、老年人、残疾人等特定群体;②社会救助、司法救助或者优抚对象;③申请支付劳动报酬或者请求工伤事故人身损害赔偿的进城务工人员;④法律、法规、规章规定的其他人员。

(2)审查。法律援助机构应当自收到法律援助申请之日起7日内进行审查,作出是否给予法律援助的决定。决定给予法律援助的,应当自作出决定之日起3日内指派法律援助人员为受援人提供法律援助;决定不给予法律援助的,应当书面告知申请人,并说明理由。**法律援助机构应当自收到人民法院、人民检察院、公安机关的法律援助通知文书之日起3日内,指派律师并函告人民法院、人民检察院、公安机关,法律援助公函应当载明承办律师的姓名、所属单位及联系方式。**

申请人提交的申请材料不齐全的,法律援助机构应当一次性告知申请人需要补充的材料或者要求申请人作出说明。申请人未按要求补充材料或者作出说明的,视为撤回申请。

☞ 2024 考点3　法律援助的实施★★★

《法律援助法》规定,法律援助机构收到法律援助申请后,发现有下列情形之一的,可以决定先行提供法律援助:(1)距法定时效或者期限届满不足7日,需要及时提起诉讼或者申请仲裁、行政复议;(2)需要立即申请财产保全、证据保全或者先予执行;(3)法律、法规、规章规定的其他情形。法律援助机构先行提供法律援助的,受援人应当及时补办有关手续,补充有关材料。

法律援助机构为老年人、残疾人提供法律援助服务的,应当根据实际情况提供无障碍设施设备和服务。法律法规对向特定群体提供法律援助有其他特别规定的,依照其规定。

法律援助人员接受指派后,无正当理由不得拒绝、拖延或者终止提供法律援助服务。法律援助人员应当遵守有关法律、法规、规章和规定,根据案件情况做好会见、阅卷、调查情况、收集证据、参加庭审、提交书面意见等工作,依法为受援人提供符合标准的法律援助服务。法律援助人员应当按照

规定向受援人通报法律援助事项办理情况，不得损害受援人合法权益。

受援人应当向法律援助人员如实陈述与法律援助事项有关的情况，及时提供证据材料，协助、配合办理法律援助事项。

根据《法律援助法》的规定，有下列情形之一的，法律援助机构应当作出终止法律援助的决定：(1)受援人以欺骗或者其他不正当手段获得法律援助；(2)受援人故意隐瞒与案件有关的重要事实或者提供虚假证据；(3)受援人利用法律援助从事违法活动；(4)受援人的经济状况发生变化，不再符合法律援助条件；(5)案件终止审理或者已经被撤销；(6)受援人自行委托律师或者其他代理人；(7)受援人有正当理由要求终止法律援助；(8)法律法规规定的其他情形。法律援助人员发现有上述情形的，应当及时向法律援助机构报告。

被告人拒绝法律援助机构指派的律师为其辩护，坚持自己行使辩护权，人民法院依法准许的，法律援助机构应当作出终止法律援助的决定。对于应当通知辩护的案件，犯罪嫌疑人、被告人拒绝指派的律师为其辩护的，人民法院、人民检察院、公安机关应当查明原因。理由正当的，应当准许，但犯罪嫌疑人、被告人应当在5日内另行委托辩护人；犯罪嫌疑人、被告人未另行委托辩护人的，人民法院、人民检察院、公安机关应当在3日内通知法律援助机构另行指派律师为其提供辩护。

申请人、受援人对法律援助机构不予法律援助、终止法律援助的决定有异议的，可以向设立该法律援助机构的司法行政部门提出。司法行政部门应当自收到异议之日起5日内进行审查，作出维持法律援助机构决定或者责令法律援助机构改正的决定。申请人、受援人对司法行政部门维持法律援助机构决定不服的，可以依法申请行政复议或者提起行政诉讼。

法律援助事项办理结束后，法律援助人员应当及时向法律援助机构报告，提交有关法律文书的副本或者复印件、办理情况报告等材料。

☞ 2024 考点 4　法律援助的保障和监督★★

在法律援助的保障和监督方面，《法律援助法》规定国家加强法律援助信息化建设，促进司法行政部门与司法机关及其他有关部门实现信息共享和工作协同。

法律援助机构应当依照有关规定及时向法律援助人员支付法律援助补贴。法律援助补贴的标准，由省、自治区、直辖市人民政府司法行政部门会同同级财政部门，根据当地经济发展水平和法律援助的服务类型、承办成本、基本劳务费用等确定，并实行动态调整。法律援助补贴免征增值税和个人所得税。

同时，人民法院应当根据情况对受援人缓收、减收或者免收诉讼费用；对法律援助人员复制相关材料等费用予以免收或者减收。公证机构、司法鉴定机构应当对受援人减收或者免收公证费、鉴定费。

《法律援助法》要求，县级以上人民政府司法行政部门应当有计划地对法律援助人员进行培训，提高法律援助人员的专业素质和服务能力。

根据法律，受援人有权向法律援助机构、法律援助人员了解法律援助事项办理情况；法律援助机构、法律援助人员未依法履行职责的，受援人可以向司法行政部门投诉，并可以请求法律援助机构更换法律援助人员。

司法行政部门应当建立法律援助工作投诉查处制度；接到投诉后，应当依照有关规定受理和调查处理，并及时向投诉人告知处理结果。司法行政部门应当加强对法律援助服务的监督，制定法律援助服务质量标准，通过第三方评估等方式定期进行质量考核。司法行政部门、法律援助机构应当建立法律援助信息公开制度，定期向社会公布法律援助资金使用、案件办理、质量考核结果等情况，接受社会监督。

《法律援助法》要求，法律援助机构应当综合运用庭审旁听、案卷检查、征询司法机关意见和回访受援人等措施，督促法律援助人员提升服务质量。**人民法院、人民检察院、公安机关应当配合司法行政机关、法律援助机构做好法律援助服务质量监督相关工作，协助司法行政机关、法律援助机构调查核实投诉举报情况，回复征询意见。**

同时，律师协会应当将律师事务所、律师履行法律援助义务的情况纳入年度考核内容，对拒不履行或者怠于履行法律援助义务的律师事务所、律师，依照有关规定进行惩戒。

法律援助人员的人身安全和职业尊严受法律保护。对任何干涉法律援助人员履行职责的行为，法律援助人员有权拒绝，并按照规定如实记录和报告。对于侵犯法律援助人员权利的行为，法律援助人员有权提出控告。法律援助人员因依法履行职责遭受不实举报、诬告陷害、侮辱诽谤，致使名誉受到损害的，依法追究相关单位或者个人的责任。

☞ 2024 考点5 行政机关中从事行政处罚决定法制审核、行政复议、行政裁决的公务员资格认定制度★★

随着法治国家建设的不断推进，对公务员的法律素质要求越来越高。实行统一法律职业资格考试制度，是适应这一趋势、推动法治进程的重要措施。《公务员法》第25条第2款规定："国家对行政机关中初次从事行政处罚决定审核、行政复议、行政裁决、法律顾问的公务员实行统一法律职业资格考试制度，由国务院司法行政部门商有关部门组织实施。"《行政复议法》和《行政处罚法》也分别就前述内容予以明确规定。**其中，《行政复议法》第6条第2款规定："行政复议机构中初次从事行政复议工作的人员，应当通过国家统一法律职业资格考试取得法律职业资格，并参加统一职前培训。"**《行政处罚法》第58条第2款规定："行政机关中初次从事行政处罚决定法制审核的人员，应当通过国家统一法律职业资格考试取得法律职业资格。"由此可见，行政执法人员资格是从事行政执法活动应当具备的条件，而获得法律职业资格则是从事行政处罚决定法制审核、行政复议、行政裁决的必备条件。

刑　法

【大纲新增考点·法条说明】

2025 年，"刑法"学科大纲考点无变化，附录法律法规增加 3 件、删除 3 件，如下所示。

大纲附录法律法规

项　目	法律法规
增加法规	**1. 最高人民法院、最高人民检察院关于办理袭警刑事案件适用法律若干问题的解释** （2024 年 11 月 4 日最高人民法院审判委员会第 1930 次会议、2024 年 6 月 27 日最高人民检察院第十四届检察委员会第 32 次会议通过　2025 年 1 月 15 日公布　自 2025 年 1 月 18 日起施行）　高检发释字〔2025〕1 号 **2. 最高人民法院、最高人民检察院、公安部、司法部关于办理黑恶势力犯罪案件若干问题的指导意见** （2018 年 1 月 16 日）　法发〔2018〕1 号 **3. 最高人民法院、最高人民检察院关于办理侵犯知识产权刑事案件适用法律若干问题的解释** （2025 年 4 月 7 日最高人民法院审判委员会第 1947 次会议、2025 年 4 月 11 日最高人民检察院第十四届检察委员会第 51 次会议通过　2025 年 4 月 23 日公布　自 2025 年 4 月 26 日起施行）　法释〔2025〕5 号
删除法规	**1. 最高人民法院、最高人民检察院、公安部关于办理盗窃油气、破坏油气设备等刑事案件适用法律若干问题的意见** （2018 年 9 月 28 日）　法发〔2018〕18 号 **2. 最高人民法院关于审理黑社会性质组织犯罪的案件具体应用法律若干问题的解释** （2000 年 12 月 4 日最高人民法院审判委员会第 1148 次会议通过　2000 年 12 月 5 日公布　自 2000 年 12 月 10 日起施行）　法释〔2000〕42 号 **3. 最高人民法院、最高人民检察院关于办理侵犯知识产权刑事案件具体应用法律若干问题的解释** （2004 年 11 月 2 日最高人民法院审判委员会第 1331 次会议、2004 年 11 月 11 日最高人民检察院第十届检察委员会第 28 次会议通过　2004 年 12 月 8 日公布　自 2004 年 12 月 22 日起施行）　法释〔2004〕19 号

2020~2024 年大纲新增考点对照

年　份	章　节	新增与变化考点·法条
2024	第十七章第三节　妨害对公司、企业的管理秩序罪徇私舞弊低价折股、出售国有资产罪	徇私舞弊低价折股、出售公司、企业资产罪
2024	1. 新增法律法规：中华人民共和国刑法修正案（十二） 2. 修订法律法规：最高人民法院、最高人民检察院关于办理环境污染刑事案件适用法律若干问题的解释	
2023	无	

续表

年份	章节	新增与变化考点·法条
2022	第二十三章　渎职罪	徇私舞弊不移交刑事案件罪
	1. 新增法律法规： (1)最高人民法院、最高人民检察院关于办理危害药品安全刑事案件适用法律若干问题的解释 (2)最高人民法院关于审理非法集资刑事案件具体应用法律若干问题的解释 (3)最高人民法院、最高人民检察院关于办理窝藏、包庇刑事案件适用法律若干问题的解释 2. 修订法律法规：最高人民法院关于审理掩饰、隐瞒犯罪所得、犯罪所得收益刑事案件适用法律若干问题的解释	
2021	第八章第二节　实质的一罪	法条竞合犯
	第十六章　危害公共安全罪	妨害安全驾驶罪　危险作业罪
	第十七章第一节　生产、销售伪劣商品罪	妨害药品管理罪　妨害药品管理罪
	第十七章第七节　侵犯知识产权罪	为境外窃取、刺探、收买、非法提供商业秘密罪
	第十八章　侵犯公民人身权利、民主权利罪	负有照护职责人员性侵罪
	第二十章第一节　扰乱公共秩序罪	袭警罪　冒名顶替罪　高空抛物罪
	新增法律法规： (1)中华人民共和国刑法修正案(十一) (2)最高人民法院、最高人民检察院、公安部关于依法适用正当防卫制度的指导意见	
2020	新增法律法规：最高人民法院、最高人民检察院关于办理组织考试作弊等刑事案件适用法律若干问题的解释	

【大纲新增、变化考点解读】

☞ 2025 考点1　减刑的条件★★★

具备一定条件才能减刑。根据《刑法》第78条的规定，减刑必须具备两个基本条件：

(一)对象条件

被判处管制、拘役、有期徒刑、无期徒刑四种刑罚之一的犯罪分子，无论其犯罪行为是故意还是过失，是重罪还是轻罪，是危害国家安全罪还是其他刑事犯罪，只要具备了法定的减刑条件，都可以减刑。

《刑法》第50条第2款对减刑的对象条件进行了限制，即对被判处死刑缓期执行的累犯以及因故意杀人、强奸、抢劫、绑架、放火、爆炸、投放危险物质或者有组织的暴力性犯罪被判处死刑缓期执行的犯罪分子，人民法院根据犯罪情节等情况可以同时决定对其限制减刑。

对部分犯罪分子不得减刑。根据《刑法》第383条、第386条的规定，犯贪污罪、受贿罪的犯罪分子被判处死刑缓期执行，且人民法院根据犯罪情节等情况同时决定在其死刑缓期执行2年期满依法减为无期徒刑后，终身监禁的，不得减刑。

(二)实质条件

1. 可以减刑的实质条件是，犯罪分子在刑罚执行期间，认真遵守监规，接受教育改造，确有悔改表现，或者有立功表现。具体地说，在下列两种情形下，可以减刑：(1)犯罪分子在执行期间，认真遵守监管法规，接受教育改造，确有悔改表现的。“确有悔改表现”是指同时具备以下条件：①认罪悔罪;②遵守法律法规及监规,接受教育改造;③积极参加思想、文化、职业技术教育;④积极参加劳动,努力完成劳动任务。**人民法院办理减刑、假释案件时,还须审查原生效刑事或者刑事附带民事裁判中财产性判项的执行情况,以此作为判断犯罪分子是否“确有悔改表现”的因素之一。财产性判项未执行完毕的,人民法院应当着重审查犯罪分子的履行能力:有财产性判项履行能力的,应在履行后方可减刑、假释;确有履行能力而不履行的,不予认定其确有悔改表现,除法律规定情形外,一般不予减刑、假释;确无履行能力的,不影响对其确有悔改表现的认定;但犯罪分子因重大立功减刑的,依照相关法律规定处理,一般不受财产性判项履行情况的影响。对职务犯罪、破坏金融管理秩序和金融诈骗犯罪、组织(领导、参加、包庇、纵容)黑社会性质组织犯罪等犯罪分子,不积极退赃、协助追缴赃款赃物、赔偿损失的,不认定其确有悔改表现。**总之,既要注重审查罪犯教育改造等客观方面的表现,也要注重审查犯罪分子思想改造等主观方面的表现,综合判断犯罪分子是否确有悔改表现。不过,罪犯在刑罚执行期间的申诉权利应当依法保护,对其正当申诉不能不加分析地认为是不认罪悔罪。(2)有立功表现的。阻止他人实施犯罪活动的;检举、揭发监狱内外犯罪活动,或者提供重要的破案线索,经查证属实的;协助司法机关抓捕其他犯罪嫌疑人的;在生产、科研中进行技术革新,成绩突出的;在抗御自然灾害或者排除重大事故中,表现积极的;对国家和社会有其他较大贡献的。需要注意的是,对于检举、揭发监狱内外犯罪活动,或者提供重要破案线索的,应当注重审查线索的来源。对于揭发线索来源存疑的,应当进一步核查,如果查明线索系通过贿买、暴力、威胁或者违反监规等非法手段获取的,不认定罪犯具有立功表现。对于技术革新、发明创造,应当注重审查罪犯是否具备技术革新、发明创造的专业能力和条件,对于罪犯明显不具备相应专业能力及条件、不能说明技术革新或者发明创造原理及过程的,不认定罪犯具有立功或重大立功表现。

对于罪犯符合“可以减刑”条件的案件,在办理时应当综合考察罪犯犯罪的性质和具体情节、社会危害程度、原判刑罚及生效裁判中财产性判项的履行情况、交付执行后的一贯表现等因素。

2. 应当减刑的实质条件是,犯罪分子在刑罚执行期间,有重大立功表现。根据《刑法》第78条的规定,有下列重大立功表现之一的,应当减刑:(1)阻止他人实施重大犯罪活动的;(2)检举监狱内外重大犯罪活动,经查证属实的;(3)有发明创造或者重大技术革新的;(4)在日常生产、生活中舍己救人的;(5)在抗御自然灾害或者排除重大事故中,有突出表现的;(6)对国家和社会有其他重大贡献的。

☞ 2025 考点2 绑架罪★★★★

本罪是指以勒索财物或满足其他不法要求为目的,绑架他人作为人质的行为。

1. 本罪的客体是被绑架人的人身自由与安全。

2. 客观方面表现为利用被绑架人的近亲属或其他人对被绑架人安危的忧虑,使用暴力、胁迫或者麻醉等方法劫持或以实力控制他人。绑架的对象是任何他人,包括妇女、儿童和婴幼儿乃至行为人的子女或者父母。绑架的实质是使被害人处于行为人或第三者的实力支配下,事实上存在使未成年人的父母离开生活场所而将未成年人控制在行为人实力范围内的情况,也存在使被害人滞留在本来的生活场所但使其丧失行动自由的绑架案件,所以,绑架不要求使被害人离开原来的生活场所。绑架行为应具有强制性,即使用暴力、胁迫或者麻醉方法控制他人。对于缺乏或者丧失行动能力的被害人,行为人采取偷盗、引诱等方法使其处于行为人或第三者实力支配下的,也可能成立绑架罪。例如,以勒赎为目的,偷盗婴幼儿的,成立绑架罪。根据通说,绑架行为属于单一行为,只要行为人出于绑架目的已经实力支配被害人,即使尚未来得及向第三人提出不法要求,也构成绑架既遂。据此,行为人出于绑架目的已经实力支配被害人,不久又自动释放被害人的,不构成绑架罪的中止犯,如果暴力并不严重、支配被害人的时间不长，可按"情节较轻"的绑架罪处理。

根据《刑法》第 238 条第 3 款的规定，行为人为索取债务非法扣押、拘禁他人的，只构成非法拘禁罪，不成立绑架罪。2000 年 7 月 13 日最高人民法院《关于对为索取法律不予保护的债务非法拘禁他人行为如何定罪问题的解释》指出："行为人为索取高利贷、赌债等法律不予保护的债务，非法扣押、拘禁他人的，依照刑法第二百三十八条的规定定罪处罚。"但是，如果行为人为了索取法律不予保护的债务或者单方面主张的债务，以实力支配、控制被害人后，以杀害、伤害被害人相威胁的，宜认定为绑架罪。行为人为了索取债务，而将与债务人没有共同财产关系、扶养、抚养关系的第三者作为人质的，也应认定为绑架罪。

3. 主体必须是已满 16 周岁，具有辨认控制能力的自然人。已满 14 周岁不满 16 周岁的人实施绑架行为，故意杀害被绑架人的，应认定为故意杀人罪。已满 12 周岁不满 14 周岁的人故意杀害被绑架人、故意伤害被绑架人并致其死亡或者以特别残忍手段致其重伤造成严重残疾，情节恶劣的，虽不构成绑架罪，但在报请最高人民检察院核准追诉后，应以故意杀人罪、故意伤害罪追究刑事责任。

4. 主观上只能出于故意，必须具有勒索财物或满足其他不法要求的目的。行为人一方面利用被绑架人的近亲属或者其他人对被绑架人安危的忧虑，这里的"其他人"包括单位乃至国家。另一方面以勒索财物或满足其他不法要求为目的。如果不具有这种心理状态，则不构成绑架罪。以勒赎为目的，偷盗婴幼儿的，应以本罪论处。同样地，为将婴儿作为人质以实现其他不法要求，而偷盗婴幼儿的，也成立本罪。勒索财物或满足其他不法要求的目的，不需要现实化。换言之，只要行为人具有这种目的，即使客观上没有对被绑架人的近亲属或其他人勒索财物或提出其他不法要求，也成立绑架罪；如果行为人客观上向被绑架人的近亲属或其他人勒索财物或提出了其他不法要求，也不另成立其他犯罪。但是，如果行为人"绑架"他人是为了直接向被绑架人索取财物，则应认定为抢劫罪。

根据《刑法》第 239 条的规定，犯绑架罪的，处 10 年以上有期徒刑或者无期徒刑，并处罚金或者没收财产；情节较轻的，处 5 年以上 10 年以下有期徒刑，并处罚金；杀害被绑架人的，或者故意伤害被绑架人，致人重伤、死亡的，处无期徒刑或者死刑，并处没收财产。杀害被绑架人（俗称"撕票"），属于结合犯，即将绑架行为与故意杀人行为结合为一个罪。在理论上，很多人认为，这里的"杀害"是指"杀死"。但也有观点认为，结合犯规定属于基本的犯罪构成，结合犯也有修正的犯罪构成，故以杀死被绑架人为目的实施杀人行为，却因意外未能造成死亡结果的，应认定成立结合犯的未遂犯，对行为人同时适用"杀害"被绑架人的法律规定与未遂犯的处罚规定。此外，故意伤害被绑架人，仅在致人重伤、死亡时，才能处无期徒刑或者死刑，并处没收财产。

☞ 2025 考点 3　袭警罪★★★★★

本罪是指暴力袭击正在依法执行职务的人民警察的行为。

本罪在客观方面表现为暴力袭击正在依法执行职务的人民警察。首先，要求存在暴力袭击行为。所谓暴力袭击，是指对人民警察实施暴力。司法解释对"暴力袭击"的程度有明确要求：实施撕咬、掌掴、踢打、抱摔、投掷物品等行为，造成轻微伤以上后果，或者实施打砸、毁坏、抢夺人民警察乘坐的车辆、使用的警械等行为，足以危及人身安全的，才属于本罪的"暴力袭击"。至于人民警察对此是否有所防备，不影响暴力袭击的认定。与人民警察发生轻微肢体冲突，或者为摆脱抓捕、约束实施甩手、挣脱、蹬腿等一般性抗拒行为，危害不大的，或者仅实施辱骂、讽刺等言语攻击行为的，不属于本罪的"暴力袭击"。行为人并未实施暴力，而是以威胁或者其他方法阻碍人民警察依法执行职务的，不构成本罪，对此应以妨害公务罪论处。暴力袭击正在依法执行职务的人民警察，致其重伤、死亡,行为人对重伤、死亡结果存在明知的,成立本罪与故意伤害罪、故意杀人罪的想象竞合犯,应以故意伤害罪、故意杀人罪定罪处罚。行为人暴力袭击时使用枪支、管制刀具,或者驾驶机动车撞击人民警察,严重危及其人身安全的,构成本罪的加重犯,应按本罪的第二档法定刑处罚(处3年以上7年以下有期徒刑)。行为人驾驶机动车撞击、碾轧、拖拽、剐蹭人民警察,如果车速极快、现场人员极多,足以危害公共安全的,成立本罪与以危险方法危害公共安全罪的想象竞合,应按以危险方法危害公共安全罪定罪处罚。其次,暴力袭击的对象为人民警察,包括公安机关、国家安全机关、监狱等部门的人民警察和人民法院、人民检察院的司法警察。暴力袭击正在依法配合人民警察执行职务的警务辅助人员的,不构成本罪;符合妨害公务罪规定的,以妨害公务罪定罪处罚。同时暴力袭击正在依法执行职务的人民警察和配合人民警察执行职务的警务辅助人员,符合本罪规定的,以本罪从重处罚。最后,要求暴力袭击的是正在依法执行职务的人民警察。对在非工作时间遇有紧急情况依法履行职责的人民警察实施暴力袭击,符合本罪构成的,以本罪定罪处罚。对非执行职务的人民警察实施报复性暴力袭击的,不构成本罪;符合故意伤害罪、故意杀人罪的犯罪构成的,应按相应犯罪从重处罚。例如,甲曾因交通违法行为被警察乙处理而记恨,后甲路遇乙,便踢其一脚后逃走,或者乙在路边与人寒暄时,甲打了乙一拳后逃走的,均不构成本罪。

本罪在主观方面为故意,要求行为人明知暴力袭击的对象是人民警察,并认识到对方正在依法执行职务。由于人民警察身穿便装等原因,行为人虽然认识到对方在执行公务,但确实没有认识到对方是人民警察的,不成立本罪,应以妨害公务罪追究刑事责任。

适用本罪时需要注意,对于人民警察执法活动存在过错,在认定行为人暴力袭击行为是否构成袭警罪时,应当综合考虑行为人的暴力程度、危害后果及执法过错程度等因素,依法妥当处理。人民警察执法活动存在严重过错的,对行为人一般不作为犯罪处理。执法过错较大,袭击行为暴力程度较轻、危害不大的,可以不作为犯罪处理。袭击行为造成严重后果,确需追究刑事责任的,应当依法从宽处理。

本罪与妨害公务罪是特别法条与一般法条的关系,成立本罪以符合妨害公务罪的犯罪构成为前提;反之,不符合本罪犯罪构成的行为,可能构成妨害公务罪。所以,本罪并不是单纯地对正在执行职务的人民警察实施暴力,而是指通过暴力袭警妨碍警察依法执行职务。

犯本罪的,根据《刑法》第277条第5款的规定处罚。

☞ 2025 考点4　拒不执行判决、裁定罪★★

本罪是指负有执行义务的人对人民法院的判决、裁定有能力执行而拒不执行,情节严重的行为。

本罪的客观要件为:(1)拒不执行的对象为人民法院的判决、裁定,是指人民法院依法作出的具有执行内容并已发生法律效力的判决、裁定,既包括刑事判决、裁定,也包括民事、行政等方面的判决、裁定。人民法院的调解书不属于判决、裁定的范畴,但人民法院为依法执行生效的调解书、支付令、仲裁裁决、公证债权文书等所作的裁定,属于本罪中的裁定。此外,人民法院的判决、裁定应是指合法的判决、裁定。如果行为人拒不执行的是不合法的判决、裁定,如该判决、裁定是法官滥用职权、违背事实作出的,或者原判决、裁定已被再审撤销的,则不构成本罪。(2)行为方式为有能力执行人民法院的判决、裁定而拒不执行。"有能力执行"是指负有执行义务的人有全部执行或者部分执行给付财产义务或履行特定行为义务的能力。在认定执行能力时,应当扣除负有执行义务的人及其所扶养家属的生活必需费用。有能力执行而拒不执行判决、裁定的时点,通常从判决、裁定发生法律效力时起算,但是,行为人为逃避执行义务,在诉讼开始后、裁判生效前实施隐藏、转移财产等行为,在判决、裁定生效后经查证属实，要求其执行而拒不执行的，可以认定其有能力执行而拒不执行。(3)构成本罪，要求情节严重。根据立法解释，“有能力执行而拒不执行，情节严重”，是指下列情形：①被执行人隐藏、转移、故意毁损财产或者无偿转让财产、以明显不合理的低价转让财产，致使判决、裁定无法执行的；②担保人或者被执行人隐藏、转移、故意毁损或者转让已向人民法院提供担保的财产，致使判决、裁定无法执行的；③协助执行义务人接到人民法院协助执行通知书后，拒不协助执行，致使判决、裁定无法执行的；④被执行人、担保人、协助执行义务人与国家机关工作人员通谋，利用国家机关工作人员的职权妨害执行，致使判决、裁定无法执行的；⑤其他有能力执行而拒不执行，情节严重的情形。上述情形中的“致使判决、裁定无法执行”，一般是指人民法院依据法律及相关规定采取执行措施后仍无法执行的情形，包括判决、裁定全部无法执行，也包括部分无法执行。对于上述“⑤其他有能力执行而拒不执行，情节严重的情形”，2024 年 10 月 30 日最高人民法院、最高人民检察院发布的《关于办理拒不执行判决、裁定刑事案件适用法律若干问题的解释》第 3 条列举了 10 项情形，如以放弃债权、放弃债权担保等方式恶意无偿处分财产权益，或者恶意延长到期债权的履行期限，或者以虚假和解、虚假转让等方式处分财产权益，致使判决、裁定无法执行的，等等，都属于“其他有能力执行而拒不执行，情节严重的情形”。行为人虽有拒不执行判决、裁定的行为，但情节显著轻微危害不大的，不认为是犯罪；在提起公诉前，履行全部或者部分执行义务，犯罪情节轻微的，可以依法不起诉。在一审宣告判决前，履行全部或者部分执行义务，犯罪情节轻微的，可以依法从轻或者免除处罚。

本罪主体是被执行人、协助执行义务人、担保人等负有执行判决、裁定义务的自然人或者单位。案外人明知负有执行义务的人有能力执行而拒不执行人民法院的判决、裁定，与其通谋，协助实施隐藏、转移财产等拒不执行行为，致使判决、裁定无法执行的，以本罪的共犯论处。

罪数方面，行为人拒不执行判决、裁定，同时构成拒不执行判决、裁定罪、妨害公务罪、袭警罪、非法处置查封、扣押、冻结的财产罪等犯罪的，依照处罚较重的规定定罪处罚。国家机关工作人员与行为人通谋，利用国家机关工作人员的职权妨害执行，致使判决、裁定无法执行的，国家机关工作人员在构成本罪共犯的同时，又构成受贿罪、滥用职权罪的，对其依照处罚较重的规定定罪处罚。

☞ 2024 考点 1　危险驾驶罪★★★★

本罪是指在道路上驾驶机动车追逐竞驶，情节恶劣；或者在道路上醉酒驾驶机动车，以及从事校车业务或者旅客运输，严重超过额定乘员载客或者严重超过规定时速行驶；或者违反危险化学品安全管理规定运输危险化学品，危及公共安全的行为。本罪分为四个类型。

1. 追逐竞驶。一般来说，追逐竞驶，是指行为人在道路上高速、超速行驶，随意追逐、超越其他车辆，频繁、突然并线，近距离驶入其他车辆之前的危险驾驶行为。追逐竞驶属于危害公共安全的危险犯，但刑法没有将本罪规定为具体的公共危险犯，而是以情节恶劣限制处罚范围。换言之，只要追逐竞驶行为具有类型化的抽象危险，并且情节恶劣，就构成犯罪。(1)本罪行为不要求发生在公共道路(公路)上，只需要发生在道路上即可。在校园内、大型厂矿内的道路上，以及在人行道上追逐竞驶的，因为对不特定或者多数人的生命、身体产生了抽象的危险，依然可能成立本罪。(2)追逐竞驶以具有抽象危险性的高速、超速驾驶为前提，缓慢驾驶的行为不可能成立本罪。但是，单纯的高速驾驶或者超速驾驶，并不直接成立本罪。换言之，不能将本罪等同于国外的超速驾驶罪。(3)追逐竞驶要求以产生抽象的交通危险的方式驾驶，行为的基本方式是随意追逐、超越其他车辆，频繁并线、突然并线，或者近距离驶入其他车辆之前等。(4)追逐竞驶既可能是二人以上基于意思联络而实施，也可能是单个人实施。机动车驾驶人员出于竞技、追求刺激、斗气或者其他动机，在道路上曲折穿行、快速追赶行驶的，属于追逐竞驶。驾驶机动车针对救护车、消防车等车辆实施追逐竞驶行为的，可能成立本罪。(5)成立本罪要求情节恶劣。情节恶劣的基本判断标准是追逐竞驶行为的危险程度。对此，应以道路上车辆与行人的多少、驾驶的路段与时间、驾驶的速度与方式、驾驶的次数等进行综合判断。大体可以肯定的是，如果发生了具体的公共危险，就能够得出情节恶劣的结论。换言之，追逐竞驶虽未造成人员伤亡或财产损失，但综合考虑超过限速、闯红灯、强行超车、抗拒交通执法等严重违反《道路交通安全法》的行为，足以威胁他人生命、财产安全的，属于危险驾驶罪中"情节恶劣"的情形。在没有其他车辆与行人的荒野道路上追逐竞驶的行为，不应认定为情节恶劣。追逐竞驶的罪过形式为故意，不要求行为人以赌博竞技或者追求刺激为目的。因为基于任何目的与动机的故意追逐竞驶行为，只要产生了抽象的公共危险且情节恶劣，就值得科处刑罚。

2. 醉酒驾驶。醉酒驾驶，是指在醉酒状态下在道路上驾驶机动车的行为。醉驾案件中"道路""机动车"的认定适用道路交通安全法有关"道路""机动车"的规定。对机关、企事业单位、厂矿、校园、居民小区等单位管辖范围内的路段是否认定为"道路"，应当以其是否具有"公共性"，是否"允许社会机动车通行"作为判断标准。只允许单位内部机动车、特定来访机动车通行的，可以不认定为"道路"。

根据2023年12月13日最高人民法院、最高人民检察院、公安部、司法部《关于办理醉酒危险驾驶刑事案件的意见》(以下简称《意见》)，在道路上驾驶机动车，经呼气酒精含量检测，显示血液酒精含量达到80毫克/100毫升以上，除情节显著轻微、危害不大，不认为是犯罪的情形之外，成立危险驾驶罪。行为人是否属于"醉酒"驾驶，主要以血液酒精含量鉴定意见作为依据。行为人经呼气酒精含量检测，显示血液酒精含量达到80毫克/100毫升以上，在提取血液样本前脱逃或者找人顶替的，可以以呼气酒精含量检测结果作为认定其醉酒的依据。行为人在公安机关依法检查时或者发生道路交通事故后，为逃避法律追究，在呼气酒精含量检测或者提取血液样本前故意饮酒的，可以以查获后血液酒精含量鉴定意见作为认定其醉酒的依据。根据《意见》，醉酒驾驶具有下列情形之一，不具有《意见》所规定的造成交通事故且负事故全部或者主要责任、造成交通事故后逃逸等15种从重处理的情形，可以认定为情节显著轻微、危害不大，不构成危险驾驶罪：(1)血液酒精含量不满150毫克/100毫升的；(2)出于急救伤病人员等紧急情况驾驶机动车，且不构成紧急避险的；(3)在居民小区、停车场等场所因挪车、停车入位等短距离驾驶机动车的；(4)由他人驾驶至居民小区、停车场等场所短距离接替驾驶停放机动车的，或者为了交由他人驾驶，自居民小区、停车场等场所短距离驶出的；(5)其他情节显著轻微的情形。醉酒后出于急救伤病人员等紧急情况，不得已驾驶机动车，构成紧急避险的，依照《刑法》第21条紧急避险的规定处理。

本罪是抽象危险犯，不需要司法人员具体判断醉酒行为是否具有公共危险。一方面，抽象的危险犯实际上是类型化的危险犯，司法人员只需要进行类型化的判断即可。另一方面，没有抽象危险的行为，不可能成立本罪。例如，在没有车辆与行人的荒野道路上醉酒驾驶机动车的，因为不具有抽象的危险，不应以本罪论处。

关于醉酒型危险驾驶罪的罪过形式，刑法理论存在不同观点。通说认为，醉酒驾驶属于故意犯罪，行为人必须认识到自己是在醉酒状态下驾驶机动车。但是，对于醉酒状态的认识不需要十分具体(不需要认识到血液中的酒精具体含量)，只要有大体上的认识即可。一般来说，只要行为人知道自己喝了一定量的酒，事实上又达到了醉酒状态，并驾驶机动车的，就可以认定其具有醉酒驾驶的故意。认为自己只是酒后驾驶而不是醉酒驾驶的辩解，不能排除故意的成立。即使行为人没有主动饮酒(饮料中被他人掺入酒精)，但驾驶机动车之前或者当时意识到自己已经饮酒的，也应认定具有醉酒驾驶的故意。当然，如果没有主动饮酒，也没有意识到自己已经饮酒的，排除故意的成立。

醉酒驾驶既不是亲手犯，也不是身份犯。教唆他人醉酒驾驶的，成立教唆犯；明知他人即将驾驶机动车，而暗中在其饮料中掺入酒精，驾驶者不知情而驾驶机动车的，对掺入酒精者应以间接正犯论处。

3. 超员、超速行驶。超员、超速行驶，是指从事校车业务或者旅客运输，严重超过额定乘员载客，或者严重超过规定时速行驶的行为。本类型的危险驾驶罪属于抽象危险犯。依照国务院《校车安全管理条例》的规定，"校车"是指用于接送接受义务教育的学生上下学的机动车。本罪中的校车既包括依照国家规定取得使用许可的校车，也包括没有取得使用许可的违章从事接送学生业务的校车。从事旅客运输的车辆，是指从事公路客运、公交客运、出租客运、旅游客运等从事旅客运输的车辆；既包括具有营运资格的车辆，也包括非法从事旅客运输的车辆。一般超员、超速的行为不成立本罪，只有严重超员、超速的行为才成立本罪。本罪的成立不以发生人员伤亡等后果为要件。机动车所有人、管理人对严重超员、超速行驶负有直接责任的，以本罪论处。例如，机动车所有人、管理人强令、指使驾驶人员超员、超速行驶的，或者明知驾驶人员超员、超速行驶而放任的，应以本罪论处。概言之，所谓"负有直接责任"，是指超员、超速行驶的状态能够归属于机动车所有人、管理人的作为或者不作为的情形。本类型的危险驾驶罪只能由故意构成。

4. 违规运输危险化学品。违规运输危险化学品，是指违反危险化学品安全管理规定运输危险化学品，危及公共安全的行为。本类型的危险驾驶罪属于具体危险犯。危险化学品，是指具有毒害、腐蚀、爆炸、燃烧、助燃等性质，对人体、设施、环境具有危害的剧毒化学品和其他化学品。根据《危险化学品安全管理条例》的规定，从事危险化学品道路运输的，应当取得危险货物道路运输许可，并向工商行政管理部门办理登记手续；危险化学品道路运输企业应当配备专职安全管理人员；危险化学品道路运输企业的驾驶人员、装卸管理人员、押运人员、申报人员、集装箱装箱现场检查员应当经交通运输主管部门考核合格，取得从业资格；运输危险化学品，应当根据危险化学品的危险特性采取相应的安全防护措施，并配备必要的防护用品和应急救援器材；用于运输危险化学品的槽罐以及其他容器应当封口严密，能够防止危险化学品在运输过程中因温度、湿度或者压力的变化发生渗漏、洒漏；槽罐以及其他容器的溢流和泄压装置应当设置准确、起闭灵活；通过道路运输危险化学品的，应当按照运输车辆的核定载质量装载危险化学品，不得超载；危险化学品运输车辆应当符合国家标准要求的安全技术条件，并按照国家有关规定定期进行安全技术检验；运输危险化学品途中因住宿或者发生影响正常运输的情况，需要较长时间停车的，驾驶人员、押运人员应当采取相应的安全防范措施；如此等等。违反上述《危险化学品安全管理条例》的规定，并且危及公共安全的，成立本罪。行为是否危及公共安全，要根据行为人所运输的危险化学品的种类、数量、运输的时间、路线、车辆的安全状况、发生实害事故的可能性程度等进行综合判断。机动车所有人、管理人对上述违规行为负有直接责任的，以本罪论处。本类型的危险驾驶罪的罪过形式只能是故意，行为人必须认识到自己违规运输的是危险化学品（不必认识到具体种类），并且希望或者放任公共危险的发生。

在危险驾驶罪的罪数方面，危险驾驶行为同时构成其他犯罪的，依照处罚较重的规定定罪处罚。例如，追逐竞驶或者醉酒驾驶行为，过失造成他人伤亡或者重大财产损失结果，构成交通肇事罪的，应以交通肇事罪论处（此时的交通肇事罪属于结果加重犯）。但是，如果致人伤亡的交通事故不是由追逐竞驶或者醉酒驾驶行为引起，而是由其他违反交通运输管理法规的行为（如无视交通信号）所引起，则应对危险驾驶罪与交通肇事罪实行数罪并罚。再如，违规运输化学危险品，发生重大事故，造成严重后果的，应以危险物品肇事罪论处（此时的危险物品肇事罪属于结果加重犯）。但是，如果违规运输化学危险品，危及公共安全，又由于闯红灯而造成交通事故的，则应对危险驾驶罪与交通肇事罪实行数罪并罚。如果在危险驾驶行为之外，又实施其他行为构成犯罪的，对此应当数罪并罚。如追逐竞驶或者醉酒驾驶，又以暴力、威胁方法阻碍公安机关依法检查，构成妨害公务罪、袭警罪等其他犯罪的，应以危险驾驶罪与妨害公务罪、袭警罪等犯罪实行数罪并罚。

危险驾驶行为具有与放火、爆炸等相当的具体的公共危险，行为人对该具体的公共危险具有故意的，应当认定以危险方法危害公共安全罪。例如，在高速公路上逆向追逐竞驶或者醉酒高速驾驶，但没有造成严重后果的，应当适用《刑法》第114条，认定为以危险方法危害公共安全罪。当然，对以危险方法危害公共安全罪的认定必须采取严格的限制态度。危险驾驶行为具有与放火、爆炸等相当的具体的公共危险，且造成人身伤亡等严重后果（如在高速公路上逆向追逐竞驶或者醉酒高速驾驶造成他人死亡），行为人对该具体的公共危险或者人身伤亡等严重后果具有故意的，应当适用《刑法》第115条第1款。

犯本罪的，根据《刑法》第133条之一的规定处罚。

☞ 2024 考点2　非法经营同类营业罪★★★

本罪是指国有公司、企业的董事、监事、高级管理人员，利用职务便利，自己经营或者为他人经营与其所任职公司、企业同类的营业，获取非法利益，数额巨大，或者其他公司、企业的董事、监事、高级管理人员违反法律、行政法规规定，利用职务便利，自己经营或者为他人经营与其所任职公司、企业同类的营业，致使公司、企业利益遭受重大损失的行为。2023年12月29日通过的《刑法修正案（十二）》扩大了本罪的主体范围，尤其是将本罪主体扩大至国有公司、企业之外的其他公司、企业的董事、监事、高级管理人员。根据刑法的时间效力原理，对于《刑法修正案（十二）》施行之前发生的其他公司、企业的董事、监事、高级管理人员的非法经营同类营业行为，不能以本罪论处。

构成本罪，在客观上要求行为人利用职务便利，自己经营或者为他人经营与其所任职公司、企业同类的营业。"利用职务便利"，是指行为人利用自己在所任职公司、企业担任董事、监事、高级管理人员所获得的权限、地位以及掌握的人脉、信息等便利条件。"经营与其所任职公司、企业同类的营业"，是指行为人从事与其所任职公司、企业相同或者近似的业务。无论是自己经营还是为他人经营与其所任职公司、企业同类的营业，都能构成本罪。如国有粮食公司、企业的董事利用职务便利，帮助自己经营的公司、企业借用其任职国有公司、企业的资质，从事与其任职国有公司、企业相同的营业行为，抢占、排挤任职国有公司、企业的交易机会的，行为人属于经营与其所任职公司、企业同类的营业。如果国有公司、企业的董事、监事、高级管理人员直接利用职务之便为相关公司、企业提供帮助，从中获得所谓利润分成的，不属于为他人经营与其所任职公司、企业同类的营业，不能以本罪论处，应以受贿罪定罪处罚。国有公司、企业的董事、监事、高级管理人员非法经营同类营业，并通过虚设交易环节，非法占有公共财物，同时构成贪污罪的，应视行为数量与情节从一重罪处罚或者实行数罪并罚。

本罪是身份犯，犯罪主体分为两类：

(1)国有公司、企业的董事、监事、高级管理人员。国有公司、企业的其他职员，只要不属于董事、监事或者高级管理人员，即使属于国家工作人员，也不能单独构成本罪。根据《公司法》第265条的规定，"高级管理人员"是指董事、监事之外的公司、企业的主管人员和其他重要管理人员，如公司、企业的经理、副经理、财务负责人等。该类主体构成本罪，要求行为人获取非法利益，数额巨大。

(2)其他公司、企业的董事、监事、高级管理人员。该类主体构成本罪，要求行为人违反法律、行政法规规定，致使公司、企业利益遭受重大损失。如果行为人经营同类营业行为并不违反法律、行政法规规定，如向公司董事会或者股东会报告并获得同意后，自己经营与其所任职公司、企业同类的营业的，不构成本罪。该类主体成立本罪，不要求行为人必须获取非法利益，数额巨大，只要其行为致

使公司、企业利益遭受重大损失,即构成本罪。

☞ 2024 考点 3 为亲友非法牟利罪★★

本罪是指国有公司、企业、事业单位的工作人员,利用职务便利,为亲友非法牟利,致使国家利益遭受重大损失,或者其他公司、企业的工作人员违反法律、行政法规规定,利用职务便利,为亲友非法牟利,致使公司、企业利益遭受重大损失的行为。2023 年 12 月《刑法修正案(十二)》将本罪主体扩大至国有公司、企业、事业单位之外的其他公司、企业的工作人员。对于《刑法修正案(十二)》施行之前发生的其他公司、企业的工作人员为亲友非法牟利的行为,不能以本罪论处。

成立本罪,要求行为人利用职务便利(利用自己主管、管理、经营、经手公司、企业业务的便利),实施下列行为之一:(1)将本单位的盈利业务交由自己的亲友进行经营;(2)以明显高于市场的价格从自己的亲友经营管理的单位采购商品、接受服务或者以明显低于市场的价格向自己的亲友经营管理的单位销售商品、提供服务;(3)从自己的亲友经营管理的单位采购、接受不合格商品、服务。不存在上述行为,如行为人以正常的市场价格从自己的亲友经营管理的单位采购商品、接受服务,或者以正常的市场价格向自己的亲友经营管理的单位销售商品、提供服务的,不构成本罪。对于这里的“亲友”,不宜作过于狭隘的理解,应以与行为人是否存在利益关系进行实质把握。

本罪的主体分为两类:其一,国有公司、企业、事业单位的工作人员。该类主体成立本罪,要求行为人利用职务便利,为亲友非法牟利行为致使国家利益遭受重大损失。其二,其他公司、企业的工作人员。与前一类主体不同,《刑法修正案(十二)》并未将本罪主体扩大到“其他事业单位”。因此,像民办学校、民办医院中的工作人员为亲友非法牟利的,不构成本罪。该类主体成立本罪,要求行为人违反法律、行政法规规定,为亲友非法牟利行为致使公司、企业利益遭受重大损失。如果为亲友非法牟利的行为并未违反法律、行政法规规定的,不构成本罪。《公司法》第 183 条规定,董事、监事、高级管理人员,不得利用职务便利为自己或者他人谋取属于公司的商业机会。但是,有下列情形之一的除外:(1)向董事会或者股东会报告,并按照公司章程的规定经董事会或者股东会决议通过;(2)根据法律、行政法规或者公司章程的规定,公司不能利用该商业机会。据此,向董事会或者股东会报告并获得同意,或者公司不能利用该商业机会,行为人将该盈利业务交由自己的亲友进行经营,即使亲友从中获利,也不构成本罪。此外,个人独资企业等公司、企业的实控人,自愿将本公司、企业的盈利业务交由自己的亲友进行经营,或者从自己的亲友经营管理的单位采购、接受不合格商品、服务的,实控人的决策并未损害他人利益,谈不上违反法律、行政法规规定,因此,即使该行为使得公司、企业利益遭受损失,实控人也不构成本罪。

☞ 2024 考点 4 徇私舞弊低价折股、出售公司、企业资产罪★★★

本罪是指国有公司、企业或者其上级主管部门直接负责的主管人员,徇私舞弊,将国有资产低价折股或者低价出售,致使国家利益遭受重大损失,或者其他公司、企业直接负责的主管人员,徇私舞弊,将公司、企业资产低价折股或者低价出售,致使公司、企业利益遭受重大损失的行为。**《刑法修正案(十二)》将本罪主体扩大至国有公司、企业之外的其他公司、企业直接负责的主管人员。构成本罪,要求行为人徇私舞弊,将公司、企业资产低价折股或者低价出售。**这意味着本罪为故意犯罪,过失不构成本罪。如在公司、企业资产重组、收购过程中,行为人由于经验不足、决策失误或者市场行情变化,致使公司、企业资产在折股、出售过程中价格偏低的,不构成本罪。国有公司、企业或者其上级主管部门直接负责的主管人员,与他人串通,私自将国有资产低价折股或者低价出售给他人,同时触犯本罪与贪污罪的，对行为人应以贪污罪论处。犯本罪的，根据《刑法》第169条的规定处罚。

☞ 2024 考点5 伪造货币罪★★★

本罪是指没有货币发行权的人，非法制造外观上足以使一般人误认为是货币的假货币，妨害货币的公共信用的行为。

1. 本罪客体是国家货币管理秩序。

2. 客观行为表现为制造外观上足以使一般人误认为是货币的假货币。**(1)伪造，是指制造外观上足以使一般人误认为是货币的假货币的行为。根据司法解释，伪造货币必须是仿照真币的图案、形状、色彩等特征非法制造假币来冒充真币。在这种情况下，存在与伪造的货币相对应的(或相当的)真币。至于伪造的方法，则没有任何限制，如机器印制、石印、影印、复印、手描等。同时采用伪造和变造手段，制造真伪拼凑货币的，以伪造货币罪定罪处罚。(2)伪造货币包括伪造正在流通的中国货币、外国货币(包括我国香港特别行政区、澳门特别行政区、台湾地区的货币)，包括硬币(含普通纪念币和贵金属纪念币)与纸币。伪造正在流通的境外货币，即使该境外货币不可在境内市场流通或者兑换，同样构成本罪。行为人所伪造的货币必须是正在流通的货币，如果伪造已经停止流通的古钱、废钞，则不成立本罪。以使用为目的，伪造停止流通的货币，或者使用伪造的停止流通的货币的，以诈骗罪定罪处罚。(3)所伪造以及可能伪造出来的货币应在外观上足以使一般人误认为是货币，即对于所伪造的货币必须特别加以注意，或者具有一定检测手段、具有专业知识方能发现(这只是对伪造行为的限定，并不意味着本罪不存在未遂犯。只要实施了伪造行为，客观上可能制造出足以使一般人误认为真币的假币，即使没有完成全部印制工序，也构成伪造货币罪)。行为人制造出来的物品完全不可能被人们误认为是货币的，不可能成立伪造货币罪。但是，也不要求伪造的货币与真币完全相同，且不以与真币所具有的特征完全一致为条件。如不具有真币的号码或印章的，也是伪造的货币。**

3. 伪造货币罪的主体必须是没有货币发行权的自然人，单位不能成为本罪主体。行为人制造货币版样或者与他人事前通谋，为他人伪造货币提供版样的，以本罪论处。

4. 伪造货币罪的主观方面只能是故意，即明知自己的行为会发生妨害货币的公共信用的结果，并且希望或者放任这种结果发生。明知他人意图伪造货币，通过网络提供伪造货币技术或者设备、材料的人员，与直接实施伪造货币的人员构成伪造货币共同犯罪。为直接实施伪造货币人员提供专门用于伪造货币的技术或者设备、材料的，应当认定其具有伪造货币的共同犯罪故意。

犯本罪的，根据《刑法》第170条的规定处罚。

☞ 2024 考点6 骗取贷款、票据承兑、金融票证罪★★

本罪是指以欺骗手段取得银行或者其他金融机构贷款、票据承兑、信用证、保函等，给银行或者其他金融机构造成重大损失的行为。本罪主观方面为故意，但不要求具有非法占有目的。如果行为人具有非法占有目的，则应按照相应的金融诈骗罪或者其他犯罪论处。例如，以非法占有为目的，骗取银行贷款的，成立贷款诈骗罪；以非法占有为目的，骗取信用证的，成立信用证诈骗罪。成立本罪虽不要求行为人具有非法占有目的，但应以危害金融资金安全为要件。行为人虽然采用欺骗手段(如提供了虚假的申请材料)从银行获取贷款的数额特别巨大，但其提供了足额真实抵押，未给银行造成损失，不会危及金融资金安全的，不构成本罪。犯本罪的，依照《刑法》第175条之一的规定处罚。

☞ 2024 考点 7　妨害信用卡管理罪★★★

本罪是指以特定方式妨害信用卡管理的行为。根据《刑法》第 177 条之一的规定，下列行为构成本罪：

1. 明知是伪造的信用卡而持有、运输的，或者明知是伪造的空白信用卡而持有、运输，数量较大。“数量较大”是指信用卡的数量累计在 10 张以上。

2. 非法持有他人信用卡，数量较大。“持有”的认定，以事实上的支配为标准。实务界认为，非法持有他人信用卡既可以是行为人直接持有他人信用卡，也可以是通过第三人间接持有他人信用卡。“数量较大”是指信用卡的数量累计在 5 张以上。行为人为上游实施信息网络犯罪收购、租借他人银行卡后非法持有的，在案证据无法证明这些银行卡被用于帮助他人进行违法犯罪活动，但持有数量较大的，可以妨害信用卡管理罪论处。对于有证据证明这些银行卡被用于上游信息网络犯罪的，其行为同时构成妨害信用卡管理罪和帮助信息网络犯罪活动罪，择一重罪论处。

3. 使用虚假的身份证明骗领信用卡。以虚假的身份证明骗领信用卡，并不要求身份证明本身是虚假的；违背他人意愿，使用其居民身份证、军官证、士兵证、港澳居民往来内地通行证、台湾居民来往大陆通行证、护照等身份证明申领信用卡的，或者使用伪造、变造的身份证明申领信用卡的，应当认定为“使用虚假的身份证明骗领信用卡”。以虚假的身份证明骗领信用卡，还包括使用虚假的保证人身份证明骗领信用卡。骗领信用卡，还包括以他人的身份证明挂失他人的信用卡并骗领补办的信用卡。

4. 出售、购买、为他人提供伪造的信用卡或者以虚假的身份证明骗领的信用卡。

犯本罪的，根据《刑法》第 177 条之一的规定处罚。

☞ 2024 考点 8　洗钱罪★★★★

本罪是指为掩饰、隐瞒毒品犯罪、黑社会性质的组织犯罪、恐怖活动犯罪、走私犯罪、贪污贿赂犯罪、破坏金融管理秩序犯罪、金融诈骗犯罪的所得及其产生的收益的来源和性质，而提供资金账户，将财产转换为现金、金融票据、有价证券，通过转账或者其他支付结算方式转移资金，跨境转移资产，或者以其他方法掩饰、隐瞒犯罪所得及其收益的来源和性质的行为。

1. 本罪客体是国家对金融资产的来源与性质的监管秩序。

2. 客观方面表现为掩饰、隐瞒毒品犯罪、黑社会性质的组织犯罪、恐怖活动犯罪、走私犯罪、贪污贿赂犯罪、破坏金融管理秩序犯罪、金融诈骗犯罪（以下简称上游犯罪）的所得及其产生的收益的来源和性质的行为。

（1）本罪掩饰、隐瞒的对象（洗钱对象）为七种上游犯罪的犯罪所得及其产生的收益。其中，毒品犯罪是指《刑法》分则第六章第七节所规定的犯罪。黑社会性质的组织犯罪是指黑社会性质组织及其成员实施的相关犯罪。恐怖活动犯罪是指以恐怖活动组织及其成员为主体实施的各种犯罪。走私犯罪是指《刑法》分则第三章第二节规定的各种走私犯罪。贪污贿赂犯罪包含《刑法》分则第八章规定的各种犯罪，除此之外是否还包括其他犯罪，存在不同看法。理论上有人主张，非国家工作人员受贿罪等犯罪所得及其产生的收益，也属于洗钱对象。破坏金融管理秩序犯罪是指《刑法》分则第三章第四节规定的各种犯罪。金融诈骗犯罪是指《刑法》分则第三章第五节规定的各种犯罪。构成洗钱罪，应以上游犯罪事实成立为认定前提。上游犯罪尚未依法裁判但有证据证明确实存在的；有证据证明上游犯罪确实存在，但行为人逃匿未到案、因行为人死亡等原因依法不予追究刑事责任或者同时构成其他犯罪而以其他罪名定罪处罚的,均不影响洗钱罪的认定。"所得及其产生的收益",是指由上游犯罪直接或者间接获得的利益,以及将这些利益用于生产、投资等活动进一步获得的收益。例如,黑社会性质的组织犯罪的所得及其产生的收益,是指黑社会性质组织及其成员实施相关犯罪的所得及其产生的收益,包括黑社会性质组织的形成、发展过程中,该组织及组织成员通过违法犯罪活动聚敛的全部财物、财产性权益及其孳息、收益。(2)本罪掩饰、隐瞒的内容为,掩饰、隐瞒上游犯罪的犯罪所得及其收益的"来源和性质"。洗钱者采用各种行为掩盖、遮蔽相关财产的来源(系通过上游犯罪获得)和性质(系犯罪所得而非合法所得),试图使相关财产合法化。(3)本罪掩饰、隐瞒行为既可以由上游犯罪人本人实施,也可以由其他人实施。前者称为自洗钱,即上游犯罪行为人为自己(本人)洗钱;后者称为他洗钱,即其他人为上游犯罪人(他人)洗钱。自洗钱与他洗钱的实质一致,都是掩饰、隐瞒上游犯罪的所得及其产生的收益的性质和来源。在自洗钱的场合,要严格区分上游犯罪的自然延伸的行为与洗钱行为,对于上游犯罪的自然延伸的行为,如上游犯罪人单纯持有上游犯罪所得的,或者将上游犯罪所得藏匿在秘密地点的,不属于洗钱行为,不构成本罪。

本罪的具体行为类型包括:(1)提供资金帐户,是指提供银行帐户、股票交易帐户、期货交易帐户等各种资金帐户,为接收、转移上游犯罪的资金提供方便,从而掩饰、隐瞒上游犯罪所得及其收益的来源和性质。只要提供的帐户能够接收、转移资金,无论资金帐户是真名帐户、匿名帐户还是假名帐户,也不问资金帐户是已有的还是临时开设的,均属于提供资金帐户。(2)将财产转换为现金、金融票据或者有价证券,是指上游犯罪人本人或者其他人协助上游犯罪人将上游犯罪所得及其产生的收益(含实物、债权、现金、虚拟货币等),通过交易等方式转换为现金或者汇票、本票、支票等金融票据或者股票、债券等有价证券,以掩饰、隐瞒犯罪所得及其收益的来源和性质。无论是将实物、债权、虚拟货币转化为现金、金融票据或者有价证券,还是将现金和金融票据互换,或者将各种币种的现金互换、将各种金融票据互换,均构成本罪。(3)通过转帐或者其他支付结算方式转移资金,是指上游犯罪人本人或者第三人协助上游犯罪人通过转帐、票据承兑和贴现、委托付款等方式,转移上游犯罪所得及其收益的资金,从而掩饰、隐瞒犯罪所得及其收益的来源和性质。地下钱庄经常利用这一方式洗钱。(4)跨境转移资产,是指上游犯罪人本人或者第三人协助上游犯罪人以各种方式,将上游犯罪所得及其产生的收益进行跨境转移,包括从境内转移到境外,从境外转移到境内,以及从境外某国转移至另一国,从而掩饰、隐瞒犯罪所得及其收益的来源和性质。"境外"不仅包括国外,而且包括我国的香港特区、澳门特区以及台湾地区。跨境转移资产的方法不限,如通过运输、邮寄、携带等方式跨越国(边)境实现资产转移,以投资等方式购买境外资产,或者犯罪集团控制境内外分别设立的两个资金池,当境内完成收款后,通知境外资金向外放款等,均属于跨境转移资产。(5)以其他方法掩饰、隐瞒犯罪所得及其产生的收益的来源和性质。这是兜底性规定,表明本罪的方法不限,只要具有掩饰、隐瞒七种上游犯罪所得及其产生的收益的来源和性质的效果,就能构成本罪。对此,2024年最高人民法院、最高人民检察院《关于办理洗钱刑事案件适用法律若干问题的解释》第5条规定,实施下列行为之一的,属于"以其他方法掩饰、隐瞒犯罪所得及其收益的来源和性质":①通过典当、租赁、买卖、投资、拍卖、购买金融产品等方式,转移、转换犯罪所得及其产生的收益的;②通过与商场、饭店、娱乐场所等现金密集型场所的经营收入相混合的方式,转移、转换犯罪所得及其产生的收益的;③通过虚构交易、虚设债权债务、虚假担保、虚报收入等方式,转移、转换犯罪所得及其产生的收益的;④通过买卖彩票、奖券、储值卡、黄金等贵金属等方式,转换犯罪所得及其产生的收益的;⑤通过赌博方式,将犯罪所得及其产生的收益转换为赌博收益的;⑥通过"虚拟资产"交易、金融资产兑换方式,转移、转换犯罪所得及其产生的收益的;⑦以其他方式转移、转换犯罪所得及其产生的收益的。

3. 本罪主体既包括自然人，也包括单位。《刑法修正案(十一)》将自洗钱行为纳入洗钱罪的规制范围，因而上游犯罪的行为人也可以成为本罪的主体。

4. 本罪主观方面为故意。成立本罪，要求行为人明知掩饰、隐瞒的对象是七种上游犯罪的所得及其收益，否则不构成本罪。至于行为人将本条规定的某一上游犯罪的犯罪所得及其产生的收益，认作该条规定的上游犯罪范围内的其他犯罪所得及其产生的收益的，不影响本罪故意的认定。自洗钱时，行为人对自己实施的上游犯罪当然是明知的。较为复杂的是，行为人为上游犯罪人掩饰、隐瞒犯罪所得及其产生的收益的来源和性质时，如何判断行为人对上游犯罪存在“明知”。对此，应当根据行为人所接触、接收的信息，经手他人犯罪所得及其产生的收益的情况，犯罪所得及其产生的收益的种类、数额，犯罪所得及其产生的收益的转移、转换方式，交易行为、资金帐户等异常情况，结合行为人职业经历、与上游犯罪人员之间的关系以及其供述和辩解，同案人指证和证人证言等情况综合审查判断。有证据证明行为人确实不知的，不能认定其具有本罪的故意。

认定本罪需要正确处理罪数问题。(1)行为人掩饰、隐瞒上游犯罪的犯罪所得及其产生的收益，构成洗钱罪，同时又构成掩饰、隐瞒犯罪所得、犯罪所得收益罪的，有人认为应当择一重罪处罚，也有人认为应当根据特别规定以洗钱罪定罪处罚。根据最新司法解释，对此依照洗钱罪规定定罪处罚。办理此类案件还需注意两点：一是银行账户内的赃款既有上游犯罪所得又有其他犯罪所得，行为人将该账户内的赃款转移至其他账户或境外账户的，构成本罪与掩饰、隐瞒犯罪所得、犯罪所得收益罪的竞合犯，应依照处罚较重的洗钱罪定罪处罚。二是行为人基于两个犯罪故意，实施的两个掩饰、隐瞒行为分别触犯了本罪与掩饰、隐瞒犯罪所得、犯罪所得收益罪的，应实行数罪并罚。(2)行为人的行为构成洗钱罪，同时又构成第120条之一帮助恐怖活动罪、第177条之一妨害信用卡管理罪、第225条非法经营罪、第349条窝藏、转移、隐瞒毒品、毒赃罪的，依照处罚较重的规定定罪处罚。(3)还需讨论的是，对上游犯罪人自洗钱的情形，是实行数罪并罚，还是仅按上游犯罪处罚或者仅按重罪处罚。如果在自洗钱的场合对行为人仅按上游犯罪处罚，刑法处罚自洗钱的范围就极为有限。如果在某些情况下仅按洗钱罪处罚，则完全没有评价上游犯罪行为，明显不当。所以，上游犯罪人自洗钱的，原则上应对上游犯罪与洗钱罪实行数罪并罚。如上游犯罪行为人完成上游犯罪并取得或控制犯罪所得后，进一步实施掩饰、隐瞒犯罪所得及其收益的来源和性质的行为的，应以上游犯罪和洗钱罪数罪并罚。

认定本罪还需准确区分洗钱罪与上游犯罪的共犯。实务中认为，洗钱罪是在上游犯罪完成、取得或控制犯罪所得及其产生的收益后实施的新的犯罪活动，与上游犯罪分别具有独立的构成。在上游犯罪实行过程中提供资金帐户、协助转帐汇款等帮助上游犯罪实现的行为，是上游犯罪的组成部分，应当认定为上游犯罪的共犯，不能认定为洗钱罪；上游犯罪完成后掩饰、隐瞒犯罪所得及其产生的收益的来源和性质的行为，才成立洗钱罪。但理论界有人反对这一方案，认为上游犯罪所得及其产生的收益的来源与性质，在既遂前就可以确定，因此，洗钱罪的成立不以上游犯罪既遂或实际控制财物为前提。这意味着行为人作为上游犯罪的共犯，同时构成洗钱罪，二者可以竞合。

犯本罪的，根据《刑法》第191条的规定处罚。

☞ 2024 考点9　诽谤罪★★

本罪是指捏造并散布某种事实，足以败坏他人名誉，情节严重的行为。

1. 本罪客观上表现为捏造并散布某种事实，足以败坏他人名誉，情节严重。首先，所谓“捏造并

散布”，是指散布捏造的事实。所谓捏造的事实，是指无中生有、凭空制造的虚假事实，而且所捏造的事实，是有损对他人的社会评价、具有某种程度的具体内容的事实。根据司法解释，明知是捏造的损害他人名誉的事实，在信息网络上散布，情节恶劣的，以“捏造事实诽谤他人”论。换言之，在信息网络上制造、散布谣言，贬损他人人格、损害他人名誉，情节严重的，以诽谤罪定罪处罚。如果行为人散布的是有损他人名誉的真实事实，则不构成诽谤罪（有可能构成侮辱罪）。其次，必须针对特定的人进行诽谤。特定的人既可以是一人，也可以是数人。诽谤时虽未具体指明被害人的姓名，但能推知具体被害人的，仍构成诽谤罪。最后，构成本罪要求情节严重。

2. 本罪主观上必须出于故意，行为人必须明知自己散布的是虚假的事实。通过信息网络检举、揭发他人犯罪或者违法违纪行为，只要不是故意捏造事实或者明知是捏造的事实而故意散布的，不应当认定为诽谤违法犯罪。针对他人言行发表评论、提出批评，即使观点失之偏颇、言论有些偏激，只要不是肆意谩骂、恶意诋毁的，不应当认定为侮辱违法犯罪。

3. 根据《刑法》的规定，诽谤行为情节严重的才构成诽谤罪。情节严重主要是指手段恶劣、内容恶毒、后果严重等。

诽谤罪与侮辱罪在客体、主体、主观方面都有相同或相似之处，它们的区别主要有两点：(1) 诽谤罪的方法只能是口头或文字的，不可能是暴力的；侮辱罪的方法既可以是口头、文字的，也可以是暴力的。(2) 诽谤罪必须有捏造并散布有损他人名誉的虚假事实的行为；侮辱罪既可以不用具体事实，也可以用真实事实损害他人名誉。例如，被害妇女并无婚外性行为，但行为人捏造并散布被害妇女有婚外性行为的事实，情节严重的，构成诽谤罪。如果被害妇女有婚外性行为，行为人为了损害其名誉，散布这种婚外性行为的事实，情节严重的，则构成侮辱罪。

根据《刑法》第 246 条第 1 款的规定，犯诽谤罪的，处 3 年以下有期徒刑、拘役、管制或者剥夺政治权利。

《刑法》第 246 条第 2 款规定，犯侮辱、诽谤罪，“告诉的才处理，但是严重危害社会秩序和国家利益的除外”。第 3 款规定，通过信息网络实施诽谤行为，被害人向人民法院告诉，但提供证据确有困难的，人民法院可以要求公安机关提供协助。该款规定并不意味着通过信息网络实施侮辱、诽谤的案件转化为公诉案件，仅是意味着在法院的要求下，被害人在收集证据方面可以获得公安机关的协助。所谓“告诉的才处理”，是指被害人告诉才处理，如因受强制、威吓无法告诉的，人民检察院和被害人的近亲属也可以告诉。刑法之所以将侮辱、诽谤罪规定为告诉才处理的犯罪，主要是因为侮辱、诽谤行为大都发生在邻居、同事之间，在多数场合可以通过调解方式解决。此外，被害人可能不愿意让更多的人知道自己受侮辱、诽谤的事实，如果违反被害人的意志提起诉讼，会产生相反的效果。所谓“严重危害社会秩序和国家利益的除外”，一般是指在下列三种情况下，可以或者应当由人民检察院提起诉讼：一是侮辱、诽谤情节特别严重，引起了被害人自杀身亡或者精神失常等后果，被害人失去自诉能力的；二是侮辱、诽谤党和国家领导人、外国元首、外交代表等特定对象，既损害他人名誉，又危害国家利益的；三是侮辱、诽谤行为指向任何的个人，并对他人名誉造成巨大贬损和特别恶劣社会影响，从而严重危害社会秩序的。实施网络侮辱、诽谤行为，具有下列情形之一的，应当认定为“严重危害社会秩序”：(1) 造成被害人或者其近亲属精神失常、自杀等严重后果，社会影响恶劣的；(2) 随意以普通公众为侵害对象，相关信息在网络上大范围传播，引发大量低俗、恶意评论，严重破坏网络秩序，社会影响恶劣的；(3) 侮辱、诽谤多人或者多次散布侮辱、诽谤信息，社会影响恶劣的；(4) 组织、指使人员在多个网络平台大量散布侮辱、诽谤信息，社会影响恶劣的；(5) 其他严重危害社会秩序的情形。

☞ 2024 考点 10　破坏生产经营罪★★

本罪是指由于泄愤报复或者其他个人目的，毁坏机器设备、残害耕畜或者以其他方法破坏生产经营的行为。行为人实施了破坏生产经营的行为，这是构成本罪的核心。**这里的“生产经营”，包括一切经济形式的生产经营，不问其所有制性质。破坏生产经营的方法，包括毁坏机器设备、残害耕畜或者其他方法。“其他方法”是指与毁坏机器设备、残害耕畜具有相当性的方法，即能够导致生产经营的某个环节难以正常进行的破坏性方法，如损毁设计图纸、污损原材料、切断生产所需电力等。破坏的对象是进行正常生产经营活动所需的物质条件。破坏不属于正常生产经营所需的物质条件，如破坏已经报废的机器设备的，不构成本罪。对本罪客观要件的把握，应与网络时代的社会现实相适应。**例如，行为人通过在网络交易平台恶意大量购买他人商品或服务，导致商家被网络交易平台认定为虚假交易进而被采取商品搜索降权的管控措施，造成商家损失严重的，该行为属于以其他方法破坏生产经营，构成本罪。成立本罪要求行为人主观上具有泄愤报复或者其他个人目的。只要破坏生产经营行为无正当理由，就可以认定行为人存在“其他个人目的”。如为打击、排挤对手或者掩盖自己业绩不达标，而破坏生产经营的行为，成立本罪。以放火、爆炸等方法破坏厂矿、企业的机器设备、生产设施和耕畜、农具以及其他生产资料等，足以危害公共安全的，成立放火罪、爆炸罪等犯罪与破坏生产经营罪的想象竞合犯，从一重罪处断，对行为人应以放火罪、爆炸罪等犯罪论处。犯本罪的，根据《刑法》第 276 条的规定处罚。

☞ 2024 考点 11　污染环境罪★

本罪是指违反国家规定，排放、倾倒或者处置有放射性的废物、含传染病病原体的废物、有毒物质或者其他有害物质，严重污染环境的行为。

1. 本罪的客体是环境保护制度。

2. 本罪在客观方面表现为行为人违反国家规定，排放、倾倒或者处置有放射性的废物、含传染病病原体的废物、有毒物质或者其他有害物质，严重污染环境。

成立本罪，首先，要求相应行为违反国家规定。违反国家规定，主要是指违反《大气污染防治法》《固体废物污染环境防治法》《水污染防治法》《海洋环境保护法》《环境保护法》等法律以及国务院颁布的有关实施细则。

其次，要求存在排放、倾倒或者处置有放射性的废物、含传染病病原体的废物、有毒物质或者其他有害物质的行为。排放、倾倒与处置的共同点是，将危险废物、有毒物质或者其他有害物质置于大气或者水土（包括海洋、湖泊等）之中。根据相关司法解释，“有毒物质”具体包括：(1) 危险废物，是指列入国家危险废物名录，或者根据国家规定的危险废物鉴别标准和鉴别方法认定的，具有危险特性的固体废物；(2)《关于持久性有机污染物的斯德哥尔摩公约》附件所列物质；(3) 重金属含量超过国家或者地方污染物排放标准的污染物；(4) 其他具有毒性，可能污染环境的物质。“有害物质”是指有放射性的废物、含传染病病原体的废物、有毒物质以外的能够严重污染环境的有害物质。常见的有害物质主要有：工业危险废物以外的其他工业固体废物；未经处理的生活垃圾；有害大气污染物、受控消耗臭氧层物质和有害水污染物；在利用和处置过程中必然产生有毒有害物质的其他物质；国务院生态环境主管部门会同国务院卫生主管部门公布的有毒有害污染物名录中的有关物质等。

最后，构成本罪要求上述行为严重污染环境。2023 年 8 月 8 日最高人民法院、最高人民检察院《关于办理环境污染刑事案件适用法律若干问题的解释》第 1 条对“严重污染环境”的认定作了详细规定,如在饮用水水源保护区、自然保护地核心保护区等依法确定的重点保护区域排放、倾倒、处置有放射性的废物、含传染病病原体的废物、有毒物质,或者非法排放、倾倒、处置危险废物3吨以上等等,都属于严重污染环境。行为人已经着手实施非法排放、倾倒、处置有毒有害污染物的行为,由于有关部门查处或者其他意志以外的原因未得逞的,可以污染环境罪(未遂)追究刑事责任。单位污染环境的定罪量刑标准,适用相应自然人犯本罪和定罪的量刑标准。

3. 本罪主体既可以是自然人,也可以是单位。为了单位利益,实施环境污染行为,并具有下列情形之一的,应当认定为单位犯罪:(1)经单位决策机构按照决策程序决定的;(2)经单位实际控制人、主要负责人或者授权的分管负责人决定、同意的;(3)单位实际控制人、主要负责人或者授权的分管负责人得知单位成员个人实施环境污染犯罪行为,并未加以制止或者及时采取措施,而是予以追认、纵容或者默许的;(4)使用单位营业执照、合同书、公章、印鉴等对外开展活动,并调用单位车辆、船舶、生产设备、原辅材料等实施环境污染犯罪行为的。单位污染环境的定罪量刑标准,适用相应自然人犯本罪的定罪量刑标准。

4. 本罪主观方面为故意。由于本罪的危害结果比较复杂,所以,不要求行为人对污染环境的具体结果有确定的认识,只要行为人明知自己的行为可能发生污染环境的结果,并且希望或者放任这种结果发生,即成立本罪的故意。明知他人无经营许可证或者超出经营许可范围,向其提供或者委托其收集、贮存、利用、处置危险废物,严重污染环境的,以污染环境罪的共同犯罪论处。过失排放、倾倒或者处置危险物质,致人重伤、死亡或者使公私财产遭受重大损失的,以过失投放危险物质罪论处。

无危险废物经营许可证从事收集、贮存、利用、处置危险废物经营活动,严重污染环境的,按照污染环境罪定罪处罚;同时构成非法经营罪的,依照处罚较重的规定定罪处罚。明知他人无危险废物经营许可证,向其提供或者委托其收集、贮存、利用、处置危险废物,严重污染环境的,以共同犯罪论处。违反国家规定,排放、倾倒、处置含有毒害性、放射性、传染病病原体等物质的污染物,同时构成污染环境罪、投放危险物质罪等犯罪的,依照处罚较重的规定定罪处罚。

犯本罪的,根据《刑法》第338条与第346条的规定处罚。

☞ 2024 考点12　盗伐林木罪★★

本罪是指盗伐森林或者其他林木,数量较大的行为。

客观方面表现为盗伐森林或者其他林木,数量较大的行为。(1)行为对象必须是森林或者其他林木。这里的"森林",是指大面积的原始森林和人造林,包括防护林、用材林、经济林、薪炭林和特种用途林等;"其他林木",是指小面积的树林和零星树木,但不包括农村农民房前屋后个人所有的零星树木。(2)必须有盗伐行为。所谓盗伐,是指以非法占有为目的,擅自砍伐森林或者其他林木的行为。根据司法解释,盗伐行为包括:未取得采伐许可证,擅自采伐国家、集体或者他人所有的林木;违反《森林法》第56条第3款的规定,擅自采伐国家、集体或者他人所有的林木;在采伐许可证规定的地点以外采伐国家、集体或者他人所有的林木。不以非法占有为目的,违反森林法的规定,进行开垦、采石、采砂、采土或者其他活动,造成国家、集体或者他人所有的林木毁坏,不构成本罪,符合《刑法》第275条规定的,以故意毁坏财物罪定罪处罚。(3)要求数量较大。多次盗伐林木未经处罚,且依法应当追诉的,数量累计计算。

主体既可以是自然人,也可以是单位。对雇用他人盗伐林木构成犯罪的案件,如果被雇者不知是盗伐他人林木的,应由雇主承担刑事责任(雇主为间接正犯);如果被雇者明知是盗伐他人林木的，除参与利润分成或者领取高额固定工资的以外，一般不以犯罪论处，但曾因破坏森林资源受过处罚的除外。单位盗伐林木的，适用相应自然人犯罪的定罪量刑标准。

主观方面是故意，并具有非法占有目的。以毁坏为目的砍伐国家、集体或者他人林木的，应认定为故意毁坏财物罪。

在认定本罪时，应注意处理好以下几个问题：

1. 应当妥善处理聚众盗伐（哄抢）林木的事件。对聚众哄抢的首要分子、积极参加者，应依法追究刑事责任；对其他一般参加者，不宜认定为犯罪。

2. 应当正确区分本罪与盗窃罪的界限。对于盗窃国家、集体或者他人所有并已经伐倒的树木，或者偷砍他人在自留地或者房前屋后种植的零星树木的行为，应以盗窃罪定罪处罚。非法实施采种、采脂、掘根、剥树皮等行为，符合《刑法》第264条规定的，以盗窃罪论处。在决定应否追究刑事责任和裁量刑罚时，应当综合考虑对涉案林木资源的损害程度以及行为人获利数额、行为动机、前科情况等情节；认为情节显著轻微危害不大的，不作为犯罪处理。

3. 应当正确处理盗伐林木罪与危害国家重点保护植物罪的关系。盗伐珍贵树木的行为，实际上也会触犯了盗伐林木罪与危害国家重点保护植物罪两个罪名，对此应从一重罪论处。对于盗伐林木数额较大，同时另有盗伐珍贵树木、保护植物行为的，应实行数罪并罚。

犯本罪的，根据《刑法》第345条第1款、第4款与第346条的规定处罚。

☞ 2024 考点13　滥伐林木罪★★

本罪是指违反森林法的规定，滥伐森林或者其他林木，数量较大的行为。

本罪客观方面表现为违反森林法的规定，滥伐森林或者其他林木，数量较大的行为。这里的森林与其他林木的范围与盗伐林木罪的对象范围基本相同。但是，滥伐属于自己所有的林木的，也可能成立本罪，因为属于个人所有的林木，也是国家森林资源的一部分，虽然不能成为盗伐林木罪的对象，却可以成为滥伐林木罪的对象。根据有关司法解释，下列行为属于滥伐林木：(1)未取得采伐许可证，或者违反采伐许可证规定的时间、地点、数量、树种、方式，任意采伐本单位或者本人所有的林木的；(2)违反《森林法》第56条第3款的规定，任意采伐本单位或者本人所有的林木的；(3)在采伐许可证规定的地点，超过规定的数量采伐国家、集体或者他人所有的林木的。林木权属存在争议，一方未取得采伐许可证擅自砍伐的，以滥伐林木论处。实施滥伐林木的行为，所涉林木系风倒、火烧、水毁或者林业有害生物等自然原因死亡或者严重毁损的，一般不以犯罪论处；确有必要追究刑事责任的，应当从宽处理。本罪主体既可以是自然人，也可以是单位。对于受雇佣为滥伐林木犯罪提供劳务的人员，除参与利润分成或者领取高额固定工资的以外，一般不以犯罪论处，但曾因破坏森林资源受过处罚的除外。单位滥伐林木的，适用相应自然人犯罪的定罪量刑标准。主观方面只能出于故意。

滥伐林木罪与盗伐林木罪的客体不完全相同：前者破坏了林业资源保护；后者不仅破坏了林业资源保护，而且侵犯了财产权。因此，二者的犯罪构成存在区别：(1)犯罪对象不完全相同：前者包括自己所有的林木；后者不包括自己所有的林木。(2)行为方式不同：前者是不按要求任意砍伐的行为；后者是盗伐行为。(3)主观方面不完全相同：前者不要求具有非法占有目的；而后者要求具有非法占有目的。

犯本罪的，根据《刑法》第345条第2款、第4款和第346条的规定处罚。

☞ 2024 考点 14　走私、贩卖、运输、制造毒品罪★★★

本罪是指违反毒品管理法规,走私、贩卖、运输、制造毒品的行为。

1. 本罪客体是国家对麻醉药品和精神药品的监管秩序。

2. 行为人实施了走私、贩卖、运输、制造毒品的行为。行为人走私、贩卖、运输、制造的必须是毒品。根据《刑法》第 357 条的规定,毒品,是指鸦片、海洛因、甲基苯丙胺(冰毒)、吗啡、大麻、可卡因以及国家规定管制的其他能够使人形成瘾癖的麻醉药品和精神药品。麻醉药品是指连续使用后易产生身体依赖性、能成瘾癖的药品。精神药品是指直接作用于中枢神经系统,使之兴奋或抑制,连续使用能产生依赖性的药品。要确定案件中的物品是否刑法所规定的毒品,通常必须进行认定。在实务中,2015 年 10 月 1 日起施行的公安部、国家卫生和计划生育委员会、国家食品药品监督管理总局、国家禁毒委员会办公室《非药用类麻醉药品和精神药品列管办法》及其附表《非药用类麻醉药品和精神药品管制品种增补目录》,是认定毒品的依据。认定的方法一般是化学鉴定方法,但对有关物品作一部分化学鉴定,能够合理认定其他部分与所鉴定的毒品是相同物品时,也能将其他部分认定为毒品。在有些情况下,虽未经过化学鉴定,但根据其他证据能够合理推定为毒品的,也应认定为毒品。不仅如此,即使司法机关未能收押毒品,但也可能根据其他证据认定行为人走私、贩卖、运输、制造的是毒品。在存在毒品的前提下,成立本罪,行为人需实施了下列行为之一:

(1)**走私毒品**。走私毒品是指非法运输、携带、邮寄毒品进出国(边)境的行为。行为方式主要是输入毒品与输出毒品,此外对在领海、内海运输、收购、贩卖国家禁止进出口的毒品,以及直接向走私毒品的犯罪人购买毒品的,应视为走私毒品。根据刑法的规定,影响走私毒品行为的危害程度的因素,主要是走私毒品的数量、主体的情况(是否首要分子、是否参与国际贩毒组织)、方式(是否武装掩护)等。

(2)**贩卖毒品**。贩卖毒品是指有偿转让毒品的行为。有偿转让毒品,即行为人将毒品交付给对方,并从对方获取物质利益。贩卖方式既可能是公开的,也可能是秘密的;既可以在物理空间进行,也可在网络进行;既可能是行为人请求对方购买,也可能是对方请求行为人转让;既可能是直接交付给对方,也可能是间接交付给对方。在间接交付的场合,如果中间人认识到是毒品而帮助转交给买方的,则该中间人的行为也属于贩卖毒品;如果中间人没有认识到是毒品,则不构成贩卖毒品罪。贩卖是有偿转让,但行为人交付毒品既可能是获取金钱,也可能是获取其他物质利益。因此,用毒品支付劳务报酬、偿还债务或者换取其他财产性利益的,或者用毒品向他人换取毒品用于贩卖的,以贩卖毒品罪定罪处罚,但双方以吸食为目的互换毒品,不成立本罪,构成非法持有毒品罪等其他犯罪的,依法定罪处罚。如果是无偿转让毒品,如赠与等,则不属于贩卖毒品。就汉语的词义解释而言,"贩卖"毒品,包括为转卖而收买毒品的行为和出卖毒品的行为。因此,有偿转让的毒品来源既可能是自己所购买的毒品,也可能是自己制造的毒品,还可能是通过其他方法取得的毒品,如行为人将拾到的毒品或者受赠的毒品出卖给他人的,同样成立贩卖毒品罪。贩卖的对方没有限制,即不问对方是否达到法定年龄,是否具有辨认控制能力,是否与贩卖人具有某种关系。为他人代购毒品时,代购者加价或者变相加价从中牟利的,以贩卖毒品罪定罪处罚。代购者收取、私自截留部分购毒款、毒品,或者通过在交通、食宿等开销外收取"介绍费""劳务费"等方式从中牟利的,属于变相加价。如果代购者从托购者事先联系的贩毒者处,为托购者购买仅用于吸食的毒品,并收取、私自截留少量毒品供自己吸食的,一般不以贩卖毒品罪论处。没有证据证明代购者明知他人实施毒品犯罪而为其代购毒品,代购者亦未从中牟利,代购毒品数量达到非法持有毒品罪的最低数量标准,代购者因购买、存储毒品被查获的，以非法持有毒品罪定罪处罚；因运输毒品被查获的，一般以运输毒品罪定罪处罚。

长期以来，刑法理论与司法实践都将为了出卖而购买毒品的行为认定为贩卖毒品罪的未遂犯乃至既遂犯，但这种做法存在疑问。一方面，《刑法》第347条仅规定了贩卖毒品罪，而没有规定购买毒品罪，这意味着单纯购买毒品的行为不属于刑法的规制对象（刑法仅处罚购买毒品之后持有毒品的行为）。另一方面，"贩卖"毒品并不以购买毒品为前提，如行为人拾到毒品后出卖给他人的，同样成立贩卖毒品罪。既然如此，出于贩卖目的而非法购买毒品的行为就不是贩卖毒品罪的实行行为，而是贩卖毒品罪的预备行为（当然，可能同时触犯非法持有毒品罪）。

(3)运输毒品。运输毒品是指采用携带、邮寄、利用他人或者使用交通工具等方法在我国领域内转移毒品。运输毒品必须限制在国内，而且不是在领海、内海运输国家禁止进出口的毒品，否则便是走私毒品。运输毒品具体表现为转移毒品的所在地，如将毒品从甲地运往乙地。虽然从结局上看没有变更毒品所在地，但使毒品的所在地曾经发生了变化的行为，也是运输毒品。例如，行为人先将毒品从甲地运往乙地，由于某种原因，又将毒品运回甲地的，属于运输毒品。

(4)制造毒品。制造毒品，除传统、典型的非法利用毒品原植物直接提炼和用化学方法加工、配制毒品的行为以外，还包括以改变毒品的成分和效用为目的用物理方法加工、配制毒品的行为。它包括以下几种情况：一是将毒品以外的物作为原料，提取或制作成毒品。如将罂粟制成为鸦片。二是毒品的精制，即去掉毒品中的不纯物，使之成为纯毒品或纯度更高的毒品。如去除海洛因中所含的不纯物。三是使用化学方法使一种毒品变为另一种毒品。如使用化学方法将吗啡制作成海洛因。四是使用化学方法以外的方法使一种毒品变为另一种毒品。如将盐酸吗啡加入蒸馏水，使之成为注射液。五是非法按照一定的处方针对特定人的特定情况调制毒品。上述五种行为都属于制造毒品。至于制造毒品的原料是什么、原料是否合法，不影响制造毒品罪的认定。行为人利用原生植物为原料，通过提炼等方法制成含有国家管制的麻醉药品、精神药品的物质的，或者利用未列入国家管制的化学品为原料，生产含有国家管制的麻醉药品、精神药品成分的食品，均属于制造毒品。为欺骗购毒者或者逃避查缉等，对毒品掺杂使假，通过物理方法使毒品溶解、混合、吸附于某种物质，或者以自用为目的对少量毒品添加其他物质、改变形态的，不认定为制造毒品。

虽然走私、贩卖、运输、制造毒品，无论数量多少，都应追究刑事责任，但毒品数量、含量无疑影响行为人的量刑。对多次走私、贩卖、运输、制造毒品，未经处理的，毒品数量累计计算。走私、贩卖、运输、制造、非法持有两种以上毒品，《刑法》及相关司法解释明确规定了定罪量刑数量标准的，可以根据现有定罪量刑数量标准，将不同种类的毒品分别折算为海洛因的数量，以折算后累加的毒品总量作为定罪量刑的根据；《刑法》及相关司法解释未规定定罪量刑数量标准的，参考已有折算标准，综合考虑其毒害性、滥用情况、受管制程度、纯度及犯罪形势、交易价格等因素，依法定罪量刑。涉案毒品既无定罪量刑数量标准，亦无折算标准的，应当委托有关专业机构确定涉案毒品的致瘾癖性、毒害性、纯度等，综合考虑其滥用情况、受管制程度及犯罪形势、交易价格等因素，依法定罪量刑。

3. 主体既可以是自然人，也可以是单位。在自然人主体中，已满14周岁不满16周岁，具有辨认控制能力的人，可以成为贩卖毒品罪的主体；走私、运输、制造毒品罪的主体必须是已满16周岁，具有辨认控制能力的人。

4. 本罪只能由故意构成，过失不能构成本罪。成立本罪，要求行为人认识到自己走私、贩卖、运输、制造的是毒品，但不要求行为人认识到毒品的名称、化学成分、效用等具体性质。而且，不管行为人是认识到肯定是毒品，还是认识到可能是毒品，都属于认识到是毒品，不影响犯罪的成立。对毒品种类产生错误认识的，也不影响本罪的成立（但有时可能影响到量刑）。行为人否认明知是毒品，又缺乏其他证据证明其明知的，可以根据其实施毒品犯罪的方式、过程及毒品被查获时的情形，结合其年龄、文化程度、生活状况、职业背景、是否有毒品违法犯罪经历及与共同犯罪人之间的关系等情况，综合分析判断。具有下列情形之一，被告人不能作出合理解释的，可以认定其明知走私、贩卖、运输、非法持有的是毒品，但有证据证明其确实不知情或者确系被蒙骗的除外：(1)执法人员在口岸、机场、车站、港口、邮局、快递站点等场所检查时，要求申报为他人运输、携带、寄递的物品和其他毒品疑似物，并告知法律责任，但被告人未如实申报，在其运输、携带、寄递的物品中查获毒品的；(2)以伪报、藏匿、伪装等蒙蔽手段逃避海关、边防等检查，或者行程路线故意绕开检查站点，在其运输、携带、寄递的物品中查获毒品的；(3)在执法人员检查时有逃跑、藏匿、丢弃、试图销毁其携带的物品、弃车逃离或者其他逃避、抗拒检查行为，在其携带的物品或者遗弃的车辆中查获毒品的；(4)采用高度隐蔽方式运输、携带、交接物品，明显违背合法物品的惯常运输、携带、交接方式，从中查获毒品的；(5)以虚假的身份、地址或者物品名称办理托运、寄递手续，从托运、寄递的物品中查获毒品的；(6)采用隐匿真实身份、支付不等值报酬等不合理方式，指使、雇用他人运输、携带、寄递物品或者代为接收物流寄递的物品，从中查获毒品的；(7)为获取不同寻常的高额、不等值报酬，为他人运输、携带、寄递物品或者接收物流寄递的物品，从中查获毒品的；(8)其他可以认定被告人明知的情形。

认定本罪需要注意如下问题：

1. 正确适用罪名。走私、贩卖、运输、制造毒品罪是选择性罪名，确定罪名时不以行为实施的先后、毒品数量或者危害大小排列，一律按照刑法条文规定的顺序表述。对同一宗毒品实施了不同种犯罪行为且有确凿证据证明的，应当按照犯罪行为的性质并列确定罪名，毒品数量不重复计算，不实行数罪并罚。对同一宗毒品可能实施了不同种犯罪行为，但根据证据只能认定其中一种或者几种行为，认定其他行为的证据不属确实、充分的，则按照依法能够认定的行为性质定罪。对不同宗毒品分别实施了不同种犯罪行为的，应对不同行为并列确定罪名，累计毒品数量，不实行数罪并罚。

2. 正确区分本罪与其他犯罪的界限。对于走私其他货物、物品的，以实际走私的货物、物品的性质认定犯罪，不能认定为走私毒品罪。行为人在一次走私活动中，既走私毒品又走私其他货物、物品的，一般应按走私毒品罪和构成的其他走私罪，实行数罪并罚。行为人故意以非毒品冒充真毒品或者明知是假毒品而贩卖牟利的，应认定为诈骗罪，而非贩卖毒品罪。行为人在生产、销售的食品中掺入微量毒品的，应视性质与情节，认定为生产、销售有毒、有害食品罪或欺骗他人吸毒罪，不宜认定为贩卖毒品罪。

3. 正确区分本罪的既遂与未遂。走私、贩卖、运输、制造毒品罪有四种行为方式，其既遂与未遂的标准因行为方式而异。(1)走私毒品主要分为输入毒品与输出毒品，只要明确了输入毒品的既遂与未遂标准，输出毒品的既遂与未遂标准就容易解决了。关于输入毒品的既遂标准，宜采取到达说，即装载毒品的船舶到达本国港口或航空器到达本国领土内时为既遂，否则为未遂。(2)刑法理论一般认为，贩卖以毒品实际上转移给买方为既遂，转移毒品后行为人是否已经获取了利益，则并不影响既遂的成立。毒品实际上没有转移时，即使已经达成转移的协议，或者行为人已经获得了利益，也不宜认定为既遂。(3)行为人为了运输而开始搬运毒品时，是运输毒品罪的着手，由于行为人意志以外的原因不能或没有进入正式的运输状态时为未遂；否则即为既遂。例如，行为人以邮寄方式运输毒品时，在邮件包装过程中被查获的，属于未遂；如果已将装有毒品的邮件交付给邮局，则为既遂。再如，使用交通工具运输毒品的，当毒品置入交通工具内，交通工具已经进入行驶状态时，即为既遂。(4)制造毒品罪应以实际上制造出毒品为既遂标准，至于所制造出来的毒品数量多少、纯度高低等，都不影响既遂的成立。着手制造毒品后，没有实际上制造出毒品的，则是制造毒品未遂。需要注意的是，行为人以为自己所使用的原料与配料能够制造出毒品，但事实上未能制造出毒品，且客观上也没有制造出毒品的具体危险的，不能以犯罪论处。

4. 共同犯罪的认定。办理贩卖毒品案件，应当准确认定居间介绍买卖毒品行为。对于居间介绍买卖毒品行为，应当准确认定，并与居中倒卖毒品行为相区别。居间介绍者在毒品交易中处于中间人地位，发挥介绍联络作用，通常与交易一方构成共同犯罪，但不以牟利为要件。受购毒者或者贩毒者委托，为其提供交易信息、介绍交易对象、居中协调交易数量、价格，或者提供其他帮助，促成毒品交易的，属于居间介绍买卖毒品。居中倒卖者则属于毒品交易主体，与前后环节的交易对象是上下家关系，直接与上家、下家联系，自主决定交易毒品的数量、价格并赚取差价。受贩毒者委托，为其居间介绍贩卖毒品的，与贩毒者构成贩卖毒品共同犯罪。明知购毒者以贩卖为目的购买毒品，受委托为其介绍联络贩毒者的，与购毒者构成贩卖毒品共同犯罪。受以吸食为目的的购毒者委托，为其提供购毒信息或者介绍认识贩毒者，毒品数量达到《刑法》第 348 条规定的最低数量标准的，一般与购毒者构成非法持有毒品共同犯罪；同时与贩毒者、购毒者共谋，联络促成双方交易的，与贩毒者构成贩卖毒品共同犯罪。居间介绍者实施帮助行为，对促成毒品交易起次要或者辅助作用，一般应当认定为从犯。以居间介绍者的身份介入毒品交易，但在交易中实际已超出居间介绍者的地位，对交易的发起和达成起重要作用的，可以认定为主犯。

二人以上同行运输毒品的，应当从是否明知他人带有毒品、有无共同运输毒品的犯意联络、有无实施配合、掩护他人运输毒品的行为等方面，综合审查认定是否构成共同犯罪。受雇于同一雇主同行运输毒品，但受雇者之间没有共同犯罪故意，或者虽然明知他人受雇运输毒品，但各自的运输行为相对独立，既未实施配合、掩护他人运输毒品的行为，又分别按照各自运输的毒品数量获取报酬的，不认定为共同犯罪，受雇者对各自运输的毒品承担刑事责任。受雇于同一雇主分段运输同一宗毒品，但受雇者之间没有共谋的，也不认定为共同犯罪。雇用他人运输毒品的雇主，以及其他对受雇者起到一定组织、指挥作用的人员，与各受雇者分别构成运输毒品共同犯罪，对运输的全部毒品承担刑事责任。

犯本罪的，根据《刑法》第 347 条的规定处罚。量刑时，既要考虑毒品的数量与种类，也要考虑其他情节。不能单纯以毒品数量特别巨大为由决定死刑的适用。只有那些死不足惜、死有余辜的毒品犯罪分子，对其判处死刑立即执行才是较为合适的。

根据《刑法》的规定，具有下列情节的应当从重处罚：(1) 利用、教唆未成年人走私、贩卖、运输、制造毒品或者向未成年人出售毒品的，从重处罚。这里的未成年人是指未满 18 周岁的人。(2) 因走私、贩卖、运输、制造、非法持有毒品被判过刑，又犯走私、贩卖、运输、制造毒品罪的，从重处罚。这是关于再犯从重处罚的规定。不论前罪何时受处罚，不论判处何种刑罚，不论处刑轻重，不论是在前罪刑罚执行完毕或者赦免后，还是在缓刑、假释、暂予监外执行期间或者缓刑考验期满后，均能成立毒品再犯。对于同时构成累犯和毒品再犯的被告人，在裁判文书中应当同时引用刑法关于累犯和毒品再犯的条款。对于因同一毒品犯罪前科同时构成累犯和毒品再犯的，量刑时不得重复从重处罚。

单位犯走私、贩卖、运输、制造毒品罪的，对单位判处罚金，并对其直接负责的主管人员和其他直接责任人员，依照《刑法》第 347 条的规定处罚。

☞ 2024 考点 15　单位受贿罪★★★

本罪是指国家机关、国有公司、企业、事业单位、人民团体，索取、非法收受他人财物，为他人谋取利益，情节严重的行为。本罪主体为国家机关、国有公司、企业、事业单位与人民团体。本罪在客观方面表现为，索取、非法收受他人财物，为他人谋取利益，情节严重。根据《刑法》第 387 条第 2 款的规定，国家机关、国有公司、企业、事业单位、人民团体，在经济往来中，在帐外暗中收受各种名义的回扣、手续费的，以受贿论，以本罪论处。**《刑法修正案(十二)》修订了本罪的法定刑，降低了本罪第一档法定刑的最高刑，通过增设第二档法定刑提高了本罪的法定最高刑。在适用本罪时，应注意妥善处理刑法的时间效力问题。犯本罪的，根据《刑法》第 387 条的规定处罚。**

☞ 2024 考点 16　行贿罪★★★

本罪是指为谋取不正当利益，给予国家工作人员以财物的行为。

本罪在客观方面表现为给予国家工作人员以财物的行为，主要表现为以下四种情况：一是为了利用国家工作人员的职务行为(包括利用国家工作人员的斡旋行为)，主动给予国家工作人员以财物。二是在有求于国家工作人员的职务行为时，由于国家工作人员的索取而给予国家工作人员以财物。当然，根据《刑法》第 389 条第 3 款的规定，因被勒索给予国家工作人员以财物，没有获得不正当利益的，不是行贿。三是与国家工作人员约定，以满足自己的要求为条件给予国家工作人员以财物。四是在国家工作人员利用职务上的便利为自己谋取利益之时或者之后，给予国家工作人员以财物，作为其职务行为的报酬。此外，《刑法》第 389 条第 2 款规定："在经济往来中，违反国家规定，给予国家工作人员以财物，数额较大的，或者违反国家规定，给予国家工作人员以各种名义的回扣、手续费的，以行贿论处。"

"给予国家工作人员以财物"，意味着给予国家工作人员以不正当的报酬，或者说，将财物作为国家工作人员已经、正在、将要或者许诺实施的职务行为的对价，使国家工作人员接受。"给予国家工作人员以财物"，既可能表现为直接将财物交付给国家工作人员，也可能表现为通过第三者(不管是否知情)将财物交付给国家工作人员；既可以是直接将财物交付给国家工作人员本人，也可以是将财物交付给国家工作人员的亲属或者国家工作人员指定的第三者。例如，甲向国家工作人员乙请托不正当事项，乙谎称请托事项需要第三者丙(非国家工作人员)的参与才能完成，并要求甲送给丙 10 万元。丙实为乙的朋友，10 万元由丙占有。甲的行为依然成立行贿罪。

刑法虽然没有将数额较大规定为行贿罪的构成要件要素，但根据相关司法解释，为谋取不正当利益，向国家工作人员行贿，数额在 3 万元以上的，才应以行贿罪追究刑事责任。行贿数额在 1 万元以上不满 3 万元，具有下列情形之一的，也应以行贿罪追究刑事责任：(1)向三人以上行贿的；(2)将违法所得用于行贿的；(3)通过行贿谋取职务提拔、调整的；(4)向负有食品、药品、安全生产、环境保护等监督管理职责的国家工作人员行贿，实施非法活动的；(5)向司法工作人员行贿，影响司法公正的；(6)造成经济损失数额在 50 万元以上不满 100 万元的。多次行贿未经处理的，累计行贿的数额。

本罪主观方面为故意，行为人具有谋取不正当利益的目的。根据相关司法解释，"谋取不正当利益"，是指行贿人谋取的利益违反法律、法规、规章、政策规定，或者要求国家工作人员违反法律、法规、规章、政策、行业规范的规定，为自己提供帮助或者方便条件。违背公平、公正原则，在经济、组织人事管理等活动中，谋取竞争优势的，应当认定为"谋取不正当利益"。因此，行贿人虽然符合晋级、晋升的条件，但为了使自己优于他人晋级、晋升，而给予有关国家工作人员以财物的，应认定为行贿罪。至于行为人实际上是否因行贿谋取了不正当利益，则不影响行贿罪的成立。此外，为了谋取不正当利益而给予国家工作人员以财物时，即使具有事后索回财物的意思，也不影响行贿罪的成立。例如，甲为了获取某项工程，向国家工作人员乙交付 20 万元，打算获取工程后再索回。乙收受 20 万元后，将工程交给甲。甲完工后，以告发相要挟，要求乙退回 20 万元。乙担心甲告发，退还甲 20 万元。甲的行为不仅成立行贿罪，而且另成立敲诈勒索罪。

行贿罪与受贿罪属于对向犯，在通常情况下，行贿方与受贿方的行为均成立犯罪。因此，司法机关不能仅处罚其中一方。但是，这并不意味着一方行为成立犯罪时另一方行为也必然成立犯罪，仅一方的行为成立犯罪的现象是大量存在的。例如，因被勒索给予国家工作人员以财物，没有获得不正当利益的，不是行贿，但国家工作人员的行为仍然是索取贿赂，成立受贿罪。再如，为了谋取正当利益而给予国家工作人员以财物的，不是行贿，但国家工作人员接受财物的行为成立受贿罪。又如，为了谋取不正当利益而给予国家工作人员以财物的，构成行贿罪；但国家工作人员没有接受贿赂的故意，立即将财物送交有关部门处理的，不构成受贿罪。

在行贿既未遂的认定方面，为谋取不正当利益给予国家工作人员以财物，国家工作人员客观上接收（占有）了财物时，如财物已经放在国家工作人员家里或者办公室，财物已经转移至国家工作人员或者其亲属控制之下，行贿罪便既遂。即便国家工作人员事后退回财物或者及时上交，也不影响行贿罪既遂。换言之，即使国家工作人员不成立受贿罪或者受贿未遂，也不影响行贿罪既遂的认定。因为行贿罪的既遂标准是根据行贿罪的构成要件确定的，而不是根据受贿罪的构成要件确定的。但是，如果行为人是在被监察机关控制下向国家工作人员交付财物的，不能认定为行贿既遂，甚至有可能成立行贿的不能犯。

在行贿共犯的认定方面，在由第三者向国家工作人员交付财物时，第三者不知情的，当然不成立行贿罪的共犯，但第三者知情的，则成立行贿罪的共同犯罪。在认定行贿罪的共同犯罪时，不能简单地根据财物的来源判断主从犯。如甲缺乏与国家工作人员接触的机会，为了谋取不正当利益，甲将财物交付给熟悉国家工作人员的乙，由乙将财物交付给国家工作人员时，完全可能认定乙是行贿罪的主犯，而不能一概将乙认定为行贿罪的从犯。

罪数方面，行贿人反复要求国家工作人员接受自己给予的财物的，仅成立行贿罪，不同时成立受贿罪的教唆犯。但是，行为人不仅自己向国家工作人员行贿，而且劝说国家工作人员接受第三者给予的财物的，则成立行贿罪与受贿罪的共犯，实行数罪并罚。行贿人谋取不正当利益的行为构成犯罪的，应当与行贿犯罪实行数罪并罚。例如，个体企业老板甲请国有供电所抄表员乙帮忙，让后者从其负责的电表箱中牵出一根电线为企业免费供电，并送给乙 3 万元现金，于是，乙为甲的企业安装了一根电线。至案发时，甲的企业窃电量价值 30 万元。对甲的行为应以行贿罪与盗窃罪实行数罪并罚。但是，有两点值得注意：其一，不得进行重复评价，当行贿犯罪与其他犯罪由一个行为所触犯时，只能认定为想象竞合。例如，行贿人为了谋取不正当利益，必然向国家工作人员表达请托事项，不能将请托事项的表达认定为独立的教唆犯罪，即使构成教唆犯罪，也应当认定为想象竞合。其二，就未经行政许可而构成犯罪的行政犯而言，行贿人通过行贿取得许可后从事相应行为的，不得另认定为犯罪。例如，甲通过行贿获得了专营、专卖物品的经营权，然后经营专营、专卖物品的，只成立行贿罪，不另成立非法经营罪。又如，李某通过行贿获得了医生执业资格后从事行医活动，只成立行贿罪，不另成立非法行医罪。再如，张三通过行贿获准超额购买爆炸物品用于生产活动的，也仅成立行贿罪，而不另成立非法买卖爆炸物罪。

犯本罪的，根据《刑法》第 390 条的规定处罚。《刑法修正案（十二）》修订了本罪的法定刑，降低了本罪第一档法定刑的最高刑与第二档法定刑的最低刑，并明确了应当从重处罚的七种情形。在审理受贿犯罪案件时，应注意妥善处理本条的时间效力问题。

【大纲新增法条】

最高人民法院、最高人民检察院关于办理袭警刑事案件适用法律若干问题的解释

(2024年11月4日最高人民法院审判委员会第1930次会议、2024年6月27日最高人民检察院第十四届检察委员会第32次会议通过 2025年1月15日公布 自2025年1月18日起施行) 高检发释字〔2025〕1号

为依法惩治袭警犯罪,保障人民警察依法执行职务,保护人民警察人身安全,维护国家法律权威和社会秩序,根据《中华人民共和国刑法》、《中华人民共和国刑事诉讼法》和《中华人民共和国人民警察法》等法律规定,现就办理此类刑事案件适用法律的若干问题解释如下:

第一条 袭击正在依法执行职务的人民警察,具有下列情形之一的,应当认定为刑法第二百七十七条第五款规定的"暴力袭击":

(一)实施撕咬、掌掴、踢打、抱摔、投掷物品等行为,造成轻微伤以上后果的;

(二)实施打砸、毁坏、抢夺人民警察乘坐的车辆、使用的警械等行为,足以危及人身安全的。

与人民警察发生轻微肢体冲突,或者为摆脱抓捕、约束实施甩手、挣脱、蹬腿等一般性抗拒行为,危害不大的,或者仅实施辱骂、讽刺等言语攻击行为的,不属于刑法第二百七十七条第五款规定的"暴力袭击"。

第二条 暴力袭击正在依法执行职务的人民警察,具有下列情形之一,足以致人重伤或者死亡的,应当认定为刑法第二百七十七条第五款规定的"严重危及其人身安全":

(一)使用枪支、管制刀具或者其他具有杀伤力的工具的;

(二)驾驶机动车撞击人民警察或者其乘坐的车辆的;

(三)其他严重暴力袭击行为。

第三条 实施袭警犯罪,具有下列情形之一的,从重处罚:

(一)造成人民警察轻伤的;

(二)致使人民警察不能正常执行职务,造成他人伤亡、犯罪嫌疑人脱逃、关键证据灭失或者公私财产重大损失等严重后果的;

(三)纠集或者煽动多人袭警的;

(四)袭击人民警察二人以上的;

(五)其他情节严重的情形。

第四条 对于人民警察执法活动存在过错,在认定行为人暴力袭击行为是否构成袭警罪时,应当综合考虑行为人的暴力程度、危害后果及执法过错程度等因素,依法妥当处理。

人民警察执法活动存在严重过错的,对行为人一般不作为犯罪处理。执法过错较大,袭击行为暴力程度较轻、危害不大的,可以不作为犯罪处理。袭击行为造成严重后果,确需追究刑事责任的,应当依法从宽处理。

第五条 醉酒的人实施袭警犯罪的,应当负刑事责任。

第六条 教唆、煽动他人实施袭警犯罪或者明知他人实施袭警犯罪而提供工具或者其他帮助,情节严重的,以共同犯罪论处。

第七条 行为人阻碍人民警察依法执行职务,但未实施暴力袭击行为的,不构成袭警罪;符合刑法第二百七十七条第一款规定的,以妨害公务罪定罪处罚。

对在非工作时间遇有紧急情况依法履行职责的人民警察实施暴力袭击，符合刑法第二百七十七条第五款规定的，以袭警罪定罪处罚。

对非执行职务的人民警察实施报复性暴力袭击的，不构成袭警罪；符合刑法第二百三十四条、第二百三十二条等规定的，依照相应犯罪从重处罚。

第八条 暴力袭击正在依法配合人民警察执行职务的警务辅助人员的，不构成袭警罪；符合刑法第二百七十七条第一款规定的，以妨害公务罪定罪处罚。

同时暴力袭击正在依法执行职务的人民警察和配合人民警察执行职务的警务辅助人员，符合刑法第二百七十七条第五款规定的，以袭警罪从重处罚。

第九条 实施本解释规定的行为，同时构成袭警罪、妨害公务罪和故意杀人罪、故意伤害罪等犯罪的，依照处罚较重的规定定罪处罚。

第十条 实施本解释规定的行为，综合考虑行为人认罪悔罪表现、赔偿损失情况、行为手段、危害后果等情形，认为犯罪情节较轻的，可以从宽处罚；犯罪情节轻微的，可以不起诉或者免予刑事处罚；情节显著轻微危害不大的，不作为犯罪处理。

第十一条 对于实施本解释规定的相关行为被不起诉或者免予刑事处罚的行为人，需要给予行政处罚、政务处分或者其他处分的，依法移送有关主管机关处理。

第十二条 对于刑法第二百七十七条第五款规定的“人民警察”，依照人民警察法的相关规定认定，包括公安机关、国家安全机关、监狱等部门的人民警察和人民法院、人民检察院的司法警察。

第十三条 本解释自2025年1月18日起施行。本解释施行后，之前发布的规范性文件与本解释不一致的，以本解释为准。

最高人民法院、最高人民检察院、公安部、司法部关于办理黑恶势力犯罪案件若干问题的指导意见

（2018年1月16日） 法发〔2018〕1号

为认真贯彻落实中央开展扫黑除恶专项斗争的部署要求，正确理解和适用最高人民法院、最高人民检察院、公安部、司法部《关于办理黑恶势力犯罪案件若干问题的指导意见》（法发〔2018〕1号，以下简称《指导意见》），根据刑法、刑事诉讼法及有关司法解释、规范性文件的规定，现对办理恶势力刑事案件若干问题提出如下意见：

一、办理恶势力刑事案件的总体要求

1.人民法院、人民检察院、公安机关和司法行政机关要深刻认识恶势力违法犯罪的严重社会危害，毫不动摇地坚持依法严惩方针，在侦查、起诉、审判、执行各阶段，运用多种法律手段全面体现依法从严惩处精神，有力震慑恶势力违法犯罪分子，有效打击和预防恶势力违法犯罪。

2.人民法院、人民检察院、公安机关和司法行政机关要严格坚持依法办案，确保在案件事实清楚，证据确实、充分的基础上，准确认定恶势力和恶势力犯罪集团，坚决防止人为拔高或者降低认定标准。要坚持贯彻落实宽严相济刑事政策，根据犯罪嫌疑人、被告人的主观恶性、人身危险性、在恶势力、恶势力犯罪集团中的地位、作用以及在具体犯罪中的罪责，切实做到宽严有据，罚当其罪，实现政治效果、法律效果和社会效果的统一。

3.人民法院、人民检察院、公安机关和司法行政机关要充分发挥各自职能，分工负责，互相配合，互相制约，坚持以审判为中心的刑事诉讼制度改革

要求，严格执行“三项规程”，不断强化程序意识和证据意识，有效加强法律监督，确保严格执法、公正司法，充分保障当事人、诉讼参与人的各项诉讼权利。

二、恶势力、恶势力犯罪集团的认定标准

4. 恶势力，是指经常纠集在一起，以暴力、威胁或者其他手段，在一定区域或者行业内多次实施违法犯罪活动，为非作恶，欺压百姓，扰乱经济、社会生活秩序，造成较为恶劣的社会影响，但尚未形成黑社会性质组织的违法犯罪组织。

5. 单纯为牟取不法经济利益而实施的“黄、赌、毒、盗、抢、骗”等违法犯罪活动，不具有为非作恶、欺压百姓特征的，或者因本人及近亲属的婚恋纠纷、家庭纠纷、邻里纠纷、劳动纠纷、合法债务纠纷而引发以及其他确属事出有因的违法犯罪活动，不应作为恶势力案件处理。

6. 恶势力一般为 3 人以上，纠集者相对固定。纠集者，是指在恶势力实施的违法犯罪活动中起组织、策划、指挥作用的违法犯罪分子。成员较为固定且符合恶势力其他认定条件，但多次实施违法犯罪活动是由不同的成员组织、策划、指挥，也可以认定为恶势力，有前述行为的成员均可以认定为纠集者。

恶势力的其他成员，是指知道或应当知道与他人经常纠集在一起是为了共同实施违法犯罪，仍按照纠集者的组织、策划、指挥参与违法犯罪活动的违法犯罪分子，包括已有充分证据证明但尚未归案的人员，以及因法定情形不予追究法律责任，或者因参与实施恶势力违法犯罪活动已受到行政或刑事处罚的人员。仅因临时雇佣或被雇佣、利用或被利用以及受蒙蔽参与少量恶势力违法犯罪活动的，一般不应认定为恶势力成员。

7. “经常纠集在一起，以暴力、威胁或者其他手段，在一定区域或者行业内多次实施违法犯罪活动”，是指犯罪嫌疑人、被告人于 2 年之内，以暴力、威胁或者其他手段，在一定区域或者行业内多次实施违法犯罪活动，且包括纠集者在内，至少应有 2 名相同的成员多次参与实施违法犯罪活动。对于“纠集在一起”时间明显较短，实施违法犯罪活动刚刚达到“多次”标准，且尚不足以造成较为恶劣影响的，一般不应认定为恶势力。

8. 恶势力实施的违法犯罪活动，主要为强迫交易、故意伤害、非法拘禁、敲诈勒索、故意毁坏财物、聚众斗殴、寻衅滋事，但也包括具有为非作恶、欺压百姓特征，主要以暴力、威胁为手段的其他违法犯罪活动。

恶势力还可能伴随实施开设赌场、组织卖淫、强迫卖淫、贩卖毒品、运输毒品、制造毒品、抢劫、抢夺、聚众扰乱社会秩序、聚众扰乱公共场所秩序、交通秩序以及聚众“打砸抢”等违法犯罪活动，但仅有前述伴随实施的违法犯罪活动，且不能认定具有为非作恶、欺压百姓特征的，一般不应认定为恶势力。

9. 办理恶势力刑事案件，“多次实施违法犯罪活动”至少应包括 1 次犯罪活动。对于反复实施强迫交易、非法拘禁、敲诈勒索、寻衅滋事等单一性质的违法行为，单次情节、数额尚不构成犯罪，但按照刑法或者有关司法解释、规范性文件的规定累加后应作为犯罪处理的，在认定是否属于“多次实施违法犯罪活动”时，可将已用于累加的违法行为计为 1 次犯罪活动，其他违法行为单独计算违法活动的次数。

已被处理或者已作为民间纠纷调处，后经查证确属恶势力违法犯罪活动的，均可以作为认定恶势力的事实依据，但不符合法定情形的，不得重新追究法律责任。

10. 认定“扰乱经济、社会生活秩序，造成较为恶劣的社会影响”，应当结合侵害对象及其数量、违法犯罪次数、手段、规模、人身损害后果、经济损失数额、违法所得数额、引起社会秩序混乱的程度以及对人民群众安全感的影响程度等因素综合把握。

11. 恶势力犯罪集团，是指符合恶势力全部认定条件，同时又符合犯罪集团法定条件的犯罪组织。

恶势力犯罪集团的首要分子，是指在恶势力犯罪集团中起组织、策划、指挥作用的犯罪分子。恶势力犯罪集团的其他成员，是指知道或者应当知道是为共同实施犯罪而组成的较为固定的犯罪组织，仍接受首要分子领导、管理、指挥，并参与该组织犯罪活动的犯罪分子。

恶势力犯罪集团应当有组织地实施多次犯罪活动，同时还可能伴随实施违法活动。恶势力犯罪集团所实施的违法犯罪活动,参照《指导意见》第十条第二款的规定认定。

12. 全部成员或者首要分子、纠集者以及其他重要成员均为未成年人、老年人、残疾人的,认定恶势力、恶势力犯罪集团时应当特别慎重。

三、正确运用宽严相济刑事政策的有关要求

13. 对于恶势力的纠集者、恶势力犯罪集团的首要分子、重要成员以及恶势力、恶势力犯罪集团共同犯罪中罪责严重的主犯,要正确运用法律规定加大惩处力度,对依法应当判处重刑或死刑的,坚决判处重刑或死刑。同时要严格掌握取保候审,严格掌握不起诉,严格掌握缓刑、减刑、假释,严格掌握保外就医适用条件,充分利用资格刑、财产刑等法律手段全方位从严惩处。对于符合刑法第三十七条之一规定的,可以依法禁止其从事相关职业。

对于恶势力、恶势力犯罪集团的其他成员,在共同犯罪中罪责相对较小、人身危险性、主观恶性相对不大的,具有自首、立功、坦白、初犯等法定或酌定从宽处罚情节,可以依法从轻、减轻或免除处罚。认罪认罚或者仅参与实施少量的犯罪活动且只起次要、辅助作用,符合缓刑条件的,可以适用缓刑。

14. 恶势力犯罪集团的首要分子检举揭发与该犯罪集团及其违法犯罪活动有关联的其他犯罪线索,如果在认定立功的问题上存在事实、证据或法律适用方面的争议,应当严格把握。依法应认定为立功或者重大立功的,在决定是否从宽处罚、如何从宽处罚时,应当根据罪责刑相一致原则从严掌握。可能导致全案量刑明显失衡的,不予从宽处罚。

恶势力犯罪集团的其他成员如果能够配合司法机关查办案件,有提供线索、帮助收集证据或者其他协助行为,并在侦破恶势力犯罪集团案件、查处"保护伞"等方面起到较大作用的,即使依法不能认定立功,一般也应酌情对其从轻处罚。

15. 犯罪嫌疑人、被告人同时具有法定、酌定从严和法定、酌定从宽处罚情节的,量刑时要根据所犯具体罪行的严重程度,结合被告人在恶势力、恶势力犯罪集团中的地位、作用、主观恶性、人身危险性等因素整体把握。对于恶势力的纠集者、恶势力犯罪集团的首要分子、重要成员,量刑时要体现总体从严。对于在共同犯罪中罪责相对较小、人身危险性、主观恶性相对不大,且能够真诚认罪悔罪的其他成员,量刑时要体现总体从宽。

16. 恶势力刑事案件的犯罪嫌疑人、被告人自愿如实供述自己的罪行,承认指控的犯罪事实,愿意接受处罚的,可以依法从宽处理,并适用认罪认罚从宽制度。对于犯罪性质恶劣、犯罪手段残忍、社会危害严重的犯罪嫌疑人、被告人,虽然认罪认罚,但不足以从轻处罚的,不适用该制度。

四、办理恶势力刑事案件的其他问题

17. 人民法院、人民检察院、公安机关经审查认为案件符合恶势力认定标准的,应当在起诉意见书、起诉书、判决书、裁定书等法律文书中的案件事实部分明确表述,列明恶势力的纠集者、其他成员、违法犯罪事实以及据以认定的证据;符合恶势力犯罪集团认定标准的,应当在上述法律文书中明确定性,列明首要分子、其他成员、违法犯罪事实以及据以认定的证据,并引用刑法总则关于犯罪集团的相关规定。被告人及其辩护人对恶势力定性提出辩解和辩护意见,人民法院可以在裁判文书中予以评析回应。

恶势力刑事案件的起诉意见书、起诉书、判决书、裁定书等法律文书,可以在案件事实部分先概述恶势力、恶势力犯罪集团的概括事实,再分述具体的恶势力违法犯罪事实。

18. 对于公安机关未在起诉意见书中明确认定,人民检察院在审查起诉期间发现构成恶势力或者恶势力犯罪集团,且相关违法犯罪事实已经查清,证据确实、充分,依法应追究刑事责任的,应当作出起诉决定,根据查明的事实向人民法院提起公诉,并在起诉书中明确认定为恶势力或者恶势力犯罪集团。人民检察院认为恶势力相关违法犯罪事实不清、证据不足,或者存在遗漏恶势力违法犯罪事实、遗漏同案犯罪嫌疑人等情形需要补充侦查的,应当提出具体的书面意见,连同案卷材料一并退回公安机关补充侦查;人民检察院也可以自行侦查,必要时可以要求公安机关提供协助。

对于人民检察院未在起诉书中明确认定,人民法院在审判期间发现构成恶势力或恶势力犯罪集团的,可以建议人民检察院补充或者变更起诉;人民检察院不同意或者在七日内未回复意见的,人民法院不应主动认定,可仅就起诉指控的犯罪事实依照相关规定作出判决、裁定。

审理被告人或者被告人的法定代理人、辩护人、近亲属上诉的案件时，一审判决认定黑社会性质组织有误的，二审法院应当纠正，符合恶势力、恶势力犯罪集团认定标准，应当作出相应认定；一审判决认定恶势力或恶势力犯罪集团有误的，应当纠正，但不得升格认定；一审判决未认定恶势力或恶势力犯罪集团的，不得增加认定。

19. 公安机关、人民检察院、人民法院应当分别以起诉意见书、起诉书、裁判文书所明确的恶势力、恶势力犯罪集团，作为相关数据的统计依据。

20. 本意见自2019年4月9日起施行。

最高人民法院、最高人民检察院关于办理侵犯知识产权刑事案件适用法律若干问题的解释*

（2025年4月7日最高人民法院审判委员会第1947次会议、2025年4月11日最高人民检察院第十四届检察委员会第51次会议通过　2025年4月23日公布　自2025年4月26日起施行）　法释〔2025〕5号

刑事诉讼法

【大纲新增考点 · 法条说明】

2025年，"刑事诉讼法"学科大纲考点无变化，附录法律法规增加2件、删除2件，如下所示。

大纲附录法律法规

项　目	法律法规
增加法规	**1. 最高人民法院、最高人民检察院、公安部、国家安全部、司法部办理刑事案件排除非法证据规程** （2024年7月25日发布　自2024年9月3日起施行）　法发〔2024〕12号 **2. 最高人民法院、最高人民检察院、公安部、国家安全部、司法部办理刑事案件庭前会议规程** （2024年7月25日发布　自2024年9月3日起施行）　法发〔2024〕12号
删除法规	**1. 最高人民法院、最高人民检察院、公安部、国家安全部、司法部关于推进以审判为中心的刑事诉讼制度改革的意见** （2016年7月20日发布）　法发〔2016〕18号 **2. 人民检察院办理认罪认罚案件开展量刑建议工作的指导意见** （2021年12月3日发布）

* 本法规内容见附录部分第241页。

2020~2024 年大纲新增考点对照

年 份	章 节	新增与变化考点 · 法条
2024	第八章第六节　逮捕	羁押必要性审查、评估
	新增法律法规：人民检察院、公安机关羁押必要性审查、评估工作规定	
2023	无	
2022	第十二章第四节　人民检察院对直接受理案件的侦查	人民检察院在自侦案件中权限
	第十九章第二节　刑事司法协助	刑事司法协助的程序　刑事司法协助的方式
	第二十一章第一节　未成年人刑事案件诉讼程序概述	未成年人刑事案件诉讼程序的概念与特殊功能
	新增法律法规： (1)人民检察院办理认罪认罚案件开展量刑建议工作的指导意见 (2)最高人民法院、司法部关于为死刑复核案件被告人依法提供法律援助的规定(试行)	
2021	第六章第三节　刑事代理	刑事代理与辩护的区别
	第七章第一节　刑事证据的概念和基本属性	刑事证据制度的基本原则
	第七章第二节　刑事证据的种类与审查认定	证人证言的审查认定　专门性问题报告和事故调查报告鉴定意见的审查认定　特殊证据材料的审查认定
	第十一章第一节　立案的概念	立案的功能
	第十一章第三节　立案程序和立案监督	立案程序
	第十二章第三节　侦查终结	侦查终结的条件和处理
	第十二章第四节　人民检察院对直接受理案件的侦查	人民检察院在自侦案件中的侦查权限　侦查终结后的处理
	第十三章第二节　提起公诉的程序	审查起诉
	第十三章第三节　提起自诉的程序	自诉案件的范围
	第二十三章第二节　缺席审判的案件审理	被告人的近亲属参与诉讼　缺席审判的程序处理
	第二十五章　依法不负刑事责任的精神病人的强制医疗程序	对强制医疗的监督
	1. 新增法律法规：法律援助值班律师工作办法 2. 修订法律法规： (1)最高人民法院关于适用《中华人民共和国刑事诉讼法》的解释 (2)公安机关办理刑事案件程序规定 (3)最高人民法院、最高人民检察院、公安部、国家安全部、司法部关于规范量刑程序若干问题的意见	

续表

年份	章节	新增与变化考点·法条
2020	第二章第十一节　认罪认罚从宽	认罪认罚原则的基本含义和具体要求
	第三章第一节　刑事诉讼中的专门机关	人民检察院的性质、立场、组织体系、职权
	第四章第一节　立案管辖	立案管辖的概念与划分依据　公安机关立案侦查的刑事案件　人民检察院立案侦查的刑事案件　国家安全机关、监狱和军队保卫部门立案侦查的案件　监察机关立案调查的案件
	第八章第六节　逮捕	不批准逮捕或不予逮捕的情形
	1. 新增法律法规： (1)中华人民共和国人民陪审员法 (2)最高人民法院关于适用《中华人民共和国人民陪审员法》若干问题的解释 (3)最高人民法院、最高人民检察院、公安部、国家安全部、司法部关于适用认罪认罚从宽制度的指导意见 (4)中华人民共和国社区矫正法 (5)最高人民法院关于死刑复核及执行程序中保障当事人合法权益的若干规定 (6)最高人民法院、最高人民检察院、中国海警局关于海上刑事案件管辖等有关问题的通知 2. 修订法律法规：人民检察院刑事诉讼规则	

【大纲新增、变化考点解读】

☞ 2025 考点　非法证据排除规则★★★★★

非法证据排除规则，是指违反法定程序，以非法方法获取的证据，原则上不具有证据能力，应当予以排除，不能采纳为定案的依据。既包括非法言词证据的排除，也包括非法实物证据的排除。

2010 年 6 月，最高人民法院、最高人民检察院、公安部、国家安全部、司法部发布的《关于办理刑事案件排除非法证据若干问题的规定》对我国的非法证据排除规则首次作了比较明确具体的规定。后续的《刑事诉讼法》修改以及最高人民法院、最高人民检察院、公安部、国家安全部、司法部《关于办理刑事案件严格排除非法证据若干问题的规定》（以下简称《严格排除非法证据规定》）、最高人民法院、最高人民检察院、公安部、国家安全部、司法部《办理刑事案件排除非法证据规程》（以下简称《排除非法证据规程》）等司法解释与规范性文件进一步对我国的非法证据排除进行了补充与完善，使得非法证据排除规则成为我国目前最为明确细化的刑事证据规则，主要包括排除非法证据的范围和排除非法证据的程序两个方面内容。

1. 排除非法证据的范围。《刑事诉讼法》第 56 条规定了非法证据排除的范围，相关规定对其内涵予以进一步的明确，包括以下几方面：

第一，采用刑讯逼供等非法方法收集的犯罪嫌疑人、被告人供述。除了通常意义上的刑讯逼供之外，最高人民法院《关于适用〈中华人民共和国刑事诉讼法〉的解释》（以下简称最高人民法院《解释》）第 123 条和《排除非法证据规程》第 1 条进一步明确了“等非法方法”的含义，包括以下三类：(1)采用殴打、违法使用戒具等暴力方法或者变相肉刑的恶劣手段，使犯罪嫌疑人、被告人遭受难以忍受的痛苦而违背意愿作出的供述，这里包括冻、饿、晒、烤和疲劳审讯等非法方法；(2)采用以暴力或者严重损害本人及其近亲属合法权益等相威胁的方法，使犯罪嫌疑人、被告人遭受难以忍受的痛苦而违背意愿作出的供述；(3)采用非法拘禁等非法限制人身自由的方法收集的犯罪嫌疑人、被告人供述。最高人民法院《解释》第124条和《排除非法证据规程》第1条还对排除实践中常见的重复性供述的原则和例外作出了规定：采用刑讯逼供方法使犯罪嫌疑人、被告人作出供述，之后犯罪嫌疑人、被告人受该刑讯逼供行为影响而作出的与该供述相同的重复性供述，应当一并排除，但下列情形除外：(1)调查、侦查期间，监察机关、侦查机关根据控告、举报或者自己发现等，确认或者不能排除以非法方法收集证据而更换调查、侦查人员，其他调查、侦查人员再次讯问时告知有关权利和认罪的法律后果，犯罪嫌疑人、被告人自愿供述的；(2)审查逮捕、审查起诉和审判期间，检察人员、审判人员讯问时告知诉讼权利和认罪的法律后果，犯罪嫌疑人、被告人自愿供述的。

第二，采用暴力、威胁以及非法限制人身自由等非法方法收集的证人证言、被害人陈述，应当予以排除。这里暴力、威胁与非法限制人身自由的含义等同于上述排除犯罪嫌疑人、被告人供述中的含义。

第三，《排除非法证据规程》第26条规定，应当排除下列犯罪嫌疑人、被告人的供述：(1)应当对讯问过程录音录像的案件没有提供讯问录音录像，或者讯问录音录像存在选择性录制、剪接、删改等情形，综合现有证据不能排除以非法方法收集证据的；(2)侦查机关除紧急情况外没有在规定的办案场所讯问，综合现有证据不能排除以非法方法收集证据的。

第四，采用非法搜查、扣押等违反法定程序的方法收集物证、书证，可能严重影响司法公正的，应当予以补正或者作出合理解释；不能补正或者作出合理解释的，对该证据应当予以排除。这里的物证、书证应作广义理解，包括视听资料和电子数据，《公安机关办理刑事案件程序规定》第71条第2款也作了相应的规定。认定"可能严重影响司法公正"，应当综合考虑收集证据违反法定程序以及所造成后果的严重程度等情况。

需要注意的是，虽然监察机关的调查阶段不属于刑事诉讼的组成部分，但《监察法》第36条规定，调查阶段参照适用刑事审判对于证据的要求与标准，以非法方法收集的证据应当依法予以排除，不得作为案件处置的依据。

2. 排除非法证据的程序。关于排除非法证据的程序，《刑事诉讼法》第56条规定了排除非法证据覆盖侦查、审查起诉、审判阶段，任何阶段发现有应当排除的证据的，应当依法予以排除，不得作为起诉意见、起诉决定和判决的依据。相关规定进一步明确了不同阶段排除非法证据的程序和措施。

第一，侦查阶段。《严格排除非法证据规定》规定了侦查阶段严格排除非法证据的程序与措施，主要包括：(1)对讯问过程录音录像，应当不间断进行，保持完整性，不得选择性地录制，不得剪接、删改；(2)看守所收押犯罪嫌疑人，应当进行身体检查以发现犯罪嫌疑人是否有伤或者身体异常；(3)犯罪嫌疑人及其辩护人在侦查期间可以向人民检察院申请排除非法证据；(4)重大案件在侦查终结前由检察机关进行讯问合法性核查。《排除非法证据规程》第4~5条规定，对于可能判处无期徒刑、死刑的案件或者其他重大案件，侦查机关在侦查终结前，应当书面通知人民检察院驻看守所检察人员开展讯问合法性核查。检察人员应当在侦查终结前询问犯罪嫌疑人，核查是否存在刑讯逼供等非法取证的情形，并全程同步录音录像。人民检察院核查结束后，应当制作重大案件讯问合法性核查意见书，送达侦查机关。对于经核查确有或者不能排除刑讯逼供等非法取证情形的，应当通知侦查机关依法排除非法证据。侦查机关对存在刑讯逼供等非法取证情形没有异议，或者经复查认定确有刑讯逼供等非法取证情形的，应当及时依法排除非法证据，不得作为提请批准逮捕、移送审查起诉的根据，并制作排除非法证据结果告知书，将排除非法证据的情况依法告知人民检察院。重大案件讯问合法性核查意见书和被排除的非法证据应当随案移送,并写明为依法排除的非法证据。

第二,检察院审查逮捕与审查起诉阶段。这一阶段排除非法证据的程序与措施,主要包括:(1)审查逮捕、审查起诉期间讯问犯罪嫌疑人,应当告知其有权申请排除非法证据。(2)人民检察院发现侦查人员以非法方法收集证据的,应当及时调查核实;犯罪嫌疑人及其辩护人申请排除非法证据,并提供涉嫌非法取证的人员、时间、地点、方式和内容等线索或者材料的,人民检察院应当受理并进行审查。根据现有材料无法证明证据收集合法性的,应当及时进行调查核实。经审查认为可能存在以刑讯逼供等非法方法收集证据情形的,可以书面要求侦查机关对证据收集的合法性作出说明。对确有以非法方法收集证据情形的,人民检察院应当依法向侦查机关提出纠正意见。(3)审查起诉期间,人民检察院经审查认为确有或者不能排除刑讯逼供、非法取证情形的,应当依法排除非法证据,不得作为提起公诉的依据。人民检察院可以要求侦查机关另行指派侦查人员重新取证,必要时也可以自行调查取证。(4)被排除的非法证据应当随案移送,并写明为依法排除的非法证据,并将讯问录音录像及相关案卷材料一并移送人民法院。《人民检察院刑事诉讼规则》(以下简称最高人民检察院《规则》)第75条进一步要求,人民检察院调取公安机关讯问犯罪嫌疑人的录音、录像,公安机关未提供,人民检察院经审查认为不能排除有刑讯逼供等非法取证行为的,相关供述不得作为批准逮捕、提起公诉的依据。

第三,审判阶段。《刑事诉讼法》第58~60条规定了法庭审理过程中进行证据收集合法性调查和排除非法证据的程序,包括:(1)证据收集合法性调查启动的两种方式。一是法庭审理过程中,审判人员认为可能存在以非法方法收集证据情形的,应当对证据收集的合法性进行法庭调查;二是当事人及其辩护人、诉讼代理人有权申请人民法院对以非法方法收集的证据依法予以排除。申请排除以非法方法收集的证据的,应当提供相关线索或者材料。"线索"是指内容具体、指向明确的涉嫌非法取证的人员、时间、地点、方式等。"材料"是指能够反映非法取证的伤情照片、体检记录、医院病历、讯问笔录、讯问录音录像或者同监室人员的证言等。(2)人民检察院对证据收集合法性承担证明责任。现有证据材料不能证明证据收集的合法性的,人民检察院可以提请人民法院通知有关侦查人员或者其他人员出庭说明情况;人民法院可以通知有关侦查人员或者其他人员出庭说明情况。有关侦查人员或者其他人员也可以要求出庭说明情况。经人民法院通知,有关人员应当出庭。(3)对于经过法庭审理,确认或者不能排除存在以非法方法收集证据情形的,对有关证据应当予以排除。

最高人民法院《解释》第130~138条和《排除非法证据规程》对庭前会议和法庭审理阶段排除非法证据的具体操作进行了细化,主要包括:(1)人民法院可以召开庭前会议,就非法证据排除等问题了解情况,听取意见。在庭前会议中,人民检察院可以通过出示有关证据材料等方式,对证据收集的合法性加以说明。必要时,可以通知调查人员、侦查人员或者其他人员参加庭前会议以说明证据收集的情况。(2)人民检察院可以在庭前会议中撤回有关证据。撤回的证据,没有新的理由,不得在庭审中出示。当事人及其辩护人、诉讼代理人可以撤回排除非法证据的申请。撤回申请后,没有新的线索或者材料,不得再次对有关证据提出排除申请。(3)当事人及其辩护人、诉讼代理人原则上应当在开庭审理前申请排除非法证据。之前未申请而在庭审过程中提出申请的,应当说明理由。人民法院经审查,对证据收集的合法性有疑问的,应当进行调查;没有疑问的,驳回申请。驳回排除非法证据的申请后,当事人及其辩护人、诉讼代理人没有新的线索或者材料,以相同理由再次提出申请的,人民法院不再审查。(4)控辩双方在庭前会议中对证据收集的合法性达成一致意见,但一方在庭审中反悔的,除有正当理由外,法庭一般不再进行审查。控辩双方在庭前会议中对证据收集是否合法未达成一致意见,人民法院对证据收集的合法性有疑问的,应当在庭审中进行调查;对证据收集的合法性没有疑问，且无新的线索或者材料表明可能存在非法取证的，可以决定不再进行调查并说明理由。(5)庭审期间，法庭决定对证据收集的合法性进行调查的，应当先行当庭调查。对于被申请排除的证据和其他犯罪事实没有关联等情形，为防止庭审过分迟延，可以先调查其他犯罪事实，再对证据收集的合法性进行调查。在对证据收集合法性的法庭调查程序结束前，不得对有关证据出示、质证。(6)法庭审理中证据收集合法性的调查，包括公诉人出示调查、侦查讯问笔录、提讯登记、体检记录、采取强制措施或者侦查措施的法律文书、对讯问合法性的核查材料等证据材料，有针对性地播放讯问录音录像，提请法庭通知有关调查人员、侦查人员或者其他人员出庭说明情况等方式。讯问录音录像涉及国家秘密、商业秘密、个人隐私或者其他不宜公开内容的，法庭可以决定对讯问录音录像不公开播放、质证。(7)控辩双方申请法庭通知调查人员、侦查人员或者其他人员出庭说明情况，法庭认为有必要的，应当通知有关人员出庭。根据案件情况，法庭可以依职权通知调查人员、侦查人员或者其他人员出庭说明情况。调查人员、侦查人员或者其他人员出庭的，应当向法庭说明证据收集过程，并就相关情况接受控辩双方和法庭的询问。对发问方式不当或者内容与证据收集的合法性无关的，法庭应当制止。经人民法院通知，侦查人员不出庭说明情况，不能排除以非法方法收集证据情形的，对有关证据应当予以排除。不得以签名并加盖公章的说明材料替代侦查人员出庭。(8)法庭对证据收集的合法性进行调查后，确认或者不能排除以非法方法收集证据的，对有关证据应当排除。法庭对证据收集的合法性进行调查后，应当当庭作出是否排除有关证据的决定。必要时可以宣布休庭，由合议庭评议或者提交审判委员会讨论，再次开庭时宣布决定。依法予以排除的非法证据，不得出示、质证，不得作为定案的根据。人民法院对证据收集合法性的审查、调查结论，应当在裁判文书中写明，并说明理由。(9)人民检察院、被告人及其法定代理人提出抗诉、上诉，对第一审人民法院有关证据收集合法性的审查、调查结论提出异议的，第二审人民法院应当审查。第一审人民法院对被告人及其辩护人排除非法证据的申请未予审查，并以有关证据作为定案的根据，可能影响公正审判的，第二审人民法院应当裁定撤销原判，发回原审人民法院重新审判。第一审人民法院对依法应当排除的非法证据未予排除的，第二审人民法院可以依法排除非法证据。排除非法证据后，根据不同情形对案件依法作出处理。(10)第二审程序中排除非法证据的相关程序。有关证据收集合法性的调查原则上在第一审程序中进行，人民检察院应当在第一审程序中全面出示证明证据收集合法性的证据材料。人民检察院在第一审程序中未出示证明证据收集合法性的证据材料，第一审人民法院依法排除有关证据的，人民检察院在第二审程序中不得出示之前未出示的证据材料，但在第一审程序后发现的除外。被告人及其辩护人在第一审程序中未提出排除非法证据的申请，在第二审程序中提出申请，有下列两种情形之一的，第二审人民法院应当审查：(1)第一审人民法院没有依法告知被告人申请排除非法证据的权利的；(2)被告人及其辩护人在第一审庭审后发现涉嫌非法取证的相关线索或者材料的。

☞ 2024 考点　羁押必要性审查、评估★★★

《刑事诉讼法》第 95 条规定，犯罪嫌疑人、被告人被逮捕后，人民检察院仍应当对羁押的必要性进行审查。对不需要继续羁押的，应当建议予以释放或者变更强制措施。有关机关应当在 10 日以内将处理情况通知人民检察院。检察机关对羁押必要性的审查是依职权进行的，不以有关诉讼参与人提出审查的申请为前提。**人民检察院对审查起诉阶段未经羁押必要性审查、可能判处 3 年有期徒刑以下刑罚的在押犯罪嫌疑人，在提起公诉前应当依职权开展一次羁押必要性审查。**但犯罪嫌疑人、被告人及其法定代理人、近亲属或者辩护人也有权申请人民检察院进行羁押必要性审查，申请时应当说明不需要继续羁押的理由,有相关证据或者其他材料的,应当提供。看守所根据在押人员身体状况,也可以建议人民检察院进行羁押必要性审查。需要注意的是,已经逮捕的犯罪嫌疑人认罪认罚的,人民检察院应当及时对羁押必要性进行审查。**根据《人民检察院、公安机关羁押必要性审查、评估工作规定》的规定,公安机关在移送审查起诉前,发现采取逮捕措施不当或者犯罪嫌疑人及其法定代理人、近亲属或者辩护人、值班律师申请变更羁押强制措施的,应当对羁押的必要性进行评估。不需要继续羁押的,应当及时决定释放或者变更强制措施。**

根据最高人民检察院《规则》和《人民检察院、公安机关羁押必要性审查、评估工作规定》的规定,羁押必要性审查案件由办案机关对应的同级人民检察院捕诉部门办理,负责刑事执行检察的部门收到有关材料或者发现不需要继续羁押的,应当及时将有关材料和意见移送负责捕诉的部门。审查起诉阶段,负责捕诉的部门经审查认为不需要继续羁押的,应当直接释放犯罪嫌疑人或者变更强制措施。人民检察院进行羁押必要性审查,可以采取以下方式:(1)审查犯罪嫌疑人、被告人不需要继续羁押的理由和证明材料;(2)听取犯罪嫌疑人、被告人及其法定代理人、近亲属或者辩护人、值班律师意见;(3)听取被害人及其法定代理人、诉讼代理人、近亲属或者其他有关人员的意见,了解和解、谅解、赔偿情况;(4)听取公安机关、人民法院意见,必要时查阅、复制原案卷宗中有关证据材料;(5)调查核实犯罪嫌疑人、被告人的身体健康状况;(6)向看守所调取有关犯罪嫌疑人、被告人羁押期间表现的材料;(7)需要采取的其他方式。

开展羁押必要性审查、评估工作,应当全面审查、评估犯罪嫌疑人、被告人涉嫌犯罪事实、主观恶性、悔罪表现、案件进展情况、可能判处的刑罚、身体状况、有无社会危险性和继续羁押必要等因素。经审查,发现犯罪嫌疑人、被告人具有下列情形之一的,应当向公安机关、人民法院提出释放或者变更强制措施的建议:(1)案件证据发生重大变化,没有证据证明有犯罪事实或者犯罪行为系犯罪嫌疑人、被告人所为的;(2)案件事实、情节或者法律、司法解释发生变化,犯罪嫌疑人、被告人可能被判处拘役、管制、独立适用附加刑、免予刑事处罚或者判决无罪的;(3)继续羁押犯罪嫌疑人、被告人,羁押期限将超过依法可能判处的刑期的;(4)案件事实基本查清,证据已经收集固定,符合取保候审或者监视居住条件的;(5)其他对犯罪嫌疑人、被告人采取羁押强制措施不当,应当及时释放或者变更的。公安机关评估后发现符合上述情形的,应当及时决定释放或者变更强制措施。

经审查,发现犯罪嫌疑人、被告人具有下列情形之一,且具有悔罪表现,不予羁押不致发生社会危险性的,可以向公安机关、人民法院提出释放或者变更强制措施的建议:**(1)预备犯或者中止犯;(2)主观恶性较小的初犯;(3)共同犯罪中的从犯或者胁从犯;(4)过失犯罪的;(5)防卫过当或者避险过当的;(6)认罪认罚的;(7)与被害方依法自愿达成和解协议或者获得被害方谅解的;(8)已经或者部分履行赔偿义务或者提供担保的;(9)患有严重疾病、生活不能自理的;(10)怀孕或者正在哺乳自己婴儿的妇女;(11)系未成年人或者已满75周岁的人;(12)系未成年人的唯一抚养人;(13)系生活不能自理的人的唯一扶养人;(14)可能被判处1年以下有期徒刑的;(15)可能被宣告缓刑的;(16)其他不予羁押不致发生社会危险性的情形。公安机关评估后发现符合上述情形的,可以决定释放或者变更强制措施。**

人民检察院向办案机关发出释放或者变更强制措施建议书的,应当说明不需要继续羁押犯罪嫌疑人、被告人的理由和法律依据,并要求办案机关在10日以内回复处理情况。办案机关未在10日以内回复处理情况的,人民检察院应当提出纠正意见。对于依申请对羁押必要性进行审查的案件,人民检察院办结后,应当将提出建议的情况和公安机关、人民法院的处理情况,或者有继续羁押必要的审查意见和理由及时书面告知申请人。

【大纲新增法条】

最高人民法院、最高人民检察院、公安部、国家安全部、司法部办理刑事案件排除非法证据规程

（2024年7月25日发布　自2024年9月3日起施行）　法发〔2024〕12号

为贯彻落实最高人民法院、最高人民检察院、公安部、国家安全部、司法部《关于推进以审判为中心的刑事诉讼制度改革的意见》和《关于办理刑事案件严格排除非法证据若干问题的规定》，规范排除非法证据程序，准确惩罚犯罪，切实保障人权，根据法律规定，结合司法实际，制定本规程。

第一条　采用下列非法方法收集的犯罪嫌疑人、被告人供述，应当予以排除：

（一）采用殴打、违法使用戒具等暴力方法或者变相肉刑的恶劣手段，使犯罪嫌疑人、被告人遭受难以忍受的痛苦而违背意愿作出的供述；

（二）采用以暴力或者严重损害本人及其近亲属合法权益等进行威胁的方法，使犯罪嫌疑人、被告人遭受难以忍受的痛苦而违背意愿作出的供述；

（三）采用非法拘禁等非法限制人身自由的方法收集的犯罪嫌疑人、被告人供述。

采用刑讯逼供方法使犯罪嫌疑人、被告人作出供述，之后犯罪嫌疑人、被告人受该刑讯逼供行为影响而作出的与该供述相同的重复性供述，应当一并排除，但下列情形除外：

（一）侦查期间，侦查机关根据控告、举报或者自己发现等，确认或者不能排除以非法方法收集证据而更换侦查人员，其他侦查人员再次讯问时告知诉讼权利和认罪的法律后果，犯罪嫌疑人、被告人自愿供述的；

（二）审查逮捕、审查起诉和审判期间，检察人员、审判人员讯问时告知诉讼权利和认罪的法律后果，犯罪嫌疑人、被告人自愿供述的。

第二条　采用暴力、威胁以及非法限制人身自由等非法方法收集的证人证言、被害人陈述，应当予以排除。

第三条　采用非法搜查、扣押等违反法定程序的方法收集物证、书证，可能严重影响司法公正的，应当予以补正或者作出合理解释；不能补正或者作出合理解释的，对该证据应当予以排除。

第四条　对于可能判处无期徒刑、死刑的案件或者其他重大案件，侦查机关在侦查终结前，应当书面通知人民检察院驻看守所检察人员开展讯问合法性核查。检察人员应当在侦查终结前询问犯罪嫌疑人，核查是否存在刑讯逼供等非法取证的情形，并全程同步录音录像。

第五条　人民检察院核查结束后，应当制作重大案件讯问合法性核查意见书，送达侦查机关。对于经核查确有或者不能排除刑讯逼供等非法取证情形的，应当通知侦查机关依法排除非法证据。侦查机关对存在刑讯逼供等非法取证情形没有异议，或者经复查认定确有刑讯逼供等非法取证情形的，应当及时依法排除非法证据，不得作为提请批准逮捕、移送审查起诉的根据，并制作排除非法证据结果告知书，将排除非法证据的情况依法告知人民检察院。重大案件讯问合法性核查意见书和被排除的非法证据应当随案移送，并写明为依法排除的非法证据。

第六条　人民检察院办理审查逮捕、审查起诉案件，发现侦查人员以非法方法收集证据的，应当及时调查核实；犯罪嫌疑人及其辩护人申请排除非

法证据，并提供涉嫌非法取证的人员、时间、地点、方式和内容等线索或者材料的，人民检察院应当受理并进行审查。根据现有材料无法证明证据收集合法性的，应当及时进行调查核实。

人民检察院认为可能存在以刑讯逼供等非法方法收集证据情形的，可以书面要求侦查机关对证据收集的合法性作出说明。对确有以非法方法收集证据情形的，人民检察院应当依法向侦查机关提出纠正意见。

第七条 审查起诉期间，人民检察院经审查认为确有或者不能排除刑讯逼供、非法取证情形的，应当依法排除非法证据，不得作为提起公诉的依据。人民检察院可以要求侦查机关另行指派侦查人员重新取证，必要时也可以自行调查取证。

人民检察院应当随案移送被排除的非法证据，写明为依法排除的非法证据，并将讯问录音录像及相关案卷材料一并移送人民法院。

第八条 犯罪嫌疑人、被告人及其辩护人申请排除非法证据，应当提供相关线索或者材料。“线索”是指内容具体、指向明确的涉嫌非法取证的人员、时间、地点、方式等。“材料”是指能够反映非法取证的伤情照片、体检记录、医院病历、讯问笔录、讯问录音录像或者同监室人员的证言等。

第九条 人民法院向被告人及其辩护人送达起诉书副本时，应当告知其有权在开庭审理前申请排除非法证据并同时提供相关线索或者材料。上述情况应当记录在案。

第十条 被告人及其辩护人申请排除非法证据，应当在开庭审理前提出，但在庭审期间发现相关线索或者材料等情形除外。

被告人及其辩护人申请排除非法证据，应当向人民法院提交书面申请。被告人书写确有困难的，可以口头提出申请，但应当记录在案，并由被告人签名或者捺指印。

被告人申请排除非法证据，但没有辩护人的，人民法院应当通知法律援助机构指派律师为其提供辩护。

第十一条 被告人及其辩护人申请排除非法证据，且提供相关线索或者材料的，人民法院应当召开庭前会议，并在召开庭前会议三日前将申请书和相关线索或者材料的复制件送交人民检察院。

被告人及其辩护人申请排除非法证据，未提供相关线索或者材料的，人民法院应当告知其补充提交。被告人及其辩护人未补充的，人民法院对申请不予受理，并在开庭审理前告知被告人及其辩护人。上述情况应当记录在案。

被告人在人民检察院对讯问的合法性进行核查询问时，明确表示侦查阶段没有刑讯逼供等非法取证情形，在审判阶段又提出排除非法证据申请的，应当说明理由。人民法院经审查对证据收集的合法性没有疑问的，可以驳回申请。

第十二条 被告人申请排除非法证据的，人民法院应当通知被告人参加庭前会议。

第十三条 召开庭前会议前，承办案件的审判员应当阅卷，并对证据收集的合法性进行审查：

（一）被告人在侦查、审查起诉阶段是否提出排除非法证据申请；提出申请的，是否提供相关线索或者材料；

（二）侦查机关、人民检察院是否对证据收集的合法性进行调查核实；调查核实的，是否作出调查结论；

（三）对于重大案件，人民检察院驻看守所检察人员在侦查终结前是否核查讯问的合法性，是否对核查过程同步录音录像；进行核查的，是否制作重大案件讯问合法性核查意见书；

（四）对于人民检察院在审查逮捕、审查起诉阶段排除的非法证据，是否随案移送并写明为依法排除的非法证据。

人民法院对证据收集的合法性进行审查后，认为需要补充上述证据材料的，应当通知人民检察院在三日内补送。

第十四条 在庭前会议中，人民法院对证据收集的合法性进行审查的，一般按照以下步骤进行：

（一）被告人及其辩护人宣读排除非法证据的申请并提供相关线索或者材料；

（二）公诉人提供证明证据收集合法性的证据材料；

（三）控辩双方对证据收集的合法性发表意见；

（四）控辩双方对证据收集的合法性未达成一

致意见的,审判人员归纳争议焦点。

第十五条　在庭前会议中,人民检察院应当通过出示有关证据材料等方式,有针对性地对证据收集的合法性作出说明。人民法院可以对有关材料进行核实,经控辩双方申请有针对性地播放讯问录音录像,必要时可以通知侦查人员或者其他人员参加庭前会议说明情况。

第十六条　在庭前会议中,人民检察院可以撤回有关证据。撤回的证据,没有新的理由,不得在庭审中出示。

被告人及其辩护人可以撤回排除非法证据的申请。撤回申请后,没有新的线索或者材料,不得再次对有关证据提出排除申请。

第十七条　控辩双方在庭前会议中对证据收集的合法性达成一致意见,但一方在庭审中反悔的,除有正当理由外,法庭一般不再进行审查。

控辩双方在庭前会议中对证据收集的合法性未达成一致意见,人民法院对证据收集的合法性有疑问的,应当在庭审中进行调查;对证据收集的合法性没有疑问,且没有新的线索或者材料表明可能存在非法取证的,可以不再决定进行调查并说明理由。

第十八条　审判人员应当在庭前会议报告中说明证据收集合法性的审查情况,主要包括控辩双方的争议焦点以及就相关事项达成的一致意见等内容。

第十九条　被告人及其辩护人在开庭审理前未申请排除非法证据,在庭审过程中提出申请的,应当说明理由。人民法院经审查,对证据收集的合法性有疑问的,应当进行调查;没有疑问的,应当驳回申请。

人民法院驳回排除非法证据的申请后,被告人及其辩护人没有新的线索或者材料,以相同理由再次提出申请的,人民法院不再审查。

第二十条　人民法院决定对证据收集的合法性进行法庭调查的,应当先行当庭调查。对于被申请排除的证据和其他犯罪事实没有关联等情形,为防止庭审过分迟延,可以先调查其他犯罪事实,再对证据收集的合法性进行调查。

在对证据收集合法性的法庭调查程序结束前,不得对有关证据出示、质证。

第二十一条　法庭决定对证据收集的合法性进行调查的,一般按照以下步骤进行:

(一)召开庭前会议的案件,法庭应当在宣读起诉书后,宣布庭前会议中对证据收集合法性的审查情况,以及控辩双方的争议焦点;

(二)被告人及其辩护人说明排除非法证据的申请及相关线索或者材料;

(三)公诉人出示证明证据收集合法性的证据材料,被告人及其辩护人可以对相关证据进行质证,经审判长准许,公诉人、辩护人可以向出庭的侦查人员或者其他人员发问;

(四)控辩双方对证据收集的合法性进行辩论。

第二十二条　证据收集合法性的举证责任由人民检察院承担。

公诉人对证据收集的合法性加以证明,可以出示讯问笔录、提讯登记、体检记录、采取强制措施或者侦查措施的法律文书、对讯问合法性的核查材料等证据材料,也可以针对被告人及其辩护人提出异议的讯问时段播放讯问录音录像,提请法庭通知有关侦查人员或者其他人员出庭说明情况。

在法庭审理过程中,公诉人发现当庭不能举证或者为提供新的证据需要补充侦查,建议延期审理的,法庭可以延期审理。

第二十三条　被告人及其辩护人可以出示相关线索或者材料,并申请法庭播放特定讯问时段的讯问录音录像。

被告人及其辩护人向人民法院申请调取侦查机关、人民检察院收集但未提交的讯问录音录像、体检记录等证据材料,人民法院经审查认为该证据材料与证据收集的合法性有关的,应当予以调取;认为与证据收集的合法性无关的,应当决定不予调取,并向被告人及其辩护人说明理由。

被告人及其辩护人申请人民法院通知侦查人员或者其他人员出庭说明情况,人民法院认为确有必要的,应当通知上述人员出庭,不得以签名并加盖公章的说明材料替代侦查人员出庭。

第二十四条　法庭对证据收集的合法性进行调查的,应当重视对讯问录音录像的审查,重点审查以下内容:

(一)讯问录音录像是否依法制作。对于可能判处无期徒刑、死刑的案件或者其他重大犯罪案件，是否对讯问过程进行录音录像；

（二）讯问录音录像是否完整。是否对每一次讯问过程录音录像，录音录像是否全程不间断进行，是否有选择性录制、剪接、删改等情形；

（三）讯问录音录像是否同步制作。录音录像是否自讯问开始时制作，至犯罪嫌疑人核对讯问笔录、签字确认后结束；讯问笔录记载的起止时间是否与讯问录音录像反映的起止时间一致；

（四）讯问录音录像与讯问笔录的内容是否存在差异。对与定罪量刑有关的内容，讯问笔录记载的内容与讯问录音录像是否存在实质性差异，存在实质性差异的，以讯问录音录像为准。

第二十五条 侦查人员或者其他人员出庭的，应当向法庭说明证据收集过程，并就相关情况接受控辩双方发问。对发问方式不当或者内容与证据收集的合法性无关的，法庭应当制止。

经人民法院通知，侦查人员不出庭说明情况，不能排除以非法方法收集证据情形的，对有关证据应当予以排除。

第二十六条 人民法院对控辩双方提供的证据来源、内容等有疑问的，可以告知控辩双方补充证据或者作出说明；必要时，可以宣布休庭，对证据进行调查核实。法庭调查核实证据，可以通知控辩双方到场，并将核实过程记录在案。

对于控辩双方补充的和法庭庭外调查核实取得的证据，未经当庭出示、质证等法庭调查程序查证属实，不得作为证明证据收集合法性的根据。但经庭外征求意见，控辩双方没有异议的除外。

第二十七条 经法庭审理，被告人供述具有下列情形之一的，应当予以排除：

（一）确认以本规程第一条规定的非法方法收集证据的；

（二）应当对讯问过程录音录像的案件没有提供讯问录音录像，或者讯问录音录像存在选择性录制、剪接、删改等情形，综合现有证据不能排除以非法方法收集证据的；

（三）侦查机关除紧急情况外没有在规定的办案场所讯问，综合现有证据不能排除以非法方法收集证据的；

（四）其他不能排除存在以非法方法收集证据的。

第二十八条 人民法院对证据收集的合法性进行调查后，应当当庭作出是否排除有关证据的决定。必要时可以宣布休庭，由合议庭评议或者提交审判委员会讨论，再次开庭时宣布决定。

依法予以排除的非法证据，不得出示、质证，不得作为定案的根据。

第二十九条 人民法院对证据收集合法性的审查、调查结论，应当在裁判文书中写明，并说明理由。

第三十条 人民检察院、被告人及其法定代理人提出抗诉、上诉，对第一审人民法院有关证据收集合法性的审查、调查结论提出异议的，第二审人民法院应当审查。

第三十一条 人民检察院应当在第一审程序中全面出示证明证据收集合法性的证据材料。

人民检察院在第一审程序中未出示证明证据收集合法性的证据材料，第一审人民法院依法排除有关证据的，人民检察院在第二审程序中不得出示之前未出示的证据材料，但在第一审程序后发现的除外。

第三十二条 被告人及其辩护人在第一审程序中未提出排除非法证据的申请，在第二审程序中提出申请，有下列情形之一的，第二审人民法院应当审查：

（一）第一审人民法院没有依法告知被告人申请排除非法证据的权利的；

（二）被告人及其辩护人在第一审庭审后发现涉嫌非法取证的相关线索或者材料的。

第三十三条 第一审人民法院对被告人及其辩护人排除非法证据的申请未予审查，并以有关证据作为定案的根据，可能影响公正审判的，第二审人民法院应当裁定撤销原判，发回原审人民法院重新审判。

第三十四条 第一审人民法院对依法应当排除的非法证据未予排除的，第二审人民法院可以依法排除非法证据。排除非法证据后，根据不同情形对案件依法作出处理。

第三十五条 人民法院对证人证言、被害人陈述等证据收集合法性的审查、调查程序，参照上述规定。

二审程序、审判监督程序、死刑复核程序中对证据收集合法性的审查、调查，参照上述规定。

第三十六条 本规程自2024年9月3日起施行。《人民法院办理刑事案件排除非法证据规程（试行）》同时废止。

最高人民法院、最高人民检察院、公安部、国家安全部、司法部办理刑事案件庭前会议规程

（2024年7月25日发布　自2024年9月3日起施行）　法发〔2024〕12号

为贯彻落实最高人民法院、最高人民检察院、公安部、国家安全部、司法部《关于推进以审判为中心的刑事诉讼制度改革的意见》，规范庭前会议程序，提高庭审质量和效率，根据法律规定，结合司法实际，制定本规程。

第一条 适用普通程序审理的刑事案件，具有下列情形之一，人民法院可以在开庭审理前召开庭前会议：

（一）证据材料较多、案情重大复杂的；

（二）控辩双方对事实、证据存在较大争议的；

（三）社会影响重大的；

（四）需要召开庭前会议的其他情形。

第二条 控辩双方可以申请人民法院召开庭前会议。申请召开庭前会议的，应当说明需要处理的事项及理由。人民法院经审查认为有必要的，应当决定召开庭前会议；决定不召开庭前会议的，应当告知申请人。

被告人及其辩护人在开庭审理前申请排除非法证据，并依照法律规定提供相关线索或者材料的，人民法院应当召开庭前会议。

第三条 庭前会议中，人民法院可以就与审判相关的问题了解情况，听取意见，依法处理管辖、回避、出庭证人名单、非法证据排除等可能导致庭审中断的事项，组织控辩双方展示证据，归纳争议焦点，开展附带民事调解。

第四条 庭前会议由审判长或者承办案件的审判员主持，合议庭其他审判员也可以主持庭前会议。

公诉人、辩护人应当参加庭前会议，检察官助理、律师助理可以协助。

根据案件情况，被告人可以参加庭前会议；被告人申请参加庭前会议或者申请排除非法证据等情形的，人民法院应当通知被告人到场；有多名被告人的案件，人民法院根据案件情况确定参加庭前会议的辩护人和被告人。

庭前会议中开展附带民事调解的，人民法院应当通知附带民事诉讼当事人及其法定代理人、诉讼代理人到场。

第五条 被告人不参加庭前会议的，辩护人一般应当在召开庭前会议前就庭前会议处理事项听取被告人意见。

第六条 庭前会议一般不公开进行。

根据案件情况，人民法院可以决定通过视频等方式召开庭前会议。

第七条 根据案件情况，庭前会议可以在开庭审理前多次召开；休庭后，可以在再次开庭前召开庭前会议。

第八条 庭前会议应当在法庭或者其他办案场所召开。被羁押的被告人参加的，可以在看守所内设置的法庭或者其他合适场所召开。

被羁押的被告人参加庭前会议的，应当有法警在场。

第九条 人民法院应当根据案件情况，综合控辩双方意见，确定庭前会议需要处理的主要事项，在召开庭前会议三日前，将会议的时间、地点、人员和事项等通知参会人员，并通知辩护人可以在召开庭前会议后三日内以书面形式提交辩护意见要点，人民法院收到书面辩护意见要点后及时将复印件送交人民检察院。通知情况应当记录在案。

第十条 庭前会议开始后，主持人应当核实参会人员情况，宣布庭前会议需要处理的事项。

有多名被告人参加庭前会议的，应当采取措施防止串供。

第十一条 庭前会议中，主持人可以就下列事项向控辩双方了解情况，听取意见：

（一）是否对案件管辖有异议；

（二）是否申请有关人员回避；

（三）是否申请不公开审理；

（四）是否申请排除非法证据；

（五）是否提供新的证据材料；

（六）是否申请重新鉴定或者勘验；

（七）是否申请调取在侦查、审查起诉期间公安机关、人民检察院收集但未随案移送的证明被告人无罪或者罪轻的证据材料；

（八）是否申请向证人或有关单位、个人收集、调取证据材料；

（九）是否申请证人、鉴定人、有专门知识的人、侦查人员或者其他人员出庭，是否对出庭人员名单有异议；

（十）是否对涉案财物的权属情况和人民检察院的处理建议有异议；

（十一）与审判相关的其他问题。

庭前会议中，人民法院可以开展附带民事调解。

对于第一款规定中可能导致庭审中断的事项，控辩双方应当就是否提出相关申请或者要求发表明确意见，人民法院可以依法作出处理，并在庭审中说明处理决定和理由。

第十二条 被告人及其辩护人对案件管辖提出异议，应当说明理由。人民法院经审查认为异议成立的，应当依法将案件退回人民检察院或者移送有管辖权的上一级人民法院审判；认为本院不宜行使管辖权的，可以请求上一级人民法院处理。人民法院经审查认为异议不成立的，应当依法驳回异议。

第十三条 被告人及其辩护人申请合议庭组成人员、法官助理、书记员、鉴定人、翻译人员回避，应当说明理由。人民法院经审查认为申请成立的，应当依法决定有关人员回避；认为申请不成立的，应当依法驳回申请。

被告人及其辩护人申请检察人员回避，属于刑事诉讼法第二十九条、第三十条规定情形的，人民检察院应当依法作出回避或者驳回申请的决定。

被告人及其辩护人申请回避被驳回的，可以在接到决定时申请复议一次。对于不属于刑事诉讼法第二十九条、第三十条规定情形的，人民法院应当驳回申请，被告人及其辩护人不得申请复议。

第十四条 控辩双方申请不公开审理，人民法院经审查认为案件涉及国家秘密或者个人隐私的，应当准许；认为案件涉及商业秘密的，可以准许。

第十五条 被告人及其辩护人在开庭审理前申请排除非法证据，并依照法律规定提供相关线索或者材料的，人民法院应当在召开庭前会议三日前将申请书及相关线索或者材料的复制件送交人民检察院。人民检察院应当在庭前会议中通过出示有关证据材料等方式，有针对性地对证据收集的合法性作出说明。人民法院可以对有关证据材料进行核实；经控辩双方申请，可以有针对性地播放讯问录音录像。必要时，可以通知侦查人员或者其他人员参加庭前会议，说明情况。

人民检察院可以撤回有关证据，撤回的证据，没有新的理由，不得在庭审中出示。被告人及其辩护人可以撤回排除非法证据的申请，撤回申请后，没有新的线索或者材料，不得再次对有关证据提出排除申请。

控辩双方在庭前会议中对证据收集的合法性未达成一致意见，人民法院对证据收集的合法性有疑问的，应当在庭审中进行调查；对证据收集的合法性没有疑问，且没有新的线索或者材料表明可能存在非法取证的，可以决定不再进行调查并说明理由。

第十六条 控辩双方申请重新鉴定或者勘验，应当说明理由。人民法院经审查认为有必要的，应当同意。

第十七条 被告人及其辩护人书面申请调取

公安机关、人民检察院在侦查、审查起诉期间收集但未随案移送的证明被告人无罪或者罪轻的证据材料，并提供相关线索或者材料的，人民法院应当调取，并通知人民检察院在收到调取决定书后三日内移交。未移交的，人民检察院应当书面说明相关情况。

被告人及其辩护人申请向证人或有关单位、个人收集、调取证据材料，应当说明理由。人民法院经审查认为有关证据材料可能影响定罪量刑的，应当准许；认为有关证据材料与案件无关或者明显重复、没有必要的，可以不予准许。

第十八条 控辩双方申请证人、鉴定人、有专门知识的人、侦查人员出庭，应当说明理由。人民法院经审查认为理由成立的，应当通知有关人员出庭。

控辩双方对出庭证人、鉴定人、有专门知识的人、侦查人员的名单有异议，人民法院经审查认为异议成立的，应当依法作出处理；认为异议不成立的，应当依法驳回。

人民法院通知证人、鉴定人、有专门知识的人、侦查人员等出庭后，控辩双方应当协助有关人员到庭。

第十九条 召开庭前会议前，人民检察院应当将全部证据材料移送人民法院，被告人及其辩护人应当将收集的有关被告人不在犯罪现场、未达到刑事责任年龄、属于依法不负刑事责任的精神病人等证明被告人无罪或者依法不负刑事责任的全部证据材料提交人民法院。

人民法院收到控辩双方移送或者提交的证据材料后，应当通知对方查阅、摘抄、复制。

第二十条 庭前会议中，对于控辩双方决定在庭审中出示的证据，人民法院可以组织展示有关证据并由证据出示方简要说明证据证明内容，听取另一方的意见，梳理存在争议的证据。控辩双方不质证、不辩论。

对于控辩双方在庭前会议中没有争议的证据，庭审时举证、质证可以简化。

第二十一条 人民法院可以在庭前会议中听取控辩双方的意见，归纳控辩双方的争议焦点。对控辩双方没有争议或者达成一致意见的事项，可以在庭审中简化审理。

人民法院可以组织控辩双方协商确定庭审的举证顺序、方式等事项，明确法庭调查的方式和重点。协商不成的事项，由人民法院确定。

第二十二条 对于被告人在庭前会议前不认罪，在庭前会议中又认罪的案件，人民法院核实被告人认罪的自愿性和真实性并听取控辩双方意见，可以在庭审中简化审理。

第二十三条 人民法院在庭前会议中听取控辩双方对案件事实、证据的意见后，对于明显事实不清、证据不足的案件，可以建议人民检察院补充材料或者撤回起诉。建议撤回起诉的案件，人民检察院不同意的，开庭审理后，没有新的事实和理由，一般不准许撤回起诉。

第二十四条 庭前会议情况应当制作笔录，由参会人员核对后签名。

庭前会议结束后，人民法院应当制作庭前会议报告，说明庭前会议的基本情况、与审判相关的问题的处理结果、控辩双方的争议焦点以及就相关事项达成的一致意见等。

第二十五条 对于召开庭前会议的案件，在宣读起诉书后，法庭应当宣布庭前会议报告的主要内容。

对庭前会议处理管辖异议、申请回避、申请不公开审理等事项的，法庭可以在告知当事人诉讼权利后宣布庭前会议报告的相关内容。

有多起犯罪事实的案件，必要时可以在有关犯罪事实的法庭调查开始前，再次宣布庭前会议报告的相关内容。

第二十六条 宣布庭前会议报告后，对于控辩双方在庭前会议中达成一致意见以及人民法院依法作出处理决定的事项，法庭向控辩双方简要核实后当庭予以确认，除有正当理由外，一般不再进行处理；对于其他事项，法庭依法作出处理。

第二十七条 第二审人民法院召开庭前会议的，参照上述规定。

第二十八条 本规程自2024年9月3日起施行。《人民法院办理刑事案件庭前会议规程（试行）》同时废止。

行政法与行政诉讼法

【大纲新增考点·法条说明】

2025 年,“行政法与行政诉讼法”学科大纲考点无变化,大纲附录法规删除 1 件,如下所示。

大纲附录法律法规

项　目	法律法规
删除法规	**行政机关公务员处分条例** (2007 年 4 月 22 日国务院令第 495 号公布　自 2007 年 6 月 1 日起施行)

2020~2024 年大纲新增考点对照

<table>
<tr><th>年　份</th><th>章　节</th><th>新增与变化考点·法条</th></tr>
<tr><td rowspan="3">2024</td><td>第十二章第二节　行政复议范围</td><td>行政复议的受案范围　行政复议的排除事项　可申请行政复议的事项　行政复议的排除事项</td></tr>
<tr><td>第十二章第五节　行政复议的审理、决定和执行</td><td>行政复议的审理　行政复议的决定　行政复议决定的执行　行政复议的审理行政复议决定　行政复议的执行</td></tr>
<tr><td colspan="2">1. 新增法律法规:最高人民法院关于审理司法赔偿案件适用请求时效制度若干问题的解释
2. 修订法律法规:中华人民共和国行政复议法</td></tr>
<tr><td>2023</td><td colspan="2">1. 新增法律法规:最高人民法院关于正确确定县级以上地方人民政府行政诉讼被告资格若干问题的规定
2. 修订法律法规:中华人民共和国立法法</td></tr>
<tr><td rowspan="2">2022</td><td>第二十一章第二节　行政赔偿范围</td><td>侵犯财产权的行为(侵犯财产权的其他违法行为)</td></tr>
<tr><td colspan="2">1. 新增法律法规:最高人民法院关于审理国家赔偿案件确定精神损害赔偿责任适用法律若干问题的解释
2. 修订法律法规:最高人民法院关于审理行政赔偿案件若干问题的规定</td></tr>
<tr><td rowspan="6">2021</td><td>第二章第一节　行政法基本原则的内涵和构成</td><td>行政法基本原则的内涵和作用　行政法基本原则的构成</td></tr>
<tr><td>第十章第一节　行政征收与征用</td><td>行政征收的界定和种类　行政征收的主要方式　行政征收的特征</td></tr>
<tr><td>第十章第二节　行政确认</td><td>行政确认的内涵和作用　行政确认的基本原则　行政确认的形式</td></tr>
<tr><td>第十章第五节　行政奖励</td><td>行政奖励的内涵和特征　行政奖励的分类</td></tr>
<tr><td>第十章第六节　行政裁决</td><td>行政裁决的特征　行政裁决的作用</td></tr>
<tr><td colspan="2">修订法律法规:中华人民共和国行政处罚法</td></tr>
<tr><td rowspan="2">2020</td><td>第八章第一节　行政合同</td><td>行政合同(行政协议)诉讼</td></tr>
<tr><td colspan="2">1. 新增法律法规:最高人民法院关于审理行政协议案件若干问题的规定
2. 修订法律法规:中华人民共和国行政许可法</td></tr>
</table>

【大纲新增、变化考点解读】

☞ 2025 考点　国务院部门规章的备案与解释★★★

规章公布后，由法制机构依照《立法法》和《法规规章备案审查条例》的规定向有关机关备案。部门规章应当在公布之日起30日内报请备案，其中，单独制定的，由制定的国务院部门报国务院备案；两个或者两个以上部门联合制定的规章，由主办的部门报国务院备案。报送备案，应当提交备案报告、规章文本和说明，并按照规定的格式装订成册，一式三份。同时，应报送规章的电子文本。

对报送国务院备案的规章，由国务院备案审查工作机构就下列事项进行审查：(1)是否符合党中央、国务院的重大决策部署和国家重大改革方向；(2)是否超越权限；(3)下位法是否违反上位法的规定；(4)地方性法规与部门规章之间或者不同规章之间对同一事项的规定不一致，是否应当改变或者撤销一方的或者双方的规定；(5)规章的规定是否适当，规定的措施是否符合立法目的和实际情况；(6)是否违背法定程序。

审查后，国务院备案审查工作机构根据审查情况予以处理。经审查，认为规章应当予以纠正的，国务院备案审查工作机构可以通过与制定机关沟通、提出书面审查意见等方式，建议制定机关及时修改或者废止；或者由国务院备案审查工作机构提出处理意见报国务院决定，并通知制定机关。部门规章之间、部门规章与地方政府规章之间对同一事项的规定不一致的，由国务院备案审查工作机构进行协调；经协调不能取得一致意见的，由国务院备案审查工作机构提出处理意见报国务院决定，并通知制定机关。对《规章制定程序条例》规定的无效规章，国务院备案审查工作机构不予备案，并通知制定机关。规章在制定技术上存在问题的，国务院备案审查工作机构可以向制定机关提出处理意见，由制定机关自行处理。

规章解释权属于规章制定机关。规章解释由规章制定机关的法制机构参照规章送审稿审查程序提出意见，报请制定机关批准后公布。进行规章解释的情形是：规章的规定需要进一步明确具体含义的；规章制定后出现新的情况，需要明确使用规章依据的。规章的解释同规章有同等效力。

☞ 2024 考点1　可以申请行政复议的事项★★★★

1. 基本范围。可以申请行政复议事项的基本范围是行政行为，这一范围与行政诉讼法规定的行政诉讼受案范围是一致的。之前行政复议法对行政复议范围的基本限定是“具体行政行为”，2023年修订后的《行政复议法》将基本范围限定为“行政行为”，其第2条第1款规定“公民、法人或者其他组织认为行政机关的行政行为侵犯其合法权益，向行政复议机关提出行政复议申请，行政复议机关办理行政复议案件，适用本法”。

根据行政复议法规定，行政复议法将公民、法人和其他组织的合法权益都纳入保护范围，不限于人身权和财产权。在此之前的行政复议主要保护公民、法人和其他组织的人身权和财产权。

2. 可申请行政复议的具体事项。在行政复议基本范围之下，《行政复议法》第11条对可申请行政复议事项作出了列举规定，这些列举规定主要是基于常见行政行为，包括：**(1)对行政机关作出的行政处罚决定不服；(2)对行政机关作出的行政强制措施、行政强制执行决定不服；(3)申请行政许可，行政机关拒绝或者在法定期限内不予答复，或者对行政机关作出的有关行政许可的其他决定不服；(4)对行政机关作出的确认自然资源的所有权或者使用权的决定不服；(5)对行政机关作出的征**

收征用决定及其补偿决定不服;(6)对行政机关作出的赔偿决定或者不予赔偿决定不服;(7)对行政机关作出的不予受理工伤认定申请的决定或者工伤认定结论不服;(8)认为行政机关侵犯其经营自主权或者农村土地承包经营权、农村土地经营权;(9)认为行政机关滥用行政权力排除或者限制竞争;(10)认为行政机关违法集资、摊派费用或者违法要求履行其他义务;(11)申请行政机关履行保护人身权利、财产权利、受教育权利等合法权益的法定职责,行政机关拒绝履行、未依法履行或者不予答复;(12)申请行政机关依法给付抚恤金、社会保险待遇或者最低生活保障等社会保障,行政机关没有依法给付;(13)认为行政机关不依法订立、不依法履行、未按照约定履行或者违法变更、解除政府特许经营协议、土地房屋征收补偿协议等行政协议;(14)认为行政机关在政府信息公开工作中侵犯其合法权益;(15)认为行政机关的其他行政行为侵犯其合法权益。

3. 对行政规范性文件的附带审查。公民、法人或者其他组织认为行政机关的行政行为所依据的行政规范性文件不合法,不能直接申请行政复议,但可以提出附带审查申请。即行政复议的申请人在提起在对上述可申请复议的行政行为提出复议申请的同时,可以对该行政行为所依据的行政规定,提出进行审查的请求。

《行政复议法》第13条规定,公民、法人或者其他组织认为行政机关的行政行为所依据的一般行政规范性文件不合法,在对行政行为申请行政复议时,可以一并向行政复议机关提出对该规范性文件的附带审查申请。这里的行政规范性文件不含规章,但包括国务院部门制定的规范性文件、县级以上地方各级政府及其工作部门制定的规范性文件、乡或镇政府制定的规范性文件和法律、法规、规章授权的组织制定的规范性文件。

☞ 2024 考点2 行政复议的排除事项★★★★

行政复议法明确排除的事项包括:

1. 国防、外交等国家行为。国家行为属于政治性行为,有别于一般行政行为,不能通过行政复议和行政诉讼审查其合法性和合理性。国家行为是指国务院、中央军事委员会、国防部、外交部等根据宪法和法律的授权,以国家的名义实施的有关国防和外交事务的行为,以及经宪法和法律授权的国家机关宣布紧急状态、实施戒严和总动员等行为。

2. 抽象行政行为。指行政机关制定行政法规、规章或者行政机关、发布的具有普遍约束力的决定、命令等规范性文件的行为。公民、法人或者其他组织不能直接对抽象行政行为申请行政复议,不过如前所述可以对行政机关、发布的具有普遍约束力的决定、命令等规范性文件,即一般的行政规范性文件附带提出审查请求。

3. 行政机关对行政机关工作人员的奖惩、任免等决定。这类决定是涉及公务员权利义务的决定,已由公务员法规定了救济渠道,不纳入行政复议范围和行政诉讼受案范围。除奖惩、任免决定之外,这类决定还包括行政机关对其工作人员作出的培训、考核、离退休、工资、休假等方面的决定。

☞ 2024 考点3 行政复议申请人★★

行政复议申请人是行政复议的启动者,《行政复议法》第14条第1款规定:“依照本法申请行政复议的公民、法人或者其他组织是申请人。”因此,行政复议申请人是依法申请行政复议的公民、法人或者其他组织。第一,享有行政复议申请权的只能是公民、法人或者其他组织,行使国家权力的机关不能作为行政复议的申请人;第二,申请人必须是认为自身合法权益受到侵害,并依法提出复议申请的公民、法人或者其他组织。

《行政复议法实施条例》规定，合伙企业申请行政复议的，应当以核准登记的企业为申请人，由执行合伙事务的合伙人代表该企业参加行政复议；其他合伙组织申请行政复议的，由合伙人共同申请行政复议。合伙企业之外不具备法人资格的其他组织申请行政复议的，由该组织的主要负责人代表该组织参加行政复议；没有主要负责人的，由共同推选的其他成员代表该组织参加行政复议。

《行政复议法实施条例》同时规定，对于股份制企业，并非只有法定代表人有权以企业名义申请复议，股份制企业的股东大会、股东代表大会、董事会认为行政机关作出的具体行政行为侵犯企业合法权益的，也可以以企业的名义申请行政复议，事实上赋予了股份制企业的股东大会、股东代表大会、董事会行使申请行政复议权利的地位。

关于行政复议申请权的转移与承受：第一，公民死亡引起的申请权转移，由其近亲属承受；第二，法人或者其他组织终止引起的申请权转移，由承受其权利的法人或者其他组织申请。

有权申请行政复议的公民为无民事行为能力人或者限制民事行为能力人的，由其法定代理人代为申请行政复议。申请人可以委托代理人代为参加行政复议。同一行政复议案件申请人人数众多的，可以由申请人推选代表人参加行政复议。代表人参加行政复议的行为对其所代表的申请人发生效力，但是代表人变更行政复议请求、撤回行政复议申请、承认第三人请求的，应当经被代表的申请人同意。

根据《行政复议法》规定，申请人、第三人可以委托1～2名律师、基层法律服务工作者或者其他代理人代为参加行政复议。申请人、第三人委托代理人的，应当向行政复议机构提交授权委托书、委托人及被委托人的身份证明文件。授权委托书应当载明委托事项、权限和期限。申请人、第三人变更或者解除代理人权限的，应当书面告知行政复议机构。符合法律援助条件的行政复议申请人申请法律援助的，法律援助机构应当依法为其提供法律援助。

外国人、无国籍人、外国组织在中华人民共和国境内申请行政复议，应当享有与中国公民、法人或者其他组织相同的申请权。

☞ 2024 考点4　行政复议被申请人★★★★

行政复议被申请人，是作出被申请复议的行政行为的行政机关。行政机关与被申请复议的行政行为之间的直接关系是确定被申请人的根据，它符合行政活动职权与职责相一致的原则。

作出行政行为的行政组织有多种形态，所以行政复议的被申请人也有多种：**(1)独立被申请人。作出行政行为的一级人民政府和它的工作部门是独立被申请人。(2)共同被申请人。若干行政机关以共同名义作出同一行政行为的，共同作出行政行为的行政机关为共同被申请人；行政机关与法律、法规、规章授权的组织以共同的名义作出行政行为的，行政机关和法律、法规、规章授权的组织为共同被申请人。但是，如果行政机关与其他组织以共同名义作出行政行为的，其他组织不能成为被申请人，只有行政机关是被申请人。(3)继续行使被撤销或者职权变更的行政机关权限的被申请人。作出行政行为的行政机关被撤销或者职权变更的，继续行使其职权的行政机关是被申请人。(4)法定授权的组织作为被申请人。法律、法规、规章授权的组织作出行政行为，公民、法人或者其他组织不服提出行政复议，该法定授权组织为被申请人。(5)批准机关为被申请人。下级行政机关依照法律、法规、规章规定，经上级行政机关批准作出行政行为的，批准机关为被申请人。(6)派出机关、派出机构、内设机构作为被申请人。行政机关的派出机关，以及经法律、法规、规章授权的行政机关设立的派出机构、内设机构或者其他组织对外以自己的名义作出行政行为的，该派出机关、派出机构和内设机构为被申请人。而行政机关设立的派出机构、内设机构或者其他组织，未经法律、法**

规、规章授权,对外以自己的名义作出行政行为的,则由该行政机关为被申请人。

☞ 2024 考点5　行政复议第三人★★★

行政复议第三人,是同被申请的行政行为有利害关系,参加行政复议的其他公民、法人或者其他组织。首先在主体上,第三人是申请人以外的其他公民、法人或者其他组织;其次在实体权利义务上,第三人同被申请行政复议的行政行为或者行政复议案件处理结果有利害关系,即第三人参加行政复议是为了维护自己的合法权益;最后在程序上,第三人在行政复议开始后终结前,经过申请或者复议机关决定参加行政复议。法律设置第三人制度的目的,是使同被申请行政复议的行政行为有关的法律争议得到统一解决,使合法权益受到侵害的公民、法人或者其他组织得到法律救济。

根据《行政复议法》规定,申请人以外的同被申请行政复议的行政行为或者行政复议案件处理结果有利害关系的公民、法人或者其他组织,可以作为第三人申请参加行政复议,或者由行政复议机构通知其作为第三人参加行政复议。第三人可以委托1~2名代理人代为参加行政复议,委托的要求与申请人相同。第三人不参加行政复议,不影响行政复议案件的审理。

☞ 2024 考点6　行政复议机关★★★

行政复议机关是指依法受理行政复议申请并对被申请的行政行为进行合法性和适当性审查并作出决定的行政机关。由于行政复议机关仍为行政机关,如何避免行政机关自己作自己案件的裁判者,影响行政复议的公正性,行政复议管辖的基本要求以上一级行政机关管辖为原则,以原行政机关管辖为例外。不过,过去政府部门上一级行政机关的确定既包括本级政府也包括上一级主管部门,导致行政复议机关多且分散,行政复议资源配置效率偏低。2023年修订后的行政复议法对行政复议改革成果加以确认,从而确立了原则上县级以上一级地方政府只保留一个复议机关,由本级政府统一行使行政复议职责,政府各部门原则上不再行使行政复议职责。

1. 一般情形:县级以上地方政府作为行政复议机关。

作为一般情形,除行政复议法有例外和特别规定外,县级以上地方政府作为行政复议机关,既管辖针对下一级政府作出的行政行为不服产生的行政复议案件,也管辖针对本级政府工作部门作出的行政行为不服产生的行政复议案件。具体而言,管辖下列行政复议案件:(1)对本级政府工作部门作出的行政行为不服的;(2)对下一级政府作出的行政行为不服的;(3)对本级政府依法设立的派出机关作出的行政行为不服的;(4)对本级政府或者其工作部门管理的法律、法规、规章授权的组织作出的行政行为不服的。

省、自治区政府依法设立的派出机关参照设区的市级政府的职责权限,管辖相关行政复议案件。

对县级以上地方各级政府工作部门依法设立的派出机构依照法律、法规、规章规定,以派出机构的名义作出的行政行为不服的行政复议案件,由本级政府管辖;其中,对直辖市、设区的市政府工作部门按照行政区划设立的派出机构作出的行政行为不服的,也可以由其所在地的政府管辖。

2. 例外情形:由主管部门管辖。

虽然原则上行政复议案件由一级政府管辖,但在特定情形下仍可以由部门管辖。具体包括:

(1)国务院部门作为行政复议机关。国务院部门有权管辖下列行政复议案件:①对本部门依法设立的派出机构依照法律、行政法规、部门规章规定,以派出机构的名义作出的行政行为不服的;②对本部门管理的法律、行政法规、部门规章授权的组织作出的行政行为不服的。

(2)由上一级主管部门作为行政复议机关。一是对海关、金融、外汇管理等实行垂直领导的行政机关、税务和国家安全机关的行政行为不服的,向上一级主管部门申请行政复议。二是对履行行政复议机构职责的地方政府司法行政部门的行政行为不服的,可以向本级政府申请行政复议,也可以向上一级司法行政部门申请行政复议。对履行行政复议机构职责的地方政府司法行政部门作出的行政行为不服行政复议,若采用一般情形确定管辖,行政复议机关应为本级政府,但由于此时司法行政部门又为行政复议机构,具体办理行政复议案件,为避免可能产生的不公正,行政复议法确定此种情形下既可以由本级政府管辖可以由上一级司法行政部门管辖,从而出现选择管辖情形。这种情形下的行政复议机关,由申请人进行选择。

3. 特殊情形:由原机关管辖。

总体而言,行政复议法对行政复议机关管辖安排采用上一级管辖要求,但在特殊情形下允许由原机关管辖,即国务院部门或者省、自治区、直辖市政府作为被申请人时,行政复议机关仍为该机关。《行政复议法》第 24 条第 2 款规定,省、自治区、直辖市政府同时管辖对本机关作出的行政行为不服的行政复议案件;《行政复议法》第 25 条规定,国务院部门管辖对本部门作出的行政行为不服提出的行政复议案件。

对于上述两类由原机关管辖的行政复议案件,当事人对省、自治区、直辖市政府或国务院部门作出的行政复议决定不服的,可以向法院提起行政诉讼;也可以向国务院申请裁决,但是国务院作出的决定为最终裁决,当事人不能提起行政诉讼。

4. 提级管辖。

根据《行政复议法》第 38 条的规定,提级管辖有两种情形:一种情形是,上级行政复议机关根据需要,可以审理下级行政复议机关管辖的行政复议案件;另一种情形是,下级行政复议机关对其管辖的行政复议案件,认为需要由上级行政复议机关审理的,可以报请上级行政复议机关决定。

5. 行政复议机构和行政复议人员。

(1)行政复议机构。行政复议机构是行政复议机关中具体办理行政复议事项的机构。行政复议机构的工作具有事务性、程序性和可操作性。它没有作出行政复议决定的职权,有权作出行政复议决定的是行政复议机关。

行政复议机构的职权和职责具体包括:受理权,调查取证权,审查行政行为行政复议决定拟订权,处理或者转达对抽象行为的申请,处理行政违法的建议权,对复议行政诉讼的应诉,按规定转送有关行政复议申请,办理行政复议中的行政赔偿事项,督促行政复议申请的受理和行政复议决定的履行,办理行政复议、行政应诉案件统计和重大行政复议决定备案事项,办理或者组织办理未经行政复议直接提起行政诉讼的行政应诉事项,研究行政复议工作中发现的问题并及时向有关机关提出改进建议和向行政复议机关报告。

行政复议机关应当加强行政复议工作,支持和保障行政复议机构依法履行职责。上级行政复议机构对下级行政复议机构的行政复议工作进行指导、监督。

(2)行政复议人员。行政复议人员是行政复议机构中具体办理行政复议事项的人员,行政复议法规定国家建立专业化、职业化行政复议人员队伍。

行政复议机构中初次从事行政复议工作的人员,应当通过国家统一法律职业资格考试取得法律职业资格,并参加统一职前培训。行政复议机关应当确保行政复议机构的人员配备与所承担的工作任务相适应,提高行政复议人员专业素质,根据工作需要保障办案场所、装备等设施。县级以上各级人民政府应当将行政复议工作经费列入本级预算。

国务院行政复议机构应当会同有关部门制定行政复议人员工作规范,加强对行政复议人员的业务考核和管理。

☞ 2024 考点7　行政复议的申请★★★

1. 申请时间：申请行政复议的时间有三方面内容：

(1)申请期限。行政复议法规定可以在**60日内**申请行政复议。法律有关于超过60日的规定时，按照法律的规定。

(2)申请期限的起算。行政复议法规定，申请期限应当从申请人知道作出该具体行政行为之日起算。所谓知道之日，通常指了解具体行政行为内容之时。由于实际情况非常复杂，《行政复议法实施条例》对不同情况下"知道"的确定作出了具体规定。

①当场作出决定。行政机关当场作出具体行政行为的，自具体行政行为作出之日起计算。

②送达。行政机关作出的具体行政行为的书面决定事后送达的，自送达日期之日起计算。如果载明具体行政行为的法律文书直接送达的，自受送达人签收之日起计算；如果载明具体行政行为的法律文书邮寄送达的，自受送达人在邮件签收单上签收之日起计算。没有邮件签收单的，自受送达人在送达回执上签名之日起计算；具体行政行为依法通过公告形式告知受送达人的，自公告规定的期限届满之日起计算。

③未制作、未送达决定书。行政机关作出具体行政行为，依法应当向有关公民、法人或者其他组织送达法律文书而未送达的，视为该公民、法人或者其他组织不知道该具体行政行为。被申请人能够证明公民、法人或者其他组织知道具体行政行为的，自证据材料证明其知道具体行政行为之日起计算。同时，行政机关作出具体行政行为时未告知公民、法人或者其他组织，事后补充告知的，自该公民、法人或者其他组织收到行政机关补充告知的通知之日起计算。

④行政机关未履行法定职责。申请人申请行政机关履行法定职责，行政机关未履行的，行政复议申请期限计算分三种情形：第一，有履行期限规定的，自履行期限届满之日起计算；第二，没有履行期限规定的，自行政机关收到申请满60日起计算；第三，在紧急情况下请求行政机关履行保护人身权、财产权的法定职责，行政机关不履行的，行政复议申请期限不受前款规定的限制。

(3)最长保护期。行政机关作出行政行为时，未告知公民、法人或者其他组织申请行政复议的权利、行政复议机关和申请期限的，申请期限自公民、法人或者其他组织知道或者应当知道申请行政复议的权利、行政复议机关和申请期限之日起计算，但是自知道或者应当知道行政行为内容之日起最长不得超过1年。

因不动产提出的行政复议申请自行政行为作出之日起超过20年，其他行政复议申请自行政行为作出之日起超过5年的，行政复议机关不予受理。

(4)法定期限的耽搁。法定期限的耽搁有两种情况：一种是不可抗力。它指不能预见、不能避免并不能克服的客观情况的出现致使在法定期限内不能申请行政复议。另一种是其他正当理由，如申请人病重。法定期限耽搁的继续方法，是从障碍消除之日起继续计算。

2. 申请形式：申请形式包括两个问题：一个问题是申请方式，另一个问题是向谁申请。

(1)申请方式。**申请人申请行政复议，可以书面申请；书面申请有困难的，也可以口头申请。**

书面申请应当载明申请人的基本情况，被申请人的名称，行政复议请求、主要事实和理由，申请人的签名或者盖章和申请日期。书面申请的，可以通过邮寄或者行政复议机关指定的互联网渠道等方式提交行政复议申请书，也可以当面提交行政复议申请书。行政机关通过互联网渠道送达行政行为决定书的，应当同时提供提交行政复议申请书的互联网渠道。口头申请的，行政复议机关应当当场记录申请人的基本情况、行政复议请求、申请行政复议的主要事实、理由和时间。若申请人对两个以上行政行为不服的,应当分别申请行政复议。

(2)递交申请机关。原则上,申请人提出复议申请,应当直接向行政复议机关递交申请。不过,为方便申请人在特定情形下允许通过被申请人提出。《行政复议法》第32条规定,对当场作出或者依据电子技术监控设备记录的违法事实作出的行政处罚决定不服申请行政复议的,可以通过作出行政处罚决定的行政机关提交行政复议申请。行政机关收到行政复议申请后,应当及时处理;认为需要维持行政处罚决定的,应当自收到行政复议申请之日起5日内转送行政复议机关。

☞ 2024 考点8 对行政复议申请的受理★★

1. 受理和受理的期限。行政复议机关应当在收到行政复议申请后的5日内,对申请进行审查并根据情况分别处以处理:

(1)受理。对符合下列规定的,行政复议机关应当予以受理:**①有明确的申请人和符合本法规定的被申请人;②申请人与被申请行政复议的行政行为有利害关系;③有具体的行政复议请求和理由;④在法定申请期限内提出;⑤属于行政复议法规定的行政复议范围;⑥属于本机关的管辖范围;⑦行政复议机关未受理过该申请人就同一行政行为提出的行政复议申请,并且人民法院未受理过该申请人就同一行政行为提起的行政诉讼。**

行政复议机关受理行政复议申请,不得向申请人收取任何费用。行政复议活动所需经费,应当列入本机关的行政经费,由本级财政予以保障。

(2)不予受理。对不符合前述规定的行政复议申请,行政复议机关应当在审查期限内决定不予受理并说明理由。不属于本机关管辖的,还应当在不予受理决定中告知申请人有管辖权的行政复议机关。

(3)通知补正。行政复议申请材料不齐全或者表述不清楚,无法判断行政复议申请是否符合行政复议法第30条第1款规定的,行政复议机关应当自收到申请之日起**5日**内书面通知申请人补正。补正通知应当一次性载明需要补正的事项。

申请人应当自收到补正通知之日起10日内提交补正材料。有正当理由不能按期补正的,行政复议机关可以延长合理的补正期限。无正当理由逾期不补正的,视为申请人放弃行政复议申请,并记录在案。行政复议机关收到补正材料后,依照规定进行处理,决定受理还是不受理。

(4)视为受理。行政复议申请的审查期限届满,行政复议机关未作出不予受理决定的,审查期限届满之日起视为受理。

2. 对行政复议机关无理拒绝受理、驳回申请的处理。公民、法人或者其他组织依法提出行政复议申请,行政复议机关无正当理由不予受理或、驳回申请的,请人有权向上级行政机关反映。上级行政机关有两个处理办法:一是由上级行政机关应当责令其纠正,即责令该行政复议机关受理;二是在必要时,由上级行政机关直接受理。上级行政机关具体的处理程序是,上级行政机关认为行政复议机关不予受理行政复议申请的理由不成立的,可以先行督促其受理;经督促仍不受理的,应当责令其限期受理,必要时也可以直接受理。同时,值得注意的是,如果上级机关认为申请人的复议申请确实不符合法定受理条件,不存在行政复议机关无正当理由不予受理的情形的,应当告知申请人。

3. 行政复议申请的移转。

(1)移转的义务和情形。县级地方人民政府收到属于其他行政复议机关受理的行政复议申请,有义务转送有关行政复议机关。

(2)移转的期限。移转是法定程序,应当执行法定期限。移转的法定期限是收到该行政复议申请后的7日内。移转时应当同时告知行政复议申请人。

(3)接受移转的处理。接受转送的行政复议机关应当根据关于受理的规定,在法定期限内作出有关受理的决定。但是接受转送的受理时间,应当从收到转送之日起计算。

☞ 2024 考点9 行政复议与行政诉讼的关系★★★

受理程序中的重要问题,是申请行政复议与提起行政诉讼的关系。结合我国《行政诉讼法》第44条和第13条规定,除非法律规定由行政机关复议最终裁决和法律、法规规定必须先申请行政复议的,行政争议当事人可以自由选择申请行政复议还是提起行政诉讼,即确立了自由选择为原则复议前置为例外、有限行政终局的制度安排。

2023年修订后的《行政复议法》总体上维持了这一制度安排,不过对复议前置规定方式和范围进行了调整。就规定方式而言,原采用方式是由单行法律、法规作出规定,而根据《行政复议法》第23条规定,目前采用的是由行政复议法作规定加单行法律、行政法规规定的方式。因而,这意味着地方性法规不再享有规定复议前置的权限。就复议前置范围而言,行政复议法适当扩大了复议前置事项,这集中体现在了行政复议法确定规定必须先行政复议的事项。

《行政复议法》第23条规定有下列5种情形之一的,申请人应当先向行政复议机关申请行政复议,对行政复议决定不服的,可以再依法向人民法院提起行政诉讼:**(1)对当场作出的行政处罚决定不服;(2)对行政机关作出的侵犯其已经依法取得的自然资源的所有权或者使用权的决定不服;(3)认为行政机关存在《行政复议法》第11条规定的未履行法定职责情形;(4)申请政府信息公开,行政机关不予公开;(5)法律、行政法规规定应当先向行政复议机关申请行政复议的其他情形。其中,前四种情形是行政复议法新增的复议前置的情形。凡有复议前置的情形,行政机关在作出行政行为时应当告知公民、法人或者其他组织先向行政复议机关申请行政复议。**

对行法律、行政法规规定应当先向行政复议机关申请行政复议、对行政复议决定不服再向人民法院提起行政诉讼的,行政复议机关决定不予受理、驳回申请或者受理后超过行政复议期限不作答复的,公民、法人或者其他组织可以自收到决定书之日起或者行政复议期限届满之日起15日内,依法向人民法院提起行政诉讼。

法律规定行政复议机关作出的终局行政复议决定,当事人不得提起行政诉讼。行政复议法规定的终局行政复议决定,是行政复议法第26条规定的国务院的裁决。即对省、自治区、直辖市政府依照《行政复议法》第24条第2款的规定、国务院部门依照第25条第1项的规定作出的行政复议决定不服的,可以向人民法院提起行政诉讼;也可以向国务院申请裁决,国务院依照本法的规定作出最终裁决。

同时,在处理行政复议与行政诉讼关系还需要注意,对于公民、法人或者其他组织选可以自由选择行政复议与行政诉讼两种救济方式时,不意味着公民、法人或者其他组织可以同时使用这两种方式。行政复议已经被依法受理的,公民、法人或者其他组织在法定复议期限以内不得提起诉讼;行政诉讼已经被依法受理的,则不得再申请行政复议。对于公民、法人或者其他组织既提起诉讼又申请行政复议的,由先立案的机关管辖;同时立案的,由公民、法人或者其他组织选择。

☞ 2024 考点10 行政行为在行政复议期间的执行力★

行政复议申请被行政复议机关接受以后,就开始计算行政复议期间。在这一期间行政行为是否还有执行效力是需要回答的重要程序问题。

原则上，在行政复议期间行政行为不停止执行。实行不停止执行制度的原因之一，是及时制止违法行为对社会的危害。多数行政复议案件涉及对行政机关规定义务的或者给予制裁性的决定，这些决定又往往是针对当事人违法行为作出的。在申请行政复议时，有些违法行为已经完成，但是也有些违法行为还处于持续状态有待于处理。例如，危害环境的违法行为，危害公众身体健康或者生命安全的违法行为，如果相关行政行为在被申请行政复议后就停止执行，那么违法行为就有可能继续危害环境和公众的健康与生命。

但是并不是所有的行政行为都需要在行政复议期间维持其执行力。至于哪些行政行为不需要维持执行力，需要由有关国家机关根据公共利益和执行法律的需要在其权限范围内，作出行政行为可以停止执行的决定。《行政复议法》第 42 条规定了 4 种情形：**(1)被申请人认为需要停止执行的；(2)行政复议机关认为需要停止执行的；(3)申请人、第三人申请停止执行，行政复议机关认为其要求合理，决定停止执行；(4)法律、法规、规章规定停止执行的其他情形。**

☞ 2024 考点 11　行政复议的审理★★

1. 审理程序。

(1)一般规定。行政复议机关受理行政复议申请后，适用普通程序或者简易程序进行审理。行政复议机构应当指定行政复议人员负责办理行政复议案件。

行政复议机关依照法律、法规、规章审理行政复议案件。行政复议机关审理民族自治地方的行政复议案件，同时依照该民族自治地方的自治条例和单行条例。

行政复议期间有下列情形之一的，行政复议中止：**①作为申请人的公民死亡，其近亲属尚未确定是否参加行政复议；②作为申请人的公民丧失参加行政复议的行为能力，尚未确定法定代理人参加行政复议；③作为申请人的公民下落不明；④作为申请人的法人或者其他组织终止，尚未确定权利义务承受人；⑤申请人、被申请人因不可抗力或者其他正当理由，不能参加行政复议；⑥依照本法规定进行调解、和解，申请人和被申请人同意中止；⑦行政复议案件涉及的法律适用问题需要有权机关作出解释或者确认；⑧行政复议案件审理需要以其他案件的审理结果为依据，而其他案件尚未审结；⑨有行政复议法第 56 条或者第 57 条规定的情形，即涉及行政规范性文件附带审查转送情形；⑩需要中止行政复议的其他情形。行政复议中止的原因消除后，应当及时恢复行政复议案件的审理。行政复议机关中止、恢复行政复议案件的审理，应当书面告知当事人。**

行政复议期间有下列情形之一的，行政复议机关决定终止行政复议：**①申请人撤回行政复议申请，行政复议机构准予撤回；②作为申请人的公民死亡，没有近亲属或者其近亲属放弃行政复议权利；③作为申请人的法人或者其他组织终止，没有权利义务承受人或者其权利义务承受人放弃行政复议权利；④申请人对行政拘留或者限制人身自由的行政强制措施不服申请行政复议后，因同一违法行为涉嫌犯罪，被采取刑事强制措施；⑤前述行政复议中止情形第 1、2、4 项的规定中止行政复议满 60 日，行政复议中止的原因仍未消除。**

(2)普通程序。行政复议普通程序，是行政复议适用的一般程序。

①审理准备：行政复议机构应当自行政复议申请受理之日起 7 日内，将行政复议申请书副本或者行政复议申请笔录复印件发送被申请人。被申请人应当自收到行政复议申请书副本或者行政复议申请笔录复印件之日起 10 日内，提出书面答复，并提交作出行政行为的证据、依据和其他有关材料。

②听取意见:适用普通程序审理的行政复议案件,行政复议机构应当当面或者通过互联网、电话等方式听取当事人的意见,并将听取的意见记录在案。因当事人原因不能听取意见的,可以书面审理。

审理重大、疑难、复杂的行政复议案件,行政复议机构应当组织听证。行政复议机构认为有必要听证,或者申请人请求听证的,行政复议机构可以组织听证。听证由1名行政复议人员任主持人,2名以上行政复议人员任听证员,1名记录员制作听证笔录。行政复议机构组织听证的,应当于举行听证的5日前将听证的时间、地点和拟听证事项书面通知当事人。申请人无正当理由拒不参加听证的,视为放弃听证权利。被申请人的负责人应当参加听证。不能参加的,应当说明理由并委托相应的工作人员参加听证。

审理行政复议案件涉及下列情形之一的,行政复议机构应当提请行政复议委员会提出咨询意见:一是案情重大、疑难、复杂;二是专业性、技术性较强;三是《行政复议法》第24条第2款规定的行政复议案件,即省、自治区、直辖市政府管辖对本机关作出的行政行为不服的行政复议案件;四是行政复议机构认为有必要。行政复议机构应当记录行政复议委员会的咨询意见。为此,县级以上各级政府应当建立相关政府部门、专家、学者等参与的行政复议委员会,为办理行政复议案件提供咨询意见,并就行政复议工作中的重大事项和共性问题研究提出意见。行政复议委员会的组成和开展工作的具体办法,由国务院行政复议机构制定。

(3)简易程序:对较为简单的行政复议案件,可以适用简易程序进行审理。

①适用范围。可以适用简易程序的行政复议案件,包括两种情形:

第一种情形是,**符合规定条件的案件**。行政复议机关审理下列行政复议案件,认为事实清楚、权利义务关系明确、争议不大的,可以适用简易程序:一是被申请行政复议的行政行为是当场作出;二是被申请行政复议的行政行为是警告或者通报批评;三是案件涉及款额3000元以下;四是属于政府信息公开案件。

第二种情形是,**当事人同意适用的简易程序的**。即虽不属于第一种情形的行政复议案件,但当事人各方同意适用简易程序的,可以适用简易程序。

②适用要求。适用简易程序审理的行政复议案件,行政复议机构应当自受理行政复议申请之日起3日内,将行政复议申请书副本或者行政复议申请笔录复印件发送被申请人。被申请人应当自收到行政复议申请书副本或者行政复议申请笔录复印件之日起5日内,提出书面答复,并提交作出行政行为的证据、依据和其他有关材料。适用简易程序审理的行政复议案件,可以书面审理。

适用简易程序审理的行政复议案件,行政复议机构认为不宜适用简易程序的,经行政复议机构的负责人批准,可以转为普通程序审理。

2. 证据制度。

(1)证据种类。根据行政复议法规定,行政复议证据包括8类:书证;物证;视听资料;电子数据;证人证言;当事人的陈述;鉴定意见;勘验笔录、现场笔录。以上证据经行政复议机构审查属实,才能作为认定行政复议案件事实的根据。

(2)举证责任。被申请人对其作出的行政行为的合法性、适当性负有举证责任。被申请人履行这一义务的内容,是提交作出行政行为的证据、依据和其他有关材料。根据前述行政复议的审理程序,被申请人的举证责任在复议程序开始阶段对申请人申请的答复程序中履行。行政复议期间,被申请人不得自行向申请人和其他有关单位或者个人收集证据;自行收集的证据不作为认定行政行为合法性、适当性的依据。该规定确立了被申请人在行政复议过程中证据收集权的限制制度。第一,只是被申请人的证据收集权受到限制。申请人和第三人不受这种限制,他们有权在行政复议过程中收集证据。第二,限制的内容是被申请人不得自行向申请人和其他有关组织和个人收集证据。如果被申请人向复议机关提出取证要求,复议机关认为有必要时可以作出调查取证的决定。第三,限制的时间是行政复议的过程。这一过程开始于行政复议机关对复议申请的受理,结束于行政复议决定的执行完毕。

有下列情形之一的,申请人应当提供证据:①认为被申请人不履行法定职责的,提供曾经要求被申请人履行法定职责的证据,但是被申请人应当依职权主动履行法定职责或者申请人因正当理由不能提供的除外;②提出行政赔偿请求的,提供受行政行为侵害而造成损害的证据,但是因被申请人原因导致申请人无法举证的,由被申请人承担举证责任;③法律、法规规定需要申请人提供证据的其他情形。行政复议期间,申请人或者第三人提出被申请行政复议的行政行为作出时没有提出的理由或者证据的,经行政复议机构同意,被申请人可以补充证据。

(3)查阅材料。行政复议法规定了查阅被申请人提供资料的制度,这是执行行政公开原则的重要制度,为申请人、第三人有效主张和维护其法律权利提供了条件。

行政复议期间,申请人、第三人及其委托代理人可以按照规定查阅、复制被申请人提出的书面答复、作出行政行为的证据、依据和其他有关材料,除涉及国家秘密、商业秘密、个人隐私或者可能危及国家安全、公共安全、社会稳定的情形外,行政复议机构应当同意。

(4)调查取证。行政复议机关有权向有关单位和个人调查取证,查阅、复制、调取有关文件和资料,向有关人员进行询问。调查取证时,行政复议人员不得少于2人,并应当出示行政复议工作证件。被调查取证的单位和个人应当积极配合行政复议人员的工作,不得拒绝或者阻挠。

3. 撤回申请。法律规定了申请人撤回行政复议申请的制度。在理论上,申请人有权撤回已经提出的行政复议申请。因为行政复议的主要目的是保护申请人的合法权益,申请人对自己的合法权益享有放弃的权利。一旦申请人放弃对自己合法权益的主张,行政复议程序的继续进行就没有什么意义了。

但是因为申请人撤回申请会对行政复议秩序带来重要影响,法律需要设置一些必要的撤回条件,以规范申请人的申请撤回行为。第一,撤回的条件,是提出撤回的申请。撤回必须出自申请人的意愿。如果发现撤回申请有强迫、动员等违背申请人真实意愿的情形,行政复议机关可以不准许撤回申请。第二,撤回的时间,是申请被受理以后和复议决定作出以前。第三,撤回的效果,是终止正在进行的行政复议。行政复议机关可以采用制作裁决书或者记录在案的方法,予以同意并终结行政复议。申请人撤回行政复议申请的,不得再以同一事实和理由提出行政复议申请。但是,申请人能够证明撤回行政复议申请违背其真实意思表示的除外。

4. 原行政行为的改变、行政复议中的调解与和解。为促使行政争议的尽快解决,在行政复议期间被申请人可以改变原行政行为。如果申请人接受改变原行政行为的后果,撤回行政复议申请并获得行政复议机关的同意,行政复议程序结束。但是,如果申请人不提出撤回复议申请或者虽提出申请而未获得准许,不影响行政复议案件的审理,行政复议机关应当继续就原行政行为进行审查,并根据不同情况依法作出决定。

通常认为,和解与调解是解决民事争议的重要方式。但多年来,国内一直认为这两种方式原则上对行政争议的解决不适用。行政诉讼法明确规定,人民法院审理行政案件原则上不适用调解。通常认为,行政争议的解决不适用和解和调解的原因在于,行政机关行使的是国家职权,不能随意处分;而行政争议所涉及的行政行为只有合法与违法两种结果,因此不存在和解和调解的可能。近年来,随着对问题认识的深化,行政争议的解决不适用和解和调解的观念有所改变。一是行政争议的解决核心在于解决争议、消除矛盾,违法与合法或对与错的判断固然重要,但不是绝对的。行政复议和行政诉讼制度的存在及其运作,应当充分发挥其预防、解决行政争议的功能和作用。二是虽然行政机关不得放弃或任意处分自己的权力,但行政机关的职权并不是绝对的、羁束性的权力,在从事管理时没有丝毫的选择余地和活动空间;相反,行政机关享有广泛的裁量权力,在从事管理时存在多种选择可能。三是在实践中,有不少争议甚至是进入行政复议和行政诉讼中的争议,是通过直接或间接的和解和调解结案的。

为发挥行政复议在化解行政争议主渠道的作用,2023 年修订后的《行政复议法》对行政复议的调解与和解采取了更为积极开放的态度。《行政复议法》第 5 条第 1 款规定:"行政复议机关办理行政复议案件,可以进行调解。"在总则中明确规定行政复议可以进行调解,且未设置范围限制。

行政复议机关在行政复议期间进行调解的要求和程序为:第一,调解应当遵循合法、自愿的原则,不得损害国家利益、社会公共利益和他人合法权益,不得违反法律、法规的强制性规定。第二,当事人经调解达成协议的,行政复议机关应当制作行政复议调解书,经各方当事人签字或者签章,并加盖行政复议机关印章,即具有法律效力。第三,调解未达成协议或者调解书生效前一方反悔的,行政复议机关应当依法审查或者及时作出行政复议决定。

在行政复议中,当事人可以进行和解。和解的要求有:第一,和解应当出于当事人自愿,不违背当事人的真实意愿;第二,应当在行政复议决定作出前达成和解;第三,和解内容不得损害国家利益、社会公共利益和他人合法权益,不得违反法律、法规的强制性规定;第四,当事人达成和解后,由申请人向行政复议机构撤回行政复议申请。行政复议机构准予撤回行政复议申请、行政复议机关决定终止行政复议的,申请人不得再以同一事实和理由提出行政复议申请。但是,申请人能够证明撤回行政复议申请违背其真实意愿的除外。

5. 行政复议附带审查。行政复议附带审查涉及的行政规范性文件和行政依据有两个方面:一是根据申请人提出的申请对有关行政规范性文件进行的审查处理;二是行政复议机关在对被申请人作出的行政行为进行审查时依职权发现依据不合法进行的处理。对前者,行政复议机关有权处理的,应当在 30 日内依法处理;无权处理的,应当在 7 日内转送有权处理的行政机关依法处理。对后者,行政复议机关有权处理的,应当在 30 日内依法处理;无权处理的,应当在 7 日内转送有权处理的国家机关依法处理。

(1)行政复议机关有权处理行政规范性文件或者依据的审查和处理。对于行政复议机关有权处理行政规范性文件或者依据的,行政复议机构应当自行政复议中止之日起 3 日内,书面通知规范性文件或者依据的制定机关就相关条款的合法性提出书面答复。制定机关应当自收到书面通知之日起 10 日内提交书面答复及相关材料。行政复议机构认为必要时,可以要求规范性文件或者依据的制定机关当面说明理由,制定机关应当配合。经审查,认为相关条款合法的,在行政复议决定书中一并告知;认为相关条款超越权限或者违反上位法的,决定停止该条款的执行,并责令制定机关予以纠正。

(2)行政复议机关无权处理行政规范性文件或者依据的转送回复。对于行政复议机关无权处理行政规范性文件或者依据的情形,在行政复议机关应转送相关行政机关或国家机关,接受转送的行政机关、国家机关应当自收到转送之日起 60 日内,将处理意见回复转送的行政复议机关。

☞ 2024 考点 12 行政复议决定★★★

1. 行政复议决定作出要求。

(1)作出的程序。行政复议机关审理行政复议案件,由行政复议机构对行政行为进行审查,提出意见，经行政复议机关的负责人同意或者集体讨论通过后，以行政复议机关的名义作出行政复议决定。经过听证的行政复议案件，行政复议机关应当根据听证笔录、审查认定的事实和证据，依法作出行政复议决定。提请行政复议委员会提出咨询意见的行政复议案件，行政复议机关应当将咨询意见作为作出行政复议决定的重要参考依据。

（2）作出期限。适用普通程序审理的行政复议案件，行政复议机关应当自受理申请之日起60日内作出行政复议决定；但是法律规定的行政复议期限少于60日的除外。情况复杂，不能在规定期限内作出行政复议决定的，经行政复议机构的负责人批准，可以适当延长，并书面告知当事人；但是延长期限最多不得超过30日。适用简易程序审理的行政复议案件，行政复议机关应当自受理申请之日起30日内作出行政复议决定。

（3）作出的形式和效力。行政复议机关作出行政复议决定，应当制作行政复议决定书，并加盖行政复议机关印章。行政复议决定书一经送达，即发生法律效力。

2. 行政复议决定种类。行政复议机关可以作出以下几种行政复议决定，法律对此规定了相应的条件：

（1）变更决定。变更决定是行政复议机关全部或部分改变原行政行为的内容，用复议机关的决定替代原具体行政行为。根据行政复议法规定，变更决定适用于3种情形：①行政行为事实清楚，证据确凿，适用依据正确，程序合法，但是内容不适当；②事实清楚，证据确凿，程序合法，但是未正确适用依据；③事实不清、证据不足，经行政复议机关查清事实和证据。行政复议机关不得作出对申请人更为不利的变更决定，但是第三人提出相反请求的除外。

（2）撤销决定。撤销决定是行政复议机关认为行政行为违法，使行政行为丧失或者不能取得法律效力的行政复议决定。具体行政行为被撤销以后就不再有而且以后也不会有法律约束力，除非复议决定本身丧失法律效力。根据行政复议法规定，行政行为有下列情形之一的，行政复议机关决定撤销或者部分撤销该行政行为，并可以责令被申请人在一定期限内重新作出行政行为：①主要事实不清、证据不足；②违反法定程序；③适用的依据不合法；④超越职权或者滥用职权。行政复议机关责令被申请人重新作出行政行为的，被申请人不得以同一事实和理由作出与被申请行政复议的行政行为相同或者基本相同的行政行为，但是行政复议机关以违反法定程序为由决定撤销或者部分撤销的除外。

（3）确认违法决定。确认违法决定是对具体行政行为违法性质和违法状态的确定或者认定。作出确认决定的情形，是原来的行政行为确实构成违法，但是由于客观情况变化使撤销或者变更已经没有实际意义。行政行为有下列情形之一的，行政复议机关不撤销该行政行为，但是确认该行政行为违法：①依法应予撤销，但是撤销会给国家利益、社会公共利益造成重大损害；②程序轻微违法，但是对申请人权利不产生实际影响。

行政行为有下列情形之一，不需要撤销或者责令履行的，行政复议机关确认该行政行为违法：**①行政行为违法，但是不具有可撤销内容；②被申请人改变原违法行政行为，申请人仍要求撤销或者确认该行政行为违法；③被申请人不履行或者拖延履行法定职责，责令履行没有意义。**

（4）履行职责决定。履行职责决定是行政复议机关认为被申请人不履行法定职责的，行政复议机关决定被申请人在一定期限内履行。行政复议机关首先要确定存在被申请人应当履行的法定职责，确认存在没有履行职责的事实以及这种不履行对申请人的合法权益构成了侵害和行政违法；其次要确定继续履行法定职责仍然有实际意义和法律意义，并规定履行的期限和履行的法定内容。因此，这种决定包括了确认不作为违法和履行法定义务两个方面的内容。

(5)确认无效决定。行政复议机关经审理,认为行政行为有实施主体不具有行政主体资格或者没有依据等重大且明显违法情形,申请人申请确认行政行为无效的,行政复议机关确认该行政行为无效。

(6)维持决定。维持决定是行政复议机关认为行政行为合法适当,从而维护和支持行政行为的决定。行政复议法规定,行政行为认定事实清楚,证据确凿,适用依据正确,程序合法,内容适当的,行政复议机关决定维持该行政行为。

作出维持决定的条件有5个方面:第一,事实清楚。它的含义是对行政行为所认定的事实没有疑义,各方面能够达到一致的认识或者通过复议审查消除了疑义的。第二,证据确凿。它的含义是有关事实的证据达到确实可靠的程度,足以使有关的反驳不能成立。第三,适用依据正确。它的含义是行政行为所适用的法律、法规和其他依据是有效正确的,案件事实与依据之间存在正确的关系或者联系。第四,程序合法。它的含义是行政行为处理案件时所采用的程序符合法律法规规定,尊重当事人的程序权利,遵守法律对程序的要求。第五,内容适当。它的含义是行政行为规定的权利义务具有合理性和正当性,符合客观情形和法律正义的一般要求。

(7)驳回复议请求决定。行政复议机关受理申请人认为被申请人不履行法定职责的行政复议申请后,发现被申请人没有相应法定职责或者在受理前已经履行法定职责的,决定驳回申请人的行政复议请求。

(8)针对行政协议案件的复议决定。行政协议案件有一定的特殊性,行政复议机关应根据情况作出复议决定:被申请人不依法订立、不依法履行、未按照约定履行或者违法变更、解除行政协议的,行政复议机关决定被申请人承担依法订立、继续履行、采取补救措施或者赔偿损失等责任。

被申请人变更、解除行政协议合法,但是未依法给予补偿或者补偿不合理的,行政复议机关决定被申请人依法给予合理补偿。

(9)针对行政赔偿的决定。行政复议机关作出行政复议决定,可以依法同时决定行政赔偿的问题。这里有两种情形:一种是申请人提出赔偿请求的;另一种是申请人没有提出赔偿请求的。

依申请作出的赔偿决定,是申请人在申请行政复议时一并提出了行政赔偿请求,行政复议机关对依照《国家赔偿法》的有关规定应当不予赔偿的,在作出行政复议决定时,应当同时决定驳回行政赔偿请求,对符合《国家赔偿法》的有关规定应当给予赔偿的,在决定撤销或者部分撤销、变更行政行为或者确认行政行为违法、无效时,应当同时决定被申请人依法给予赔偿;确认行政行为违法的,还可以同时责令被申请人采取补救措施。

依职权作出的赔偿决定,是申请人在申请行政复议时没有提出行政赔偿损失请求,但是行政复议机关可以在法定情形下直接作出有赔偿效果的决定。申请人在申请行政复议时没有提出行政赔偿请求的,行政复议机关在依法决定撤销或者部分撤销、变更罚款,撤销或者部分撤销违法集资、没收财物、征收征用、摊派费用以及对财产的查封、扣押、冻结等行政行为时,应当同时责令被申请人返还财产,解除对财产的查封、扣押、冻结措施,或者赔偿相应的价款。

☞ 2024 考点13　行政复议的执行★★★

行政复议的执行,是有关国家机关依法采取措施强制实现行政复议决定书、调解书和意见书规定内容的行为。行政复议的执行两类:一类是针对被申请人,另一类是针对申请人、第三人。

1. 针对被申请人。被申请人应当履行行政复议决定书、调解书、意见书。被申请人不履行或者无正当理由拖延履行行政复议决定书、调解书、意见书的,行政复议机关或者有关上级行政机关应当责令其限期履行,并可以约谈被申请人的有关负责人或者予以通报批评。

2. 针对申请人、第三人。分两种情形:一种情形是申请人、第三人逾期不起诉又不履行行政复议决定书、调解书;另一种情形是申请人、第三人不履行最终裁决的行政复议决定。

行政复议决定和调解书的执行,按照下列情形分别处理:(1)维持行政行为的行政复议决定书,由作出行政行为的行政机关依法强制执行,或者申请人民法院强制执行;(2)变更行政行为的行政复议决定书,由行政复议机关依法强制执行,或者申请人民法院强制执行;(3)行政复议调解书,由行政复议机关依法强制执行,或者申请人民法院强制执行。

☞ 2024 考点 14 行政复议指导和监督★

加强对行政复议工作的指导监督,是提高行政复议质量的重要要求。行政复议法和行政复议法实施条例要求县级以上各级人民政府加强对所属工作部门和下级人民政府履行行政复议职责的监督,行政复议机关加强对其行政复议机构履行行政复议职责的监督,行政复议机构在本级行政复议机关的领导下按照职责权限对行政复议工作进行督促、指导。

对行政复议工作的指导监督的主要措施包括:**(1)县级以上地方各级人民政府应当建立健全行政复议工作责任制,将行政复议工作纳入本级政府目标责任制。(2)县级以上地方各级人民政府应当按照职责权限,通过定期组织检查、抽查等方式,对所属工作部门和下级人民政府行政复议工作进行检查,并及时向有关方面反馈检查结果。(3)行政复议机关在办理行政复议案件过程中,发现被申请人或者其他下级行政机关的有关行政行为违法或者不当的,可以向其制发行政复议意见书。有关机关应当自收到行政复议意见书之日起60日内,将纠正相关违法或者不当行政行为的情况报送行政复议机关。行政复议期间行政复议机构发现法律、法规、规章实施中带有普遍性的问题,可以制作行政复议建议书,向有关机关提出完善制度和改进行政执法的建议。(4)县级以上各级人民政府行政复议机构应当定期向本级人民政府提交行政复议工作状况分析报告。(5)下级行政复议机关应当及时将重大行政复议决定报上级行政复议机关备案。(6)行政复议机关根据被申请行政复议的行政行为的公开情况,按照国家有关规定将行政复议决定书向社会公开。(7)县级以上地方各级人民政府办理以本级人民政府工作部门为被申请人的行政复议案件,应当将发生法律效力的行政复议决定书、意见书同时抄告被申请人的上一级主管部门。**

民　　法

【大纲新增考点·法条说明】

2025 年,“民法”学科大纲附录法律法规新增 2 件,考点调整如下所示。

章　节	2024 年大纲	2025 年大纲	提　示
第二十七章第一节 结婚	结婚的概念	结婚的概念(结婚与同居的区别　同居期间所得财产的处理)	明确子考点
第二十七章第二节 离婚	离婚的法律后果(财产处理　债务清偿　子女抚养)　探望权　离婚损害赔偿请求权	离婚时的财产处理和债务清偿(离婚时夫妻财产分割的范围和原则　特殊类型夫妻共同财产的分割　离婚时房屋的处理　离婚时给予子女财产　夫妻共同财产的少分或者不分和离婚后再次分割　债务的清偿)　离婚后的子女抚养(离婚后抚养关系的确定和变更　抚养费的负担和变更　探望权)　离婚救济制度(离婚经济补偿　离婚经济帮助　离婚损害赔偿)	考点调整

大纲附录法律法规

项　目	法律法规
增加法规	**1. 最高人民法院关于适用《中华人民共和国民法典》侵权责任编的解释(一)** (2023 年 12 月 18 日最高人民法院审判委员会第 1909 次会议通过　2024 年 9 月 25 日公布　2024 年 9 月 27 日起施行)　法释〔2024〕12 号 **2. 最高人民法院关于适用《中华人民共和国民法典》婚姻家庭编的解释(二)** (2024 年 11 月 25 日最高人民法院审判委员会第 1933 次会议通过　2025 年 1 月 15 日公布　自 2025 年 2 月 1 日起施行)　法释〔2025〕1 号

2020～2024 年大纲新增考点对照

<table>
<tr><th>年　份</th><th>章　节</th><th>新增与变化考点・法条</th></tr>
<tr><td rowspan="4">2024</td><td>第四章第八节　未生效的民事法律行为</td><td>未生效民事法律系行为的概念　违反未生效民事法律行为的责任</td></tr>
<tr><td>第四章第九节　民事法律行为被确认无效、被撤销或确定不发生效力的后果</td><td>民事法律行为被确认无效、被撤销或者确定不发生效力的具体法律后果　民事法律行为被确认无效、被撤销或者确定不发生效力情形下的第三人责任　民事法律行为被确认无效、被撤销或者确定不发生效力不影响争议解决条款的效力</td></tr>
<tr><td>第十三章第一节　合同的订立</td><td>合同的解释</td></tr>
<tr><td colspan="2">新增法律法规：最高人民法院关于适用《中华人民共和国民法典》合同编通则若干问题的解释</td></tr>
<tr><td>2023</td><td colspan="2">新增法律法规：最高人民法院关于审理人身损害赔偿案件适用法律若干问题的解释</td></tr>
<tr><td rowspan="8">2022</td><td>第一章第三节　民事法律关系</td><td>滥用权利</td></tr>
<tr><td>第五章第三节　无权代理</td><td>表见代理</td></tr>
<tr><td>第七章第二节　物权的类型</td><td>民法上物权的种类　民法学上物权的分类</td></tr>
<tr><td>第十四章第二节　合同履行的特殊规则</td><td>债权人合并、分立或住所变更</td></tr>
<tr><td>第十八章第一节　买卖合同</td><td>买卖合同的成立</td></tr>
<tr><td>第二十五章第五节　隐私权和个人信息保护</td><td>个人在个人信息处理活动中的权利</td></tr>
<tr><td>第三十四章第四节　数人侵权的侵权行为</td><td>共同侵权行为</td></tr>
<tr><td colspan="2">新增法律法规：
(1)中华人民共和国个人信息保护法
(2)最高人民法院关于适用《中华人民共和国民法典》总则编若干问题的解释</td></tr>
<tr><td rowspan="10">2021</td><td>第一章第二节　民法的基本原则</td><td>民法的基本原则</td></tr>
<tr><td>第四章第六节　可撤销的民事法律行为</td><td>民事法律行为宣告无效或被撤销的效果</td></tr>
<tr><td>第五章第二节　代理权</td><td>代理权的滥用</td></tr>
<tr><td>第十章第一节　担保物权概述</td><td>担保物权的概念与特征　担保物权的设立　担保物权的存续　担保物权的实现　担保物权的消灭　担保物权的类型法定与非典型担保的新发展</td></tr>
<tr><td>第十章第二节　抵押权</td><td>抵押权的设立　特殊抵押</td></tr>
<tr><td>第十三章第一节　合同的订立</td><td>合同的特殊订立方式</td></tr>
<tr><td>第十四章第二节　合同履行的特殊规则</td><td>电子合同的履行　执行政府定价或政府指导价合同的履行　涉他合同的履行</td></tr>
<tr><td>第十六章第二节　合同的转让</td><td>债权转让　债务转移　债务加入　合同权利义务的概括移转</td></tr>
<tr><td>第十六章第三节　合同的权利义务终止</td><td>清偿</td></tr>
<tr><td>第三十五章第九节　环境污染和生态环境责任</td><td>环境污染和生态破坏责任的构成要件　环境污染和生态破坏的责任形式</td></tr>
</table>

续表

年 份	章 节	新增与变化考点 · 法条
2021	1. 新增法律法规： (1)最高人民法院关于适用《中华人民共和国民法典》时间效力的若干规定 (2)最高人民法院关于适用《中华人民共和国民法典》物权编的解释(一) (3)最高人民法院关于适用《中华人民共和国民法典》有关担保制度的解释 (4)最高人民法院关于适用《中华人民共和国民法典》婚姻家庭编的解释(一) (5)最高人民法院关于适用《中华人民共和国民法典》继承编的解释(一) (6)最高人民法院关于审理建设工程施工合同纠纷案件适用法律问题的解释(一) 2. 修订法律法规： (1)最高人民法院关于审理建筑物区分所有权纠纷案件适用法律若干问题的解释 (2)最高人民法院关于审理买卖合同纠纷案件适用法律问题的解释 (3)最高人民法院关于审理商品房买卖合同纠纷案件适用法律若干问题的解释 (4)最高人民法院关于审理民事案件适用诉讼时效制度若干问题的规定 (5)最高人民法院关于审理技术合同纠纷案件适用法律若干问题的解释 (6)最高人民法院关于审理城镇房屋租赁合同纠纷案件具体应用法律若干问题的解释 (7)最高人民法院关于审理融资租赁合同纠纷案件适用法律问题的解释 (8)最高人民法院关于审理民间借贷案件适用法律若干问题的规定 (9)最高人民法院关于确定民事侵权精神损害赔偿责任若干问题的解释 (10)最高人民法院关于审理人身损害赔偿案件适用法律若干问题的解释 (11)最高人民法院关于审理利用信息网络侵害人身权益民事纠纷案件适用法律若干问题的规定 (12)最高人民法院关于审理道路交通事故损害赔偿案件适用法律若干问题的解释	
2020	新增法律法规:中华人民共和国民法典	

【大纲新增、变化考点解读】

☞ 2025 考点1 从建筑物中抛掷物品或者从建筑物上坠落的物品造成他人损害的责任★★★★

从建筑物中抛掷物品或者从建筑物上坠落物品造成他人损害的,当然应由造成损害的侵权人承担责任。但存在难以确定具体的侵权人但损害后果严重的情形。该情形下,无论是由受害人自行承担损害后果,还是由可能加害的建筑物使用人承担责任,均有失公平。根据最高人民法院《关于适用〈中华人民共和国民法典〉侵权责任编的解释(一)》(以下简称《民法典侵权责任编解释(一)》)第25条的规定,**在民事案件一审法庭辩论终结前仍难以确定具体侵权人的,未采取必要安全保障措施的物业服务企业等建筑物管理人承担与其过错相应的责任**。被侵权人其余部分的损害,由可能加害的建筑物使用人给予适当补偿。具体侵权人确定后,已经承担责任的物业服务企业等建筑物管理人、可能加害的建筑物使用人可以向具体侵权人追偿。

☞ 2025 考点2 教唆、帮助行为的责任承担★★★

《民法典》第1169条对教唆、帮助行为中完全民事行为能力人与限制民事行为能力人、无民事行为能力人承担的侵权责任作了区别对待。详述如下:

1. 教唆人与被教唆人、帮助人与被帮助人均为完全民事行为能力人的情形下,根据《民法典》第1169条第1款的规定,教唆人、帮助人与行为人承担连带责任。这主要是基于教唆人与被教唆人之间、帮助人与被帮助人之间主观上具有共同性,这是这两对主体对损害承担连带责任的基础。

2. 教唆人、帮助人为完全民事行为能力人,行为人为限制民事行为能力人或者无民事行为能力人的,依据《民法典》第1169条第2款以及《民法典侵权责任编解释(一)》第11~13条的规定,**无论教唆人、帮助人是否知道行为人为限制民事行为能力人或无民事行为能力人,均应承担侵权责任,这是为了体现法律对教唆、帮助行为的否定性评价,以达到预防和制止此类行为的目的。该无民事行为能力人、限制民事行为能力人的监护人未尽到监护职责的,应当承担相应的责任,但责任主体实际支付的赔偿费用总和不应超出被侵权人应受偿的损失数额,监护人先行支付赔偿费用后,可以就超过自己相应责任的部分向教唆人、帮助人追偿。**上述条款指明当教唆人、帮助人教唆或帮助无民事行为能力人、限制民事行为能力人实施侵权行为时,教唆人、帮助人承担单独责任,无民事行为能力人、限制民事行为能力人不承担责任。这主要是因为无民事行为能力人、限制民事行为能力人尚未具备完全的识别能力和控制能力,被教唆人、帮助人利用成为实现其不法侵害意图的工具,出于保护无民事行为能力人、限制民事行为能力人的目的,免除其侵权责任。无民事行为能力人、限制民事行为能力人的监护人未尽到监护职责的,承担相应的责任。所谓"相应的责任",并非指连带责任或补充责任,而是基于过错的按份责任,即监护人有多少过错,就应在其过错范围内承担多大的责任,需要注意的是,监护人在其过错范围内承担责任并不能减少教唆人和帮助人的侵权责任,理由是如果相应减少教唆人和帮助人的责任,可能变相鼓励教唆和帮助行为。例如,李某教唆14岁的张某将王某打伤,给王某造成5万元的损失,李某作为教唆人要就该5万元的损失承担全部赔偿责任。张某的监护人由于未尽到监护职责,需要在其过错范围内承担1万元的责任。此时,李某仍然需要承担5万元而非4万元的责任,王某可以请求李某支付全部的5万元,如果李某承担了全部的赔偿责任,则王某不可再请求张某的监护人赔偿1万元的损失。相反,如果张某的监护人赔偿王某1万元,则王某可就剩下的4万元向李某求偿。如果张某的监护人先行承担了全部5万元的赔偿责任,则可以就超出其过错范围的4万元向李某追偿。

3. 教唆人、帮助人为限制民事行为能力人或者无民事行为能力人,行为人为完全民事行为能力人时,由行为人单独承担侵权责任,教唆人、帮助人不承担责任。

4. 教唆人、帮助人以及行为人皆为限制民事行为能力人或者无民事行为能力人的,依据《民法典》第1188条的规定,由监护人承担侵权责任。

除《民法典》第1169条以及《民法典侵权责任编解释(一)》之外,《食品安全法》第123条,《反不正当竞争法》第8条、第9条,最高人民法院《关于审理侵害信息网络传播权民事纠纷案件适用法律若干问题的规定》第7条、第8条等法律和司法解释也对比较常见的教唆、帮助侵权行为作出了明文规定。

☞ 2025 考点3　精神损害赔偿的适用范围★★★

1. 侵害生命权、健康权、身体权、姓名权、肖像权、名誉权、荣誉权、人格尊严权、人身自由权,违反社会公共利益、社会公德侵害他人隐私或者其他人格利益。根据最高人民法院《关于审理人身损害赔偿案件适用法律若干问题的解释》(以下简称《人身损害赔偿解释》)第1条第1、2款的规定,因生命、身体、健康遭受侵害,赔偿权利人起诉请求赔偿义务人赔偿物质损害和精神损害的,人民法院应予受理。"赔偿权利人"是指因侵权行为或者其他致害原因直接遭受人身损害的受害人以及死亡受害人的近亲属。因此,因侵权行为或者其他致害原因直接遭受人身损害的受害人以及死亡受害人的近亲属有权请求精神损害赔偿。通说认为,死亡受害人的近亲属的精神损害赔偿请求权是其因亲人离世遭受的精神痛苦而应当享有的权利，而不是依赖于被侵权人权利受侵害而继承的一种损害赔偿请求权。

2. 侵害监护权。非法使被监护人脱离监护，导致父母子女关系或者其他近亲属关系遭受严重损害的，监护人可以向加害人请求精神损害赔偿。《民法典侵权责任编解释(一)》第 2 条又进一步明确了非法使被监护人脱离监护给监护人造成严重精神损害的认定问题。根据《民法典》第 1165 条第 1 款、第 1183 条第 1 款以及前述司法解释的规定，行为人以非法手段使被监护人脱离监护关系造成监护人精神损害的构成要件为：第一，存在以非法手段使监护人脱离监护的加害行为；第二，该加害行为导致父母子女或者其他近亲属关系受到严重损害，即严重精神损害；第三行为人存在过错。

另外，当行为人以非法手段使被监护人脱离监护，被监护人又在此期间死亡，由于此种情形既侵害了被监护人的生命权、健康权和身体权，又侵犯了监护人的监护权和监护关系，故根据《民法典侵权责任编解释(一)》第 3 条的规定，非法使被监护人脱离监护，被监护人在脱离监护期间死亡，作为近亲属的监护人既请求赔偿人身损害，又请求赔偿监护关系受侵害产生的损失的，人民法院依法予以支持。

3. 侵害死者的人格利益。自然人死亡后，侵权人以侮辱、诽谤、贬损、丑化或者违反社会公共利益、社会公德的其他方式侵害死者姓名、肖像、名誉、荣誉，以非法披露、利用或者违反社会公共利益、社会公德的其他方式侵害死者隐私，以非法利用、损害或者违反社会公共利益、社会公德的其他方式侵害遗体、遗骨等，导致死者近亲属遭受精神痛苦。根据《民法典》第 994 条的规定，死者的姓名、肖像、名誉、荣誉、隐私、遗体等受到侵害的，其配偶、子女、父母有权依法请求行为人承担民事责任；死者没有配偶、子女且父母已经死亡的，其他近亲属有权依法请求行为人承担民事责任。

4. 侵害特定物。具有人格象征意义的特定纪念物品，因故意或重大过失的侵权行为而永久性灭失或者毁损。所谓自然人具有人身意义的特定物，是指自然人的人身利益与特定物之间紧密结合，该物遭受毁损或灭失给自然人在生理上或心理上带来严重的痛苦。特定的物属于自然人，而不是法人或者非法人组织。该特定物具有唯一性、不可替代性，具有重大的感情价值或特定纪念意义。例如，已逝的父母跟子女唯一的合照。

依据最高人民法院《关于确定民事侵权精神损害赔偿责任若干问题的解释》(以下简称《精神损害赔偿解释》)第 5 条的规定，精神损害赔偿的数额，应当根据侵权人的过错程度，侵害行为的目的、方式、场合等具体情节，侵权行为所造成的后果，侵权人的获利情况，侵权人承担责任的经济能力，以及受诉法院所在地平均生活水平进行综合考量后确定。根据《人身损害赔偿解释》第 20 条的相关规定，精神损害抚慰金应当一次性给付。根据最高人民法院《关于审理道路交通事故损害赔偿案件适用法律若干问题的解释》第 13 条第 2 款的规定，被侵权人或者其近亲属请求承保交强险的保险公司优先赔偿精神损害的，人民法院应予支持。另外，依据最高人民法院《关于适用〈中华人民共和国民法典〉合同编通则若干问题的解释》(以下简称《合同编通则解释》)第 57 条的规定，对于包括精神损害赔偿在内的因侵害人身权益而产生的侵权之债，侵权人不得主张债务抵销。

☞ 2025 考点 4　离婚协议中的财产分割★★★

离婚协议中的财产分割条款可能对夫妻一方并不合理，导致夫妻一方分得的夫妻共同财产较少，从而减少夫妻一方个人债务的责任财产范围。因此，根据司法解释的规定，夫妻一方个人债务的债权人有证据证明离婚协议中财产分割条款影响其债权实现，请求参照适用《民法典》第 538 条或者第539条规定撤销相关条款的，人民法院应当综合考虑夫妻共同财产整体分割及履行情况、子女抚养费负担、离婚过错等因素，依法予以支持。由于离婚协议不同于等价有偿的交易关系，考虑到债务清偿、子女抚养等其他事项，夫妻双方很少在离婚协议中平均分割夫妻共同财产。因此，在债权人针对离婚协议中财产分割条款主张撤销权时，基于离婚协议的特殊性，人民法院应当严格认定无偿处分和不合理价格要件，债务人及其配偶的财产分配必须达到不合理的程度。即使夫妻一方取得的夫妻共同财产不足全部夫妻共同财产的一半，债权人也不能直接以此为由行使撤销权。参照适用债权人撤销权规则时，以债权人在夫妻一方离婚之前取得债权为前提，且债权人为夫妻一方个人债务的债权人。夫妻双方离婚的，仍然作为连带债务人对夫妻共同债务的债权人负责。因此，夫妻双方内部如何分割夫妻共同财产，不影响夫妻共同债务的债权人就全部夫妻共同财产受偿，故夫妻共同债务的债权人没有必要针对离婚协议中财产分割条款行使债权人撤销权。夫妻一方个人债务的债权人原则上能够以夫妻一方个人财产和一半夫妻共同财产受偿，因此，夫妻一方因离婚协议中财产分割条款导致分得的夫妻共同财产较少的，可能影响个人债务的债权人之债权实现，从而债权人有行使撤销权保全债权的必要。

离婚案件中涉及分割夫妻双方以共同财产投资有限责任公司取得的股权，夫妻双方均登记为股东但对相应股权的归属没有约定或者约定不明确的，一方在离婚时请求按照股东名册或者公司章程记载的各自出资额确定股权分割比例的，人民法院不予支持；对当事人分割夫妻共同财产的请求，人民法院依照《民法典》第1087条规定处理。因此，夫妻双方均登记为有限责任公司的股东时，应当区分内部关系和外部关系。在夫妻关系内部，以夫妻共同财产出资取得并登记在夫妻双方各自名下的股权，属于夫妻共同财产。在夫妻双方离婚时，不能直接按照对外公示的登记信息，确定夫妻双方各自的股权。在夫妻关系外部，即涉及夫妻双方与公司关系时，夫妻双方按照登记的持股比例各自行使股权。

夫妻双方结婚前，父母为双方购置房屋出资的，该出资应当认定为对自己子女个人的赠与，但父母明确表示赠与双方的除外。在当事人的婚姻关系存续期间，父母为双方购置房屋出资的，依照约定处理；没有约定或者约定不明确的，按照《民法典》第1062条第1款第4项规定的原则处理，从而出资属于夫妻共同财产。婚姻关系存续期间，夫妻购置房屋由一方父母全额出资的，如果赠与合同明确约定只赠与自己子女一方的，应当按照约定处理。没有约定或者约定不明确的，出资和由此取得的房屋均属于夫妻共同财产。在这种情形，夫妻双方离婚分割夫妻共同财产时，不论房屋是否登记在出资人子女一方名下，人民法院可以判决该房屋归出资人子女一方所有，并综合考虑共同生活及孕育共同子女情况、离婚过错、对家庭的贡献大小以及离婚时房屋市场价格等因素，确定是否由获得房屋一方对另一方予以补偿以及补偿的具体数额。与此相对，婚姻关系存续期间，夫妻购置房屋由一方父母部分出资或者双方父母出资，如果赠与合同明确约定相应出资只赠与自己子女一方的，按照约定处理。没有约定或者约定不明确的，出资和由此取得的房屋均属于夫妻共同财产。在这种情形，夫妻双方离婚分割夫妻共同财产时，人民法院可以根据当事人诉讼请求，以出资来源及比例为基础，综合考虑共同生活及孕育共同子女情况、离婚过错、对家庭的贡献大小以及离婚时房屋市场价格等因素，判决房屋归其中一方所有，并由获得房屋一方对另一方予以合理补偿。

婚前或者婚姻关系存续期间，当事人约定将一方所有的房屋转移登记至另一方或者双方名下，离婚诉讼时房屋所有权尚未转移登记，双方对房屋归属或者分割有争议且协商不成的，人民法院可以根据当事人诉讼请求，结合给予目的，综合考虑婚姻关系存续时间、共同生活及孕育共同子女情况、离婚过错、对家庭的贡献大小以及离婚时房屋市场价格等因素，判决房屋归其中一方所有，并确定是否由获得房屋一方对另一方予以补偿以及补偿的具体数额。婚前或者婚姻关系存续期间，一方将其所有的房屋转移登记至另一方或者双方名下，离婚诉讼中，双方对房屋归属或者分割有争议且协商不成的，如果婚姻关系存续时间较短且给予方无重大过错，人民法院可以根据当事人诉讼请求，判决该房屋归给予方所有，并结合给予目的，综合考虑共同生活及孕育共同子女情况、离婚过错、对家庭的贡献大小以及离婚时房屋市场价格等因素，确定是否由获得房屋一方对另一方予以补偿以及补偿的具体数额。给予方有证据证明另一方存在欺诈、胁迫、严重侵害给予方或者其近亲属合法权益、对给予方有扶养义务而不履行等情形，请求撤销房产给予行为的，人民法院依法予以支持。

父母双方在离婚协议中约定将部分或者全部夫妻共同财产给予子女，离婚后，一方在财产权利转移之前请求撤销该约定的，人民法院不予支持，但另一方同意的除外。这表明，父母双方一致同意的，可以撤销离婚协议中给予子女财产的约定。原则上，父母在离婚协议中达成的给予子女财产约定，以父母双方为当事人，对父母双方具有拘束力。因此，一方不履行离婚协议约定给予子女财产的义务的，另一方可以请求其承担继续履行或者因无法履行而赔偿损失等民事责任的。但是，双方在离婚协议中明确约定子女可以就相关财产直接主张权利的，离婚协议中的给予子女财产约定具有真正利益第三人合同的性质。因此，如果一方不履行离婚协议约定的给予子女财产的义务，子女可以参照适用《民法典》第522条第2款规定，请求该方承担继续履行或者因无法履行而赔偿损失等民事责任。此外，离婚协议约定将部分或者全部夫妻共同财产给予子女，离婚后，一方有证据证明签订离婚协议时存在欺诈、胁迫等情形，如男方将财产给予子女后、发现子女与自己不存在血缘关系，可以请求人民法院撤销该约定；当事人同时请求分割该部分夫妻共同财产的，人民法院依照《民法典》第1087条规定处理。

☞ 2025 考点5　离婚经济补偿★★★

根据《民法典》第1088条的规定，夫妻一方因抚育子女、照料老年人、协助另一方工作等负担较多义务的，离婚时有权向另一方请求补偿，另一方应当给予补偿。这一补偿请求权被称为离婚经济补偿或者家务劳动补偿，体现的是权利义务相一致的原则。

离婚经济补偿是对劳务的补偿，以夫妻双方在劳务付出上存在差异为前提，即一方负担较多义务。也就是说，一方从事抚育子女、照料老年人等家务劳动比对方多，或一方对另一方工作的协助比自己在工作方面从对方得到的协助多。

离婚经济补偿请求权的成立，不受夫妻采纳何种夫妻财产制的影响。无论夫妻双方是否书面约定婚姻关系存续期间所得的财产归各自所有，负担较多义务的夫妻一方，均可在离婚时向另一方请求补偿。也就是说，无论夫妻双方在婚姻关系存续期间采取的是共同财产制还是分别财产制，夫妻一方只要相较于另一方对家庭负担了较多的义务，就有权在离婚时请求经济补偿。

离婚经济补偿的具体办法，由夫妻双方协议；夫妻协议不成的，由人民法院综合考虑夫妻一方负担相应义务投入的时间、精力和对双方的影响以及给付方负担能力、当地居民人均可支配收入等因素，确定补偿数额。

☞ 2025 考点6　离婚经济帮助★★★

根据《民法典》第1090条的规定，离婚时，如果夫妻一方生活困难，有负担能力的另一方应当给予适当帮助。经济帮助的具体办法由夫妻双方协议；夫妻双方协议不成的，由人民法院判决。这是关于离婚经济帮助的规定。

离婚经济帮助，是婚姻关系解除的法律后果，不是扶养义务的延伸。离婚经济帮助既不以需要帮助的一方付出较多的义务为前提，也不考虑需要帮助的一方是否有过错。离婚经济帮助以“一方生活困难”和另一方有负担能力为前提。所谓“一方生活困难”，是指一方仅依靠分得的夫妻共同财产和个人财产仍不能维持合理生活水平。一方离婚后没有住处的，也属于生活困难。陷入生活困难的原因通常是夫妻一方存在年老、残疾、重病等情形。因此，离婚经济帮助的对象主要是不仅没有生活来源，同时因为年老、重病、残疾等丧失了劳动能力的群体。另一方生活困难的判断时点为离婚时。离婚经济帮助的前提是一方具有负担能力，即在满足自己的合理生活需要后仍有剩余。也就是说，一方应当在提供经济帮助后能够以个人财产维持其一定的生活水平、满足其正常的生活需求。

离婚时，经济帮助的形式由双方协商。有负担能力的另一方既可以给付金钱的方式提供帮助，也可以个人财产中的住房提供帮助。以个人财产中的住房对生活困难者进行帮助的形式，可以是房屋的居住权。双方无法达成一致的，人民法院应当根据个案具体情况，参考双方的财产状况、经济能力、婚姻期间的生活水平、子女抚养等因素，合理确定经济帮助的标准和方式。如果接受帮助的一方恢复了经济能力并足以维持合理生活水平，或者已经再婚或与他人同居生活，经济帮助应予终止。

☞ 2025 考点7　婚内财产分割请求权★★★★

夫妻共同财产属于夫妻共同共有的财产。在婚姻关系存续期间，对于共同共有的财产，夫妻双方原则上不得请求分割，但具有重大理由的除外。

为了避免夫妻双方或一方在婚姻关系存续期间随意请求分割共同财产，损害家庭关系稳定及影响夫妻共有财产保障功能的实现，根据《民法典》第 1066 条的规定，请求分割夫妻共同财产的法定理由限于下列两种情形：

(1) **一方实施了严重损害夫妻共同财产利益的行为，如隐藏、转移、变卖、毁损、挥霍夫妻共同财产或者伪造夫妻共同债务。**夫妻一方实施上述行为的，往往具有主观故意，实现侵占夫妻共同财产或损害夫妻共同财产利益的目的。夫妻一方为重婚、与他人同居以及其他违反夫妻忠实义务等目的，将夫妻共同财产赠与他人或者以明显不合理的价格处分夫妻共同财产，属于转移、变卖夫妻共同财产行为。另一方不仅可以主张该民事法律行为违背公序良俗无效，还可以依据《民法典》第 1066 条请求在婚姻关系存续期间分割夫妻共同财产。夫妻一方因过失毁损夫妻共同财产的，另一方不享有婚内财产分割请求权。不仅如此，上述行为必须达到严重损害夫妻共同财产利益的程度。判断“严重损害”的程度，需要考虑行为的性质、所涉夫妻共同财产的价值、造成损失的大小等因素。因此，隐藏少量私房钱不在此列。不过，夫妻一方未经另一方同意，在网络直播平台用夫妻共同财产打赏，数额明显超出其家庭一般消费水平，严重损害夫妻共同财产利益的，可以认定为《民法典》第 1066 条规定的“挥霍”。但是，夫妻双方不得利用婚内财产分割请求权逃避债务、损害债权人利益。

(2) **一方负有法定扶养义务的人患重大疾病需要医治，另一方不同意支付相关医疗费用。**夫妻一方负有法定扶养义务的人，依据《民法典》第 26 条、第 1074 条和第 1075 条确定。具体来说，夫妻一方负担的法定扶养义务包括：作为父母对未成年子女和不能独立生活的成年子女的抚养义务，包括对非婚生子女、对前一段婚姻所生子女的抚养义务；作为子女对父母的赡养义务；作为祖父母、外祖父母对于父母已经死亡或者父母无力抚养的未成年孙子女、外孙子女负担的抚养义务；作为孙子女、外孙子女对子女已经死亡或者子女无力赡养的祖父母、外祖父母负有的赡养义务；作为兄、姐对父母已经死亡或者父母无力抚养的未成年弟、妹负有的扶养义务；作为由兄、姐扶养长大的弟、妹对缺乏劳动能力又缺乏生活来源的兄、姐负有的扶养义务。夫妻一方负有法定扶养义务的人所患疾病是否重大，应当按照医学标准判断。一般认为，某些需要长期治疗、花费较高的疾病，或者直接涉及生命安全的疾病属于重大疾病。相关医疗费用主要是指为治疗疾病需要支出的必要、合理费用，不包括营养费、护理费等费用。需要注意的是，夫妻一方本人患重大疾病需要医治的，另一方不同意支付相关医疗费用，属于扶养义务的不履行，患重大疾病的夫妻一方无须请求人民法院婚内分割夫妻共同财产。

夫妻一方向人民法院请求婚内分割夫妻共同财产的，应当对上述法定事由负举证责任。

☞ 2024 考点1　民事法律行为的生效★★★

所谓民事法律行为的生效，是指已经成立的民事法律行为因符合法定的生效要件，从而能产生法律上的约束力。《民法典》第136条第1款规定："民事法律行为自成立时生效，但是法律另有规定或者当事人另有约定的除外。"该条对民事法律行为的生效规则作出了规定，此处所说的法律拘束力，首先，是指私法上的效力，而不应当包括民事法律行为生效以后所可能引起的公法上的效果。其次，是指民事法律行为发生了行为人所意欲发生的法律效果，这种效果因民事法律行为形态的不同而有异。就单方法律行为而言，在大多数情况下，主要是对表意人产生法律拘束力。当然，在某些情况下，单方行为也可能对其他人产生法律拘束力，例如，遗嘱行为可能会对继承人产生效力。就双方法律行为而言，一旦合意达成，就对双方当事人产生了拘束力，即双方必须依据合同的规定享有权利、履行义务、承担违约责任。

民事法律行为一旦依法成立，就具有法律拘束力，因而成立是生效的前提。如果民事法律行为尚未成立，则不存在有效或者无效的问题。但民事法律行为的成立与生效仍然存在区别：一方面，民事法律行为的成立是认定民事法律行为效力的前提条件，如果民事法律行为成立以后，存在效力瑕疵，也可能无法产生当事人追求的法律效果，因此，已经成立的民事法律行为并非当然能够生效。另一方面，民事法律行为成立主要是一个事实认定问题，即认定当事人之间是否存在民事法律行为，而民事法律行为的生效则是价值判断问题，即在法律上判断民事法律行为能否产生当事人意欲追求的法律效果。民事法律行为的成立主要体现的是当事人的意志，而民事法律行为的生效体现的则是国家意志，其反映的是国家对民事法律行为效力的干预。

民事法律行为的效力可以分为对内效力和对外效力。所谓对内效力，是指民事法律行为对当事人产生的法律拘束力。《民法典》第136条第2款规定："行为人非依法律规定或者未经对方同意，不得擅自变更或者解除民事法律行为。"例如，当事人在订立合同后，即应当受到合同的严格拘束，必须严格履行合同，否则应当承担违约责任。所谓对外效力，是指民事法律行为对当事人以外的人产生的法律拘束力。例如，合同一旦生效，也可能会对合同当事人以外的第三人产生效力，其主要表现在利益第三人合同、债权保全制度、租赁权物权化、债权不可侵害性等方面。

民事法律行为能够产生法律拘束力，从表面上看是当事人的意思自治的结果，或者说是当事人自愿选择的结果；但从实质上看，民事法律行为的法律约束力或民事法律行为的效力，不仅源于当事人的意志，而且源于法律的赋予。也就是说，由于当事人的意志符合国家的意志和社会利益，因而国家赋予当事人的意志以拘束力，并且使当事人实施的民事法律行为能够产生其预期的效果。

☞ 2024 考点2　虚假的民事法律行为★★★★

《民法典》第146条第1款规定："行为人与相对人以虚假的意思表示实施的民事法律行为无效。"该条规定了虚假的民事法律行为的无效。所谓虚假的民事法律行为，是指行为人与相对人共同实施了虚假的民事法律行为，也称为通谋虚伪表示。例如，为逃避债务而虚假赠与财产、虚构建筑物施工合同中的债权以达到行使法定优先权的目的，等等。之所以在法律上要宣告此类行为无效，一方面，是因为此类行为并非当事人的真实意思表示，违反了诚信原则。另一方面，是因为此类行为可能规避了法律的规定，从而违反了某种法律秩序。例如，限购是政府为维护社会经济秩序而实施的一种调控措施，如果随意被虚假的民事法律行为规避，就会损害社会经济秩序，且此类规避行为如不及时宣告无效，将可能诱发连锁效应，极不利于交易安全和交易秩序的维护。双方实施的虚假民事法律行为应当依法被认定为无效。但被隐藏的民事法律行为则应当依据具体情形判断其效力。例如，当事人订立了多份合同，但登记备案的是一份合同，实际履行的是另一份合同，此时就要根据实际履行情况判断当事人的真意。如果当事人为规避法律、行政法规的强制性规定，以虚假的意思表示隐藏真实的意思表示，由于被隐藏的民事法律行为违反了法律、行政法规的强制性规定，此时应依据《民法典》第 153 条第 1 款的规定认定该民事法律行为无效；如果当事人实施隐藏行为旨在规避法律、行政法规规定的批准等手续，则应当依据未生效合同的规则认定该行为的效力。

☞ 2024 考点 3　违反强制性规范及违背公序良俗的行为★★★

1. 违反强制性规范的民事法律行为。《民法典》第 153 条第 1 款规定："违反法律、行政法规的强制性规定的民事法律行为无效。但是，该强制性规定不导致该民事法律行为无效的除外。"依据该规定，因违法而无效的民事法律行为，必须具备如下条件：

第一，必须违反了法律或行政法规。如前所述，违法性的概念比较宽泛，不仅包括违反法律、行政法规，还包括违反其他规范性法律文件。但是，从民事法律行为的角度来看，违法性的判断应当受到限制，这有利于维护交易安全。对此，《民法典》将其限定为法律和行政法规。具体而言，前者是指全国人大及其常委会制定的法律，后者是指国务院制定的行政法规。只有违反了法律、行政法规的规定，才有可能导致合同的无效。需要指出的是，此处所说的违反主要是内容上违反，如果民事法律行为内容并未违反法律、行政法规的强制性规定，但履行行为违反了法律、行政法规的强制性规定，则并不当然认定该民事法律行为无效。

第二，必须是违反了法律和行政法规的强制性规定。法律规范大体可分为两种，即任意性规范和强行性规范。所谓任意性规范，是指当事人可以通过其约定排除其适用的规范。也就是说，任意性规范赋予了当事人一定的意思自治，允许当事人在法律规定的范围内自由作出约定，对任意性规范由当事人通过约定加以排除是合法的。如果民事法律行为违反了法律和行政法规的强制性规定，则民事法律行为无效。据此，除法律、行政法规的强制性规定外，规章、地方性法规等规范性文件不能直接作为认定民事法律行为无效的依据。

虽然民事法律行为违反了法律、行政法规的强制性规定，但如果行为人承担行政责任或者刑事责任能够实现强制性规定的立法目的的，则不必宣告民事法律行为无效，这就要求在判断民事法律行为的效力时，首先要考量相关条款的立法目的，尤其是考虑该强制性规定所要保护的法益；其次要考量通过承担行政责任或者刑事责任能否实现强制性规定的立法目的。

依据相关司法解释的规定，在认定违反法律强制性规定的民事法律行为的效力时，还应当注意如下几点：一是强制性规定虽然旨在维护社会公共秩序，但是民事法律行为的生效对社会公共秩序造成的影响显著轻微，认定其无效将导致案件处理结果有失公平公正，此时可以认定该民事法律行为不因违反强制性规定而无效。二是强制性规定旨在维护政府的税收、土地出让金等国家利益或者其他民事主体的合法利益，而不是为了维护民事法律行为当事人的民事权益，在这种情形下，如果认定民事法律行为有效有利于维护政府的税收、土地出让金等利益，就不应当认定民事法律行为无效。三是强制性规定旨在要求当事人一方加强风险控制、内部管理等，对方无能力或者无义务审查民事法律行为是否违反强制性规定，认定民事法律行为无效将使其承担不利后果，此时就不应仅因民事法律行为违反此类强制性规定而认定其无效。四是当事人一方虽然在民事法律行为成立时违反强制性规定，但是在民事法律行为成立后其已经具备补正违反强制性规定的条件却违背诚信原则不予补正。在此情形下，也不宜否定民事法律行为的效力，否则可能鼓励当事人实施违背诚信原则的行为。五是法律、司法解释规定的其他情形。例如，依据《民法典》第706条的规定，当事人订立房屋租赁合同后，未依法办理备案登记，该行为也不应影响房屋租赁合同的效力。

2. 违背公序良俗的民事法律行为。《民法典》第153条第2款规定："违背公序良俗的民事法律行为无效。"违背公序良俗的民事法律行为包括两类行为：

第一，违背公共秩序的民事法律行为。对公共秩序的维护，在法律上大都有明确的规定，危害公共秩序的行为通常也就是违反法律、行政法规的强制性规定的行为。但有时，法律规定并不可能全部涵盖，因此，《民法典》第153条第2款可以发挥兜底性的作用。只要民事法律行为危害了公共秩序，即使没有现行的法律规定，也应当被宣告无效。**此类行为主要包括：一是民事法律行为影响政治安全、经济安全、军事安全等国家安全；二是民事法律行为影响社会稳定、公平竞争秩序或者损害社会公共利益等违背社会公共秩序；三是民事法律行为背离社会公德、家庭伦理或者有损人格尊严等违背善良风俗的。第二，违背善良风俗的民事法律行为。善良风俗，也称为社会公共道德，它是指由社会全体成员所普遍认许、遵循的道德准则。违背善良风俗的民事法律行为也属于无效民事法律行为。例如，双方离婚后约定禁止一方当事人生育，约定断绝亲子关系，夫妻在离婚时约定禁止任何一方在离婚后再婚等。又如，在雇佣合同中规定不准雇员外出，或规定离开商场、工作场地，需要搜身等，这些规定显然违反了公序良俗。此类行为主要包括：一是违反社会公德。公序良俗通常是指公共道德，但我们对《民法典》第153条第2款中的公序良俗不应当作出过于宽泛的解释，并非所有违背道德的民事法律行为都是无效的，只有违反社会公德较为严重时，才有必要否定其效力。二是违背家庭伦理。家庭伦理是构建和谐稳定家庭秩序的基础，也是社会公共秩序的重要根基。违背婚姻家庭伦理主要表现为违反婚姻伦理、违反家庭伦理、妨害婚姻自由以及违反有关收养关系的民事法律行为。三是有损人格尊严。我国《民法典》秉持以人民为中心的理念，在价值理念上不仅确立了保护弱势群体、维护个人人格尊严等人文关怀的理念，而且当人文关怀理念与私法自治价值发生冲突时，优先保护生命健康，优先维护人身自由、人格尊严。**

鉴于公序良俗乃是不确定概念，赋予了法官过大的自由裁量权，为了避免该条款被滥用，在认定民事法律行为是否违背公序良俗时，应当考虑如下因素：一是社会主义核心价值观。二是当事人的主观动机和交易目的、政府部门的监管强度、一定期限内当事人从事类似交易的频次、行为的社会后果等。三是当事人是否确因生活需要进行交易，如果民事法律行为并未给社会公共秩序造成重大影响，且不影响国家安全，也不违背善良风俗的，则不应当认定民事法律行为无效。

☞ 2024 考点4　效力未定民事法律行为的类型★★★★

1. 限制民事行为能力人实施的行为。限制民事行为能力人从事的依法不能独立实施的民事法律行为，在性质上属于效力未定的民事法律行为。《民法典》第145条第1款规定，限制民事行为能力人"实施的其他民事法律行为经法定代理人同意或者追认后有效"。据此可见，《民法典》将此类行为规定为效力未定的民事法律行为，必须要经限制民事行为能力人的法定代理人同意或者追认后才能生效。

2. 欠缺代理权的代理行为。无代理权人因无权代理而从事的民事法律行为，在效力上也属于效力未定的民事法律行为。《民法典》第 171 条第 1 款规定："行为人没有代理权、超越代理权或者代理权终止后，仍然实施代理行为，未经被代理人追认的，对被代理人不发生效力。"因此，无权代理行为也是效力未定的民事法律行为。只有经过被代理人的追认，该民事行为才能对被代理人生效。当然，无权代理行为如构成表见代理，则代理行为有效。

3. 职务代理人超越代理权限且相对人未尽到合理审查义务所成立的民事法律行为。在职务代理人越权代理的情形下，《合同编通则解释》第 21 条第 1 款规定："法人、非法人组织的工作人员就超越其职权范围的事项以法人、非法人组织的名义订立合同，相对人主张该合同对法人、非法人组织发生效力并由其承担违约责任的，人民法院不予支持。"因此，职务代理人越权实施的民事法律行为对法人、非法人组织原则上不产生效力。但依据《合同编通则解释》第 21 条第 1 款的规定，如果该行为构成表见代理，则应当对法人、非法人组织产生效力。在职务代理的情形下，法人或者非法人组织内部对执行一定职务的人员的职权范围限制，不得对抗善意第三人。而在判断善意的过程中，必须要求相对人对职务代理人是否超越其职权范围尽到合理审查义务，如果已经尽到合理审查义务，构成表见代理。如果相对人未尽到合理审查义务，则其不得否认合同的效力，此时，代理人所实施的民事法律行为即属于效力待定的行为，如果被代理人追认，则该民事法律行为有效，如果拒绝追认，则该民事法律行为无效。此外，由于职务代理人实施的越权代理行为可能给法人、非法人组织造成一定的损失，依据《合同编通则解释》第 21 条第 4 款的规定，法人和非法人组织已经承担了民事责任后，其有权对有故意或者重大过失的职务代理人追偿。

4. 法定代表人越权代表且相对人未尽合理审查义务所实施的民事法律行为。所谓越权代表，是指法定代表人超越代表权限实施的代表行为。在越权代表的情形下，如果相对人为善意，则依据《民法典》第 504 条的规定，当事人之间的民事法律行为应当有效，而且应当由法人、非法人组织承担相应的法律效果。相对人善意的判断标准是相对人是否尽到合理审查义务。而在相对人未尽到合理审查义务的情形下，相对人构成恶意，该民事法律行为对被代表的法人不产生效力，相对人也无权对被代表的法人主张承担违约责任。当然，即便构成越权代表且相对人具有恶意，但如果被代表的法人愿意接受民事法律行为的拘束，按照私法自治原则，法律也不必干预，因此，法定代表人越权代表所实施的民事法律行为在性质上属于效力待定的民事法律行为，其效力取决于被代表的法人是否追认该民事法律行为。如果法人追认该民事法律行为，则该民事法律行为对法人发生效力，法人应当承担法定代表人行为的法律效果。如果拒绝追认，则民事法律行为对其不发生效力。

5. 法定代表人、负责人或者代理人与相对人恶意串通行为。法定代表人、负责人或者代理人与相对人恶意串通行为，是指法人、非法人组织的法定代表人、负责人或者代理人在以法人、非法人组织的名义实施民事法律行为时，与相对人恶意串通，损害法人、非法人组织的权益。法定代表人、负责人或者代理人与相对人恶意串通行为与《民法典》第 154 条所规定的行为人恶意串通损害他人的民事法律行为不同，《民法典》第 154 条规定的是恶意串通损害他人的合法权益，而法定代表人、负责人或者代理人与相对人恶意串通行为损害的法人、非法人组织的利益。同时，《民法典》第 154 条规定的恶意串通是法律行为当事人的恶意串通，而法定代表人、负责人或者代理人与相对人恶意串通行为并非法人、非法人组织与相对人的恶意串通，而是法定代表人等与相对人恶意串通。关于法定代表人、负责人或者代理人与相对人恶意串通行为的效力，《合同编通则解释》第 23 条第 1 款规定："法定代表人、负责人或者代理人与相对人恶意串通，以法人、非法人组织的名义订立合同，损害法人、非法人组织的合法权益，法人、非法人组织主张不承担民事责任的，人民法院应予支持。法人、非法人组织请求法定代表人、负责人或者代理人与相对人对因此受到的损失承担连带赔偿责任的，人民法院应予支持。”从该规定来看，其实际上采纳了效力待定说，此种恶意串通行为的效力取决于法人、非法人组织是否追认，如果追认，则该行为有效；如果拒绝追认，则该行为对法人、非法人组织不产生效力。当然，依据《合同编通则解释》第23条第1款的规定，如果恶意串通行为给法人、非法人组织造成了损失，法人、非法人组织均有权请求法定代表人、负责人或者代理人与相对人承担连带责任。

☞ 2024 考点5　未生效的民事法律行为★★★★★

1. 未生效民事法律行为的概念。所谓未生效民事法律行为，是指法律规定了民事法律行为生效应当满足特别的批准要件，在这些要件未被满足时民事法律行为的状态。未生效民事法律行为的典型形态是依据法律、行政法规的规定应当办理批准才能生效，而当事人并未办理批准手续的合同。可见，未生效的民事法律行为是与法律法规明确规定的审批义务联系在一起的。《民法典》第502条第2款规定：“依照法律、行政法规的规定，合同应当办理批准等手续的，依照其规定。未办理批准等手续影响合同生效的，不影响合同中履行报批等义务条款以及相关条款的效力。应当办理申请批准等手续的当事人未履行义务的，对方可以请求其承担违反该义务的责任。”该条对未生效合同的效力作出了规定。对于法律、行政法规规定应当办理批准等手续生效的，如果当事人没有办理批准手续，该民事法律行为虽然已经成立，但并不产生效力，在此情形下，民事法律行为的成立和生效是相互分离的。《合同编通则解释》第12条第3款规定：“合同获得批准前，当事人一方起诉请求对方履行合同约定的主要义务，经释明后拒绝变更诉讼请求的，人民法院应当判决驳回其诉讼请求，但是不影响其另行提起诉讼。”依据该规定，在合同获得批准前，合同虽然已经成立，但整个合同尚未生效，所以一方当事人不得主张对方履行合同主要义务。对未生效的民事法律行为而言，民事法律行为未生效不影响报批义务条款的效力。《民法典》第502条第2款规定，未办理批准等手续影响合同生效的，不影响合同中履行报批等义务条款以及相关条款的效力。应当办理申请批准等手续的当事人未履行义务的，对方可以请求其承担违反该义务的责任。可见，报批义务条款具有独立性，《合同编通则解释》第12条第1款规定：“合同依法成立后，负有报批义务的当事人不履行报批义务或者履行报批义务不符合合同的约定或者法律、行政法规的规定，对方请求其继续履行报批义务的，人民法院应予支持。”依据该规定，报批义务条款具有独立性，当事人违反报批义务条款，应当承担违约责任。

2. 违反未生效民事法律行为的责任。违反未生效民事法律行为，应当区分为违反整个未生效民事法律行为与违反报批义务条款两种情形，二者存在一定的区别。《民法典》第502条第2款规定：“应当办理申请批准等手续的当事人未履行义务的，对方可以请求其承担违反该义务的责任。”该条对当事人违反报批义务的责任作出了规定，但对该责任的性质究竟是缔约过失还是违约责任，并未作明确规定。《合同编通则解释》第12条对此作出了规定。

（1）判决一方履行报批义务前的责任。《合同编通则解释》第12条第1款规定：“合同依法成立后，负有报批义务的当事人不履行报批义务或者履行报批义务不符合合同的约定或者法律、行政法规的规定，对方请求其继续履行报批义务的，人民法院应予支持；对方主张解除合同并请求其承担违反报批义务的赔偿责任的，人民法院应予支持。”依据该规定，当事人违反报批义务的，对方当事人有权依法主张违约责任，此种责任主要包括如下两种：一是继续履行责任，即当事人可以请求负有报批义务的一方继续履行报批义务。二是赔偿责任。负有报批义务的一方拒绝报批的，则可能产生赔偿对方所遭受的损失的责任，但由于合同未生效，此种责任性质上仍然是缔约过失责任。此外，依据《合同编通则解释》的上述规定，如果负有报批义务的当事人不履行报批义务或者履行报批义务不符合约定或者法律规定，则对方当事人有权解除合同并请求赔偿损失。

(2)判决一方履行报批义务后的责任。《合同编通则解释》第12条第2款规定："人民法院判决当事人一方履行报批义务后，其仍不履行，对方主张解除合同并参照违反合同的违约责任请求其承担赔偿责任的，人民法院应予支持。"依据该规定，如果在法院判决当事人一方履行报批义务后，其仍不履行的，则对方当事人有权主张解除整个合同，并主张参照违约责任条款请求其承担赔偿责任。此处的解除是一种法定解除权，只要符合本条规定的条件，当事人即可主张解除合同。此处的赔偿责任在性质上应当是违约责任。

(3)不予批准应当承担迟延报批的责任。虽然当事人履行了报批义务，但由于不符合批准的条件等原因，导致合同未获批准的，将导致合同确定不生效。依据《合同编通则解释》第12条第4款的规定，在未能获得批准的情形下，负有报批义务的当事人已经办理申请批准等手续或者已经履行生效判决确定的报批义务，如果批准机关决定不予批准，则合同未生效并非可归责于该当事人的原因，负有报批义务的当事人不具有过错，因此，不应当承担损害赔偿责任。如果负有报批义务的当事人不办理或者迟延办理申请批准等手续导致合同未获批准，则合同未生效属于可归责于当事人的原因，负有报批义务的当事人对合同未获得报批具有过错的，其应当承担赔偿责任

☞ 2024 考点6　民事法律行为被确认无效、被撤销或确定不发生效力的后果★★★

1. 民事法律行为不成立、无效、被撤销或者确定不发生效力的具体法律后果。

(1)返还财产。返还财产，是指民事法律行为当事人在民事法律行为被确认无效或被撤销以后，对已交付给对方的财产享有返还请求权，而已经接受财产的当事人则有返还财产的义务。返还财产旨在使财产关系恢复到民事法律行为订立前的状况。所以，不论接受财产的一方是否具有过错，都应当负有返还财产的义务。根据《合同编通则解释》第24条第1款的规定，返还财产既包括标的物占有的返还，也包括不动产登记簿册的更正等。这就是说，对动产而言，返还财产指的是返还该动产的占有，而对不动产而言，返还财产除返还该不动产的占有外，还应当包括更正不动产登记簿，从而使当事人的利益状态恢复到订约前的状态。相互返还财产实际上在当事人之间成立了债的关系，双方互负债务，各自的给付构成对待给付。一方面，因为双方形成了对待给付的义务，应当适用同时履行原则。《合同编通则解释》第25条第2款规定："双方互负返还义务，当事人主张同时履行的，人民法院应予支持……"据此，在双方互负返还义务的情形下，一方未作出履行自己的返还义务而要求对方履行时，另一方有权提出抗辩。另一方面，如果符合法定抵销的规则，可以依法予以抵销。对此，《合同编通则解释》第25条第2款规定："占有标的物的一方对标的物存在使用或者依法可以使用的情形，对方请求将其应支付的资金占用费与应收取的标的物使用费相互抵销的，人民法院应予支持，但是法律另有规定的除外。"

(2)折价补偿。所谓折价补偿，是指民事法律行为被宣告无效后，一方当事人基于民事法律行为而取得的对方的财产如果不能返还或者没有必要返还时，可以按照该财产的价值进行折算，以金钱的方式对对方当事人进行补偿的责任形式。《民法典》第157条中规定，"不能返还或者没有必要返还的，应当折价补偿"，这就确定了折价补偿的条件。依据该条规定，折价补偿主要适用于以下两种情形：一是财产不能返还。在财产不能返还或者没有必要返还时，可以按照该财产的价值进行折

算，采取金钱补偿的方式使财产关系恢复原状。二是没有必要返还。所谓没有必要返还，是指返还财产在经济上不具有合理性。例如，返还标的物所需费用过高。在民事法律行为被宣告无效、被撤销或者确定不发生效力后，一方占有对方资金的情形下，除了返还资金外，还应当支付相应的资金占用费。对此，《合同编通则解释》第25条第1款规定："合同不成立、无效、被撤销或者确定不发生效力，有权请求返还价款或者报酬的当事人一方请求对方支付资金占用费的，人民法院应当在当事人请求的范围内按照中国人民银行授权全国银行间同业拆借中心公布的一年期贷款市场报价利率(LPR)计算。但是，占用资金的当事人对于合同不成立、无效、被撤销或者确定不发生效力没有过错的，应当以中国人民银行公布的同期同类存款基准利率计算。"该条确认了当事人的资金占用费请求权，并区分了当事人对合同不成立、无效、被撤销或者确定不发生效力是否有过错，区分确定了相应的资金占用费计算标准。

(3)赔偿损失。民事法律行为被确认无效或被撤销以后，也将产生损害赔偿的责任。依据《合同编通则解释》第24条第2款的规定，合同不成立、无效、被撤销或者确定不发生效力，当事人还请求赔偿损失的，要综合考量如下因素：一是财产增值收益和贬值损失。当事人一方要主张损害赔偿，必须要证明损害的实际存在。因合同被确认无效或被撤销所造成的损失主要是当事人在实施合同过程中所遭受的损失。二是交易成本的支出，即当事人在缔约过程中所支出的相关成本。三是双方当事人的过错程度及原因力大小。四是诚信原则和公平原则。这就是说，赔偿损失的结果应当符合诚信原则和公平原则。

2. 民事法律行为不成立、无效、被撤销或者确定不发生效力情形下的第三人责任。

关于民事法律行为无效、被撤销等情形下的第三人责任，《民法典》第157条并未作出明确规定，《合同编通则解释》第5条规定："第三人实施欺诈、胁迫行为，使当事人在违背真实意思的情况下订立合同，受到损失的当事人请求第三人承担赔偿责任的，人民法院依法予以支持；当事人亦有违背诚信原则的行为的，人民法院应当根据各自的过错确定相应的责任。但是，法律、司法解释对当事人与第三人的民事责任另有规定的，依照其规定。"此外，依据上述规定，如果法律、司法解释对当事人与第三人的民事责任另有规定的，则依照其规定。该规则特别适用于会计师、审计师等专业机构造成他人损害的责任，此种责任在性质上主要是侵权损害赔偿责任，而不是合同无效、被撤销等情形下的责任，因此应当适用特别规定。

3. 民事法律行为不成立、无效、被撤销或者确定不发生效力不影响争议解决条款的效力。

所谓解决争议方法的条款，是指将来一旦发生纠纷，应当通过何种方式来解决纠纷。《民法典》第507条规定："合同不生效、无效、被撤销或者终止的，不影响合同中有关解决争议方法的条款的效力。"这就确立了合同中有关解决争议方法的条款的独立性规则。这些条款主要包括两种情形：一是合同中解决争议方法的条款，如仲裁条款等。二是合同的结算、清理条款。

解决争议方法的条款效力之所以具有独立性，主要是因为，一方面，尊重当事人的私法自治。因为当事人约定了有关解决争议方法的条款，就意味着当事人希望通过适用该条款来解决其发生的争议，应当尊重当事人的私法自治。另一方面，充分发挥解决争议方法的条款作为救济手段和解决纠纷的程序的作用。解决争议方法的条款的独立性原则可以防止当事人拖延纠纷解决程序，使纠纷得到及时、高效的解决。

☞ 2024 考点7　格式条款★★

1. 格式条款的概念。《民法典》第496条第1款规定，格式条款是当事人为了重复使用而预先拟定，并在订立合同时未与对方协商的条款。这一规定揭示了格式条款的以下特征：

（1）格式条款是一方为了重复使用而预先拟定的合同条款。格式条款必须是在订约以前就已经预先拟定，而并非在双方当事人的反复磋商中形成的。格式条款的提供方通常是固定提供某种商品或服务的公共事业部门、企业和有关社会团体（如邮政、交通运输企业），格式条款的拟定可以节约交易成本，提高交易效率。**依据《合同编通则解释》第9条第2款，"从事经营活动的当事人一方仅以未实际重复使用为由主张其预先拟定且未与对方协商的合同条款不是格式条款的，人民法院不予支持。"因此，一方面，如果相关的条款不是为了重复使用而拟定的，则其不属于格式条款。格式条款必须是在订约以前就已经预先制定出来，而不是在双方当事人反复协商的基础上制定出来的。另一方面，虽然还未开始使用，但如果当事人是为了重复使用而拟定的相关条款，则应当将其认定为格式条款。因此，"为了重复使用"仅仅是当事人拟定格式条款的目的，并非要求实际被重复使用。**

（2）格式条款多为定型化条款。格式条款是当事人一方为与不特定的人订约而拟定的，一般具有重复使用的功能，因而其内容具有定型化的特点。所谓定型化是指格式条款具有稳定性和不变性，其适用于一切与拟定者订立合同的不特定的相对人，并不因相对人的改变而改变。

（3）在订立合同时未与对方协商。附从性是格式条款最重要的特征。所谓"未与对方协商"不仅指"未协商"，还意味着该条款"不容协商"，即对方要么接受，要么拒绝，没有任何实质协商与修改的余地。如容许协商而对方放弃协商的权利，则该条款并非格式条款。

格式条款规则的适用具有强制性，依据《合同编通则解释》第9条第1款规定，在符合格式条款条件的情形下，当事人不得通过约定排除其格式条款的法律属性。因为法律关于格式条款的规定，旨在规制格式条款的使用，并强调格式条款制作人负有对异常条款提请注意、解释、说明等义务，并对处于弱势订约地位的一方当事人提供倾斜保护，该规定具有强制性，在符合格式条款的条件下，不允许当事人通过约定否定其格式条款的属性。

2. 格式条款的订立规则。《民法典》第496条第2款前句规定，采用格式条款订立合同的，提供格式条款的一方应当遵循公平原则确定当事人之间的权利和义务，并采取合理的方式提示对方注意免除或者减轻其责任等与对方有重大利害关系的条款，按照对方的要求，对该条款予以说明。该条文规定了格式条款提供方的一般义务（格式条款的拟定应当遵循公平原则），并规定了提供方对格式条款中重大利害关系条款的"提示义务"和"说明义务"。所谓重大利害关系条款，包括但不限于免除或者减轻提供方责任的条款。《合同编通则解释》第10条第1款借鉴了比较法上的经验，将"与对方有重大利害关系的条款"限定为"异常条款"。所谓"异常条款"是指相对人不能合理预见到，且对当事人的权利、义务、责任等有重大影响的条款。此类条款的特点在于：第一，主观上当事人难以预见到该条款会在合同中出现。换言之，对这类条款，当事人的注意义务程度较低，其通常不会注意到此类条款的存在。第二，该条款客观上对当事人的权利义务具有重大影响。此类条款主要包括免除或者减轻责任条款以及仲裁条款、清算条款、选择鉴定单位的条款等。这些条款一旦没有提请注意，相对人盲目接受，可能会对其造成重大不利。

对异常条款，条款制定一方负有提示和说明义务。所谓提示，是指提请对方注意此类条款的存在，此为格式条款提供方必须主动履行的法定义务。所谓说明，是指对此类条款予以阐释，使对方明了其含义，此为格式条款提供方被动履行（按照对方要求）的法定义务。关于如何判定提供格式条款方是否"采取合理的方式"履行"提示义务"和"说明义务"，《合同编通则解释》第10条作了如下规定：**（1）提供格式条款的一方在合同订立时采用通常足以引起对方注意的文字、符号、字体等明显标识，提示对方注意免除或者减轻其责任、排除或者限制对方权利等与对方有重大利害关系的异常**

条款的,人民法院可以认定其已经履行民法典第四百九十六条第二款规定的提示义务。(2)提供格式条款的一方按照对方的要求,就与对方有重大利害关系的异常条款的概念、内容及其法律后果以书面或者口头形式向对方作出通常能够理解的解释说明的,人民法院可以认定其已经履行民法典第四百九十六条第二款规定的说明义务。(3)提供格式条款的一方对其已经尽到提示义务或者说明义务承担举证责任。对于通过互联网等信息网络订立的电子合同,提供格式条款的一方仅以采取了设置勾选、弹窗等方式为由主张其已经履行提示义务或者说明义务的,人民法院不予支持,但是其举证符合前两款规定的除外。

《民法典》第496条第2款后句规定,提供格式条款的一方未履行提示义务或者说明义务,致使对方没有注意或者理解与其有重大利害关系的条款的,对方可以主张该条款不成为合同的内容。该规定确立了格式条款中"重大利害关系条款"的订入规则,即以将"重大利害关系条款"排除于合同内容之外(不订入合同)作为格式条款提供方未履行提示义务或者说明义务的法律后果。这一后果并非因格式条款提供方未履行提示义务或者说明义务而当然发生,而只能基于相对方主张发生。相对方若主张此类条款不成为合同内容,须对条款提供方未履行提示义务或者说明义务(行为事实)、己方因此没有注意或者理解此类条款(后果及因果关系事实)负举证责任。

3. 格式条款的无效及后果。根据《民法典》第497条的规定,有下列情形之一的,该格式条款无效:

(1)具有《民法典》第一编第六章第三节和《民法典》第506条规定的无效情形。《民法典》第153条规定,违反法律、行政法规的强制性规定的民事法律行为无效。但是,该强制性规定不导致该民事法律行为无效的除外。违背公序良俗的民事法律行为无效。当格式条款违反法律或行政法规的强制性规定,或违背公序良俗时,该格式条款无效。《民法典》第506条规定,合同中的下列免责条款无效:①造成对方人身损害的;②因故意或者重大过失造成对方财产损失的。市场交易中存在诸多风险,当事人可能预先通过免责条款对风险进行分配,格式条款中也包括格式的免责条款,对于该格式的免责条款应当适用此规则进行判断。

(2)提供格式条款一方不合理地免除或者减轻其责任、加重对方责任、限制对方主要权利。免除或减轻其责任,是指对自己本应承担的民事责任通过格式条款予以排除或减轻,如规定在合同履行过程中发生的一切后果均由对方负责(如劳务合同格式条款中的"工伤概不负责"条款)。加重对方责任,是指通过格式条款使对方承担过重的责任,如规定高额惩罚性赔偿。限制对方主要权利,是指通过格式条款使对方的主要权利受到减损或难以实现,如设置复杂的违约索赔程序。上述情形,均须满足"不合理"这一要件,对此应结合具体合同类型、参酌典型的双方当事人的利益作出判断,并优先适用特别法的相关规定,例如,根据《消费者权益保护法》第26条的规定,经营者提供的格式条款中的上述内容均属对消费者不公平、不合理的条款,应当认定为无效。

(3)提供格式条款一方排除对方主要权利。排除主要权利是指格式条款中含有排除对方当事人依据合同的性质和内容应当享有的主要权利,所对应的义务往往是主给付义务。何谓"对方主要权利",应依合同性质与类型予以具体判定,例如,经营者在格式条款中规定,消费者对瑕疵的物只能请求修理或更换,不能请求解除合同或减少价金,也不能请求损害赔偿。

格式条款一旦被认定无效,则为自始无效。但需要注意以下几点:第一,格式条款的无效不一定导致合同的整体无效。无效格式条款仅是合同的部分内容,若其不影响合同整体的效力,则仅涉及格式条款的部分无效,该合同整体而言仍然应当有效。但若格式条款与其他条款不可分离,当格式条款被认定无效时,整个合同也应当被认定为无效。第二,格式条款无效可以补正。当格式条款存在无效事由时，当事人可以通过对格式条款进行修改，消除其无效的原因，使得无效的格式条款变为有效。

☞ 2024 考点 8　多份合同的效力认定★★★

针对实践中当事人就同一交易订立数份合同的情形，《合同编通则解释》第 14 条就其效力认定作了如下规定：(1)当事人之间就同一交易订立多份合同，人民法院应当认定其中以虚假意思表示订立的合同无效。当事人为规避法律、行政法规的强制性规定，以虚假意思表示隐藏真实意思表示的，人民法院应当依据《民法典》第 153 条第 1 款的规定认定被隐藏合同的效力；当事人为规避法律、行政法规关于合同应当办理批准等手续的规定，以虚假意思表示隐藏真实意思表示的，人民法院应当依据《民法典》第 502 条第 2 款的规定认定被隐藏合同的效力。(2)依据前款规定认定被隐藏合同无效或者确定不发生效力的，人民法院应当以被隐藏合同为事实基础，依据《民法典》第 157 条的规定确定当事人的民事责任。但是，法律另有规定的除外。(3)当事人就同一交易订立的多份合同均系真实意思表示，且不存在其他影响合同效力情形的，人民法院应当在查明各合同成立先后顺序和实际履行情况的基础上，认定合同内容是否发生变更。法律、行政法规禁止变更合同内容的，人民法院应当认定合同的相应变更无效。根据上述规定，对多份合同应区分“阴阳合同”与“前后合同”两种情形分别进行效力认定。

☞ 2024 考点 9　无权处分与合同效力★★★

关于无权处分是否影响合同效力，我国学界和司法实践中曾存在认识分歧，对此，《合同编通则解释》第 19 条作了规定：(1)以转让或者设定财产权利为目的订立的合同，当事人或者真正权利人仅以让与人在订立合同时对标的物没有所有权或者处分权为由主张合同无效的，人民法院不予支持；因未取得真正权利人事后同意或者让与人事后未取得处分权导致合同不能履行，受让人主张解除合同并请求让与人承担违反合同的赔偿责任的，人民法院依法予以支持。(2)前款规定的合同被认定有效，且让与人已经将财产交付或者移转登记至受让人，真正权利人请求认定财产权利未发生变动或者请求返还财产的，人民法院应予支持。但是，受让人依据《民法典》第 311 条等规定善意取得财产权利的除外。

☞ 2024 考点 10　印章与合同效力★

关于合同书中印章的法律意义及其与合同效力的关系，《合同编通则解释》第 22 条在总结审判实践经验的基础上作了如下规定：(1)法定代表人、负责人或者工作人员以法人、非法人组织的名义订立合同且未超越权限，法人、非法人组织仅以合同加盖的印章不是备案印章或者系伪造的印章为由主张该合同对其不发生效力的，人民法院不予支持。(2)合同系以法人、非法人组织的名义订立，但是仅有法定代表人、负责人或者工作人员签名或者按指印而未加盖法人、非法人组织的印章，相对人能够证明法定代表人、负责人或者工作人员在订立合同时未超越权限的，人民法院应当认定合同对法人、非法人组织发生效力。但是，当事人约定以加盖印章作为合同成立条件的除外。(3)合同仅加盖法人、非法人组织的印章而无人员签名或者按指印，相对人能够证明合同系法定代表人、负责人或者工作人员在其权限范围内订立的，人民法院应当认定该合同对法人、非法人组织发生效力。(4)在前三款规定的情形下，法定代表人、负责人或者工作人员在订立合同时虽然超越代表或者代理权限，但是依据民法典第五百零四条的规定构成表见代表，或者依据民法典第一百七十二条的规定构成表见代理的，人民法院应当认定合同对法人、非法人组织发生效力。上述规定，体现了“看人不看章”的基本立场。

☞2024 考点11　先履行抗辩权★★★

1. 先履行抗辩权的概念。先履行抗辩权也称顺序履行抗辩权，是指当事人互负债务，有先后履行顺序的，先履行一方履行之前，后履行一方得拒绝其履行请求，先履行一方履行债务不符合约定的，后履行一方得拒绝其相应的履行请求的权利。在传统民法上，通常只有同时履行抗辩权和不安抗辩权的理论与立法，先履行抗辩权为同时履行抗辩权所吸收。我国《民法典》沿袭原《合同法》，将先履行抗辩权从同时履行抗辩权中分离出来予以单独规定。先履行抗辩权发生于有先后履行顺序的双务合同中，这是它不同于同时履行抗辩权而与不安抗辩权的相同之处。

2. 先履行抗辩权的成立要件。根据《民法典》第526条的规定，先履行抗辩权的成立须符合以下要件：

(1)双方当事人基于同一双务合同互负对待给付义务。此点与同时履行抗辩权的适用条件相同，一方面必须是由同一双务合同产生债务，另一方面双方的债务必须形成对待给付关系。

(2)双方债务(主给付义务)有先后履行顺序。履行的先后顺序可以由当事人约定；法律另有规定的，从其规定。在不存在约定或者法律规定时，可以按照交易习惯确定。若仍无法确定，则不适用先履行抗辩权。

(3)双方债务均已到期。在双方债务履行期限均未届至的情形下，双方均可以履行期限未至为由拒绝对方的履行请求，而与履行顺序无关；在先给付义务人履行期限届至而后给付义务人履行期限未届至的情形下，后给付义务人可以履行期限未至为由拒绝对方的履行请求，故无适用先履行抗辩权的必要；只有在双方债务履行期限均已届至、双方均有权请求对方履行债务的前提下，适用先履行抗辩权才有意义。

(4)先履行一方未履行债务或其履行不符合约定。此项要件与同时履行抗辩权相同。

(5)对方的债务可能履行。此项要件也与同时履行抗辩权相同。

3. 先履行抗辩权的效力。先履行抗辩权属一时的抗辩权，其效力表现在：

(1)后给付义务人有权拒绝先给付义务人的履行请求。具体包括两种情况：①先给付义务人未履行债务的，后给付义务人有权拒绝履行全部债务；②先给付义务人履行债务不符合约定的，后给付义务人有权拒绝其相应的履行请求。后给付义务人行使先履行抗辩权拒绝履行的，不构成违约行为。

(2)先给付义务人履行债务后，后履行一方应恢复履行。在后给付义务人行使先履行抗辩权拒绝先给付义务人的履行请求后，若先给付义务人采取补救措施、变违约为适当履行，则先履行抗辩权的行使条件丧失，后给付义务人应履行其债务。

(3)先履行抗辩权的行使不影响后给付义务人向先给付义务人主张违约责任。一般而言，在后给付义务人行使先履行抗辩权情形下，先给付义务人均构成迟延履行、瑕疵给付等违约行为，后给付义务人一方面有权行使抗辩权以拒绝履行全部或部分债务，另一方面可要求先给付义务人承担违约责任。《合同编通则解释》第31条第3款规定：“当事人一方起诉请求对方履行债务，被告依据民法典第五百二十六条的规定主张原告应先履行的抗辩且抗辩成立的，人民法院应当驳回原告的诉讼请求，但是不影响原告履行债务后另行提起诉讼。”这就通过规定先履行判决，为先履行抗辩权的实现程序提供了保障。先履行判决实际上是针对先履行抗辩权的一种确认，即在一方提出抗辩时，法院应当驳回对方当事人的诉讼请求。

☞ 2024 考点12　情势变更的法律效果★★★★

1. 再交涉义务。根据《民法典》第533条的规定,情势变更发生后,受不利影响的当事人可以与对方重新协商;在合理期限内协商不成的,经双方协商一致可变更或解除合同。一方依法享有与对方重新协商即再交涉的权利,对方也就负有相应的义务。再交涉义务是诚实信用原则和鼓励交易原则的要求,义务人经对方要求拒不进行重新协商给对方造成损失的,应当承担赔偿责任。

2. 合同变更或解除。情势变更发生后,双方在合理期限内协商不成的,受不利影响的一方当事人可请求人民法院或者仲裁机构变更或者解除合同。具体而言:(1)当事人依情势变更规则请求变更或解除合同的,必须通过诉讼或仲裁程序进行,即由人民法院或者仲裁机构作出裁判(也称司法变更或解除),此点不同于一方享有解除权的合同解除;(2)仅受不利影响的一方当事人可向人民法院或者仲裁机构请求变更或者解除合同,对方当事人无权请求;(3)受不利影响的一方当事人可于重新协商不成后提出诉讼或仲裁请求,也可未经与对方重新协商径行提出诉讼或仲裁请求;(4)请求变更合同还是请求解除合同,由受不利影响的一方当事人选择。依据《合同编通则解释》第32条第2款的规定,当事人请求变更合同的,人民法院不得解除合同;当事人一方请求变更合同,对方请求解除合同的,或者当事人一方请求解除合同,对方请求变更合同的,人民法院应当结合案件的实际情况,根据公平原则判决变更或者解除合同。这就是说,从鼓励交易出发,能够通过合同变更实现合同订约目的的,就尽量采取变更合同的方式。如果通过变更合同无法消除不公平结果,或情势变更导致请求方合同目的不能实现,则应支持当事人的解除合同请求(如旅游目的地停航)。

☞ 2024 考点13　债权人代位权的行使★★

根据《民法典》第535条的规定及相关司法解释,债权人代位权的行使须遵从以下规则。

1. 债权人应以自己的名义行使代位权。多数人享有债权的,各债权人可独立行使代位权,也可共同行使代位权;如果其中一个债权人已就某项债权行使代位权而获得满足,则其他债权人不得再就该项债权行使代位权。

2. 债权人代位权必须通过诉讼方式行使。在我国,债权人代位权必须借助国家司法机关的公力救济手段即通过诉讼方式行使,即"向人民法院请求"行使代位权。如此规定,旨在防止债权人滥用代位权,避免行使代位权的债权人与其他债权人、债务人以及次债务人之间因代位权的行使发生纠纷。债权人代位权诉讼中,债权人为原告,债务人的相对人为被告。依据《合同编通则解释》第37条的规定,如果未将债务人列为第三人,人民法院应当追加债务人为第三人。两个以上债权人以债务人的同一相对人为被告提起代位权诉讼的,人民法院可以合并审理。债务人对相对人享有的债权不足以清偿其对两个以上债权人负担的债务的,人民法院应当按照债权人享有的债权比例确定相对人的履行份额,但是法律另有规定的除外。

依据《合同编通则解释》第35条的规定,债权人对债务人的相对人提起代位权诉讼的,由被告住所地人民法院管辖,但是依法应当适用专属管辖规定的除外。债务人或者相对人以双方之间的债权债务关系订有管辖协议为由提出异议的,人民法院不予支持。依据《合同编通则解释》第38条、第39条的规定,债权人向人民法院起诉债务人后,又向同一人民法院对债务人的相对人提起代位权诉讼,属于该人民法院管辖的,可以合并审理。不属于该人民法院管辖的,应当告知其向有管辖权的人民法院另行起诉;在起诉债务人的诉讼终结前,代位权诉讼应当中止。在代位权诉讼中,债务人对超过债权人代位请求数额的债权部分起诉相对人,属于同一人民法院管辖的,可以合并审理。不属于同一人民法院管辖的,应当告知其向有管辖权的人民法院另行起诉;在代位权诉讼终结前,债务人对相对人的诉讼应当中止。

3. 债权人代位权的行使范围,以债权人的到期债权为限,并受次债务人对债务人所负债务数额限制。具体而言:**(1)如果债权人的债权为金钱债权,其行使代位权的范围以其债权数额为限,且不得超过次债务人对债务人所负债务数额;(2)如果债权人的债权为非金钱债权,其行使代位权的范围以其转化的金钱数额或者债务人不履行债务所生的违约损害赔偿金、违约金数额为限,且不得超过次债务人对债务人所负债务数额;(3)在必要范围内,债权人可以同时或顺位代位行使债务人的权利,对一项权利行使代位权已足以保全债权的,债权人不得代位行使债务人的其他权利。**

4. 行使代位权应协调好与仲裁协议的关系。依据《合同编通则解释》第36条的规定,处理代位权行使与仲裁协议的关系,应遵循如下规则:(1)即使存在仲裁协议,债权人也可以通过诉讼程序行使代位权。按照上述司法解释规定,即便债务人与其相对人约定了仲裁条款,如果债权人行使代位权,在此情形下,人民法院也有权受理。(2)债务人的相对人在首次开庭前已申请仲裁的,可以依法中止代位权诉讼。按照《合同编通则解释》第36条的规定,如果债务人的相对人在一审法定辩论终结前申请仲裁,将导致代位权诉讼中止,这体现了对当事人私法自治的尊重。在债务人与其相对人约定仲裁协议的情形下,如果债务人的相对人已经提起仲裁,则应当尊重与保护当事人对纠纷解决方式的选择。同时,如果债务人的相对人已经提起仲裁,则表明债务人与其相对人之间的关系仍然处于不确定状态,此时,如果人民法院继续审理代位权诉讼,则可能使当事人之间的权利义务关系复杂化。

5. 债权人行使代位权,应履行善良管理人的义务,因违反该项义务而给债务人造成损害的,应承担民事责任。债权人原则上不得处分债务人的权利(如免除债务、延缓履行期),擅自处分的,其行为无效。但其处分的行为可以使债务人的责任财产得到保全的,不在此限,如将不易保存的货物予以变卖处理。

☞ 2024 考点14 债权人撤销权的成立要件★★★★

1. 债权人对债务人享有债权且成立于债务人实施诈害行为前。

(1)债权人对债务人享有债权是债权人撤销权成立的前提条件。债权人的此项债权一般应是金钱债权或可转化为金钱债权的债权。劳务债权和不作为债权的债权人原则上不得主张债权人撤销权,但因债务人违约转化为损害赔偿请求权的,债权人可基于其损害赔偿请求权主张债权人撤销权。债权人对债务人的债权是否到期、具体数额是否确定,均不影响债权人撤销权的成立。对于有担保的债权,如系抵押等物的担保,即使债务人的诈害行为导致其责任财产减少,如果担保物的价值足以清偿债务,也不影响债权的实现,故债权人不得主张撤销权;如系保证担保,因其仅具有债权效力,故债权人对于债务人的诈害行为仍可行使撤销权;对连带责任保证人的诈害行为,也可成立债权人撤销权。附生效条件的债权在条件成就前,不宜承认债权人享有撤销权;附解除条件的债权在条件成就前,债权人可对债务人的诈害行为主张撤销权。附期限的债权,无论是始期还是终期,期限到来之前债权人均可对债务人的诈害行为行主张撤销权。

(2)债权人对债务人享有的债权必须成立于债务人实施诈害行为前。债权人撤销权的目的是防止债务人通过诈害行为使其责任财产不当减少,其责任财产状况应以合同成立时为对照标准,对于合同成立前债务人的财产处分行为,即使该行为导致其责任减少,债权人也无权干预,不得主张撤销权。

2. 债务人实施了诈害行为。所谓诈害行为,即影响债权人的债权实现的处分行为。《民法典》第538条、第539条规定,对债务人的诈害行为应从行为和后果两个方面予以认定。

(1)债务人实施了财产处分行为。其一,以放弃其债权、放弃债权担保、无偿转让财产等方式处分财产利益。无论是放弃到期债权还是放弃未到期债权,均导致债务人责任财产减少。放弃债权担保是指放弃已生效的债权担保,包括放弃抵押权、质权、保证债权等,此类行为使作为债务人责任财产的债权效力减低从而增加了不能受偿的风险。无偿转让财产的行为,包括赠与、遗赠、无息借款等行为。其二,延长其到期债权的履行期限。该行为使次债务人不必现实履行债务,债务人可供执行的责任财产非正常减少。其三,以明显不合理的低价转让财产或者以明显不合理的高价受让他人财产或者为他人的债务提供担保。《合同编通则解释》第42条第1款规定:"对于民法典第五百三十九条规定的'明显不合理'的低价或者高价,人民法院应当按照交易当地一般经营者的判断,并参考交易时交易地的市场交易价或者物价部门指导价予以认定。"这就确定了明显不合理的低价或者高价的标准。因此,对于"明显不合理的低价",人民法院应当以交易当地一般经营者的判断,并参考交易当时交易地的物价部门指导价或者市场交易价,结合其他相关因素综合考虑予以认定。依据该解释第42条第2款、第3款,转让价格达不到交易时交易地的指导价或者市场交易价70%的,一般可以视为明显不合理的低价;对转让价格高于当地指导价或者市场交易价30%的,一般可以视为明显不合理的高价。但如果相对人之间存在亲属关系、关联关系的,则不受上述限制。其四,为他人债务提供担保。该行为使债务人的责任财产面临非正常减少的风险,对债权人的债权实现构成危害。其五,其他以明显不合理的价格处分财产的行为。《合同编通则解释》第43条规定:"债务人以明显不合理的价格,实施互易财产、以物抵债、出租或者承租财产、知识产权许可使用等行为,影响债权人的债权实现,债务人的相对人知道或者应当知道该情形,债权人请求撤销债务人的行为的,人民法院应当依据《民法典》第539条的规定予以支持。"依据该规定,此处处分财产的行为不限于买卖,也包括互易财产、以物抵债、出租或者承租财产、知识产权许可使用等行为。

(2)债务人的处分行为影响债权人债权的实现(有害于债权)。所谓影响债权人债权的实现,是指债务人的处分行为导致债务人责任财产减少,而使债权人的债权无法得到满足。对于是否影响债权人债权的实现,一般认为应采取"债务人无资力说",具体以"债务超过"为判断标准,即如果债务人的处分行为导致其不具有足够财产清偿对债权人所负债务,即可认定该行为影响债权人债权的实现。对于债务人清偿到期债务及获取正常对价的买卖、互易等行为,因其并未导致债务人责任财产的减少,故不能认定该行为有害于债权。即使债务人因实施了上述处分行为导致其责任财产减少,若其对债权人仍具有清偿能力,也不能认定该行为有害于债权。债权人于行为时虽有危害债权的故意,但事实上并未对债权造成危害的,也不发生撤销权。债务人是否陷入资力不足而不能履行或履行困难,致使自己债权的实现受到影响,应由主张撤销权的债权人负举证责任。

3. 主观要件。主观要件,指债务人实施影响债权实现的处分行为时债务人和相对人的主观意识状态,分为善意与恶意。对此,《民法典》第538条、第539条区分不同情形作了规定:

(1)债务人无偿处分财产权益的,无论债务人、相对人是否存在恶意,均不影响债权人撤销权的成立。债务人为无偿行为而影响债权实现时,只需具备客观要件,债权人即可请求法院予以撤销。因为对无偿行为的撤销,仅使受益人丧失无偿取得的利益,并未损害其固有利益,因而法律侧重保护债权人的利益,无论双方善意还是恶意,均成立撤销权。

(2)债务人延长其到期债权的履行期限而影响债权实现的,仅在该行为出于债务人恶意时,债权人方可主张撤销权。延长到期债权履行期限对债权人而言并非无偿处分,于相对人也不是纯获利益,故法律要求只有债务人恶意为之,即债务人明知该行为影响他人债权的实现而故意为之,债权人才能请求撤销该行为。至于相对人是否须为善意,法律未作要求。

(3)债务人为有偿处分行为或为他人债务提供担保影响债权实现的,需相对人为恶意。对于债务人的有偿处分和对外担保行为,须兼顾债权人与相对人的利益,对善意相对人予以保护,故对于债务人以明显不合理的低价转让财产、以明显不合理的高价受让他人财产或者为他人的债务提供担保的,只有相对人知道或应当知道该情形,债权人才能请求撤销该行为。若相对人为善意,即不知道且不应当知道该情形(指上述处分行为减损债务人的履行能力从而影响他人债权的实现),则债权人不得主张撤销权。至于相对人是否明知债务人具有危害债权的恶意,应在所不问。相对人的恶意,应由债权人承担举证责任。

☞ 2024 考点 15　债权人撤销权的行使★★★

依据《民法典》第 538~541 条的规定及相关司法解释,债权人撤销权的行使须遵从以下规则。

1. 债权人撤销权由债权人以自己的名义通过诉讼方式行使。由于债权人撤销权关系到第三人的利益,因此,应由法院审查债权人撤销权的各项成立要件,以避免债权人撤销权的滥用。

2. 在债权为连带债权的情况下,各债权人可作为共同原告主张债权人撤销权,也可以由其中的一个债权人作为原告主张债权人撤销权。但在后一种情况下,其他共同债权人不得再就该撤销权的行使提起诉讼。

3. 债权人提起撤销权诉讼的,应当以债务人和债务人的相对人为共同被告,由债务人或者相对人的住所地人民法院管辖,但是依法应当适用专属管辖规定的除外。两个以上债权人就债务人的同一行为提起撤销权诉讼的,人民法院可以合并审理。

4. 债权人撤销权的行使,在行使范围上应以债权人的债权(价额)为限,其请求撤销的数额原则上不应当大于其债权数额。在债务人实施了多个不当处分财产的行为时,债权人应当在其债权数额范围内行使撤销权。撤销的范围原则上应仅及于债权保全的范围,对债务人不当处分财产的行为超出债权保全必要的部分,不应发生撤销的效力。依据《合同编通则解释》第 45 条第 1 款的规定,如果标的可分,债权人应当在受影响的债权范围内行使撤销权,对债务人的行为请求撤销。一般的种类物、金钱为债权标的的,其标的通常是可分的,依据上述规定,在标的可分的情形下,债权人只能在债权保全的范围内行使撤销权,而不得在该范围之外行使撤销权。如果标的不可分,则债权人将无法在债权范围内行使撤销权,此时,债权人可以主张撤销债务人的全部处分行为。

5. 债权人撤销权应自债权人知道或者应当知道撤销事由之日起 1 年内行使;自债务人的行为发生之日起 5 年内没有行使撤销权的,该撤销权消灭。债权人撤销权的行使期间属于除斥期间,不适用诉讼时效的中止、中断和延长规则。

☞ 2024 考点 16　债权人撤销权行使的效力★★★

1. 对债务人和相对人的效力。(1)被撤销行为自始无效。《民法典》第 542 条规定,债务人影响债权人的债权实现的行为被依法撤销后,自始不具有法律约束力。据此,债权人撤销权的行使具有溯及力,债务人的处分行为被依法撤销后,债务人尚未给付的,不得向相对人给付,相对人也不得请求给付;相对人已受领债务人财产的,负有返还的义务,原物不能返还的,应折价予以赔偿。相对人已向债务人支付对价的,对债务人享有不当得利返还请求权。债务人为他人提供担保行为被撤销后,债务人不再承担担保责任;债务人已承担担保责任的,担保权人应负返还义务。(2)债权人行使撤销权的必要费用,由债务人负担。依据《合同编通则解释》第 45 条第 2 款的规定,债权人行使撤销权所支付的合理的律师代理费、差旅费等费用,可以认定为民法典第五百四十条规定的“必要费用”。

为强化对行使撤销权的债权人的保护,《合同编通则解释》第 46 条在《民法典》第 542 条规定的行使撤销权效果的基础上,增加了撤销权行使的三重效果:一是债权人可请求恢复原状和履行到期债务。债权人可以在撤销权诉讼中请求相对人向债务人返还财产、折价补偿。相应地,相对人有返还财产的义务,因此,法院在撤销权诉讼中,应当依据债权人的请求,在依法宣告撤销之后,进一步明确相对人负有此种义务。二是债权人可向相对人申请强制执行以获得债权的清偿。依据《合同编通则解释》第 46 条第 3 款规定,债权人依据其与债务人的诉讼、撤销权诉讼产生的生效法律文书申请强制执行的,人民法院可以就债务人对相对人享有的权利采取强制执行措施以实现债权人的债权。这就采取了"撤销权+强制执行说"的做法,从而以债权人与债务人诉讼和撤销权诉讼中的给付内容的强制执行,为债权人获得清偿提供保障。三是债权人可在撤销权诉讼中申请保全。依据《合同编通则解释》第 46 条第 3 款规定,债权人可以在撤销权诉讼中申请保全相对人的财产,这就可以起到进一步保护撤销权人的作用,有效防止行使撤销权的债权人获得清偿的目的落空。

2. 对债权人的效力。债权人提起撤销权诉讼的,对其债权发生诉讼时效中断的效力。撤销权诉讼对于债权人而言发生形成之诉的直接效果,即导致债务人与受益人之间的民事法律行为无效。关于债权人撤销权诉讼所产生的给付之诉的效果,即债权人能否直接受领相对人的给付(利益返还)以实现债权清偿,《民法典》未作规定。一般认为,对此原则上应适用"入库规则",但为了限制债务人不当受领或者再作处分,可由行使撤销权的债权人代为受领,债权人虽不享有优先受偿权,但其相应债权可先行得到清偿。

☞ 2024 考点 17　债务加入的效力★★★

债务加入在效力方面与债务转移有诸多共同之处,如第三人取得债务人的法律地位、抗辩权的转移、抵销权援用的禁止、从权利的转移等。其特殊之处在于:**(1)债务加入生效后,原债务人仍承担债务,只是第三人加入债的关系,成为特定范围债务的连带债务人(加入全部或部分债务,依约定或第三人意愿确定),故债权人在此债务范围内既可向原债务人请求履行,也可向承担人请求履行。(2)债务加入生效后,保证、抵押、质押担保对原债务人所负债务继续有效,对债务承担人所负债务不提供担保,即债权人不得因债务承担人的不履行主张担保债权或行使抵押权、质权,但当事人另有约定的除外;留置权则对原债务人和债务承担人均可主张。(3)债务加入生效后,原债务人与债务承担人成为所加入全部或部分债务的连带债务人,对于其中一人发生诉讼时效中断效力的事由,对另一人也发生效力。**

债务加入人在履行债务后,对债务人应享有追偿权。债务加入人行使追偿权有两种情形:一是约定追偿权。《合同编通则解释》第 51 条规定:"第三人加入债务并与债务人约定了追偿权,其履行债务后主张向债务人追偿的,人民法院应予支持。"由于追偿权本质上是私权,按照私法自治原则,当事人有权对追偿权作出约定,即在债务加入发生时,如果当事人确实就追偿权以及追偿的时间、数额等作出了规定,则应当尊重当事人的约定。二是未约定追偿权。依据《合同编通则解释》第 51 条第 1 款的规定,如果当事人没有约定追偿权,第三人有权依照《民法典》关于不当得利等的规定,在其已经向债权人履行债务的范围内向债务人追偿。也就是说,债务加入人加入债务后,其向债权人作出清偿,债务人构成不当得利,据此,债务加入人有权向债务人追偿。

☞ 2024 考点 18　赔偿损失的确定方式★

赔偿损失的确定方式有两种:法定损害赔偿和约定损害赔偿。

1. 法定损害赔偿。法定损害赔偿是指由法律规定的,由违约方对守约方因其违约行为而对守约方遭受的损失承担的赔偿责任。根据《民法典》的规定,法定损害赔偿应遵循以下规则:

(1) 完全赔偿规则。所谓完全赔偿,是指违约方对于守约方因违约所遭受的全部损失应承担赔偿责任。《民法典》第 584 条规定,一方当事人不履行合同义务或者履行合同义务不符合约定,造成对方损失的,损失赔偿额应当相当于违约所造成的损失,包括合同履行后可以获得的利益。可见,违约损害赔偿的范围包括守约方的实际损失和可得利益损失。

实际损失也称积极损失,是指守约方现有财产的直接减少,主要表现为标的物灭失、为准备履行合同而支出的费用、停工损失、为减少违约损失而支出的费用、诉讼费用等。因违约而导致守约方对第三人承担违约或侵权责任的,守约方因此支付的违约金、赔偿金也可纳入实际损失范围。对于因对方违约而遭受的精神损害,守约方原则上不能请求违约损害赔偿,但因一方的违约行为损害对方人格权并造成严重精神损害的,受损害方除有权请求违约方承担违约责任外,还可基于人格权受侵害一并请求精神损害赔偿(《民法典》第 996 条)。

可得利益损失也称消极损失,是指在合同适当履行后可以实现和取得的财产利益的损失。可得利益具有如下特征:第一,可得利益是一种未来利益。在违约责任发生时,其并没有为当事人所实际享有,而必须通过合同的实际履行才能得到实现,包括生产利润、经营利润、转售利润等。可得利益是未来的不完全确定的利益,如果未来的利益是完全可以确定的,则应当视为实际损失。第二,可得利益必须具有一定的确定性。尽管可得利益并非实际享有的利益,但可得利益具有一定的现实性,也就是说可得利益具备一定的实现条件。第三,可得利益必须具有可预见性。合同法并不对任何损失都提供补救,而只是从合同的性质出发,对非违约方在订约时可以合理预见的损失提供救济。

如何计算可得利益损失,是司法实践中遇到的难题。《合同编通则解释》第 60 条引入了以替代交易规则确定可得利益损失的规则。所谓替代交易规则是指在特定的条件下,因为一方违约,另一方可以通过与他人订立另一个合同以取代原合同,并可以请求违约方赔偿原合同与替代交易的价格差。替代交易包括替代性购买与替代性销售。例如,在买卖合同中,当出卖人违反约定不交付货物时,买受人可以购买替代货物;当买受人违反约定不支付货款或拒绝接收货物时,出卖人可以另行寻找买受人出售货物。依据《合同编通则解释》第 60 条第 2 款、第 3 款的规定,在非违约方从事替代交易时,应当以市场价格判断替代交易合理性的标准。如果替代交易"明显偏离替代交易发生时当地的市场价格",将排除替代交易规则的适用。同时,如果非违约方不进行替代交易,就可以按照其知道或者应当知道违约行为发生后合理期间内合同履行地的市场价格与合同价格的差额,确定合同履行后可以获得的利益。这一规定赋予非违约方享有在替代交易规则和市场价格法则之间进行选择的权利:如果非违约方选择进行替代交易,就可以适用《合同编通则解释》第 60 条第 2 款计算可得利益;如果非违约方选择不进行替代交易,就适用《合同编通则解释》第 60 条第 3 款的市场价格法则计算可得利益。需要明确的是,非违约方在替代交易规则和市场价格法则之间的选择权不是任意选择权。《合同编通则解释》第 60 条第 3 款明确将"未实施替代交易"作为市场价格法则的前提。如果非违约方实际进行了替代交易,就不能再主张市场价格法则。

针对以持续履行的债务为内容的定期合同中的可得利益计算,《合同编通则解释》第 61 条第 1 款对于以持续履行的债务为内容的定期合同确定了如下规则:一是综合考量各种法定因素以确定非违约方寻找替代交易的合理期限。二是应当扣除非违约方所节省的履约成本。三是不得主张按照合同解除后的剩余期限确定其可得利益损失的数额。例如,在房屋租赁合同中,双方订立 5 年房屋租赁合同,承租人租用两年后,因为工作跳动需要解约,出租人不得以剩余 3 年期间所获得的租金作为可得利益的损失。

《合同编通则解释》第62条,“非违约方在合同履行后可以获得的利益难以根据本解释第六十条、第六十一条的规定予以确定的,人民法院可以综合考虑违约方因违约获得的利益、违约方的过错程度、其他违约情节等因素,遵循公平原则和诚信原则确定”。

(2)合理预见规则。合理预见规则也称可预见性规则,是指违约损害赔偿的范围不得超过违约方在订立合同时预见到或者应当预见到的因违约可能造成的损失。对此,《民法典》第584条作了规定。合理预见规则是限制法定违约损害赔偿范围的一项重要规则,其理论基础是意思自治原则和公平原则。其特点在于:①合理预见规则是限制包括实际财产损失和可得利益损失的损失赔偿总额的规则,不仅用以限制可得利益损失的赔偿,但不适用于约定损害赔偿。②预见主体是违约方,而不是守约方。③合理预见的内容。依据《合同编通则解释》第63条第1款的规定,在确定合理预见的内容时,应当根据当事人订立合同的目的,综合考虑合同主体、合同内容、交易类型、交易习惯、磋商过程等因素,按照与违约方处于相同或者类似情况的民事主体在订立合同时预见到或者应当预见到的损失予以确定。这就是说,在判断违约方的对损失的预见范围时,应当按照一般人的标准予以判断。依据《合同编通则解释》第63条第2款的规定,除合同履行后可以获得的利益外,非违约方主张还有其向第三人承担违约责任应当支出的额外费用等其他因违约所造成的损失,并请求违约方赔偿,经审理认为该损失系违约一方订立合同时预见到或者应当预见到的,人民法院应予支持。④合理预见规则的适用效果,是违约方对其未能预见且不应当预见的违约损害不承担赔偿责任。

(3)过失相抵规则。过失相抵规则也称与有过失规则,是指当合同一方违约造成另一方损失,另一方对损失的发生也存在过错情形下的违约损害赔偿规则。《民法典》第592条第2款规定,当事人一方违约造成对方损失,对方对损失的发生有过错的,可以减少相应的损失赔偿额。这一规定的适用条件为:①守约方遭受损失。与有过失规则是一项损失分担规则,仅适用于违约损害赔偿责任,如一方违约并未造成守约方实际损失,则不适用这一规则。②守约方对损失的发生存在过错。所谓对损失的发生存在过错,是指违约行为导致了损失的发生,但守约方的过错也是导致损失发生的原因(如建设工程逾期竣工交付既有承包方怠工的原因,也有发包方未能及时提供施工条件的原因)。在上述条件下,违约方的赔偿责任固然不应被免除,但守约方也应承担与其过错原因力相当的损失,即可以请求减少相应的损失赔偿额。

(4)损益相抵规则。损益相抵规则也称损益同销规则,是指守约方基于导致违约损失的同一原因而获得利益时,应将所得利益从违约损害赔偿额中予以扣除,即所受损失与所获利益相互冲抵的规则。对此,《民法典》合同编未作一般规定,但相关司法解释规定,买卖合同当事人一方因对方违约而获有利益,违约方主张从损失赔偿额中扣除该部分利益的,人民法院应予支持。损益相抵规则的适用条件为:**①守约方受有利益,包括积极利益(财产的实际增加)和消极利益(本应减少的财产未减少);②守约方所受利益与所受损失系基于同一原因即违约行为而发生。因适用损益相抵规则而扣除的利益,主要包括标的物的残存价值、财产保险金、因违约而节省的费用、税金等,但守约方的法定利益及应客观标准计算损失(如借款利息)的除外。**

(5)减轻损失规则。所谓减轻损失规则,是指当事人一方违约后,对方应当采取适当的措施防止损失的扩大,否则不得就扩大的损失要求赔偿的违约损害赔偿限制规则。《民法典》第591条第1款规定,当事人一方违约后,对方应当采取适当措施防止损失的扩大;没有采取适当措施致使损失扩大的,不得就扩大的损失请求赔偿。这一规则的适用条件是:①损失系由一方的违约行为所导致,守约方对损失的发生没有过错,即守约方不存在于有过失。②守约方不履行减损义务。根据法律规定，因对方违约行为遭受损失的守约方负有减损义务，采取适当的措施防止损失的扩大的义务（属于不真正义务），若能够履行而未履行这一法定义务，应承担不利后果。至于守约方所采取的减损措施是否适当，应结合合同的性质、损害的性质、守约方的能力等因素予以判断。如在保险合同中，发生火灾保险事故后被保险人应采取切断电源、隔断过火路线、组织灭火等措施防止损失扩大。③因守约方未采取适当减损措施造成损失扩大。如果守约方能够采取适当措施防止损失扩大而未采取，并因此导致损失扩大，表明守约方对扩大的损失存在过错，故不得对该扩大的损失请求违约方赔偿。

2. 约定损害赔偿。约定损害赔偿，是指当事人在订立合同时，预先约定一方违约时应当向对方支付一定数额的赔偿金，或者约定损害赔偿额的计算方法。约定损害赔偿具有以下特点：(1)预定性。约定损害赔偿是当事人在订立合同时或损害发生前约定的，属于合同内容的一部分，不同于违约发生后当事人就损失赔偿达成的协议。(2)意定性。约定损害赔偿体现了当事人的意思自治，既可以约定一方违约时应当向对方支付一定数额的赔偿金，也可以约定违约损害赔偿额的计算方法。约定损害赔偿相对于法定损害赔偿而言具有优先适用的效力，即除非相关约定存在无效事由或依法被撤销，就应以该约定作为确定违约损害赔偿数额的依据。

☞ 2024 考点 19　违约金的调整★

违约金作为对损害赔偿额的预先约定，既可能高于违约造成的损失，也可能低于违约造成的损失，畸高和畸低均会导致不公平结果。为此，各国法律规定法院对违约金具有变更权。《民法典》第585条第2款规定，约定的违约金低于造成的损失的，人民法院或者仲裁机构可以根据当事人的请求予以增加；约定的违约金过分高于造成的损失的，人民法院或者仲裁机构可以根据当事人的请求予以适当减少。该规定确立了违约金调整（司法酌增或司法酌减）规则，对此可从以下几个方面予以理解。

1. 违约金的调整以约定违约金低于造成的损失或过分高于造成的损失为条件。第一，违约金调整规则仅适用于约定违约金，不适用于法定违约金。第二，违约金调整规则主要适用于补偿性违约金，对于惩罚性违约金不宜简单适用。第三，约定违约金的数额低于或过分高于因违约造成守约方的实际损失。对于违约金低于实际损失的情形，法律未作幅度要求，故原则上只要实际损失超出违约金数额，即可适用调整规则。对于违约金高于实际损失的情形，法律确立了“过分高于”的幅度要求。所谓过分高于是指违约金数额较大幅度地超过了实际损失金额，造成当事人利益失衡。根据相关司法解释，当事人约定的违约金超过造成损失30%的，一般可以认定为“过分高于造成的损失”。

2. 违约金的调整必须依据当事人的请求，不能由法院直接依据职权进行。《民法典》第585条第2款依据私法自治与自愿原则，明确规定了违约金的调整应当由当事人提出，而不能由法院依据职权主动进行，从而尊重了当事人的自愿选择。当然，依据《民法典》第585条第2款的规定，对于违约金的调整，是由人民法院或仲裁机构依据当事人的请求而进行的。这也就意味着，当事人只是具有请求人民法院或仲裁机构调整的权利，而具体应当如何调整，则属于法院或仲裁机构的职权。当事人请求对违约金数额进行调整，只需要证明违约金数额低于或过分高于违约造成的损失，而不必证明违约金条款存在显失公平情形。关于当事人请求调整违约金的方式，依据《合同编通则解释》第64条第1款的规定，“当事人一方通过反诉或者抗辩的方式，请求调整违约金的，人民法院依法予以支持”。据此，当事人除通过直接向法院提出调整违约金的请求外，还可以通过反诉或者抗辩的方式提出请求。

3. 违约金的调整方法是根据损失情况“予以增加”或“予以适当减少”。依据《民法典》第585条第 2 款的规定,违约金高低的判断标准是当事人的损失。依据《合同编通则解释》第 65 条第 1 款,"当事人主张约定的违约金过分高于违约造成的损失,请求予以适当减少的,人民法院应当以民法典第五百八十四条规定的损失为基础。"从《民法典》第 584 条的规定来看,违约损害赔偿数额包括实际损失与可得利益损失。据此,损失应当包括实际损失与可得利益损失。违约金低于损失的,予以增加。增加后的违约金数额以不超过损失额为限,增加违约金以后,当事人不得另行请求对方赔偿损失。而违约金过分高于损失的,予以适当减少。所谓适当减少,是指以损失为基础,兼顾合同的履行情况、当事人的过错程度以及预期利益、当事人缔约地位强弱、是否属于格式条款等综合因素,根据公平原则和诚实信用原则予以衡量,并作出适当降低违约金数额(但不低于损失金额)的裁决。

4. 恶意违约的一方不得请求调整。《合同编通则解释》第 65 条第 3 款将恶意违约排除于违约金调减的范围之外,但该条并未界定恶意违约的内涵。所谓恶意违约,是指公然毁约或者不与对方协商即不履行合同义务的行为。违约方不仅具有违约的故意,而且主观上完全不考虑违约给非违约方所造成的损失。恶意违约的一方不得请求调整,体现了对于恶意违约行为的制裁,有利于鼓励当事人严守合同,维护诚信。不过,恶意违约行为应当局限于主给付义务的不履行或不当履行,对于从给付义务和附随义务的违反而言,不应当认为其构成恶意违约行为。

5. 关于举证责任分配。违约方在主张违约金过分高于违约造成的损失时,其应当对此承担举证责任。根据"谁主张,谁举证"的基本原则,也应当由主张酌减违约金的违约方承担证明责任。根据《合同编通则解释》第 64 条第 2 款第 2 句的规定,非违约方主张违约金合理的,应当提供相应的证据。毕竟非违约方也提出了违约金合理的主张,也应当为此举证。

6. 法院的释明。依据《合同编通则解释》第 66 条第 1 款的规定,当事人一方请求对方支付违约金,对方以合同不成立、无效、被撤销、确定不发生效力、不构成违约或者非违约方不存在损失等为由抗辩,未主张调整过高的违约金的,人民法院应当就若不支持该抗辩,当事人是否请求调整违约金进行释明。第一审人民法院认为抗辩成立且未予释明,第二审人民法院认为应当判决支付违约金的,可以直接释明,并根据当事人的请求,在当事人就是否应当调整违约金充分举证、质证、辩论后,依法判决适当减少违约金。

☞ 2024 考点 20　定金责任★★

1. 定金责任的概念和适用条件。定金责任,是指在合同设定违约定金担保的情形下,违约方根据定金罚则所承担的责任。根据《民法典》第 586 条第 1 款的规定,当事人可以约定一方向对方给付定金作为债权的担保。债务人履行债务的,定金应当抵作价款或者收回。给付定金的一方不履行约定的债务的,无权要求返还定金;收受定金的一方不履行约定的债务的,应当双倍返还定金。据此,在当事人约定了定金担保的情况下,如一方违约,定金处罚即成为一种违约责任形式。

定金不同于留置金、担保金、保证金、订约金、押金或者订金等,后者都具有担保性质或者属于预付款,容易与定金相混淆。依据《合同编通则解释》第 67 条第 1 款的规定,如果当事人在形式上约定的是留置金、担保金、保证金、订约金、押金或者订金等,而没有明确约定定金性质,则不宜将其认定为定金,无法适用定金规则。因为虽然留置金、担保金、保证金、订约金、押金或者订金等与定金相似,但它们在性质、功能、效力等方面存在区别。当然,按照合同自由原则,即便当事人在形式上约定的是留置金、担保金、保证金、订约金、押金或者订金等,但如果当事人明确约定其属于定金性质,则应当认定其属于违约定金,应当依法适用违约定金规则。

2. 违约定金责任的适用条件。定金责任的适用条件为:(1) 主要适用于违约定金。定金有订约

定金、成约定金、解约定金和违约定金等类型，一般而言只有违约定金适用定金罚则才是承担违约责任的形式，其他类型定金或为合同成立的条件（成约定金），或为合同解除的代价（解约定金），但订约定金也具有违约责任的功能。（2）定金合同已生效。定金合同以定金交付为生效条件，定金未交付则不能主张定金责任；实际交付的定金多于或者少于约定数额的，视为变更定金合同；收受定金一方提出异议并拒绝接受定金的，定金合同不生效。（3）发生根本违约行为。为了防止定金罚则被不当适用，《民法典》第587条将定金罚则适用于违约"致使不能实现合同目的"的情形，即定金罚则仅适用于一方根本违约的情形。《合同编通则解释》第68条也贯彻这一精神。因此，只有在一方完全不履行合同或者不完全履行合同的行为构成根本违约，使非违约一方基于合同所产生的期待利益丧失，订立合同的目的不能达到时，才能适用定金罚则。

依据《合同编通则解释》第68条第2款的规定，在部分履行的情形下，也可以依法适用定金罚则，即当事人一方已经部分履行合同，对方接受的，则其可以主张按照未履行部分所占比例适用定金罚则。在此情形下，除部分履行致使对方当事人合同目的不能实现的情形外，对方当事人不得主张按照合同整体适用定金罚则。

3. 定金责任与违约金责任。在合同既有违约金条款又设有定金担保的情形下，一方违约时如何处理违约金与定金的关系，《民法典》第588条确立了以下规则：

（1）当事人既约定违约金，又约定定金的，一方违约时，对方可以选择适用违约金或者定金条款。据此，定金与违约金原则上不能并用。

（2）约定的定金不足以弥补一方违约造成的损失的，对方可以请求赔偿超过定金部分的损失。对此应理解为，适用定金罚则（如违约方双倍返还定金）后，守约方损失仍未得到充分填补的，可就超出的数额部分向违约方请求赔偿。

☞ 2024 考点21　禁止借婚姻索取财物★

借婚姻索取财物，是指除买卖婚姻以外的其他借婚姻索取财物的行为。应当区分借婚姻索取财物和男女婚前出于自愿的赠与。借婚姻索取财物和买卖婚姻的共同点在于，它们都以索取财物为结婚的前提条件。这里的前提条件不是决定民事法律行为效力的生效条件。借婚姻索取财物和买卖婚姻的不同之处在于以下三点：（1）索取财物的主体不同。在借婚姻索取财物中，索取财物的主体通常是婚姻当事人一方；在买卖婚姻中，索取财物的主体通常是第三人。（2）婚姻自主决定的不同。借婚姻索取财物，男女双方通常是自愿结婚，不存在强迫包办的情形，索取财物的婚姻当事人一方，实际上是滥用婚姻自主权；买卖婚姻则违背了婚姻当事人的意愿，存在强迫包办的情形，违反了婚姻自由原则。（3）法律后果不同。借婚姻索取财物，虽然给付方给付财物是违心的和被迫的，但是给付方对于结婚是自愿的，因此婚姻的效力不受索取财物的影响；买卖婚姻通常因胁迫而缔结，受胁迫的一方可以向人民法院请求撤销婚姻。

借婚姻索取财物也不同于婚前一方给付彩礼的行为。按民间婚俗，缔结婚姻关系的男女在婚前通常会有一些财物往来，即男方为缔结婚姻在婚前向女方给付一定的金钱、财物作为彩礼。一般来说，借婚姻索取财物的，财物价值明显高出当地婚前给付彩礼的一般水平。借婚姻索取财物是违法行为，但彩礼并不具有违法性。对于给付彩礼的行为，我国《民法典》并未禁止。根据司法解释的规定，人民法院在审理涉彩礼纠纷案件中，可以根据一方给付财物的目的，综合考虑双方当地习俗、给付的时间和方式、财物价值、给付人及接收人等事实，认定彩礼范围。原则上，这些情形给付的财物不属于彩礼：（1）一方在节日、生日等有特殊纪念意义时点给付的价值不大的礼物、礼金；（2）一方为表达或者增进感情的日常消费性支出;(3)其他价值不大的财物。

一方当事人请求返还按照习俗给付的彩礼的,如果查明属于以下情形,人民法院应当予以支持:(1)双方未办理结婚登记手续;(2)双方办理结婚登记手续但确未共同生活;(3)婚前给付并导致给付人生活困难。在上述第2项和第3项的情形下,彩礼的返还应当以夫妻双方离婚为条件。"双方未办理结婚登记手续",是指未婚男女双方既未办理结婚登记手续也没有共同生活的情形。如果双方办理结婚登记手续但确未共同生活,彩礼返还的具体数额,根据双方结婚时间长短、彩礼数额、未共同生活的原因、财产使用情况、双方经济状况、当地风俗习惯等因素确定。婚前给付并导致给付人生活困难的,请求返还彩礼的一方必须陷入生活绝对困难,即彩礼返还以因彩礼的给付导致给付人无法维持当地最基本生活水平为前提。此外,如果双方未办理结婚登记但已共同生活,一方请求返还按照习俗给付的彩礼的,人民法院应当根据彩礼实际使用及嫁妆情况,综合考虑共同生活及孕育情况、双方过错等事实,结合当地习俗,确定是否返还以及返还的具体比例。最后,如果双方已办理结婚登记且共同生活,离婚时一方请求返还按照习俗给付的彩礼的,人民法院一般不予支持。但是,如果共同生活时间较短且彩礼数额过高的,人民法院可以根据彩礼实际使用及嫁妆情况,综合考虑彩礼数额、共同生活及孕育情况、双方过错等事实,结合当地习俗,确定是否返还以及返还的具体比例。彩礼数额是否过高,应当综合考虑彩礼给付方所在地居民人均可支配收入、给付方家庭经济情况以及当地习俗等因素。

☞ 2024 考点22 侵权之债的抵销★★★

对于行为人因侵权行为而产生的债务,多数国家立法例限制或禁止其抵销,理由是受害人的损失应得到及时填补。如果对侵权之债不加限制地允许抵销,还可能放任债权人任意侵犯债务人的人身权益和财产权利,违背公序良俗。《合同编通则解释》第57条规定,因侵害自然人人身权益,或者故意、重大过失侵害他人财产权益产生的损害赔偿债务,侵权人主张抵销的,人民法院不予支持。该条实际上是《民法典》第568条第1款但书规定的细化。按照人身权益损害和财产权益损害的分类思路,侵权之债的抵销被分为以下情形。

1. 侵害自然人人身权益所产生的债务,一律不允许侵权人主张抵销。这里的人身权益,包括生命权、健康权等物质性人格权,以及名誉权、隐私权等非物质性人格权。为贯彻《民法典》以人为本的立法理念和充分保护自然人人格权的要求,对侵害自然人人身权益所产生的侵权之债的抵销,应被严格限制。具体而言,侵权人实施侵权行为给被侵权人人身权益造成损害的,根据《民法典》第1179条的规定,应当赔偿医疗费、护理费、交通费、营养费、住院伙食补助费等为治疗和康复支出的合理费用,以及因误工减少的收入。造成残疾的,还应当赔偿辅助器具费和残疾赔偿金;造成死亡的,还应当赔偿丧葬费和死亡赔偿金。另外,根据《民法典》第1183条第1款的规定,自然人因人身权益被侵害受到严重精神损害的,还可以请求精神损害赔偿。上述损害赔偿性质上属于金钱债务,若被侵权人对侵权人负有其他金钱债务,可能在形式上符合《民法典》第568条法定抵销的相关规定。但根据《合同编通则解释》第57条的规定侵权人不得主张抵销。此外,无论侵权人实施侵权行为时系故意还是过失,均不得主张侵权之债的抵销。这体现了法律和司法解释对生命权、健康权等人身权益的优先保护,意在使被侵权人受到的损害能够被迅速填补。

2. 故意或者重大过失情形下,侵权人不得就侵害财产权益产生的侵权之债主张抵销。首先,被侵害的财产权益包括法律规定的财产权利如物权、知识产权等,还包括数据、网络虚拟财产等财产性利益。侵权财产权益所产生的赔偿债务本质上是侵权债务,若被侵权人也对侵权人负有金钱之债,也有可能可以抵销。其次,在侵害财产权益中,侵权人不得主张抵销的情形限于故意或重大过失,限制范围与《民法典》第506条关于因故意或者重大过失造成对方财产损失的免责条款无效的规定一致。与侵害人身权益中侵权人一律不得主张抵销相比,对侵害财产权益之债的抵销作出适当限制,旨在防止侵权人滥用债务抵销制度逃避侵权责任,避免债权人为泄愤而故意毁坏债务人的财物,并在之后主张债务抵销。在侵权人因一般过失造成财产权益损害的情形下,允许抵销适度扩大了民事主体意思自治的范围,有效平衡了个人行为自由与被侵权人权益保护,合理分配风险社会所发生的各种损害。

3.被侵权人可以主张抵销。值得注意的是,尽管侵权人不能主张抵销,但法律和司法解释并不禁止被侵权人主张抵销。这实质上赋予了被侵权人抵销权,使其可根据实际情况作出最符合自身利益的选择。

【大纲新增法条】

最高人民法院关于适用《中华人民共和国民法典》侵权责任编的解释(一)

(2023年12月18日最高人民法院审判委员会第1909次会议通过　2024年9月25日公布　2024年9月27日起施行)　法释〔2024〕12号

为正确审理侵权责任纠纷案件,根据《中华人民共和国民法典》、《中华人民共和国民事诉讼法》等法律规定,结合审判实践,制定本解释。

第一条　非法使被监护人脱离监护,监护人请求赔偿为恢复监护状态而支出的合理费用等财产损失的,人民法院应予支持。

第二条　非法使被监护人脱离监护,导致父母子女关系或者其他近亲属关系受到严重损害的,应当认定为民法典第一千一百八十三条第一款规定的严重精神损害。

第三条　非法使被监护人脱离监护,被监护人在脱离监护期间死亡,作为近亲属的监护人既请求赔偿人身损害,又请求赔偿监护关系受侵害产生的损失的,人民法院依法予以支持。

第四条　无民事行为能力人、限制民事行为能力人造成他人损害,被侵权人请求监护人承担侵权责任,或者合并请求监护人和受托履行监护职责的人承担侵权责任的,人民法院应当将无民事行为能力人、限制民事行为能力人列为共同被告。

第五条　无民事行为能力人、限制民事行为能力人造成他人损害,被侵权人请求监护人承担侵权人应承担的全部责任的,人民法院应予支持,并在判决中明确,赔偿费用可以先从被监护人财产中支付,不足部分由监护人支付。

监护人抗辩主张承担补充责任,或者被侵权人、监护人主张人民法院判令有财产的无民事行为能力人、限制民事行为能力人承担赔偿责任的,人民法院不予支持。

从被监护人财产中支付赔偿费用的,应当保留被监护人所必需的生活费和完成义务教育所必需的费用。

第六条　行为人在侵权行为发生时不满十八周岁,被诉时已满十八周岁的,被侵权人请求原监护人承担侵权人应承担的全部责任的,人民法院应予支持,并在判决中明确,赔偿费用可以先从被监护人财产中支付，不足部分由监护人支付。

前款规定情形，被侵权人仅起诉行为人的，人民法院应当向原告释明申请追加原监护人为共同被告。

第七条 未成年子女造成他人损害，被侵权人请求父母共同承担侵权责任的，人民法院依照民法典第二十七条第一款、第一千零六十八条以及第一千一百八十八条的规定予以支持。

第八条 夫妻离婚后，未成年子女造成他人损害，被侵权人请求离异夫妻共同承担侵权责任的，人民法院依照民法典第一千零六十八条、第一千零八十四条以及第一千一百八十八条的规定予以支持。一方以未与该子女共同生活为由主张不承担或者少承担责任的，人民法院不予支持。

离异夫妻之间的责任份额，可以由双方协议确定；协议不成的，人民法院可以根据双方履行监护职责的约定和实际履行情况等确定。实际承担责任超过自己责任份额的一方向另一方追偿的，人民法院应予支持。

第九条 未成年子女造成他人损害的，依照民法典第一千零七十二条第二款的规定，未与该子女形成抚养教育关系的继父或者继母不承担监护人的侵权责任，由该子女的生父母依照本解释第八条的规定承担侵权责任。

第十条 无民事行为能力人、限制民事行为能力人造成他人损害，被侵权人合并请求监护人和受托履行监护职责的人承担侵权责任的，依照民法典第一千一百八十九条的规定，监护人承担侵权人应承担的全部责任；受托人在过错范围内与监护人共同承担责任，但责任主体实际支付的赔偿费用总和不应超出被侵权人应受偿的损失数额。

监护人承担责任后向受托人追偿的，人民法院可以参照民法典第九百二十九条的规定处理。

仅有一般过失的无偿受托人承担责任后向监护人追偿的，人民法院应予支持。

第十一条 教唆、帮助无民事行为能力人、限制民事行为能力人实施侵权行为，教唆人、帮助人以其不知道且不应当知道行为人为无民事行为能力人、限制民事行为能力人为由，主张不承担侵权责任或者与行为人的监护人承担连带责任的，人民法院不予支持。

第十二条 教唆、帮助无民事行为能力人、限制民事行为能力人实施侵权行为，被侵权人合并请求教唆人、帮助人以及监护人承担侵权责任的，依照民法典第一千一百六十九条第二款的规定，教唆人、帮助人承担侵权人应承担的全部责任；监护人在未尽到监护职责的范围内与教唆人、帮助人共同承担责任，但责任主体实际支付的赔偿费用总和不应超出被侵权人应受偿的损失数额。

监护人先行支付赔偿费用后，就超过自己相应责任的部分向教唆人、帮助人追偿的，人民法院应予支持。

第十三条 教唆、帮助无民事行为能力人、限制民事行为能力人实施侵权行为，被侵权人合并请求教唆人、帮助人与监护人以及受托履行监护职责的人承担侵权责任的，依照本解释第十条、第十二条的规定认定民事责任。

第十四条 无民事行为能力人或者限制民事行为能力人在幼儿园、学校或者其他教育机构学习、生活期间，受到教育机构以外的第三人人身损害，第三人、教育机构作为共同被告且依法应承担侵权责任的，人民法院应当在判决中明确，教育机构在人民法院就第三人的财产依法强制执行后仍不能履行的范围内，承担与其过错相应的补充责任。

被侵权人仅起诉教育机构的，人民法院应当向原告释明申请追加实施侵权行为的第三人为共同被告。

第三人不确定的，未尽到管理职责的教育机构先行承担与其过错相应的责任；教育机构承担责任后向已经确定的第三人追偿的，人民法院依照民法典第一千二百零一条的规定予以支持。

第十五条 与用人单位形成劳动关系的工作人员、执行用人单位工作任务的其他人员，因执行工作任务造成他人损害，被侵权人依照民法典第一千一百九十一条第一款的规定，请求用人单位承担侵权责任的，人民法院应予支持。

个体工商户的从业人员因执行工作任务造成他人损害的，适用民法典第一千一百九十一条第一款的规定认定民事责任。

第十六条　劳务派遣期间，被派遣的工作人员因执行工作任务造成他人损害，被侵权人合并请求劳务派遣单位与接受劳务派遣的用工单位承担侵权责任的，依照民法典第一千一百九十一条第二款的规定，接受劳务派遣的用工单位承担侵权人应承担的全部责任；劳务派遣单位在不当选派工作人员、未依法履行培训义务等过错范围内，与接受劳务派遣的用工单位共同承担责任，但责任主体实际支付的赔偿费用总和不应超出被侵权人应受偿的损失数额。

劳务派遣单位先行支付赔偿费用后，就超过自己相应责任的部分向接受劳务派遣的用工单位追偿的，人民法院应予支持，但双方另有约定的除外。

第十七条　工作人员在执行工作任务中实施的违法行为造成他人损害，构成自然人犯罪的，工作人员承担刑事责任不影响用人单位依法承担民事责任。依照民法典第一千一百九十一条规定用人单位应当承担侵权责任的，在刑事案件中已完成的追缴、退赔可以在民事判决书中明确并扣减，也可以在执行程序中予以扣减。

第十八条　承揽人在完成工作过程中造成第三人损害的，人民法院依照民法典第一千一百六十五条的规定认定承揽人的民事责任。

被侵权人合并请求定作人和承揽人承担侵权责任的，依照民法典第一千一百六十五条、第一千一百九十三条的规定，造成损害的承揽人承担侵权人应承担的全部责任；定作人在定作、指示或者选任过错范围内与承揽人共同承担责任，但责任主体实际支付的赔偿费用总和不应超出被侵权人应受偿的损失数额。

定作人先行支付赔偿费用后，就超过自己相应责任的部分向承揽人追偿的，人民法院应予支持，但双方另有约定的除外。

第十九条　因产品存在缺陷造成买受人财产损害，买受人请求产品的生产者或者销售者赔偿缺陷产品本身损害以及其他财产损害的，人民法院依照民法典第一千二百零二条、第一千二百零三条的规定予以支持。

第二十条　以买卖或者其他方式转让拼装或者已经达到报废标准的机动车，发生交通事故造成损害，转让人、受让人以其不知道且不应当知道该机动车系拼装或者已经达到报废标准为由，主张不承担侵权责任的，人民法院不予支持。

第二十一条　未依法投保强制保险的机动车发生交通事故造成损害，投保义务人和交通事故责任人不是同一人，被侵权人合并请求投保义务人和交通事故责任人承担侵权责任的，交通事故责任人承担侵权人应承担的全部责任；投保义务人在机动车强制保险责任限额范围内与交通事故责任人共同承担责任，但责任主体实际支付的赔偿费用总和不应超出被侵权人应受偿的损失数额。

投保义务人先行支付赔偿费用后，就超出机动车强制保险责任限额范围部分向交通事故责任人追偿的，人民法院应予支持。

第二十二条　机动车驾驶人离开本车后，因未采取制动措施等自身过错受到本车碰撞、碾压造成损害，机动车驾驶人请求承保本车机动车强制保险的保险人在强制保险责任限额范围内，以及承保本车机动车商业第三者责任保险的保险人按照保险合同的约定赔偿的，人民法院不予支持，但可以依据机动车车上人员责任保险的有关约定支持相应的赔偿请求。

第二十三条　禁止饲养的烈性犬等危险动物造成他人损害，动物饲养人或者管理人主张不承担责任或者减轻责任的，人民法院不予支持。

第二十四条　物业服务企业等建筑物管理人未采取必要的安全保障措施防止从建筑物中抛掷物品或者从建筑物上坠落的物品造成他人损害，具体侵权人、物业服务企业等建筑物管理人作为共同被告的，人民法院应当依照民法典第一千一百九十八条第二款、第一千二百五十四条的规定，在判决中明确，未采取必要安全保障措施的物业服务企业等建筑物管理人在人民法院就具体侵权人的财产依法强制执行后仍不能履行的范围内，承担与其过错相应的补充责任。

第二十五条 物业服务企业等建筑物管理人未采取必要的安全保障措施防止从建筑物中抛掷物品或者从建筑物上坠落的物品造成他人损害,经公安等机关调查,在民事案件一审法庭辩论终结前仍难以确定具体侵权人的,未采取必要安全保障措施的物业服务企业等建筑物管理人承担与其过错相应的责任。被侵权人其余部分的损害,由可能加害的建筑物使用人给予适当补偿。

具体侵权人确定后,已经承担责任的物业服务企业等建筑物管理人、可能加害的建筑物使用人向具体侵权人追偿的,人民法院依照民法典第一千一百九十八条第二款、第一千二百五十四条第一款的规定予以支持。

第二十六条 本解释自2024年9月27日起施行。

本解释施行后,人民法院尚未审结的一审、二审案件适用本解释。本解释施行前已经终审,当事人申请再审或者按照审判监督程序决定再审的,适用当时的法律、司法解释规定。

最高人民法院关于适用《中华人民共和国民法典》婚姻家庭编的解释(二)

(2024年11月25日最高人民法院审判委员会第1933次会议通过 2025年1月15日公布 自2025年2月1日起施行) 法释〔2025〕1号

为正确审理婚姻家庭纠纷案件,根据《中华人民共和国民法典》《中华人民共和国民事诉讼法》等相关法律规定,结合审判实践,制定本解释。

第一条 当事人依据民法典第一千零五十一条第一项规定请求确认重婚的婚姻无效,提起诉讼时合法婚姻当事人已经离婚或者配偶已经死亡,被告以此为由抗辩后一婚姻自以上情形发生时转为有效的,人民法院不予支持。

第二条 夫妻登记离婚后,一方以双方意思表示虚假为由请求确认离婚无效的,人民法院不予支持。

第三条 夫妻一方的债权人有证据证明离婚协议中财产分割条款影响其债权实现,请求参照适用民法典第五百三十八条或者第五百三十九条规定撤销相关条款的,人民法院应当综合考虑夫妻共同财产整体分割及履行情况、子女抚养费负担、离婚过错等因素,依法予以支持。

第四条 双方均无配偶的同居关系析产纠纷案件中,对同居期间所得的财产,有约定的,按照约定处理;没有约定且协商不成的,人民法院按照以下情形分别处理:

(一)各自所得的工资、奖金、劳务报酬、知识产权收益,各自继承或者受赠的财产以及单独生产、经营、投资的收益等,归各自所有;

(二)共同出资购置的财产或者共同生产、经营、投资的收益以及其他无法区分的财产,以各自出资比例为基础,综合考虑共同生活情况、有无共同子女、对财产的贡献大小等因素进行分割。

第五条 婚前或者婚姻关系存续期间,当事人约定将一方所有的房屋转移登记至另一方或者双方名下,离婚诉讼时房屋所有权尚未转移登记,双方对房屋归属或者分割有争议且协商不成的,人民法院可以根据当事人诉讼请求,结合给予目的,综合考虑婚姻关系存续时间、共同生活及孕育共同子女情况、离婚过错、对家庭的贡献大小以及离婚时房屋市场价格等因素,判决房屋归其中一方所有,并确定是否由获得房屋一方对另一方予以补偿以及补偿的具体数额。

婚前或者婚姻关系存续期间，一方将其所有的房屋转移登记至另一方或者双方名下，离婚诉讼中，双方对房屋归属或者分割有争议且协商不成的，如果婚姻关系存续时间较短且给予方无重大过错，人民法院可以根据当事人诉讼请求，判决该房屋归给予方所有，并结合给予目的，综合考虑共同生活及孕育共同子女情况、离婚过错、对家庭的贡献大小以及离婚时房屋市场价格等因素，确定是否由获得房屋一方对另一方予以补偿以及补偿的具体数额。

给予方有证据证明另一方存在欺诈、胁迫、严重侵害给予方或者其近亲属合法权益、对给予方有扶养义务而不履行等情形，请求撤销前两款规定的民事法律行为的，人民法院依法予以支持。

第六条 夫妻一方未经另一方同意，在网络直播平台用夫妻共同财产打赏，数额明显超出其家庭一般消费水平，严重损害夫妻共同财产利益的，可以认定为民法典第一千零六十六条和第一千零九十二条规定的“挥霍”。另一方请求在婚姻关系存续期间分割夫妻共同财产，或者在离婚分割夫妻共同财产时请求对打赏一方少分或者不分的，人民法院应予支持。

第七条 夫妻一方为重婚、与他人同居以及其他违反夫妻忠实义务等目的，将夫妻共同财产赠与他人或者以明显不合理的价格处分夫妻共同财产，另一方主张该民事法律行为违背公序良俗无效的，人民法院应予支持并依照民法典第一百五十七条规定处理。

夫妻一方存在前款规定情形，另一方以该方存在转移、变卖夫妻共同财产行为，严重损害夫妻共同财产利益为由，依据民法典第一千零六十六条规定请求在婚姻关系存续期间分割夫妻共同财产，或者依据民法典第一千零九十二条规定请求在离婚分割夫妻共同财产时对该方少分或者不分的，人民法院应予支持。

第八条 婚姻关系存续期间，夫妻购置房屋由一方父母全额出资，如果赠与合同明确约定只赠与自己子女一方的，按照约定处理；没有约定或者约定不明确的，离婚分割夫妻共同财产时，人民法院可以判决该房屋归出资人子女一方所有，并综合考虑共同生活及孕育共同子女情况、离婚过错、对家庭的贡献大小以及离婚时房屋市场价格等因素，确定是否由获得房屋一方对另一方予以补偿以及补偿的具体数额。

婚姻关系存续期间，夫妻购置房屋由一方父母部分出资或者双方父母出资，如果赠与合同明确约定相应出资只赠与自己子女一方的，按照约定处理；没有约定或者约定不明确的，离婚分割夫妻共同财产时，人民法院可以根据当事人诉讼请求，以出资来源及比例为基础，综合考虑共同生活及孕育共同子女情况、离婚过错、对家庭的贡献大小以及离婚时房屋市场价格等因素，判决房屋归其中一方所有，并由获得房屋一方对另一方予以合理补偿。

第九条 夫妻一方转让用夫妻共同财产出资但登记在自己名下的有限责任公司股权，另一方以未经其同意侵害夫妻共同财产利益为由请求确认股权转让合同无效的，人民法院不予支持，但有证据证明转让人与受让人恶意串通损害另一方合法权益的除外。

第十条 夫妻以共同财产投资有限责任公司，并均登记为股东，双方对相应股权的归属没有约定或者约定不明确，离婚时，一方请求按照股东名册或者公司章程记载的各自出资额确定股权分割比例的，人民法院不予支持；对当事人分割夫妻共同财产的请求，人民法院依照民法典第一千零八十七条规定处理。

第十一条 夫妻一方以另一方可继承的财产为夫妻共同财产、放弃继承侵害夫妻共同财产利益为由主张另一方放弃继承无效的，人民法院不予支持，但有证据证明放弃继承导致放弃一方不能履行法定扶养义务的除外。

第十二条 父母一方或者其近亲属等抢夺、藏匿未成年子女，另一方向人民法院申请人身安全保护令或者参照适用民法典第九百九十七条规定申请人格权侵害禁令的，人民法院依法予以支持。

抢夺、藏匿未成年子女一方以另一方存在赌博、吸毒、家庭暴力等严重侵害未成年子女合法权益情形，主张其抢夺、藏匿行为有合理事由的，人民法院应当告知其依法通过撤销监护人资格、中止探望或者变更抚养关系等途径解决。当事人对其上述主张未提供证据证明且未在合理期限内提出相关请求的,人民法院依照前款规定处理。

第十三条 夫妻分居期间,一方或者其近亲属等抢夺、藏匿未成年子女,致使另一方无法履行监护职责,另一方请求行为人承担民事责任的,人民法院可以参照适用民法典第一千零八十四条关于离婚后子女抚养的有关规定,暂时确定未成年子女的抚养事宜,并明确暂时直接抚养未成年子女一方有协助另一方履行监护职责的义务。

第十四条 离婚诉讼中,父母均要求直接抚养已满两周岁的未成年子女,一方有下列情形之一的,人民法院应当按照最有利于未成年子女的原则,优先考虑由另一方直接抚养:

(一)实施家庭暴力或者虐待、遗弃家庭成员;

(二)有赌博、吸毒等恶习;

(三)重婚、与他人同居或者其他严重违反夫妻忠实义务情形;

(四)抢夺、藏匿未成年子女且另一方不存在本条第一项或者第二项等严重侵害未成年子女合法权益情形;

(五)其他不利于未成年子女身心健康的情形。

第十五条 父母双方以法定代理人身份处分用夫妻共同财产购买并登记在未成年子女名下的房屋后,又以违反民法典第三十五条规定损害未成年子女利益为由向相对人主张该民事法律行为无效的,人民法院不予支持。

第十六条 离婚协议中关于一方直接抚养未成年子女或者不能独立生活的成年子女、另一方不负担抚养费的约定,对双方具有法律约束力。但是,离婚后,直接抚养子女一方经济状况发生变化导致原生活水平显著降低或者子女生活、教育、医疗等必要合理费用确有显著增加,未成年子女或者不能独立生活的成年子女请求另一方支付抚养费的,人民法院依法予以支持,并综合考虑离婚协议整体约定、子女实际需要、另一方的负担能力、当地生活水平等因素,确定抚养费的数额。

前款但书规定情形下,另一方以直接抚养子女一方无抚养能力为由请求变更抚养关系的,人民法院依照民法典第一千零八十四条规定处理。

第十七条 离婚后,不直接抚养子女一方未按照离婚协议约定或者以其他方式作出的承诺给付抚养费,未成年子女或者不能独立生活的成年子女请求其支付欠付的抚养费的,人民法院应予支持。

前款规定情形下,如果子女已经成年并能够独立生活,直接抚养子女一方请求另一方支付欠付的费用的,人民法院依法予以支持。

第十八条 对民法典第一千零七十二条中继子女受继父或者继母抚养教育的事实,人民法院应当以共同生活时间长短为基础,综合考虑共同生活期间继父母是否实际进行生活照料、是否履行家庭教育职责、是否承担抚养费等因素予以认定。

第十九条 生父与继母或者生母与继父离婚后,当事人主张继父或者继母和曾受其抚养教育的继子女之间的权利义务关系不再适用民法典关于父母子女关系规定的,人民法院应予支持,但继父或者继母与继子女存在依法成立的收养关系或者继子女仍与继父或者继母共同生活的除外。

继父母子女关系解除后,缺乏劳动能力又缺乏生活来源的继父或者继母请求曾受其抚养教育的成年继子女给付生活费的,人民法院可以综合考虑抚养教育情况、成年继子女负担能力等因素,依法予以支持,但是继父或者继母曾存在虐待、遗弃继子女等情况的除外。

第二十条 离婚协议约定将部分或者全部夫妻共同财产给予子女,离婚后,一方在财产权利转移之前请求撤销该约定的,人民法院不予支持,但另一方同意的除外。

一方不履行前款离婚协议约定的义务,另一方请求其承担继续履行或者因无法履行而赔偿损失等民事责任的,人民法院依法予以支持。

双方在离婚协议中明确约定子女可以就本条第一款中的相关财产直接主张权利,一方不履行离婚协议约定的义务,子女请求参照适用民法典第五百二十二条第二款规定,由该方承担继续履行或者因无法履行而赔偿损失等民事责任的,人民法院依法予以支持。

离婚协议约定将部分或者全部夫妻共同财产给予子女，离婚后，一方有证据证明签订离婚协议时存在欺诈、胁迫等情形，请求撤销该约定的，人民法院依法予以支持；当事人同时请求分割该部分夫妻共同财产的，人民法院依照民法典第一千零八十七条规定处理。

第二十一条 离婚诉讼中，夫妻一方有证据证明在婚姻关系存续期间因抚育子女、照料老年人、协助另一方工作等负担较多义务，依据民法典第一千零八十八条规定请求另一方给予补偿的，人民法院可以综合考虑负担相应义务投入的时间、精力和对双方的影响以及给付方负担能力、当地居民人均可支配收入等因素，确定补偿数额。

第二十二条 离婚诉讼中，一方存在年老、残疾、重病等生活困难情形，依据民法典第一千零九十条规定请求有负担能力的另一方给予适当帮助的，人民法院可以根据当事人请求，结合另一方财产状况，依法予以支持。

第二十三条 本解释自 2025 年 2 月 1 日起施行。

知识产权法

【大纲新增考点·法条说明】

2025 年，“知识产权法”学科以修订完善教材为主，大纲附录、考点内容没有变化。

2020～2024 年大纲新增考点对照

年份	章节	新增与变化考点　法条
2024	修订法律法规：中华人民共和国专利法实施细则	
2023	无	
2022	无	
2021	第一章第二节　知识产权的国际保护	国际知识产权保护的基本原则
	第三章第六节　专利侵权行为	不视为侵犯专利权的行为　现有技术抗辩　药品专利侵权纠纷早期解决机制
	修订法律法规： (1)中华人民共和国著作权法 (2)中华人民共和国专利法 (3)最高人民法院关于审理著作权民事纠纷案件适用法律若干问题的解释 (4)最高人民法院关于审理侵害信息网络传播权民事纠纷案件适用法律若干问题的规定 (5)最高人民法院关于审理专利纠纷案件适用法律问题的若干规定 (6)最高人民法院关于审理侵犯专利权纠纷案件应用法律若干问题的解释(二) (7)最高人民法院关于审理商标民事纠纷案件适用法律若干问题的解释 (8)最高人民法院关于审理涉及驰名商标保护的民事纠纷案件应用法律若干问题的解释	

续表

年份	章节	新增与变化考点·法条
2020	第一章第一节　知识产权保护概述	知识产权诉讼特殊程序
	第三章第一节　商标权的取得	商标注册的原则
	修订法律法规：中华人民共和国商标法	

【大纲新增、变化考点解读】

☞ 2025 考点　外观设计与局部外观设计★★★

外观设计，是指对产品的整体或者局部的形状、图案或者其结合以及色彩与形状、图案的结合所作出的富有美感并适于工业应用的新设计。**局部外观设计是指对产品的局部的形状、图案或者其结合以及色彩与形状、图案的结合所作出的富有美感并适于工业应用的新设计。要求保护产品不能分割的局部的，应当以局部外观设计的方式提交申请。例如“座椅靠背的雕花”等。**

☞ 2024 考点 1　专利申请的原则★★

1. 形式法定原则。申请专利的各种手续，都应当以书面形式或者国家知识产权局专利局规定的其他形式办理。以电子数据交换等方式能够有形地表现所载内容，并可以随时调取查用的数据电文，视为书面形式。

2. 单一性原则。一件发明或者实用新型专利申请应当限于一项发明或者实用新型。属于一个总的发明构思的两项以上的发明或者实用新型，可以作为一件申请提出。

一件外观设计专利申请应当限于一项外观设计。同一产品两项以上的相似外观设计，或者用于同一类别并且成套出售或者使用的产品的两项以上外观设计，可以作为一件申请提出。

3. 先申请原则。同样的发明创造只能授予一项专利权。但是，同一申请人同日对同样的发明创造既申请实用新型专利又申请发明专利，先获得的实用新型专利权尚未终止，且申请人声明放弃该实用新型专利权的，可以授予发明专利权。两个以上的申请人分别就同样的发明创造申请专利的，专利权授予最先申请的人。

4. 诚实信用原则。申请专利应当遵循诚实信用原则。提出各类专利申请应当以真实发明创造活动为基础，不得弄虚作假。

5. 保密审查原则。任何单位或者个人将在中国完成的发明或者实用新型向外国申请专利的，应当事先报经国务院专利行政部门进行保密审查。保密审查的程序、期限等按照国务院的规定执行。中国单位或者个人可以根据中华人民共和国参加的有关国际条约提出专利国际申请。申请人提出专利国际申请的，应当遵守前述规定。对违反前述规定向外国申请专利的发明或者实用新型，在中国申请专利的，不授予专利权。

☞ 2024 考点 2　专利权的期限★★

发明专利权的期限为 20 年，实用新型专利权的期限为 10 年，外观设计专利权的期限为 15 年，均自申请日起计算。自发明专利申请日起满 4 年，且自实质审查请求之日起满 3 年后授予发明专利

权的，国务院专利行政部门应专利权人的请求，就发明专利在授权过程中的不合理延迟给予专利权期限补偿，但由申请人引起的不合理延迟除外。

为补偿新药上市审评审批占用的时间，对在中国获得上市许可的新药相关发明专利，国务院专利行政部门应专利权人的请求给予专利权期限补偿。请求给予专利权期限补偿的，专利权人应当自公告授予专利权之日起3个月内向国务院专利行政部门提出。补偿期限不超过5年，新药批准上市后总有效专利权期限不超过14年。申请人享有优先权的，优先权日不得成为专利保护期的起算日。专利权期限届满后，专利权终止。专利权期限届满前，专利权人可以书面声明放弃专利权。

☞ 2024 考点3　专利权的特别许可★★★

1. 强制许可。强制许可又称为非自愿许可，是指国务院专利行政部门依照法律规定，不经专利权人的同意，直接许可具备实施条件的申请者实施发明或实用新型专利的一种行政措施。其目的是促进获得专利的发明创造得以实施，防止专利权人滥用专利权，维护国家利益和社会公共利益。我国专利法将强制许可分为三类：

(1)滥用专利权的强制许可。有下列情形之一的，国务院专利行政部门根据具备实施条件的单位或者个人的申请，可以给予实施发明专利或者实用新型专利的强制许可：①专利权人自专利权被授予之日起满3年，且自提出专利申请之日起满4年，无正当理由未实施或者未充分实施其专利的。申请强制许可的单位或者个人应当提供证据，证明其以合理的条件请求专利权人许可其实施专利，但未能在合理的时间内获得许可。②专利权人行使专利权的行为被依法认定为垄断行为，为消除或者减少该行为对竞争产生的不利影响的。

(2)根据公共利益需要的强制许可。在国家出现紧急状态或者非常情况时，或者为了公共利益的目的，国务院专利行政部门可以给予实施发明专利或者实用新型专利的强制许可。为了公共健康目的，对取得专利权的药品，国务院专利行政部门可以给予制造并将其出口到符合中华人民共和国参加的有关国际条约规定的国家或者地区的强制许可。

(3)从属专利的强制许可。一项取得专利权的发明或者实用新型比前已经取得专利权的发明或者实用新型具有显著经济意义的重大技术进步，其实施又有赖于前一发明或者实用新型的实施的，国务院专利行政部门根据后一专利权人的申请，可以给予实施前一发明或者实用新型的强制许可。在依照前述规定给予实施强制许可的情形下，国务院专利行政部门根据前一专利权人的申请，也可以给予实施后一发明或者实用新型的强制许可。

强制许可涉及的发明创造为半导体技术的，其实施限于公共利益的目的和专利权人行使专利权的行为被依法认定为垄断行为后为消除或者减少该行为对竞争产生的不利影响的情形。

除专利权人行使专利权的行为被依法认定为垄断行为后为消除或者减少该行为对竞争产生的不利影响，以及为了公共健康目的的强制许可外，强制许可的实施应当主要为了供应国内市场。

取得实施强制许可的单位或者个人应当付给专利权人合理的使用费，或者依照中华人民共和国参加的有关国际条约的规定处理使用费问题。付给使用费的，其数额由双方协商；双方不能达成协议的，由国务院专利行政部门裁决。

2. 开放许可。为了促进发明创造的推广应用，我国专利法新规定了开放许可制度。专利权人自愿以书面方式向国务院专利行政部门声明愿意许可任何单位或者个人实施其专利，并明确许可使用费支付方式、标准的，由国务院专利行政部门予以公告，实行开放许可。专利权人自愿声明对其专利实行开放许可的，应当在公告授予专利权后提出。就实用新型、外观设计专利提出开放许可声明的，应当提供专利权评价报告。专利权人撤回开放许可声明的,应当以书面方式提出,并由国务院专利行政部门予以公告。开放许可声明被公告撤回的,不影响在先给予的开放许可的效力。

任何单位或者个人有意愿实施开放许可的专利的,以书面方式通知专利权人,并依照公告的许可使用费支付方式、标准支付许可使用费后,即获得专利实施许可。开放许可实施期间,对专利权人缴纳专利年费相应给予减免。实行开放许可的专利权人可以与被许可人就许可使用费进行协商后给予普通许可,但不得就该专利给予独占或者排他许可。通过开放许可达成专利实施许可的,专利权人或者被许可人应当凭能够证明达成许可的书面文件向国务院专利行政部门备案。

3. 指定许可。国有企业事业单位的发明专利,对国家利益或者公共利益具有重大意义的,国务院有关主管部门和省、自治区、直辖市人民政府报经国务院批准,可以决定在批准的范围内推广应用,允许指定的单位实施,由实施单位按照国家规定向专利权人支付使用费。

商　法

【大纲新增考点·法条说明】

2025年,“商法”学科以修订完善教材为主,大纲附录、考点内容没有变化。

2020~2024年大纲新增考点对照

年　份	章　节	新增与变化考点·法条
2024	修订法律法规:中华人民共和国公司法	
2023		无
2022	第十章第一节　信托制度概述	信托制度的起源及在我国的发展现状　信托的概念与特征　信托的种类
	第十章第二节　信托的设立	信托设立“三确定”原则　信托合同　信托的成立与生效　信托无效　委托人的债权人对信托的撤销　遗嘱信托设立上的特别规定
	第十章第三节　信托财产	信托财产的范围　信托财产的独立性　信托财产登记与信托登记
	第十章第四节　信托当事人	委托人　受托人　受益人
	第十章第五节　信托的变更与终止	信托变更的概念及其具体情形　信托的终止
	增加法律法规:中华人民共和国信托法	

续表

年 份	章 节	新增与变化考点·法条
2021	修订法律法规： (1)最高人民法院关于适用《中华人民共和国公司法》若干问题的规定(二) (2)最高人民法院关于适用《中华人民共和国公司法》若干问题的规定(三) (3)最高人民法院关于适用《中华人民共和国公司法》若干问题的规定(四) (4)最高人民法院关于适用《中华人民共和国公司法》若干问题的规定(五) (5)最高人民法院关于适用《中华人民共和国企业破产法》若干问题的规定(二) (6)最高人民法院关于适用《中华人民共和国企业破产法》若干问题的规定(三) (7)最高人民法院关于适用《中华人民共和国保险法》若干问题的解释(二) (8)最高人民法院关于适用《中华人民共和国保险法》若干问题的解释(三) (9)最高人民法院关于适用《中华人民共和国保险法》若干问题的解释(四)	
2020	第七章　证券法	全章考点修订、调整
	1. 增加法律法规：最高人民法院关于适用《中华人民共和国公司法》若干问题的规定(五) 2. 修订法律法规：中华人民共和国证券法	

【大纲新增、变化考点解读】

☞ 2025 考点1　股东知情权的行使★★★

1. 一般知情权。根据《公司法》第57条、第110条第1款的规定，公司股东有权查阅、复制公司的六种文件资料：公司章程、股东名册、股东会会议记录、董事会会议决议、监事会会议决议和财务会计报告。参照最高人民法院《关于适用〈中华人民共和国公司法〉若干问题的规定(四)》(以下简称《公司法规定(四)》)第7条规定，股东起诉请求查阅或者复制公司特定文件材料的，人民法院应当依法予以受理。公司有证据证明前款规定的原告在起诉时不具有公司股东资格的，人民法院应当驳回起诉，但原告有初步证据证明在持股期间其合法权益受到损害，请求依法查阅或者复制其持股期间的公司特定文件材料的除外。

2. 股东对公司会计账簿、会计凭证的知情权。任意股东(股份有限公司要求为连续一百八十日以上单独或者合计持有公司百分之三以上股份的股东，股份有限公司的章程可以对该持股比例有较低规定)也可以要求查阅公司会计账簿和会计凭证，但是，需要符合较为严格的条件。

(1)提出书面请求并说明目的。《公司法》第57条、第110条第2款规定，股东可以要求查阅公司会计账簿、会计凭证。股东要求查阅公司会计账簿、会计凭证的，应当向公司提出书面请求，说明目的。

(2)不正当目的的认定。《公司法》第57条、第110条第2款规定，公司有合理根据认为股东查阅会计账簿、会计凭证有不正当目的，可能损害公司合法利益的，可以拒绝提供查阅，并应当自股东提出书面请求之日起15日内书面答复股东并说明理由。公司拒绝提供查阅的，股东可以向人民法院提起诉讼。此处所称"不正当目的"，应当有相关证据予以证明。《公司法规定(四)》第8条规定，有证据证明股东存在下列情形之一的，人民法院应当认定股东有上述规定的"不正当目的"：①股东自营或者为他人经营与公司主营业务有实质性竞争关系业务的，但公司章程另有规定或者全体股东另有约定的除外；②股东为了向他人通报有关信息查阅公司会计账簿，可能损害公司合法利益的；

③股东在向公司提出查阅请求之日前的3年内，曾通过查阅公司会计账簿，向他人通报有关信息损害公司合法利益的；④股东有不正当目的的其他情形。

(3)查阅权被实质性剥夺时的司法救济。如果公司章程、股东之间的协议等实质性剥夺股东对于公司会计账簿和会计凭证的查阅权利，此种规定或约定不具有约束力，股东仍然可以行使查阅权；若股东以此提起诉讼，而公司以存在上述公司章程、股东协议等为由拒绝股东查阅或者复制的，人民法院不予支持。

(4)会计账簿查阅权判决的执行。人民法院审理股东请求查阅或者复制公司特定文件材料的案件，如果作出对原告诉讼请求予以支持的判决，应当在判决中明确查阅或者复制公司特定文件材料的时间、地点和特定文件材料的名录。股东依据人民法院生效判决查阅公司文件材料的，可以委托会计师事务所、律师事务所等中介机构进行。股东及其委托的会计师事务所、律师事务所等中介机构查阅、复制有关材料，应当遵守有关保护国家秘密、商业秘密、个人隐私、个人信息等法律、行政法规的规定。

同时，《公司法》第57条第5款、第110条第3款确认了公司的股东有权依据公司知情权的行使规则，要求查阅、复制公司全资子公司相关材料，从而确认了股东知情权可以穿越行使至公司全资子公司的制度。

☞ 2025 考点2　股东红利分配请求权的行使★★★

1. 红利分配请求权的司法救济与诉讼当事人。公司股东如果认为公司没有按照公司章程或者《公司法》的规定进行股息或者利润分配，可以通过诉讼途径行使自己的红利分配请求权。股东请求公司分配利润案件，应当列公司为被告，即使是股东(特别是小股东)认为公司拒绝进行利润分配是大股东控制的结果，也仍然只能以公司为被告提起此等诉讼。

法院受理关于股息与红利分配纠纷案件后，在一审法庭辩论终结前，其他股东基于同一分配方案请求分配利润并申请参加诉讼的，应当将其他股东列为共同原告。

2. 红利分配请求权纠纷的实体处理。在红利分配请求权纠纷案件中，如果公司作出了进行利润分配的决议，却又拒绝按照该决议进行实际的利润分配，股东向法院提交了载明具体分配方案的股东会的有效决议，请求公司分配利润，而公司拒绝分配利润且其关于无法执行决议的抗辩理由不成立的，人民法院应当判决公司按照决议载明的具体分配方案向股东分配利润。

相反，如果股东未提交载明具体分配方案的股东会有效决议，请求公司分配利润，人民法院应当驳回其诉讼请求。例外的情形是，如果股东能够证明公司违反法律规定滥用股东权利导致公司不分配利润，给其他股东造成损失，则法院应当支持股东的诉讼请求。

至于利润分配的完成时限，《公司法》第212条规定，股东会作出分配利润的决议的，董事会应当在股东会决议作出之日起六个月内进行分配。该规定同时具有溯及至2024年7月1日之前的法律效力，最高人民法院《关于适用〈中华人民共和国公司法〉时间效力的若干规定》第1条规定，“公司法施行后的法律事实引起的民事纠纷案件，适用公司法的规定。公司法施行前的法律事实引起的民事纠纷案件，当时的法律、司法解释有规定的，适用当时的法律、司法解释的规定，但是适用公司法更有利于实现其立法目的，适用公司法的规定：……(六)公司法施行前作出利润分配决议，因利润分配时限发生争议的，适用公司法第二百一十二条的规定；……”。

☞ 2024 考点1　名义股东与实际股东★★★★

所谓名义股东，是指登记于股东名册及公司登记机关的登记文件，但事实上并没有真实向公司出资，并且也不会向公司出资的人。从形式上而言，名义股东是公司的股东，须承担一定的股东义务，但这种义务主要是从保护善意的交易第三人出发的，至于名义股东与实际股东之间的法律关系，则主要从合同法律规定的角度予以规制。所谓实际出资人或者实际股东，就是向公司履行了出资义务，并且实际享有股东权利但其姓名或者名称并未记载于公司股东名册及公司登记机关的登记文件的人。实际股东也被称为隐名股东，名义股东也被称为显名股东。

实践中，名义股东与实际股东往往签订协议，一般称为持股协议或者代持协议，对双方当事人的权利义务包括如何参加公司股东会会议、行使股东权等有明确约定。这种协议并不违反《公司法》的强制性规定，是有效的合同。最高人民法院《关于适用〈中华人民共和国公司法〉若干问题的规定（三）》（以下简称《公司法规定（三）》）第24条第1款规定，有限责任公司的实际出资人与名义出资人订立合同，约定由实际出资人出资并享有投资权益，以名义出资人为名义股东，实际出资人与名义股东对该合同效力发生争议的，如无法律规定的无效的情形，人民法院应当认定该合同有效。

如果实际出资人与名义股东因投资权益的归属发生争议，实际出资人以其实际履行了出资义务为由向名义股东主张权利的，人民法院应支持其请求。名义股东以公司股东名册记载、公司登记机关登记为由否认实际出资人权利的，则不予支持。这就是对于名义股东与实际股东事项采取的实际出资原则。

但是，就其法律上或者名义上而言，名义股东仍然是合法的股东。实际股东如果想要“浮出水面”，取代名义股东的法律地位，必须履行相关的股权转让手续。实际出资人能够提供证据证明有限责任公司过半数的其他股东知道其实际出资的事实，且对其实际行使股东权利未曾提出异议的，对实际出资人提出的登记为公司股东的请求，人民法院依法予以支持。实际出资人未经公司其他股东半数以上同意，请求公司变更股东、签发出资证明书、记载于股东名册、记载于公司章程并办理公司登记机关登记的，人民法院不予支持。换言之，必须履行相关的股权转让手续后，实际股东才能成为法律意义上的股东，做到“名实相符”。若涉及对善意第三人利益保护时，名义股东和实际股东均须承担相应的责任；若涉及名义股东与实际股东之间的利益时，以合同约定为准并兼顾实际出资的原则；若涉及股东资格的认定，则须符合《公司法》的相关规定。

如果名义股东将登记于其名下的股权进行了诸如转让、质押或者以其他方式处分，实际出资人以其对于股权享有实际权利、名义股东不享有实际权利为由，请求认定处分股权行为无效的，人民法院可以参照民事法律关于善意取得的规定处理。也就是说，如果股权的受让人不知名义股东为名义股东、背后尚有实际股东之情事，则其为善意，股权转让行为有效；若受让人明知名义股东为名义股东、背后尚有实际股东之事实，仍然与名义股东签订股权转让协议受让股权的，其为恶意，不能取得股权。在受让人善意取得的情况下，如果名义股东处分股权造成实际出资人损失的，实际出资人可以请求名义股东承担赔偿责任。

就对外责任而言，如果公司债权人以登记于公司登记机关的名义股东未履行出资义务为由，请求其对公司债务不能清偿的部分在未出资本息范围内承担补充赔偿责任，股东以其仅为名义股东而非实际出资人为由进行抗辩的，该抗辩不能成立，名义股东应当承担出资不足或者出资不实的赔偿责任。名义股东承担上述赔偿责任后，有权向实际出资人追偿。

但是，冒用他人名义出资并将该他人作为股东在公司登记机关登记的，冒名登记行为人，也就是所谓的冒名股东，应当承担相应责任；公司、其他股东或者公司债权人以未履行出资义务为由，请求被冒名登记为股东的承担补足出资责任或者对公司债务不能清偿部分的赔偿责任的，人民法院不予支持。

☞ 2024 考点2　公司对外担保★★★★

公司对外担保，是指公司为除自己以外的第三人提供担保，当第三人不履行债务时，由公司代为履行债务。公司提供担保的主要方式，有保证、抵押、质押等。与公司为自身业务提供担保属于自益行为不同，公司对外提供担保往往是一种单务行为，担保的风险由公司承担，并将进一步影响股东的利益，这涉及公司的根本利益。因此，《公司法》对公司担保行为作了限制性规定。

1. 公司为股东或者实际控制人提供担保。依据《公司法》第15条的规定，公司为公司股东或者实际控制人提供担保时，须依法进行。

(1)公司为公司股东或者实际控制人提供担保，该事项的决议机关只能是公司股东会，由股东会作出决议方可。公司董事会无权作出决议。

(2)公司为公司股东或者实际控制人提供担保，接受公司担保的股东或者接受公司担保的实际控制人支配的股东，不得参加对于该股东或者实际控制人的担保事项的表决。这被称为关联股东表决权回避规则。

(3)公司为公司股东或者实际控制人提供担保，该项表决由出席会议的无关联关系的其他股东所持表决权的过半数通过方可。

2. 公司为股东和实际控制人以外的他人提供担保的。依据《公司法》第15条的规定，公司为非公司股东或者实际控制人的其他主体的债务提供担保时，须依章程进行。按照公司章程的规定，该担保事项可以由董事会或者股东会决议；公司章程对担保的总额及单项担保的数额有限额规定的，不得超过规定的限额。

3. 公司越权担保的效力判断和责任承担。司法实务中，可能会出现公司提供担保未经股东会或者董事会决议，而由法定代表人在担保合同上签字盖章而形成的担保，此种未经决议机关决议的公司担保被称为"越权担保"。参照《九民纪要》第17条规定，公司担保行为不是法定代表人所能单独决定的事项，而必须以公司股东(大)会、董事会等公司机关的决议作为授权的基础和来源。法定代表人未经授权擅自为他人提供担保的，构成越权代表，人民法院应当根据《民法典》关于法定代表人越权代表的规定，区分订立合同时债权人是否善意分别认定合同效力：债权人善意的，合同有效；反之，合同无效。最高人民法院《关于适用〈中华人民共和国民法典〉有关担保制度的解释》(以下简称《民法典担保制度司法解释》)第7条第1款规定，公司的法定代表人违反公司法关于公司对外担保决议程序的规定，超越权限代表公司与相对人订立担保合同，人民法院应当依照《民法典》第61条和第504条等规定处理：(1)相对人善意的，担保合同对公司发生效力；相对人请求公司承担担保责任的，人民法院应予支持。(2)相对人非善意的，担保合同对公司不发生效力；相对人请求公司承担赔偿责任的，参照适用本解释第17条的有关规定。

(1)相对人(被担保人)善意的认定。《民法典担保制度司法解释》第7条第3款规定，此处的善意，是指相对人在订立担保合同时不知道且不应当知道法定代表人超越权限。相对人有证据证明已对公司决议进行了合理审查，人民法院应当认定其构成善意，但是公司有证据证明相对人知道或者应当知道决议系伪造、变造的除外。

《九民纪要》第18条规定，根据《民法典》第61条第3款关于"法人章程或者法人权力机构对法定代表人代表权的限制，不得对抗善意相对人"的规定，只要债权人能够证明其在订立担保合同时对董事会决议或者股东(大)会决议进行了审查，同意决议的人数及签字人员符合公司章程的规定，就应当认定其构成善意，但公司能够证明债权人明知公司章程对决议机关有明确规定的除外。债权人对公司机关决议内容的审查一般限于形式审查,只要求尽到必要的注意义务即可,标准不宜太过严苛。公司以机关决议系法定代表人伪造或者变造、决议程序违法、签章(名)不实、担保金额超过法定限额等事由抗辩债权人非善意的,人民法院一般不予支持。但是,公司有证据证明债权人明知决议系伪造或者变造的除外。

《民法典担保制度司法解释》第8条规定,有下列情形之一,公司以其未依照公司法关于公司对外担保的规定作出决议为由主张不承担担保责任的,人民法院不予支持:①金融机构开立保函或者担保公司提供担保;②公司为其全资子公司开展经营活动提供担保;③担保合同系由单独或者共同持有公司2/3以上对担保事项有表决权的股东签字同意。上市公司对外提供担保,不适用前款第2项、第3项的规定。第9条规定,相对人根据上市公司公开披露的关于担保事项已经董事会或者股东大会决议通过的信息,与上市公司订立担保合同,相对人主张担保合同对上市公司发生效力,并由上市公司承担担保责任的,人民法院应予支持。相对人未根据上市公司公开披露的关于担保事项已经董事会或者股东大会决议通过的信息,与上市公司订立担保合同,上市公司主张担保合同对其不发生效力,且不承担担保责任或者赔偿责任的,人民法院应予支持。相对人与上市公司已公开披露的控股子公司订立的担保合同,或者相对人与股票在国务院批准的其他全国性证券交易场所交易的公司订立的担保合同,适用前两款规定。第10条规定,一人有限责任公司为其股东提供担保,公司以违反公司法关于公司对外担保决议程序的规定为由主张不承担担保责任的,人民法院不予支持。公司因承担担保责任导致无法清偿其他债务,提供担保时的股东不能证明公司财产独立于自己的财产,其他债权人请求该股东承担连带责任的,人民法院应予支持。

(2)相对人(被担保人)不构成善意,则可能承担缔约过失责任。此时适用《民法典担保制度司法解释》第17条规定,主合同有效而第三人提供的担保合同无效,人民法院应当区分不同情形确定担保人的赔偿责任:①债权人与担保人均有过错的,担保人承担的赔偿责任不应超过债务人不能清偿部分的1/2;②担保人有过错而债权人无过错的,担保人对债务人不能清偿的部分承担赔偿责任;③债权人有过错而担保人无过错的,担保人不承担赔偿责任。主合同无效导致第三人提供的担保合同无效,担保人无过错的,不承担赔偿责任;担保人有过错的,其承担的赔偿责任不应超过债务人不能清偿部分的1/3。即若公司对法定代表人的越权担保被人民法院认定有过错,则可能因该过程而需承担小于等于债务人不能清偿部分的1/2的缔约过失责任。

(3)法定代表人超越权限提供担保造成公司损失,公司有权请求法定代表人承担因此给公司造成的损失的赔偿责任。

☞ 2024 考点3　股东红利分配请求权的行使★★★

1.红利分配请求权的司法救济与诉讼当事人。公司股东如果认为公司没有按照公司章程或者《公司法》的规定进行股息或者利润分配,可以通过诉讼途径行使自己的红利分配请求权。股东请求公司分配利润案件,应当列公司为被告,即使是股东(特别是小股东)认为公司拒绝进行利润分配是大股东控制的结果,也仍然只能以公司为被告提起此等诉讼。法院受理关于股息与红利分配纠纷案件后,在一审法庭辩论终结前,其他股东基于同一分配方案请求分配利润并申请参加诉讼的,应当将其他股东列为共同原告。

2.红利分配请求权纠纷的实体处理。在红利分配请求权纠纷案件中,如果公司曾经作出了进行利润分配的决议,嗣后却又拒绝按照该决议进行实际的利润分配,股东如果向法院提交了载明具体分配方案的股东会的有效决议,请求公司分配利润,而公司拒绝分配利润且其关于无法执行决议的抗辩理由不成立的，人民法院应当判决公司按照决议载明的具体分配方案向股东分配利润。相反，如果股东未提交载明具体分配方案的股东会，请求公司分配利润的，人民法院应当驳回其诉讼请求。例外的情形是，如果股东能够证明公司违反法律规定滥用股东权利导致公司不分配利润，给其他股东造成损失的，则法院应当支持股东的诉讼请求。至于利润分配的完成时限，分配方案中有规定的，以分配方案为准；分配方案中没有规定的，以公司章程为准；分配方案和公司章程中均没有规定，或者有规定但时限超过1年的，则应当在1年内分配完毕。

☞ 2024 考点4　公司决议的无效★★★★

1. 公司决议无效的原因。《公司法》第25条规定，公司股东会、董事会的决议内容违反法律、行政法规的无效。股东会决议无效的原因如下：

(1)违反法律和行政法规的决议无效。股东会是公司的权力机构、董事会是公司的执行机构，股东会和董事会依法作出的决议，体现的是公司的意志，其内容对股东相互之间、股东与公司之间、董事、监事、高级管理人员与公司之间的法律关系乃至公司与债权人之间的法律关系影响重大，公司的经营管理运行和重大事项的决策必须依法进行。因此，公司法规定了股东会、董事会决议内容违反法律、行政法规的无效。《民法典》第153条第1款规定，违反法律、行政法规的强制性规定的民事法律行为无效。但是，该强制性规定不导致该民事法律行为无效的除外。至于何为“违反强制性规定不导致该民事法律行为无效”的例外情形，《合同编通则解释》第16条第1款规定，合同违反法律、行政法规的强制性规定，有下列情形之一，由行为人承担行政责任或者刑事责任能够实现强制性规定的立法目的的，人民法院可以依据《民法典》第153条第1款关于“该强制性规定不导致该民事法律行为无效的除外”的规定认定该合同不因违反强制性规定无效：①强制性规定虽然旨在维护社会公共秩序，但是合同的实际履行对社会公共秩序造成的影响显著轻微，认定合同无效将导致案件处理结果有失公平公正；②强制性规定旨在维护政府的税收、土地出让金等国家利益或者其他民事主体的合法利益而非合同当事人的民事权益，认定合同有效不会影响该规范目的的实现；③强制性规定旨在要求当事人一方加强风险控制、内部管理等，对方无能力或者无义务审查合同是否违反强制性规定，认定合同无效将使其承担不利后果；④当事人一方虽然在订立合同时违反强制性规定，但是在合同订立后其已经具备补正违反强制性规定的条件却违背诚信原则不予补正；⑤法律、司法解释规定的其他情形。股东会、董事会决议若出现符合《民法典》第153条第1款规定，且不具有《合同编通则解释》第16条第1款规定情形的，则属于无效决议。

(2)违背公序良俗的决议无效。如前所述，依据民法典规定，公司决议属于民事法律行为。《民法典》第153条第2款规定，违背公序良俗的民事法律行为无效。《合同编通则解释》第17条第1款规定，合同虽然不违反法律、行政法规的强制性规定，但是有下列情形之一，人民法院应当依据《民法典》第153条第2款的规定认定合同无效：①合同影响政治安全、经济安全、军事安全等国家安全的；②合同影响社会稳定、公平竞争秩序或者损害社会公共利益等违背社会公共秩序的；③合同背离社会公德、家庭伦理或者有损人格尊严等违背善良风俗的。故公司决议所出现上述法律和司法解释规定的情形的，则会被人民法院依法判定为决议无效。

2. 公司决议无效的确认程序。我国公司法目前仅规定了决议可撤销的诉讼行使程序，未规定决议无效以及决议不成立的诉讼程序，但依据相关公司法理以及法律行为的基础理论，决议无效与未成立也应当通过诉讼程序加以行使。《公司法》第25条并未规定提起股东会、董事会决议无效之诉的主体，按照法律行为无效的基础法理，在决议无效的类型下，任何人均应当有权提起无效之诉。但监事会是法定的公司监督机构，若发现股东会和董事会决议存在无效情形，监事会依法应当提起诉讼维护股东利益和公司利益。同样，与决议存在利益相关的第三人应当同样可以提起股东会、董事会决议的无效之诉。

☞ 2024 考点 5　公司决议的撤销★★★

1. 公司决议撤销的事由。依据《公司法》第 26 条的规定，公司决议可撤销的事由主要包括：

（1）会议召集程序违反法律、行政法规或公司章程，例如由没有召集权的人召集会议；未向部分股东召集，或通知时间、通知方法不合法，通知内容不齐全等。

（2）会议的表决方式违反法律、行政法规或公司章程。《公司法》第 24 条规定，公司股东会、董事会、监事会召开会议和表决可以采用电子通信方式，公司章程另有规定的除外。这是对公司决议方式的规定。如出现特别决议事项以普通决议来表决、决议通过的股份数不满足法定要求、或表决权计算违法以及表决过程中存在以商业利益交换拉票行为等情形，或者违反公司章程对于会议决议方式约定的情形的，都属于可以撤销的情形。

（3）会议决议内容违反公司章程，如公司大股东通过 2/3 多数决方式通过了以侵害小股东利益为内容的决议，侵害了公司章程赋予公司和小股东的利益，即属于可撤销的情形。当然，若决议各项内容具有可分性，也会出现部分决议事项被撤销的情形。

2. 公司决议撤销的程序与除斥期间。依公司法规定，我国有权提起决议撤销之诉的主体只能是股东。至于提起撤销之诉的股东是否参与表决、是否投赞成票，《公司法》对此并未明确规定。我们认为，应当允许其提起撤销之诉，这可以保护那些虽然在表决中同意议案但并不知道召集程序或表决方法有瑕疵的股东的利益，并且也能起到督促公司股东会在召集和表决中严格按照规定进行。当然，就公司法理论而言，公司的监事会同样有权提起股东会决议的撤销之诉。因为撤销之诉的被告是公司。

至于提起撤销权之诉的期限，因为引起决议撤销之诉的事由并非很严重，所以在法律规定的期间内，没有提起决议撤销之诉的，不得再提起决议撤销之诉。《公司法》第 26 条规定行使撤销权的期限为 60 日，对于参加会议的股东而言，提起撤销之诉的 60 日期限自决议作出之日起计算；对于未被通知参加股东会的股东，自知道或者应当知道股东会决议作出之日起算 60 日的期间。为了维护决议的稳定性，公司法同时规定了撤销权行使的最长期间为 1 年，股东自决议作出之日起 1 年内没有行使撤销权的，撤销权消灭。依据撤销权的法理，此处规定的 60 日和 1 年均为除斥期间，不存在中止、中断和延长的情形，如果在此期间无人提起股东会、董事会决议撤销之诉，则该决议成为具有确定法律效力的决议。

对于 2024 年 6 月 30 日之前的具有上述情形的公司决议，最高人民法院《关于适用〈中华人民共和国公司法〉时间效力的若干规定》第 1 条第 1 项规定，公司法施行前，公司的股东会召集程序不当，未被通知参加会议的股东自决议作出之日起 1 年内请求人民法院撤销的，适用《公司法》第 26 条第 2 款的规定。

3. 公司决议轻微瑕疵的效力。对于股东会、董事会会议的召集程序或者表决方式仅有轻微瑕疵，对决议未产生实质影响，《公司法》第 26 条通过但书条款确定该轻微瑕疵情形不属于可撤销的范畴。这是因为，若股东会、董事会的会议召集程序或者表决方式上存在轻微瑕疵，不对决议内容和结果产生实质性影响的，在实体上就没有必要撤销该决议，重新召开会议。节约了公司会议成本和时间成本，也提高了公司的运营效率。

☞ 2024 考点6　公司决议不成立★★★

公司的决议是法律行为,类推于法律行为成立的理论,在公司股东会、董事会决议缺少了必要的形式要件的情况下,应认定股东会、董事会未作出决议,即公司决议的不成立。公司决议的无效和可撤销的前提均是已经作出决议,只不过因为决议内容或相关程序违反法律法规或存在瑕疵,但决议的不成立相当于认定公司股东会或董事会自始并未作出过决议。

1. 公司决议不成立的事由。依据《公司法》第27条的规定,以下四类情形应当认定为公司股东会或董事会的决议不成立:

(1)未召开股东会或董事会会议作出决议。该规定强调股东会和董事会会议的形式作用,要求股东会和董事会必须以开会的形式作出决议。如果会议没有召开,那么股东会或董事会不能进行任何决议表决,未经开会而形成的单纯的书面决议不能作为决议成立的要件。例外情形是《公司法》第59条第2款规定,对于该条第1款所列股东会的9项职权事项,有限责任公司股东以书面形式一致表示同意的,可以不召开股东会会议,直接作出决定,并由全体股东在决定文件上签名或者盖章。

(2)股东会或董事会会议未对决议事项进行表决。如果会议召开了,但在会议上没有对决议事项进行表决,那么这些事项也不会成为正式的决议。未经表决说明被讨论的事项没有经过充分的意见表达,最终是由特定的主体依个人意志促成决议的通过,不符合决议的形式和实质要求。

(3)出席会议的人数或者所持表决权数未达到《公司法》或者公司章程规定的人数或者所持表决权数。我国《公司法》并未对于股东法定出席比例作出规定,股东会出席会议的人数或者所持表决权数主要是通过章程加以规定。《公司法》第124条规定了股份公司的董事会会议应当有过半数的董事出席方可举行。我国《公司法》没有规定有限责任董事会的出席人数。若出席股东会会议的股东人数或者所持表决权没有达到公司章程规定的最低比例的,或者出席董事会的人数没有达到法定或者章定人数的,则不符合公司章程规定的议事方式和表决程序,该股东会、董事会决议不成立。

(4)同意决议事项的人数或者所持表决权数未达到《公司法》或者公司章程规定的人数或者所持表决权数。根据《公司法》或公司章程的规定,对于相应的决议事项需要一定数量的股东或董事同意决议,或者需要他们持有的表决权达到一定的比例才能使决议生效。如果上述要求没有达到,将无法形成有效的决议,已经形成的决议应当被确认为不成立。如《公司法》第66条、第116条规定,股东会作出一般决议,有限责任公司应当经代表过半数表决权的股东通过,股份有限公司应当经出席会议的股东所持表决权过半数通过;股东会作出修改公司章程、增加或者减少注册资本的决议,以及公司合并、分立、解散或者变更公司形式的特别决议的,应当经代表2/3以上表决权的股东通过。《公司法》第73条、第124条规定,公司董事会作出决议,应当经全体董事的过半数通过。由此,若股东会决议、董事会决议没有获得公司法或者章程规定的人数或者表决权数,则该决议不能成立。

2. 公司决议不成立的确认程序。目前公司法并未规定决议不成立之诉的具体程序,参照最高人民法院《关于适用〈中华人民共和国公司法〉若干问题的规定(四)》,以及民事法律行为的不成立的认定程序,公司的股东、董事、监事或与决议事项存在利害关系的主体均可提起该诉讼。该诉讼应当属于确认之诉的类型,即请求法官确认股东会或董事会决议在法律上未成立,从而无法对任何主体产生约束力。提起诉讼的时间也应当限定在决议作出后的合理时间内,以避免决议长期处于不确定的效力状态下。

☞ 2024 考点7　公司决议无效、被撤销、不成立的法律后果★★★★

1. 已办理登记事项的后果。股东会、董事会决议被法院裁判确认无效的,对公司产生法律效力;

决议被撤销的，决议撤销判决的效力应当溯及于决议之时无效，而且，依据被裁判确认无效或者撤销的决议形成的公司登记应依法申请撤销。《公司法》第28条规定，公司股东会、董事会决议被人民法院宣告无效、撤销或者确认不成立的，公司应当向公司登记机关申请撤销根据该决议已办理的登记。

2. 对外民事法律关系的后果。公司决议虽然是公司的内部行为，但在有法律规定的情形下，一定场合下也会产生对外效力。为了保护善意相对人和合法权益，保护交易安全，《公司法》第28条第2款规定，股东会、董事会决议被人民法院宣告无效、撤销或者确认不成立的，公司根据该决议与善意相对人形成的民事法律关系不受影响。该规定也与《民法典》第85条的规定完全相符，体现了民商事法律关系中法律对于交易安全秩序的保障。

☞ 2024 考点8　股权对外转让的规则★★★

有限责任公司的股东可以将其持有的公司股权转让给现有股东以外的第三人，但须符合《公司法》规定的相关条件，包括：

1. 转让通知。转让股东要尽到通知义务。股东向股东以外的第三人转让股权，应当将股权转让的数量、价格、支付方式和期限等事项书面通知其他股东，其他股东在同等条件下有优先购买权。

2. 其他股东的优先购买权。对于股东对外转让的股权，其他股东在同等条件下有优先购买权。股东自接到书面通知之日起30日内未答复的，视为放弃优先购买权。对“同等条件”的理解，可以参酌的因素包括转让股权的数量、价格等，考虑转让股权的数量、价格、支付方式及期限等因素。两个以上股东行使优先购买权的，协商确定各自的购买比例；协商不成的，按照转让时各自的出资比例行使优先购买权。公司章程对股权转让另有规定的，从其规定。

3. 强制执行程序中的股东优先购买权。在因股权质押担保等情形而导致人民法院依法采取强制执行措施而转让有限责任公司的股东在公司中的股权的情形下，人民法院应当将此强制执行措施的有关情况通知股东所在的公司和全体股东，包括被强制执行股权的股东和其他股东。其他股东在同等条件下享有优先购买权，但该优先购买权应当自接到人民法院的通知之日起20日行使，逾期不行使的，视为放弃优先购买权，第三人可以通过强制执行措施受让该股权。对于该非通过协商而是通过强制执行程序购买股权的新股东，公司和其他股东不得否认其效力。公司应当注销原股东的出资证明书，并向新股东签发出资证明书，修改公司章程和股东名册中有关股东及其出资额的记载，此项对于公司章程的修改不需再由股东会表决而直接发生效力。

☞ 2024 考点9　股份有限公司的股份回购★★

1. 不公开发行股份的股份有限公司的股东异议回购请求权。公司收购股权本质上仍属于股东撤回投资退出公司的行为，须遵守严格的条件限制，《公司法》第161条规定，有下列3种情形之一，并且股东会在该股东投反对票的情况下依然作出了有效的决议，该投反对票的股份有限公司的股东才可以请求公司按照合理的收购其股份。

（1）公司连续5年不向股东分配利润，而公司该5年连续盈利，并且符合本法规定的分配利润条件。当公司满足利润分配要件时，股东即享有获得投资收益的权利，而依据资本多数决规则形成的股东会决议现实阻碍了股东分配利润的合理利益实现。

（2）公司转让主要财产的。在该情形下，公司现有赖以开展生产经营活动的主要财产出现变化，未来的发展充满不确定性甚至可能产生风险；尽管股东会按照“资本多数决”原则形成了合法的决议，但与少数表决权股东的意愿相反，改变了其在设立公司时的合理利益期待，应允许其退出公司。

(3)公司章程规定的营业期限届满或者章程规定的其他解散事由出现，股东会会议通过章程修改使公司存续。章程规定的营业期限届满或章程规定的其他解散事由出现时，公司应当解散，股东可以退出经营。然而，经股东会决议后公司得以因修改章程而存续，让异议股东继续待在存续公司中，与公司章程订立时其意愿存在重大差异。法律不能强迫其继续成为公司股东面对公司存续经营的风险，使其退出公司更具正当性。

异议股东享有请求公司以合理价格收购其股份的权利，公司也负有法定的缔约义务。如果股东与公司不能达成股份收购协议，既包括股东与公司不能就收购协议内容尤其是股价协商一致，也包括公司拒绝与股东协商两种情形，但只要在法定期间内，即前述股东会决议作出之日起60日内，双方未达成股份回购协议的，异议股东可向法院寻求救济。这是因为在股份有限公司中，如果股东与公司长时间不能就股份收购达成协议，那么也可能影响请求收购股东的合法权益，也会对公司正常生产经营造成困扰，因而需要设置权利行使期间予以限制，以平衡异议股东与公司间的利益。异议股东诉权的权利行使期间为自股东会决议作出之日起90日内，超过该法定期限的，法院不予受理。

此外，为防止公司长时间持有自己的股份，避免公司的实际财产能力与其明示的资本数额和信用脱节，《公司法》亦明确规定：股份有限公司回购异议股东股份后，应在6个月内完成转让或注销程序。

2. 股份有限公司对本公司股份的回购。股份回购，是指公司收购本公司已发行的股份。通常情形下，公司自身不应通过持有本公司股份而成为本公司的成员。若允许公司自由决定回购本公司股份，则可能产生损害资本维持原则、损害股票交易的公平性等诸多弊端。然而，特定情形下的股份回购具有一定的合理性，如能够减少资本冗余、有利于保持股本结构、维持公司控制权等。主要国家和地区普遍对股份回购实行“原则禁止，例外允许”。《公司法》第162条规定了我国股份有限公司可以回购本公司股份的法定情形。

(1)减少公司注册资本。公司减少注册资本的，应当经股东会决议，由公司对股东发出收购要约。一般而言，收购条件应使每一股东均有机会按照持股比例出让一定数额的股份。在公司完成收购后，应当自收购之日起10日内注销该部分股份，完成减资程序。

(2)与持有本公司股份的其他公司合并。公司股份可以为其他公司持有，当公司与拥有本公司股份的其他公司合并时，被合并的其他公司的资产都归属本公司，也包括其他公司所持有的本公司的股份，形成股份回购。该事项亦应经股东会决议，公司回购股份后，应当在回购之日起6个月内转让或者注销股份。

(3)将股份用于员工持股计划或者股权激励。员工持股计划是指公司根据员工意愿，通过合法方式使员工获得本公司股票并长期持有，股份权益按约定分配给员工的制度安排，员工持股计划的参加对象为公司员工，包括管理层人员。股权激励是指上市公司以本公司股票为标的，对其董事、高级管理人员及其他员工进行的长期性激励，激励对象可以包括上市公司的董事、高级管理人员、核心技术人员或者核心业务人员等。公司推行员工持股计划或者股权激励，也可以通过发行新股进行，但可能稀释未来股权收益；而通过股份回购进行，有利于提升估价，也不会稀释未来股权收益，既维护了既有股东利益，也有利于对员工的激励。为提高效率以利于公司及时把握市场机会，对这一情形下的股份回购决策程序进行了简化，即可以依照公司章程的规定或者股东会的授权，经2/3以上董事出席的董事会会议决议。回购股份后，可根据公司的具体实际情况适时推行员工持股计划或者股权激励计划，但公司持股最长不得超过 3 年。

(4)股东因对股东会作出的公司合并、分立决议持异议，要求公司收购其股份。为维护异议股东权利，当股东对股东会作出的合并、分立决议持异议时，可以要求公司回购其股份，公司应当回购，无须经股东会或者董事会决议。公司回购股份后，应当在回购之日起 6 个月内转让或者注销股份。

(5)将股份用于转换上市公司发行的可转换为股票的公司债券。可转换为股票的公司债券是以债券形式发行的，在一定时期内依据约定的条件可以转换为股票的债券。依据《公司法》第 202 条第 1 款规定："股份有限公司经股东会决议，或者经公司章程、股东会授权由董事会决议，可以发行可转换为股票的公司债券，并规定具体的转换办法。上市公司发行可转换为股票的公司债券，应当经国务院证券监督管理机构注册。"上市公司为转换可转债的需要回购股份，避免发行新股稀释未来股权收益，有利于股东和可转债券持有人的利益。同时，为提高效率简化决策程序，此类回购可以依照公司章程的规定或者股东会的授权，经 2/3 以上董事出席的董事会会议决议。所回购的股份，应当在 3 年内按照可转债募集办法的规定转换给可转债持有人。

(6)上市公司为维护公司价值及股东权益所必需。为提高效率简化决策程序，此类回购可以依照公司章程的规定或者股东会的授权，经 2/3 以上董事出席的董事会会议决议。所回购的股份，应当在 3 年内转让或者注销。

3. 股份回购后的程序与处理。公司因第 161 条规定的股东主张股份回购请求权的情形收购的本公司股份，无须经过股东会决议，应当在 6 个月内依法转让或者注销。公司因上述第 162 条第 1 款第 1 项、第 2 项规定的情形收购本公司股份的，应当经股东会决议；公司因第 3 项、第 5 项、第 6 项规定的情形收购本公司股份的，可以依照公司章程的规定的授权，经 2/3 以上董事出席的董事会会议决议。公司依照上述规定收购本公司股份后，属于第 1 项情形的，应当自收购之日起 10 日内注销公司股份；属于第 2 项、第 4 项情形的，应当在 6 个月内转让或者注销公司股份；属于第 3 项、第 5 项、第 6 项情形的，公司合计持有的本公司股份数不得超过本公司已发行股份总额的 10%，并应当在 3 年内转让或者注销。

4. 上市公司的股份回购。上市公司收购本公司股份的，除需要符合《公司法》的上述规定，还应当依照《证券法》的规定履行信息披露义务。上市公司因上述第 162 条第 1 款第 3 项、第 5 项、第 6 项规定的情形收购本公司股份的，应当通过公开的集中交易方式进行，而不能通过协议收购的方式进行。

5. 公司接受本公司股票质押的禁止规定。据《公司法》规定，除了法定特殊情况外，公司不得拥有本公司股份。因此，本公司的股份不能作为质押权标的用来对公司债权进行担保；即使设立了以本公司股份为质押权标的的担保，最后也无法实现。因此，公司不得接受本公司的股票作为质押权的标的。

☞ 2024 考点 10 公司的增资★★★

公司增加注册资本，是指公司成立后，基于筹集资金，扩大经营等目的，依照法定的条件和程序增加公司资本总额的法律行为。

1. 增资的方式。有限责任公司与股份有限公司皆存在增资需求，但二者因公司资本和股东出资形式不同导致其增资方式亦存在形式差异。一般而言，公司的增资方式可以分为以下几种：

(1)内部增资与外部增资。内部增资是指公司仅向现有股东发行新股，由现有股东认购新增的公司资本。外部增资则是指公司向现有股东以外的投资者发行新股，由其认购新增的公司资本。公司可以在一次增资中同时采用内部增资与外部增资两种方式。

(2)追加性增资与分配性增资。追加性增资,是指通过现有股东或者其他投资者对公司新的投资而增资,其结果不仅增加了公司资本,也增加了公司的资产或运营资金。分配性增资仅适用于内部增资情形,是指在现有股东不作新的投入的情况下,直接将未分配利润用于股东出资缴纳或者把公积金转为公司资本的增资方式。该种方式将仅改变公司资产的性质和结构,但不会改变公司总的价值金额。换言之,仅增加了公司资本总额,但并不会导致公司资产与运营资金增加。

(3)同比增资与不等比增资。这是公司内部增资的再分类。同比增资,是指内部增资时现有股东按其原本的出资比例或持股比例同步认缴或实缴新增股权或股份,增资后各股东的股权比例或持股比例保持不变。不同比增资,是指内部增资时现有股东按照其原本的出资比例或持股比例同步认缴或实缴新增股权或股份,有的股东可能不增加出资,增资后各股东的股权比例或持股比例将会改变。

(4)公司债转换增资与债转股增资。这两种增资方式都具有特殊性。其中,公司债转换增资是上市公司特有的增资方式,具体是指公司发行的可转换为股票的公司债券到期后,债券持有人对转换股票或者不转换股票享有选择权,如果债权人要求转换,则相应的债券金额即转换为公司资本,使得公司资本增加。债转股增资则是我国商业银行改革和资产重组的过程中所实行的特殊增资方式,目前尚未形成系统规定,而仅是实践中出现的情况。债转股增资是指银行依照约定方法,将对债务人公司享有的债权折抵为公司一定金额的股权,银行即从公司债权人转变为公司股东,这亦可导致公司资本增加。

(5)配股增资与送股增资。我国上市公司广泛采用的内部增资方式。配股增资,是指上市公司根据现有股东的持股数量按照一定的比例向其发售股份,配股对象仅限于现有股东,配股条件通常要优于公司对外发行的条件。送股增资,又称送红股,是指上市公司根据现有股东的持股数量按照一定比例向其无偿分配股份。该行为本质属于公司向股东进行收益分配,但其分配的是公司股份而非货币,实质上是一种分配性增资。

2. 增资条件和程序。增资提高了公司的信用,增强了公司的实力,对公司现有股东而言,增资不仅会导致股权结构调整,还可能稀释股权,系对现有股东利益产生重大影响甚至可能引发严重利益冲突的事项。不同股东对公司增资的需求也存在差异。为此,公司法一般会明确增资程序,必须经过股东会决议并变更公司章程,其后完成公司相应变更登记的手续。公司增资的主要程序如下:

(1)公司决议。根据新《公司法》第59条和第112条,第67条和第120条的规定,公司增资方案由公司董事会制订,提交股东会决议。《公司法》第66条第3款规定,有限责任公司的增资应当经代表2/3以上表决权的股东通过。第116条第3款规定,股份有限公司的增资应当经出席会议的股东所持表决权的2/3以上通过。

(2)认缴出资或认购股份。依照《公司法》第228条的规定,有限责任公司增加注册资本或股份有限公司为增加注册资本发行新股时,股东认缴新增资本的出资或认购新股,分别依照该法设立有限责任公司缴纳出资或股份有限公司缴纳股款的有关规定执行。

(3)变更登记。根据《公司法》第35条的规定,变更公司章程,并办理相应的变更登记手续。

(4)特别程序。根据《公司法》第151条和《证券法》第12条、第13条的规定,按照股份公司公开发行新股的程序,且须在证券交易所和证券监管机构完成注册程序。

违反上述增资条件和程序的,理论上应该导致增资行为的无效或被撤销。

3. 增资时原股东的优先认股权。《公司法》第227条规定,有限责任公司增加注册资本时,股东在同等条件下有权优先按照实缴的出资比例认缴出资。但是，全体股东约定不按照出资比例优先认缴出资的除外。股份有限公司为增加注册资本发行新股时，股东不享有优先认购权，公司章程另有规定或者股东会决议决定股东享有优先认购权的除外。

有限责任公司的股东有权优先按实缴的出资比例认缴公司新增的注册资本，即有限责任公司的新股优先认购权。因为新股认购本身就是股东获得利益的一种方式，其优先认购也是股东当然的权利。公司成立后因业务发展的需要而增加公司注册资本，认购新股往往意味着股东可以获取更多的公司发展利益，所以才有此规定。但若全体股东一致同意，该规定的新股优先认购权可以被排除适用。

股份有限公司的股东一般情况下不享有优先认购权，但若经过公司章程或者股东会决议允许，股份有限公司的股东也可以享有优先认购权。当然，此处的“股东会决议”应理解为股东会特别决议，须经出席股东会会议的股东所持表决权的2/3以上通过。

☞ 2024 考点11　公司的减资★★★

公司减资是指公司基于某种情况或者需要，按照法定条件和程序，减少公司资本总额的法律行为。按照公司法确立的资本不变和资本维持原则，通常情况下公司资本不得随意减少，公司资本的减少必须符合法定的条件并经过法定的程序。

1. 同比例减资原则。《公司法》第224条第3款规定，公司减少注册资本，应当按照股东出资或者持有股份的比例相应减少出资额或者股份，法律另有规定、有限责任公司全体股东另有约定或者股份有限公司章程另有规定的除外。公司法增加了同比例减资的原则性规定，要求公司按照股东出资或者持有股份的比例进行出资，但存在例外规定，即法律另有规定、有限责任公司全体股东另有约定、股份有限公司章程另有规定的除外。因此，公司的减资可以根据减资的比例分为同比例减资和不同比减资，前者指公司减资后各个股东的出资比例保持不变；后者又称定向减资，指公司减资后各个股东的出资比例发生了变化。依据本条款的规定，公司原则上应当进行同比例减资。不同比减资必须体现减资股东的意思，这是对股东意思自治的尊重，也能实现对中小股东的完整保护。

2. 公司减资的程序。公司减少注册资本属于股东会特别决议事项，有限责任公司必须经代表2/3以上表决权的股东通过，股份有限公司必须经出席股东会的股东所持表决权的2/3以上通过。《公司法》对公司注册资本减少程序作了强行性的规定。

(1)编制资产负债表及财产清单。资产负债表可以反映公司的资产和负债情况，财产清单记载着公司的现存财产状况。编制资产负债表及财产清单的目的是让公司债权人清楚地了解到公司的生产经营状况和负债情况，有利于他们依法采取措施，保护自己的合法债权。

(2)通知债权人并公告。公司注册资本一经注册就具有了公示效力，这实际上构成了对债权人的承诺和担保，因此公司减资时必须对债权人作出相应的救济和保障。为了防止公司减资成为股东逃避债务的途径和方式，公司法规定公司在股东会作出减少注册资本决议之日起10日内应当通知债权人，并于30日内在报纸上或者国家企业信用信息公示系统公告。

(3)债权人自接到通知之日起30日内，未接到通知的自公告之日起45日内，有权要求公司清偿债务或者提供相应的担保。减资可能影响债权的实现，是对债权人利益的直接影响，需要为其提供救济方式和途径以保障债权人的合法权益。

☞ 2024 考点12　公司简易减资★★★

简易减资制度是2023年《公司法》新增的一项制度，即公司以任意公积金、法定公积金、资本公积金弥补亏损后,仍有亏损的,可以亏损数额为限,相应地减少公司的注册资本数额,简化了一般减资情形下的债权人保护程序,仅需公司依法进行公告即可。公司通过简易减资弥补亏损是公司通过财务处理减少亏损的方式,实质上并没有增加或减少公司的资产,但是在注册资本减少的情况下,净资产与注册资本之间的差值减少,公司的账面亏损也有所降低。若能使亏损公司使用减资程序减少注册资本,就可以消除注册资本和公司实质资产之间的亏空,从而消除公司的亏损状态,使得以后年度的盈利可以分配给股东,帮助实现股东获取收益的投资目的。

1. 简易减资的适用条件和程序。

(1)公司确实存在亏损,并且已经用尽其他补亏手段。公司确定是否存在亏损的方式一般是进行资产评估,若进行资产评估后,公司的净资产低于注册资本,则认定其存在亏损。此时,根据《公司法》第 214 条第 2 款的规定,在使用任意公积金和法定公积金、资本公积金弥补亏损后,仍存在亏损的,公司可以进行简易减资。换言之,注册资本是公司补亏的最后一个财源。

(2)公司通过简易减资弥补亏损应依法依规进行。根据《公司法》的规定,一般的减资程序下,公司弥补亏损方案、减少注册资本应当报经股东会决议,并依法履行登记手续。减资决议应当经代表 2/3 以上表决权的股东通过,减资应当通知债权人并公告,债权人享有提前清偿权。简易减资程序虽然减免了对债权人的通知、清偿或担保程序,但其他程序并未简化,仍应依法进行。需要注意的是,在简易减资程序的适用过程中,公司虽然减少了注册资本,但不得向股东分配,也不得免除股东缴纳出资或者股款的义务。

(3)无须通知债权人,但应当自股东会作出减少注册资本决议之日起 30 日内在报纸上或者国家企业信用信息公示系统公告。在简易减资的过程中,公司的偿债能力没有任何降低,这一减资不会对债权人的债权实现产生不利影响,不需要经过债权人同意,亦不需要赋予债权人异议权,但公司仍应于法定期限内在报纸上或者国家企业信用信息公示系统上进行公告,遵循最低限度的保障债权人的知情权。

2. 建议减资后对于股东分红权产生一定期限内的限制效力。简易减资后的利润分配应受到限制。公司简易减资可以实现账目上的不亏损,也能使注册资本更精确地反映公司的经营情况和偿债能力,但并不意味着允许减少公司的责任财产。因而在公司获得收入时,需要首先偿还债务、提取公积金,在达到法律规定的额度前,即在法定公积金累计额和任意公积金达到公司注册资本的 50% 前,不得分配利润。

☞ 2024 考点 13　公司的解散★★★

公司的解散是指已成立的公司基于一定的合法事由而使公司消灭的法律行为。公司解散的原因有三大类:第一类是一般解散的原因;第二类是强制解散的原因;第三类是股东请求解散的原因。

1. 一般解散。一般解散的原因是指只要出现了解散公司的事由公司即可解散。我国公司法规定的一般解散的原因有:

(1)公司章程规定的营业期限届满或者公司章程规定的其他解散事由出现时。但在此种情形下,可以通过修改公司章程而使公司继续存在,并不意味着公司必须解散。

(2)股东会决议解散。

上述两种情形,如果有限责任公司经持有 2/3 以上表决权的股东通过或者股份有限公司经出席股东会会议的股东所持表决权的 2/3 以上通过修改公司章程的决议,公司可以继续存在。

(3)因公司合并或者分立需要解散。

2. 强制解散。强制解散的原因是指由于某种情况的出现,主管机关或人民法院命令公司解散。公司法规定强制解散公司的原因主要有:

(1)责令关闭。公司违反法律、行政法规被主管机关依法责令关闭的,应当解散。

(2)被吊销营业执照。《公司法》第260条规定,公司成立后无正当理由超过6个月未开业的,或者开业后自行停业连续6个月以上的,公司登记机关可以吊销营业执照,但公司依法办理歇业的除外。

(3)公司被撤销。《公司法》第39条规定,虚报注册资本、提交虚假材料或者采取其他欺诈手段隐瞒重要事实取得公司设立登记的,公司登记机关应当依照法律、行政法规的规定予以撤销。

3. 股东请求解散。现行《公司法》规定,当公司经营管理发生严重困难,继续存在会使股东利益受到重大损失,通过其他途径不能解决的,持有公司全部股东表决权10%以上的股东可以请求人民法院解散公司。

具体而言,可以申请解散公司的理由有:(1)公司持续两年以上无法召开股东会,公司经营管理发生严重困难的;(2)股东表决时无法达到法定或者公司章程规定的比例,持续两年以上不能作出有效的股东会决议,公司经营管理发生严重困难的;(3)公司董事长期冲突,且无法通过股东会解决,公司经营管理发生严重困难的;(4)经营管理发生其他严重困难,公司继续存续会使股东利益受到重大损失的情形。但是要特别注意的是,股东知情权、利润分配请求权等权益受到损害,或者公司亏损、财产不足以偿还全部债务,以及公司被吊销企业法人营业执照未进行清算等,均不构成请求法院解散公司的理由。

4. 公司解散事由的公示。公司出现上述解散事由,应当在10日内将解散事由通过国家企业信用信息公示系统予以公示。

经 济 法

【大纲新增考点·法条说明】

2025年,"经济法"学科大纲考点无变化,附录法律法规新增3件、修订1件。

章　节	2024年大纲	2025年大纲	提　示
第一章第一节　反垄断法	反垄断法概述	反垄断法概述(垄断民事纠纷)	明确子考点

大纲附录法律法规

项　目	法律法规
增加法规	**1. 中华人民共和国增值税法** （2024 年 12 月 25 日第十四届全国人民代表大会常务委员会第十三次会议通过　2024 年 12 月 25 日中华人民共和国主席令第 41 号公布　自 2026 年 1 月 1 日起施行） **2. 最高人民法院关于审理垄断民事纠纷案件适用法律若干问题的解释** （2024 年 2 月 4 日最高人民法院审判委员会第 1915 次会议通过　2024 年 6 月 24 日公布　自 2024 年 7 月 1 日起施行）　法释〔2024〕6 号 **3. 中华人民共和国民营经济促进法** （2025 年 4 月 30 日第十四届全国人民代表大会常务委员会第十五次会议通过　2025 年 4 月 30 日中华人民共和国主席令第 46 号公布　自 2025 年 5 月 20 日起施行）
修订法规	**不动产登记暂行条例** （2014 年 11 月 24 日国务院令第 656 号公布　根据 2019 年 3 月 24 日《国务院关于修改部分行政法规的决定》第一次修订　根据 2024 年 3 月 10 日《国务院关于修改和废止部分行政法规的决定》第二次修订）

2020~2024 年大纲新增考点对照

年　份	章　节	新增与变化考点・法条
2024	新增法律法规：中华人民共和国消费者权益保护法实施条例	
2023	第一章第一节　反垄断法	反垄断法概述　违反反垄断法的法律责任　反垄断法的适用例外
	修订法律法规：中华人民共和国反垄断法	
2022	第五章第一节　土地管理法	建设用地管理制度
	第五章第三节　城市房地产管理法	物业服务管理制度
	1. 新增法律法规：最高人民法院关于适用《中华人民共和国反不正当竞争法》若干问题的解释 2. 修订法律法规： （1）中华人民共和国食品安全法 （2）最高人民法院关于审理食品药品纠纷案件适用法律若干问题的规定 （3）中华人民共和国审计法	
2021	1. 新增法律法规：最高人民法院关于审理侵犯商业秘密民事案件适用法律若干问题的规定 2. 修订法律法规：最高人民法院关于审理食品药品纠纷案件适用法律若干问题的规定	
2020	第五章第一节　土地管理法	土地管理法的基本原则　土地规划制度　耕地保护制度　监督检查制度
	第五章第三节　城市房地产管理法	房地产开发用地制度
	修订法律法规： （1）中华人民共和国反不正当竞争法 （2）中华人民共和国车船税法 （3）中华人民共和国土地管理法 （4）中华人民共和国城市房地产管理法 （5）中华人民共和国城乡规划法	

【大纲新增、变化考点解读】

☞ 2025 考点　垄断民事纠纷案件★★★★

垄断民事纠纷案件，即因垄断行为引发的民事纠纷案件，是指自然人、法人或者非法人组织因垄断行为受到损失以及因合同内容或者经营者团体的章程、决议、决定等违反《反垄断法》而发生争议，依据该法向人民法院提起民事诉讼的案件。最高人民法院于2012年5月3日发布《关于审理因垄断行为引发的民事纠纷案件应用法律若干问题的规定》，继而于2024年6月24日发布《关于审理垄断民事纠纷案件适用法律若干问题的解释》（以下简称《垄断案件解释》）更替之。垄断案件解释就审理垄断民事纠纷案件的程序、相关市场界定、垄断协议、滥用市场支配地位、民事责任等问题做出了具体规定，于2024年7月1日起施行。

☞ 2024 考点1　经营者的义务★★★

在消费法律关系中，消费者的权利就是经营者的义务。为了有效地保护消费者的权益，约束经营者的经营行为，消费者权益保护法不仅规定了消费者的权利，还规定了经营者的义务。

1. 依法经营和诚信经营义务。经营者向消费者提供商品和服务，应依照法律、法规的规定履行义务。双方有约定的，应按照约定履行义务，但双方的约定不得违法。经营者向消费者提供商品或者服务，应当恪守社会公德，诚信经营，保障消费者的合法权益；不得设定不公平、不合理的交易条件，不得强制交易。**在这方面的具体规定有：(1)禁止强迫销售。经营者不得以暴力、胁迫、限制人身自由等方式或者利用技术手段，强制或者变相强制消费者购买商品或者接受服务，或者排除、限制消费者选择其他经营者提供的商品或者服务。经营者通过搭配、组合等方式提供商品或者服务的，应当以显著方式提请消费者注意。(2)禁止虚假承诺。经营者以商业宣传、产品推荐、实物展示或者通知、声明、店堂告示等方式提供商品或者服务，对商品或者服务的数量、质量、价格、售后服务、责任承担等作出承诺的，应当向购买商品或者接受服务的消费者履行其所承诺的内容。(3)禁止信息骚扰。未经消费者同意，经营者不得向消费者发送商业性信息或者拨打商业性电话。消费者同意接收商业性信息或者商业性电话的，经营者应当提供明确、便捷的取消方式。消费者选择取消的，经营者应当立即停止发送商业性信息或者拨打商业性电话。(4)禁止误导老年人。经营者不得通过虚假或者引人误解的宣传，虚构或者夸大商品或者服务的治疗、保健、养生等功效，诱导老年人等消费者购买明显不符合其实际需求的商品或者服务。**

2. 接受监督的义务。经营者应当听取消费者对其提供的商品或服务的意见，接受消费者的监督。

3. 安全保障义务。经营者应当保证其提供的商品或服务（包括以奖励、赠送、试用等形式向消费者免费提供商品或者服务）符合保障人身、财产安全的要求。经营者应当做到：(1)对可能危及人身、财产安全的商品和服务，应作出真实说明和明确的警示，标明正确使用及防止危害发生的方法。免费提供的商品或者服务存在瑕疵但不违反法律强制性规定且不影响正常使用性能的，经营者应当在提供前如实告知消费者。(2)宾馆、商场、餐馆、银行、机场、车站、港口、影剧院等经营场所的经营者，应当对消费者尽到安全保障义务。为此，经营者应当保证其经营场所及设施符合保障人身、财产安全的要求，采取必要的安全防护措施，并设置相应的警示标识。消费者在经营场所遇到危险或者

受到侵害时，经营者应当给予及时、必要的救助。(3)经营者发现其提供的商品或者服务存在缺陷，有危及人身、财产安全危险的，应当立即向有关行政部门报告和告知消费者，并采取停止销售、警示、召回、无害化处理、销毁、停止生产或者服务等措施，且自行承担商品召回的必要费用。

4. 提供真实信息的义务。经营者应当采用通俗易懂的方式，真实、全面地向消费者提供商品或者服务相关信息，不得通过虚构经营者资质、资格或者所获荣誉，虚构商品或者服务交易信息、经营数据，篡改、编造、隐匿用户评价等方式，进行虚假或者引人误解的宣传，欺骗、误导消费者。经营者不得在消费者不知情的情况下，对同一商品或者服务在同等交易条件下设置不同的价格或者收费标准。对消费者关于质量、使用方法等问题的询问，经营者应作出明确的、完备的、符合实际的答复。经营者提供商品或者服务应当明码标价。

5. 标明真实名称和标记的义务。经营者应当在其经营场所的显著位置标明其真实名称和标记。具体说，经营者租赁他人柜台或者场地提供商品或者服务，或者通过宣讲、抽奖、集中式体验等方式提供商品或者服务的，应当以显著方式标明其真实名称和标记。经营者通过网络、电视、电话、邮购等方式提供商品或者服务的，应当在其首页、视频画面、语音、商品目录等处以显著方式标明或者说明其真实名称和标记。由其他经营者实际提供商品或者服务的，还应当向消费者提供该经营者的名称、经营地址、联系方式等信息。

6. 出具凭证或单据的义务。经营者提供商品或者服务，应按照国家规定或商业惯例向消费者出具发票等购货凭证或者服务单据；消费者索要发票等购货凭证或者单据的，经营者必须出具。

7. 保证质量的义务。经营者有义务保证商品和服务的质量。该义务体现在以下三个方面：第一，经营者应当保证在正常使用商品或者接受服务的情况下其提供的商品或者服务应当具有的质量、性能、用途和有效期限；但消费者在购买该商品或者接受服务前已经知道其存在瑕疵，且存在该瑕疵不违反法律强制性规定的除外。第二，经营者以广告、产品说明、实物样品或者其他方式表明商品或者服务的质量状况的，应当保证提供的商品或者服务的实际质量与表明的质量状况相符。第三，经营者提供的机动车、计算机、电视机、电冰箱、空调器、洗衣机等耐用商品或者装饰装修等服务，消费者自接受商品或者服务之日起6个月内发现瑕疵，发生争议的，由经营者承担有关瑕疵的举证责任。

8. 履行退货、更换、修理的义务。该义务分为两类情形：一是对瑕疵履行的补救。在经营者提供的商品或者服务不符合质量要求的情形下，如果有国家规定或者当事人约定，经营者有义务按照消费者的要求办理退货、更换或者修理。如果没有国家规定和当事人约定，消费者自收到商品之日起7日内退货的，经营者有义务办理退货，7日后符合法定解除合同条件的，经营者仍然有退货义务。不符合法定解除合同条件的，经营者应按消费者要求履行更换、修理等义务。经营者与消费者约定承担退货、更换、修理等义务的有效期限不得低于国家有关规定的要求。二是无理由退货。无论经营者提供的商品有无质量问题，只要是采用网络、电视、电话、邮购等方式销售的，消费者都有权自收到商品之日起7日内退货，且无须说明理由。但是，以下商品不适用无理由退货的规定：消费者定作的；鲜活易腐的；在线下载或者消费者拆封的音像制品、计算机软件等数字化商品；交付的报纸、期刊；其他根据商品性质并经消费者在购买时确认不宜退货的商品。经营者不得超出此规定擅自扩大不适用无理由退货的商品范围。经营者履行退货义务时，应当按照购货凭证或者服务单据上显示的价格一次性退清相关款项。

9. 正确使用格式条款的义务。格式条款是经营者单方拟定的，消费者只能表示接受或不接受，而不能与之协商和改变其内容的交易条件。除书面合同中的格式条款外，经营者以通知、声明、店堂告示等形式单方规定的交易条件,也具有格式条款的性质。在面对众多消费者的情况下,经营者采用格式条款,有简化缔约程序、节省交易成本和保持交易条件统一的优点,这也是有利于消费者的。但是,格式条款也给经营者带来了弱化消费者合同意识、设置不公平条款因而损害消费者权益的机会。为此,法律对经营者使用格式条款规定了两方面的义务。一是提示和说明的义务。经营者在经营活动中使用格式条款的,应当以显著方式提请消费者注意商品或者服务的数量和质量、价款或者费用、履行期限和方式、安全注意事项和风险警示、售后服务、民事责任等与消费者有重大利害关系的内容,并按照消费者的要求予以说明。二是禁止滥用格式条款的义务。经营者不得以格式条款、通知、声明、店堂告示等方式,作出排除或者限制消费者权利、减轻或者免除经营者责任、加重消费者责任等对消费者不公平、不合理的规定,不得利用格式条款并借助技术手段强制交易;违反此义务的,其条款无效。

10. 不得侵犯消费者人格权的义务。经营者不得对消费者进行侮辱、诽谤,不得搜查消费者的身体及其携带的物品,不得侵犯消费者的人身自由。

11. 尊重消费者信息自由的义务。经营者应当依法保护消费者的个人信息。首先,在收集、使用消费者个人信息时,应当遵循合法、正当、必要的原则,明示收集、使用信息的目的、方式和范围,并经消费者同意,不得过度收集消费者个人信息,不得采用一次概括授权、默认授权等方式,强制或者变相强制消费者同意收集、使用与经营活动无直接关系的个人信息。其次,对于已掌握的消费者个人信息,必须严格保密,不得泄露、出售或者非法向他人提供,同时应采取必要措施确保信息安全,并在信息泄露、丢失时及时加以补救。再次,避免以商业信息骚扰消费者,即经营者未经消费者同意或者请求,或者消费者明确表示拒绝的,不得向其发送商业性信息。最后,在处理包含消费者的生物识别、宗教信仰、特定身份、医疗健康、金融账户、行踪轨迹等信息以及不满14周岁未成年人的个人信息等敏感个人信息时,应当符合有关法律、行政法规的规定。

12. 特别事项的规定。(1)押金、预付款。经营者提供商品或者服务时收取押金的,应当事先与消费者约定退还押金的方式、程序和时限,不得对退还押金设置不合理条件。经营者以收取预付款方式提供商品或者服务的,应当与消费者订立书面合同,约定商品或者服务的具体内容、价款或者费用、预付款退还方式、违约责任等事项。经营者出现重大经营风险,有可能影响经营者按照合同约定或者交易习惯正常提供商品或者服务的,应当停止收取预付款。消费者要求退还押金、预付款,符合退还条件的,经营者应当及时退还。经营者决定停业或者迁移服务场所的,应当提前30日在其经营场所、网站、网店首页等的醒目位置公告经营者的有效联系方式等信息,并按消费者要求退还押金或者未消费的预付款余额。(2)网络直播销售。经营者通过网络直播等方式提供商品或者服务的,应当依法履行消费者权益保护相关义务。直播营销平台经营者应当建立健全消费者权益保护制度,明确消费争议解决机制。发生消费争议的,直播营销平台经营者应当根据消费者的要求提供直播间运营者、直播营销人员相关信息以及相关经营活动记录等必要信息。(3)网络游戏。经营者提供网络游戏服务的,应当符合国家关于网络游戏服务相关时段、时长、功能和内容等方面的规定和标准,针对未成年人设置相应的时间管理、权限管理、消费管理等功能,在注册、登录等环节严格进行用户核验,依法保护未成年人身心健康。

☞ 2024 考点2 消费者权益的保护

1. 国家对消费者合法权益的保护。国家采取一系列制度性措施,保护消费者的合法权益。

(1)立法过程中的消费者参与。国家制定有关消费者权益的法律、法规、规章和强制性标准,应当听取消费者和消费者协会等组织的意见。

(2)政府职能的运用。各级人民政府在保护消费者合法权益中,主要应发挥三方面的职能:一是领导职能,即加强对消费者权益保护工作的指导,组织、协调、督促有关行政部门落实消费者权益保护工作职责,提升消费者权益保护工作的法治化水平;二是监督职能,重点是预防危害消费者人身、财产安全行为的发生,及时制止危害消费者人身、财产安全的行为;**三是普法职能,包括加强消费知识的宣传普及,倡导文明、健康、绿色消费,提高消费者依法、理性维权的意识和能力,同时,加强对经营者的普法宣传、行政指导和合规指引,提高经营者依法经营的意识。**

(3)相关行政部门的职责。各级市场监督管理部门和其他有关行政部门,应当依照法律、法规的规定,在各自的职责范围内,采取措施,保护消费者的合法权益。其中,有以下重点的职责:①听取消费者和消费者协会等组织对经营者交易行为、商品和服务质量问题的意见,及时调查处理。②定期或者不定期对经营者提供的商品和服务进行抽查检验,并及时向社会公布抽查检验结果。③发现并认定经营者提供的商品或者服务存在缺陷,有危及人身、财产安全危险的,应当立即责令经营者采取停止销售、警示、召回、无害化处理、销毁、停止生产或者服务等措施。**④接受和处理消费者在与经营者发生消费者权益争议时的投诉和对经营者涉嫌违法线索的举报。有关行政部门应当畅通和规范消费者投诉、举报渠道,完善投诉、举报处理流程,依法及时受理和处理投诉、举报,加强对投诉、举报信息的分析应用,开展消费预警和风险提示。**⑤加强消费领域信用体系建设,依法公示有关行政许可、行政处罚、抽查检验结果、消费投诉等信息,依法对违法失信经营者实施惩戒。

(4)司法机关的职责。一是惩治犯罪。有关国家机关应当依照法律、法规的规定,惩处经营者在提供商品和服务中侵害消费者合法权益的违法犯罪行为。二是处理纠纷。人民法院应当采取措施,方便消费者提起诉讼。对符合民事诉讼法起诉条件的消费者权益争议,必须受理,及时审理。

2. 消费者组织。

(1)消费者组织的性质。消费者协会和其他消费者组织是依法成立的对商品和服务进行社会监督的保护消费者合法权益的社会组织。消费者组织属于公益性社会组织,不得从事商品经营和营利性服务,不得以收取费用或者其他牟取利益的方式向消费者推荐商品和服务。

(2)消费者组织的职责。消费者协会履行下列公益性职责:①向消费者提供消费信息和咨询服务,提高消费者维护自身合法权益的能力,引导文明、健康、节约资源和保护环境的消费方式;②参与制定有关消费者权益的法律、法规、规章和强制性标准;③参与有关行政部门对商品和服务的监督、检查;④就有关消费者合法权益的问题,向有关部门反映、查询,提出建议;⑤受理消费者的投诉,并对投诉事项进行调查、调解;⑥投诉事项涉及商品和服务质量问题的,可以委托具备资格的鉴定人鉴定,鉴定人应当告知鉴定意见;⑦就损害消费者合法权益的行为,支持受损害的消费者提起诉讼或者依照《消费者权益保护法》提起诉讼;⑧对损害消费者合法权益的行为,通过大众传播媒介予以揭露、批评。

3. 政府对消费者组织的支持。各级人民政府对消费者协会履行职责应当予以必要的经费等支持。有关行政部门应当认真听取消费者协会的意见和建议。对于消费者协会向有关行政部门反映的侵害消费者合法权益的问题,有关行政部门应当及时调查处理并予以回复;对于立案查处的案件,有关行政部门应当将处理结果告知消费者协会。

4. 消费者组织的维权协调。消费者协会可以就消费者权益保护事项向有关经营者、行业组织提出改进意见或者进行指导谈话,加强消费者、经营者、行业组织、专业机构、有关行政部门等各相关方的组织协调,推动解决涉及消费者合法权益保护的重要问题。

5. 消费者组织的公益诉讼。对侵害众多消费者合法权益的行为，中国消费者协会以及在省、自治区、直辖市设立的消费者协会，可以向人民法院提起诉讼。

【大纲新增法条】

中华人民共和国增值税法

（2024年12月25日第十四届全国人民代表大会常务委员会第十三次会议通过　2024年12月25日中华人民共和国主席令第41号公布　自2026年1月1日起施行）

目　　录

第一章　总　　则

第一条　为了健全有利于高质量发展的增值税制度，规范增值税的征收和缴纳，保护纳税人的合法权益，制定本法。

第二条　增值税税收工作应当贯彻落实党和国家路线方针政策、决策部署，为国民经济和社会发展服务。

第三条　在中华人民共和国境内（以下简称境内）销售货物、服务、无形资产、不动产（以下称应税交易），以及进口货物的单位和个人（包括个体工商户），为增值税的纳税人，应当依照本法规定缴纳增值税。

销售货物、服务、无形资产、不动产，是指有偿转让货物、不动产的所有权，有偿提供服务，有偿转让无形资产的所有权或者使用权。

第四条　在境内发生应税交易，是指下列情形：

（一）销售货物的，货物的起运地或者所在地在境内；

（二）销售或者租赁不动产、转让自然资源使用权的，不动产、自然资源所在地在境内；

（三）销售金融商品的，金融商品在境内发行，或者销售方为境内单位和个人；

（四）除本条第二项、第三项规定外，销售服务、无形资产的，服务、无形资产在境内消费，或者销售方为境内单位和个人。

第五条　有下列情形之一的，视同应税交易，应当依照本法规定缴纳增值税：

（一）单位和个体工商户将自产或者委托加工的货物用于集体福利或者个人消费；

（二）单位和个体工商户无偿转让货物；

（三）单位和个人无偿转让无形资产、不动产或者金融商品。

第六条　有下列情形之一的，不属于应税交易，不征收增值税：

（一）员工为受雇单位或者雇主提供取得工资、薪金的服务；

（二）收取行政事业性收费、政府性基金；

（三）依照法律规定被征收、征用而取得补偿；

（四）取得存款利息收入。

第七条　增值税为价外税，应税交易的销售额不包括增值税税额。增值税税额，应当按照国务院的规定在交易凭证上单独列明。

第八条　纳税人发生应税交易，应当按照一般计税方法，通过销项税额抵扣进项税额计算应纳税额的方式，计算缴纳增值税；本法另有规定的除外。

小规模纳税人可以按照销售额和征收率计算应纳税额的简易计税方法,计算缴纳增值税。

中外合作开采海洋石油、天然气增值税的计税方法等,按照国务院的有关规定执行。

第九条 本法所称小规模纳税人,是指年应征增值税销售额未超过五百万元的纳税人。

小规模纳税人会计核算健全,能够提供准确税务资料的,可以向主管税务机关办理登记,按照本法规定的一般计税方法计算缴纳增值税。

根据国民经济和社会发展的需要,国务院可以对小规模纳税人的标准作出调整,报全国人民代表大会常务委员会备案。

第二章 税 率

第十条 增值税税率:

(一)纳税人销售货物、加工修理修配服务、有形动产租赁服务,进口货物,除本条第二项、第四项、第五项规定外,税率为百分之十三。

(二)纳税人销售交通运输、邮政、基础电信、建筑、不动产租赁服务,销售不动产,转让土地使用权,销售或者进口下列货物,除本条第四项、第五项规定外,税率为百分之九:

1. 农产品、食用植物油、食用盐;

2. 自来水、暖气、冷气、热水、煤气、石油液化气、天然气、二甲醚、沼气、居民用煤炭制品;

3. 图书、报纸、杂志、音像制品、电子出版物;

4. 饲料、化肥、农药、农机、农膜。

(三)纳税人销售服务、无形资产,除本条第一项、第二项、第五项规定外,税率为百分之六。

(四)纳税人出口货物,税率为零;国务院另有规定的除外。

(五)境内单位和个人跨境销售国务院规定范围内的服务、无形资产,税率为零。

第十一条 适用简易计税方法计算缴纳增值税的征收率为百分之三。

第十二条 纳税人发生两项以上应税交易涉及不同税率、征收率的,应当分别核算适用不同税率、征收率的销售额;未分别核算的,从高适用税率。

第十三条 纳税人发生一项应税交易涉及两个以上税率、征收率的,按照应税交易的主要业务适用税率、征收率。

第三章 应纳税额

第十四条 按照一般计税方法计算缴纳增值税的,应纳税额为当期销项税额抵扣当期进项税额后的余额。

按照简易计税方法计算缴纳增值税的,应纳税额为当期销售额乘以征收率。

进口货物,按照本法规定的组成计税价格乘以适用税率计算缴纳增值税。组成计税价格,为关税计税价格加上关税和消费税;国务院另有规定的,从其规定。

第十五条 境外单位和个人在境内发生应税交易,以购买方为扣缴义务人;按照国务院的规定委托境内代理人申报缴纳税款的除外。

扣缴义务人依照本法规定代扣代缴税款的,按照销售额乘以税率计算应扣缴税额。

第十六条 销项税额,是指纳税人发生应税交易,按照销售额乘以本法规定的税率计算的增值税税额。

进项税额,是指纳税人购进货物、服务、无形资产、不动产支付或者负担的增值税税额。

纳税人应当凭法律、行政法规或者国务院规定的增值税扣税凭证从销项税额中抵扣进项税额。

第十七条 销售额,是指纳税人发生应税交易取得的与之相关的价款,包括货币和非货币形式的经济利益对应的全部价款,不包括按照一般计税方法计算的销项税额和按照简易计税方法计算的应纳税额。

第十八条 销售额以人民币计算。纳税人以人民币以外的货币结算销售额的,应当折合成人民币计算。

第十九条 发生本法第五条规定的视同应税交易以及销售额为非货币形式的,纳税人应当按照市场价格确定销售额。

第二十条 销售额明显偏低或者偏高且无正当理由的,税务机关可以依照《中华人民共和国税收征收管理法》和有关行政法规的规定核定销售额。

第二十一条　当期进项税额大于当期销项税额的部分，纳税人可以按照国务院的规定选择结转下期继续抵扣或者申请退还。

第二十二条　纳税人的下列进项税额不得从其销项税额中抵扣：

（一）适用简易计税方法计税项目对应的进项税额；

（二）免征增值税项目对应的进项税额；

（三）非正常损失项目对应的进项税额；

（四）购进并用于集体福利或者个人消费的货物、服务、无形资产、不动产对应的进项税额；

（五）购进并直接用于消费的餐饮服务、居民日常服务和娱乐服务对应的进项税额；

（六）国务院规定的其他进项税额。

第四章　税 收 优 惠

第二十三条　小规模纳税人发生应税交易，销售额未达到起征点的，免征增值税；达到起征点的，依照本法规定全额计算缴纳增值税。

前款规定的起征点标准由国务院规定，报全国人民代表大会常务委员会备案。

第二十四条　下列项目免征增值税：

（一）农业生产者销售的自产农产品，农业机耕、排灌、病虫害防治、植物保护、农牧保险以及相关技术培训业务，家禽、牲畜、水生动物的配种和疾病防治；

（二）医疗机构提供的医疗服务；

（三）古旧图书，自然人销售的自己使用过的物品；

（四）直接用于科学研究、科学试验和教学的进口仪器、设备；

（五）外国政府、国际组织无偿援助的进口物资和设备；

（六）由残疾人的组织直接进口供残疾人专用的物品，残疾人个人提供的服务；

（七）托儿所、幼儿园、养老机构、残疾人服务机构提供的育养服务，婚姻介绍服务，殡葬服务；

（八）学校提供的学历教育服务，学生勤工俭学提供的服务；

（九）纪念馆、博物馆、文化馆、文物保护单位管理机构、美术馆、展览馆、书画院、图书馆举办文化活动的门票收入，宗教场所举办文化、宗教活动的门票收入。

前款规定的免税项目具体标准由国务院规定。

第二十五条　根据国民经济和社会发展的需要，国务院对支持小微企业发展、扶持重点产业、鼓励创新创业就业、公益事业捐赠等情形可以制定增值税专项优惠政策，报全国人民代表大会常务委员会备案。

国务院应当对增值税优惠政策适时开展评估、调整。

第二十六条　纳税人兼营增值税优惠项目的，应当单独核算增值税优惠项目的销售额；未单独核算的项目，不得享受税收优惠。

第二十七条　纳税人可以放弃增值税优惠；放弃优惠的，在三十六个月内不得享受该项税收优惠，小规模纳税人除外。

第五章　征 收 管 理

第二十八条　增值税纳税义务发生时间，按照下列规定确定：

（一）发生应税交易，纳税义务发生时间为收讫销售款项或者取得销售款项索取凭据的当日；先开具发票的，为开具发票的当日。

（二）发生视同应税交易，纳税义务发生时间为完成视同应税交易的当日。

（三）进口货物，纳税义务发生时间为货物报关进口的当日。

增值税扣缴义务发生时间为纳税人增值税纳税义务发生的当日。

第二十九条　增值税纳税地点，按照下列规定确定：

（一）有固定生产经营场所的纳税人，应当向其机构所在地或者居住地主管税务机关申报纳税。总机构和分支机构不在同一县（市）的，应当分别向各自所在地的主管税务机关申报纳税；经省级以上财政、税务主管部门批准，可以由总机构汇总向总机构所在地的主管税务机关申报纳税。

（二）无固定生产经营场所的纳税人，应当向其应税交易发生地主管税务机关申报纳税；未申报纳税的，由其机构所在地或者居住地主管税务机关补征税款。

（三）自然人销售或者租赁不动产，转让自然资源使用权，提供建筑服务，应当向不动产所在地、自然资源所在地、建筑服务发生地主管税务机关申报纳税。

（四）进口货物的纳税人，应当按照海关规定的地点申报纳税。

（五）扣缴义务人，应当向其机构所在地或者居住地主管税务机关申报缴纳扣缴的税款；机构所在地或者居住地在境外的，应当向应税交易发生地主管税务机关申报缴纳扣缴的税款。

第三十条 增值税的计税期间分别为十日、十五日、一个月或者一个季度。纳税人的具体计税期间，由主管税务机关根据纳税人应纳税额的大小分别核定。不经常发生应税交易的纳税人，可以按次纳税。

纳税人以一个月或者一个季度为一个计税期间的，自期满之日起十五日内申报纳税；以十日或者十五日为一个计税期间的，自次月一日起十五日内申报纳税。

扣缴义务人解缴税款的计税期间和申报纳税期限，依照前两款规定执行。

纳税人进口货物，应当按照海关规定的期限申报并缴纳税款。

第三十一条 纳税人以十日或者十五日为一个计税期间的，应当自期满之日起五日内预缴税款。

法律、行政法规对纳税人预缴税款另有规定的，从其规定。

第三十二条 增值税由税务机关征收，进口货物的增值税由海关代征。

海关应当将代征增值税和货物出口报关的信息提供给税务机关。

个人携带或者寄递进境物品增值税的计征办法由国务院制定，报全国人民代表大会常务委员会备案。

第三十三条 纳税人出口货物或者跨境销售服务、无形资产，适用零税率的，应当向主管税务机关申报办理退（免）税。出口退（免）税的具体办法，由国务院制定。

第三十四条 纳税人应当依法开具和使用增值税发票。增值税发票包括纸质发票和电子发票。电子发票与纸质发票具有同等法律效力。

国家积极推广使用电子发票。

第三十五条 税务机关与工业和信息化、公安、海关、市场监督管理、人民银行、金融监督管理等部门建立增值税涉税信息共享机制和工作配合机制。

有关部门应当依照法律、行政法规，在各自职责范围内，支持、协助税务机关开展增值税征收管理。

第三十六条 增值税的征收管理依照本法和《中华人民共和国税收征收管理法》的规定执行。

第三十七条 纳税人、扣缴义务人、税务机关及其工作人员违反本法规定的，依照《中华人民共和国税收征收管理法》和有关法律、行政法规的规定追究法律责任。

第六章 附 则

第三十八条 本法自 2026 年 1 月 1 日起施行。《中华人民共和国增值税暂行条例》同时废止。

最高人民法院关于审理垄断民事纠纷案件适用法律若干问题的解释

（2024年2月4日最高人民法院审判委员会第1915次会议通过　2024年6月24日公布　自2024年7月1日起施行）　法释〔2024〕6号

为维护市场公平竞争秩序，依法公正高效审理垄断民事纠纷案件，根据《中华人民共和国民法典》、《中华人民共和国反垄断法》、《中华人民共和国民事诉讼法》等有关法律规定，制定本解释。

一、程序规定

第一条　本解释所称垄断民事纠纷案件，是指自然人、法人或者非法人组织因垄断行为受到损失以及因合同内容或者经营者团体的章程、决议、决定等违反反垄断法而发生争议，依据反垄断法向人民法院提起民事诉讼的案件。

本解释所称经营者团体，包括行业协会等由两个以上经营者为了实现共同目的而组成的结合体或者联合体。

第二条　原告依据反垄断法直接向人民法院提起民事诉讼，或者在反垄断执法机构认定构成垄断行为的处理决定作出后向人民法院提起民事诉讼，且符合法律规定的受理条件的，人民法院应予受理。

原告起诉仅请求人民法院确认被告的特定行为构成垄断，而不请求被告承担民事责任的，人民法院不予受理。

第三条　一方当事人向人民法院提起垄断民事诉讼，另一方当事人以双方之间存在合同关系且有仲裁协议为由，主张人民法院不应受理的，人民法院不予支持。

第四条　第一审垄断民事纠纷案件，由知识产权法院和最高人民法院指定的中级人民法院管辖。

第五条　垄断民事纠纷案件的地域管辖，根据案件具体情况，依照民事诉讼法及相关司法解释有关侵权纠纷、合同纠纷等的管辖规定确定。

第六条　原告依据反垄断法对在中华人民共和国境内没有住所的被告提起民事诉讼，主张被告在中华人民共和国境外的垄断行为对境内市场竞争产生排除、限制影响的，根据民事诉讼法第二百七十六条的规定确定管辖法院。

第七条　案件立案时的案由并非垄断民事纠纷，人民法院受理后经审查发现属于垄断民事纠纷，但受诉人民法院并无垄断民事纠纷案件管辖权的，应当将案件移送有管辖权的人民法院。

第八条　两个以上原告因同一垄断行为向有管辖权的同一人民法院分别提起诉讼的，人民法院可以合并审理。

两个以上原告因同一垄断行为向有管辖权的不同人民法院分别提起诉讼的，后立案的人民法院发现其他有管辖权的人民法院已先立案的，应当裁定将案件移送先立案的人民法院；受移送的人民法院可以合并审理。

人民法院可以要求当事人提供与被诉垄断行为相关的行政执法、仲裁、诉讼等情况。当事人拒不如实提供的，可以作为认定其是否遵循诚信原则和构成滥用权利等的考量因素。

第九条　原告无正当理由而根据影响地域、持续时间、实施场合、损害范围等因素对被告的同一垄断行为予以拆分，分别提起数个诉讼的，由最先受理诉讼的人民法院合并审理。

第十条　反垄断执法机构认定构成垄断行为的处理决定在法定期限内未被提起行政诉讼或者已为人民法院生效裁判所确认，原告在相关垄断民事纠纷案件中据此主张该处理决定认定的基本事实为真实的，无需再行举证证明，但有相反证据足以推翻的除外。

必要时，人民法院可以要求作出处理决定的反垄断执法机构对该处理决定的有关情况予以说明。反垄断执法机构提供的信息、材料等尚未公开的，人民法院应当依职权或者依申请采取合理保护措施。

第十一条 当事人可以向人民法院申请一至二名具有案件所涉领域、经济学等专门知识的人员出庭，就案件的专门性问题进行说明。

当事人可以向人民法院申请委托专业机构或者专业人员就案件的专门性问题提出市场调查或者经济分析意见。该专业机构或者专业人员可以由双方当事人协商确定；协商不成的，由人民法院指定。人民法院可以参照民事诉讼法及相关司法解释有关鉴定意见的规定，对该专业机构或者专业人员提出的市场调查或者经济分析意见进行审查判断。

一方当事人就案件的专门性问题自行委托有关专业机构或者专业人员提出市场调查或者经济分析意见，该意见缺乏可靠的事实、数据或者其他必要基础资料佐证，或者缺乏可靠的分析方法，或者另一方当事人提出证据或者理由足以反驳的，人民法院不予采信。

第十二条 经营者实施垄断行为损害社会公共利益，设区的市级以上人民检察院依法提起民事公益诉讼的，适用与公益诉讼有关的法律和司法解释的规定，但本解释另有规定的除外。

第十三条 反垄断执法机构对被诉垄断行为已经立案调查的，人民法院可以根据案件具体情况，裁定中止诉讼。

二、相关市场界定

第十四条 原告主张被诉垄断行为违反反垄断法的，一般应当界定反垄断法第十五条第二款所称的相关市场并提供证据或者充分说明理由。

原告以被告在相关市场的市场份额为由主张其具有市场支配地位或者显著的市场力量的，应当界定相关市场并提供证据或者充分说明理由。

原告提供证据足以直接证明下列情形之一的，可以不再对相关市场界定进一步承担举证责任：

（一）被诉垄断协议的经营者具有显著的市场力量；

（二）被诉滥用市场支配地位的经营者具有市场支配地位；

（三）被诉垄断行为具有排除、限制竞争效果。

原告主张被诉垄断行为属于反垄断法第十七条第一项至第五项和第十八条第一款第一项、第二项规定情形的，可以不对相关市场界定提供证据。

第十五条 人民法院界定经营者在一定时期内就特定商品或者服务（以下统称商品）进行竞争的相关商品市场和相关地域市场，可以根据案件具体情况，以被诉垄断行为直接涉及的特定商品为基础，从需求者角度进行需求替代分析；供给替代对经营者行为产生的竞争约束类似于需求替代的，还可以从供给者角度进行供给替代分析。

人民法院进行需求替代或者供给替代分析时，可以采用假定垄断者测试的分析方法，一般选择使用价格上涨的假定垄断者测试方法；经营者之间的竞争主要表现为质量、多样性、创新等非价格竞争的，可以选择质量下降、成本上升等假定垄断者测试方法。

第十六条 人民法院从需求替代的角度分析界定相关商品市场时，一般根据需求者对于商品特性、功能和用途的需求、质量的认可、价格的接受以及获取的难易程度等因素，确定由需求者认为具有较为紧密替代关系的一组或者一类商品所构成的市场为相关商品市场。从供给替代的角度分析界定相关商品市场时，可以综合考虑其他经营者进入市场的意图和能力、承担的成本与风险、克服的市场障碍、需要的时间等因素。

分析界定互联网平台（以下称平台）所涉相关商品市场时，结合被诉垄断行为的特点、产生或者可能产生排除、限制竞争效果的具体情况、平台的类型等因素，一般可以根据该平台与被诉垄断行为最相关一边的商品界定相关商品市场，也可以根据被诉垄断行为所涉及的多边商品分别界定多个相关商品市场，必要时也可以根据特定平台整体界定相关商品市场。特定平台存在跨边网络效应，并给该平台经营者施加了足够的竞争约束的，可以根据该平台整体界定相关商品市场，也可以根据跨边网络效应所涉及的多边商品分别界定多个相关商品市场，并考虑各个相关商品市场之间的相互关系和影响。

第十七条 人民法院从需求替代的角度分析界定相关地域市场时，可以综合考虑需求者因商品价格或者其他竞争因素的变化而转向其他地域购买商品的情况、商品的运输成本和运输特征、多数需求者选择商品的实际区域和主要经营者的商品销售分布、地域间的市场障碍、特定区域需求者偏好等因素。从供给替代的角度分析界定相关地域市场时，可以综合考虑其他地域的经营者对商品价格等竞争因素的变化作出的反应、其他地域的经营者供应或者销售相关商品的及时性和可行性等因素。

分析界定平台所涉相关地域市场，可以重点考虑多数需求者选择商品的实际区域、需求者的语言偏好和消费习惯、相关法律法规的要求、其他地域竞争者的现状及其进入相关地域市场的及时性等因素。

三、垄断协议

第十八条 人民法院认定反垄断法第十六条规定的其他协同行为，应当综合考虑下列因素：

（一）经营者的市场行为是否具有一致性；

（二）经营者之间是否进行过意思联络、信息交流或者传递；

（三）相关市场的市场结构、竞争状况、市场变化等情况；

（四）经营者能否对行为一致性作出合理解释。

原告提供前款第一项和第二项的初步证据，或者第一项和第三项的初步证据，能够证明经营者存在协同行为的可能性较大的，被告应当提供证据或者进行充分说明，对其行为一致性作出合理解释；不能作出合理解释的，人民法院可以认定协同行为成立。

本条所称合理解释，包括经营者系基于市场和竞争状况变化等而独立实施相关行为。

第十九条 反垄断法第十七条规定的具有竞争关系的经营者，是指在商品生产经营过程中处于同一阶段、提供具有较为紧密替代关系的商品、独立经营决策并承担法律责任的两个以上的实际经营者或者可能进入同一相关市场进行竞争的潜在经营者。

特定经营者取得对其他经营者的控制权或者能够对其他经营者施加决定性影响，或者两个以上经营者被同一第三方控制或者施加决定性影响，应当视为一个经济实体的，不构成前款所称具有竞争关系的经营者。

第二十条 原告有证据证明仿制药申请人与被仿制药专利权利人达成、实施的协议同时具备下列条件，主张该协议构成反垄断法第十七条规定的垄断协议的，人民法院可予支持：

（一）被仿制药专利权利人给予或者承诺给予仿制药申请人明显不合理的金钱或者其他形式的利益补偿；

（二）仿制药申请人承诺不质疑被仿制药专利权的有效性或者延迟进入被仿制药相关市场。

被告有证据证明前款所称的利益补偿仅系为弥补被仿制药专利相关纠纷解决成本或者具有其他正当理由，或者该协议符合反垄断法第二十条规定，主张其不构成反垄断法第十七条规定的垄断协议的，人民法院应予支持。

第二十一条 被诉垄断行为属于反垄断法第十八条第一款第一项、第二项规定的垄断协议的，应当由被告对该协议不具有排除、限制竞争效果承担举证责任。

第二十二条 人民法院依照反垄断法第十八条第一款和第二款的规定审查认定被诉垄断协议是否具有排除、限制竞争效果时，可以综合考虑下列因素：

（一）被告在相关市场的市场力量和协议对相关市场类似不利竞争效果的累积作用；

（二）协议是否具有提高市场进入壁垒、阻碍更有效率的经营者或者经营模式、限制品牌间或者品牌内竞争等不利竞争效果；

（三）协议是否具有防止搭便车、促进品牌间竞争、维护品牌形象、提升售前或者售后服务水平、促进创新等有利竞争效果，且为实现该效果所必需；

（四）其他可以考虑的因素。

在案证据足以证明的有利竞争效果明显超过不利竞争效果的，人民法院应当认定协议不具有排除、限制竞争效果。

第二十三条 被诉垄断协议具有下列情形之

一，原告依据反垄断法第十八条第一款的规定主张被告应当承担法律责任的，人民法院不予支持：

（一）协议属于经营者与相对人之间的代理协议，且代理商不承担任何实质性商业或者经营风险；

（二）被告在相关市场的市场份额低于国务院反垄断执法机构规定的标准并符合国务院反垄断执法机构规定的其他条件。

第二十四条 经营者利用数据、算法、技术等手段进行意思联络、信息交流或者传递，或者利用数据、算法、技术、平台规则等手段实现行为一致性，达成、实施被诉垄断协议的，人民法院可以依照反垄断法第十七条的规定审查认定。

经营者利用数据、算法、技术、平台规则等手段实现限定或者自动化设定转售商品价格等，达成、实施被诉垄断协议的，人民法院可以依照反垄断法第十八条的规定审查认定。

第二十五条 平台经营者与平台内经营者的协议要求平台内经营者在该平台上提供与其他交易渠道相同或者更优惠交易条件的，根据原告的诉讼请求和具体案情，人民法院可以区别下列情形作出处理：

（一）平台经营者与平台内经营者之间具有竞争关系的，依照反垄断法第十七条的规定审查认定；

（二）平台经营者与平台内经营者之间不具有竞争关系的，依照反垄断法第十八条或者第十九条的规定审查认定；

（三）原告主张平台经营者滥用市场支配地位的，依照反垄断法第二十二条、电子商务法第二十二条的规定审查认定；

（四）原告主张平台经营者违反电子商务法第三十五条的规定的，依照该条规定处理。

第二十六条 经营者、经营者团体等组织其他经营者达成、实施垄断协议，给原告造成损失，原告依据民法典第一千一百六十八条的规定主张实施组织行为的经营者、经营者团体等与达成、实施垄断协议的其他经营者承担连带责任的，人民法院应当予以支持。

经营者、经营者团体等为其他经营者达成、实施垄断协议提供实质性帮助，给原告造成损失，原告依据民法典第一千一百六十九条第一款的规定主张提供帮助行为的经营者、经营者团体等与达成、实施垄断协议的其他经营者承担连带责任的，人民法院应当予以支持。但是，经营者、经营者团体等能够证明其不知道且不应当知道其他经营者达成、实施有关协议的除外。

前款所称实质性帮助，是指对垄断协议达成或者实施具有直接、重要促进作用的引导产生违法意图、提供便利条件、充当信息渠道、帮助实施惩罚等行为。

第二十七条 被告依据反垄断法第二十条第一款第一项至第五项的规定提出抗辩的，应当提供证据证明如下事实：

（一）被诉垄断协议能够实现相关目的或者效果；

（二）被诉垄断协议为实现相关目的或者效果所必需；

（三）被诉垄断协议不会严重限制相关市场的竞争；

（四）消费者能够分享由此产生的利益。

四、滥用市场支配地位

第二十八条 原告主张被诉垄断行为属于反垄断法第二十二条第一款规定的滥用市场支配地位的，应当对被告在相关市场内具有支配地位和被告滥用市场支配地位承担举证责任。被告以其行为具有正当性为由抗辩的，应当承担举证责任。

第二十九条 原告有证据证明经营者具有下列情形之一的，人民法院可以根据具体案件中相关市场的结构和实际竞争状况，结合相关市场经济规律等经济学知识，初步认定经营者在相关市场具有支配地位，但有相反证据足以反驳的除外：

（一）经营者在较长时间内维持明显高于市场竞争水平的价格，或者在较长时间内商品质量明显下降却未见大量用户流失，且相关市场明显缺乏竞争、创新和新进入者；

（二）经营者在较长时间内维持明显超过其他经营者的较高市场份额，且相关市场明显缺乏竞争、创新和新进入者。

被告对外发布的信息可以作为原告证明被告

具有市场支配地位的初步证据，但有相反证据足以反驳的除外。

第三十条　反垄断法第二十三条和第二十四条所称的“经营者在相关市场的市场份额”，可以根据被诉垄断行为发生时经营者一定时期内的相关商品交易金额、交易数量、生产能力或者其他指标在相关市场所占的比例确定。

人民法院认定平台经营者在相关市场的市场份额时，可以采用能够反映相关市场实际竞争状况的交易金额、活跃用户数量、企业用户数量、用户使用时长、访问量、点击量、数据资产数量或者其他指标作为计算基准。

第三十一条　原告主张公用企业或者其他依法具有独占地位的经营者滥用市场支配地位的，人民法院可以根据市场结构和竞争状况的具体情况，认定被告在相关市场具有支配地位，但有相反证据足以反驳的除外。

第三十二条　人民法院依照反垄断法第二十三条的规定认定平台经营者的市场支配地位，可以重点考虑下列因素：

（一）平台的商业模式及平台经营者实际受到的竞争约束；

（二）平台经营者在相关市场的市场份额及该市场份额的持续时间；

（三）平台经营是否存在显著的网络效应、规模效应、范围效应等；

（四）平台经营者掌握的相关数据、算法、技术等情况；

（五）平台经营者对相邻市场的影响；

（六）用户或者平台内经营者对平台经营者的依赖程度及制衡能力、锁定效应、使用习惯、同时使用多个平台的情况、转向其他平台经营者的成本等；

（七）其他经营者进入相关市场的意愿、能力及所面临的规模要求、技术要求、政策法律限制等市场进入障碍；

（八）相关市场的创新和技术变化情况；

（九）其他需要考虑的与平台经营相关的因素。

第三十三条　人民法院依照反垄断法第二十三条的规定认定被诉滥用知识产权的经营者的市场支配地位，可以重点考虑下列因素：

（一）相关市场内特定知识产权客体的可替代性、替代性客体的数量及转向替代性客体的成本；

（二）利用该特定知识产权所提供的商品的可替代性及该商品的市场份额；

（三）交易相对人对拥有该特定知识产权的经营者的制衡能力；

（四）相关市场的创新和技术变化情况；

（五）其他需要考虑的与知识产权行使相关的因素。

经营者主张不能仅根据其拥有知识产权而推定具有市场支配地位的，人民法院应予支持。

第三十四条　依据反垄断法第二十四条第一款第二项、第三项被推定共同具有市场支配地位的经营者，有证据证明具有下列情形之一，反驳上述推定的，人民法院应予支持：

（一）该两个以上经营者之间不具有行为一致性且存在实质性竞争；

（二）该两个以上经营者作为整体在相关市场受到来自其他经营者的有效竞争约束。

第三十五条　经营者同时具备下列条件的，人民法院可以认定其构成反垄断法第二十二条规定的滥用市场支配地位行为：

（一）在相关市场具有支配地位；

（二）实施了被诉垄断行为；

（三）被诉垄断行为具有排除、限制竞争效果；

（四）实施被诉垄断行为缺乏正当理由。

第三十六条　人民法院认定反垄断法第二十二条第一款第一项规定的经营者“以不公平的高价销售商品或者以不公平的低价购买商品”，可以综合考虑下列因素：

（一）该商品的收益率是否明显偏离竞争性市场中的合理收益率；

（二）该商品的价格是否明显偏离其成本与竞争条件下的合理利润之和；

（三）经营者向交易相对人销售或者购买商品

的价格是否明显高于或者低于该经营者在上下游市场中销售或者购买相同商品或者可比商品的价格；

（四）经营者向交易相对人销售或者购买商品的价格是否明显高于或者低于其他经营者在相同或者相似条件下销售或者购买相同商品或者可比商品的价格；

（五）经营者向交易相对人销售或者购买商品的价格是否明显高于或者低于该经营者在相同或者相似条件下在其他地域市场销售或者购买相同商品或者可比商品的价格；

（六）经营者向交易相对人销售商品的价格增长幅度是否明显高于该经营者成本增长幅度，或者购买商品的价格降低幅度明显高于交易相对人成本降低幅度；

（七）该高价或者低价的持续时间；

（八）其他可以考虑的因素。

认定前款第四项、第五项所称相同或者相似条件，可以考虑经营模式、交易渠道、供求状况、监管环境、交易环节、成本结构、交易情况、平台类型等因素。

第三十七条 具有市场支配地位的经营者，具有下列情形之一的，人民法院可以初步认定其构成反垄断法第二十二条第一款第二项规定的“以低于成本的价格销售商品”：

（一）经营者在较长时间内持续以低于平均可变成本或者平均可避免成本的价格销售商品；

（二）经营者在较长时间内持续以高于平均可变成本或者平均可避免成本，但低于平均总成本的价格销售商品，且有其他证据证明其具有排除、限制同等效率的其他经营者在相关市场开展有效竞争的明确意图。

依照前款规定认定平台经营者以低于成本的价格销售商品，还应当考虑该平台涉及的多边市场中各相关市场之间的成本关联情况及其合理性。

具有下列情形之一的，人民法院可以认定构成反垄断法第二十二条第一款第二项规定的正当理由：

（一）低价处理鲜活商品、季节性商品、淘汰商品、即将超过有效期限的商品或者积压商品等；

（二）因清偿债务、转产、歇业等低价销售商品；

（三）为推广新商品、发展新业务、吸引新用户在合理期限内低价促销；

（四）能够证明行为具有正当性的其他理由。

第三十八条 具有市场支配地位的经营者，同时具备下列条件的，人民法院可以初步认定其构成反垄断法第二十二条第一款第三项规定的“拒绝与交易相对人进行交易”：

（一）经营者直接拒绝与交易相对人交易，提出交易相对人明显难以接受的交易条件，或者不合理地拖延交易，致使未能达成交易；

（二）经营者与交易相对人进行交易在经济、技术、法律和安全上具有可行性；

（三）拒绝交易行为排除、限制上游市场或者下游市场的竞争。

具有市场支配地位的经营者没有正当理由，拒绝将其商品、平台或者软件系统等与其他经营者提供的特定商品、平台或者软件系统等相兼容，拒绝开放其技术、数据、平台接口，或者拒绝许可其知识产权的，人民法院依照反垄断法第二十二条第一款第三项的规定予以认定时，可以综合考虑下列因素：

（一）该经营者实施兼容、开放或者许可在经济、技术、法律和安全上的可行性；

（二）该商品、平台或者软件系统、技术、数据、知识产权等的可替代性及重建成本；

（三）其他经营者在上游市场或者下游市场开展有效竞争对该经营者商品、平台或者软件系统、技术、数据、知识产权等的依赖程度；

（四）拒绝兼容、开放或者许可对创新以及推出新商品的影响；

（五）实施兼容、开放或者许可对该经营者自身经营活动和合法权益的影响；

（六）拒绝兼容、开放或者许可是否实质性地排除、限制相关市场的有效竞争；

（七）其他可以考虑的因素。

具有下列情形之一的，人民法院可以认定构成反垄断法第二十二条第一款第三项规定的正当理由：

（一）因不可抗力、情势变更等客观原因无法进行交易或者导致交易条件、结果明显不公平；

（二）交易相对人具有经营状况严重恶化、转移财产或者抽逃资金以逃避债务等丧失或者可能丧失履行交易能力的情形，或者具有不良信用记录、丧失商业信誉、实施违法犯罪等情形，影响交易安全；

（三）交易相对人拒绝接受适当的交易条件，或者不遵守经营者提出的合理要求；

（四）与交易相对人交易将严重减损该经营者的正当利益；

（五）能够证明行为具有正当性的其他理由。

第三十九条 具有市场支配地位的经营者，同时具备下列条件的，人民法院可以初步认定其构成反垄断法第二十二条第一款第四项规定的“限定交易相对人只能与其进行交易或者只能与其指定的经营者进行交易”：

（一）经营者直接限定或者以设定交易条件、提供交易指南等方式变相限定交易相对人只能与其进行交易或者只能与其指定的经营者进行交易，或者限定交易相对人不得与特定经营者进行交易；

（二）限定交易行为排除、限制相关市场的竞争。

认定限定交易行为是否具有排除、限制竞争效果，可以综合考虑下列因素：

（一）限定交易的范围、程度及持续时间；

（二）限定交易是否提高市场进入壁垒或者增加竞争对手的成本而产生市场封锁效应；

（三）被告为平台经营者的，限定交易所针对的平台内经营者的可替代性和平台用户使用多个替代性平台的情况及其转向其他平台的成本；

（四）限定交易是否实质剥夺交易相对人的自主选择权；

（五）其他需要考虑的因素。

具有下列情形之一的，人民法院可以认定构成反垄断法第二十二条第一款第四项规定的正当理由：

（一）为保护交易相对人和消费者利益所必需；

（二）为满足商品安全要求所必需；

（三）为保护知识产权或者数据安全所必需；

（四）为保护针对交易进行的特定投入所必需；

（五）为维护平台合理的商业模式所必需；

（六）为防止对平台整体具有消极影响的不当行为所必需；

（七）能够证明行为具有正当性的其他理由。

第四十条 具有市场支配地位的经营者，同时具备下列条件的，人民法院可以初步认定其构成反垄断法第二十二条第一款第五项规定的“搭售商品”：

（一）经营者将可以单独销售的不同商品捆绑销售；

（二）交易相对人违背意愿接受被搭售商品；

（三）搭售行为排除、限制相关市场的竞争。

反垄断法第二十二条第一款第五项规定的“附加其他不合理的交易条件”，包括下列情形：

（一）对交易达成、服务方式、付款方式、销售地域及对象、售后保障等附加不合理限制；

（二）在交易对价之外索取缺乏合理依据的费用或者利益；

（三）附加与所涉交易缺乏关联性的交易条件；

（四）强制收集非必要的用户信息或者数据；

（五）附加限制交易相对人改进技术、研究开发新产品等不竞争义务。

具有下列情形之一的，人民法院可以认定构成反垄断法第二十二条第一款第五项规定的正当理由：

（一）符合正当的交易习惯、消费习惯或者商业惯例；

（二）为保护交易相对人和消费者利益所必需；

（三）为满足商品安全要求所必需；

（四）为正常实施特定技术所必需；

（五）为维护平台正常运行所必需；

（六）能够证明行为具有正当性的其他理由。

第四十一条 具有市场支配地位的经营者，同时具备下列条件的，人民法院可以初步认定其构成反垄断法第二十二条第一款第六项规定的“对条件相同的交易相对人在交易价格等交易条件上实行差别待遇”：

（一）经营者就相同商品对交易相对人在交易

价格等交易条件上实行差别待遇；

（二）与经营者的其他交易相对人相比，该交易相对人在交易安全、交易成本、规模和能力、信用状况、所处交易环节、交易持续时间等方面不存在影响交易的实质性差异；

（三）差别待遇行为排除、限制相关市场的竞争。

具有市场支配地位的经营者向交易相对人销售或者购买商品的价格高于或者低于该经营者在上下游市场中销售或者购买相同商品的价格，形成对交易相对人的利润挤压，足以排除、限制同等效率的交易相对人在相关市场开展有效竞争的，人民法院可以初步认定该经营者构成前款所称差别待遇。

认定差别待遇是否具有排除、限制竞争效果，可以综合考虑下列因素：

（一）是否排除、限制经营者与竞争对手之间的竞争；

（二）是否致使交易相对人处于不利竞争地位，并排除、限制其所在相关市场的竞争；

（三）是否损害消费者利益和社会公共利益；

（四）其他可以考虑的因素。

具有下列情形之一的，人民法院可以认定构成反垄断法第二十二条第一款第六项规定的正当理由：

（一）根据交易相对人的实际需求实行差别待遇且符合正当的交易习惯、消费习惯或者商业惯例；

（二）针对新用户的首次交易在合理期限内开展优惠活动；

（三）基于公平、合理、无歧视的平台规则实施的随机性交易；

（四）能够证明行为具有正当性的其他理由。

第四十二条　平台内经营者作为原告提起诉讼，主张平台经营者利用数据、算法、技术、平台规则等实施滥用市场支配地位或者其他违法行为，根据原告的诉讼请求和具体案情，人民法院可以区别下列情形作出处理：

（一）平台经营者通过惩罚性或者激励性措施等限定平台内经营者交易、对平台内经营者附加不合理的交易条件、对条件相同的平台内经营者在交易价格等交易条件上实行差别待遇等，原告主张该平台经营者滥用市场支配地位的，依照反垄断法第二十二条、电子商务法第二十二条的规定审查认定；

（二）原告主张实施前项行为的平台经营者违反电子商务法第三十五条的规定的，依照该条规定处理。

五、民事责任

第四十三条　被告实施垄断行为，给原告造成损失的，根据原告的诉讼请求和查明的事实，人民法院可以依法判令被告承担停止侵害、赔偿损失等民事责任。

判令被告停止被诉垄断行为尚不足以消除排除、限制竞争效果的，根据原告的诉讼请求和具体案情，人民法院可以判令被告承担作出必要行为以恢复竞争的法律责任。

第四十四条　原告因被诉垄断行为受到的损失包括直接损失和相对于该行为未发生条件下减少的可得利益。

确定原告因被诉垄断行为受到的损失，可以考虑下列因素：

（一）被诉垄断行为实施之前或者结束以后与实施期间相关市场的商品价格、经营成本、利润、市场份额等；

（二）未受垄断行为影响的可比市场的商品价格、经营成本、利润等；

（三）未受垄断行为影响的可比经营者的商品价格、经营成本、利润、市场份额等；

（四）其他可以合理证明原告因被诉垄断行为所受损失的因素。

原告有证据证明被诉垄断行为已经给其造成损失，但难以根据前款规定确定具体损失数额的，人民法院可以根据原告的主张和案件证据，考虑被诉垄断行为的性质、程度、持续时间、获得的利益等因素，酌情确定合理的赔偿数额。

第四十五条　根据原告的诉讼请求和具体案情，人民法院可以将原告因调查、制止垄断行为所支付的合理开支，包括合理的市场调查费用、经济分析费用、律师费用等，计入损失赔偿范围。

第四十六条　多个被诉垄断行为相互关联，在同一相关市场或者多个相关市场给原告造成难以分割的整体性损失的，人民法院在确定损失时应当整体考虑。

多个被诉垄断行为各自独立，在不同的相关市场给原告造成损失的，人民法院在确定损失时可以分别考虑。

第四十七条 横向垄断协议的经营者以达成、实施该协议的其他经营者为被告，依据反垄断法第六十条的规定请求赔偿其参与该协议期间的损失的，人民法院不予支持。

第四十八条 当事人主张被诉垄断行为所涉合同或者经营者团体的章程、决议、决定等因违反反垄断法或者其他法律、行政法规的强制性规定而无效的，人民法院应当依照民法典第一百五十三条的规定审查认定。

被诉垄断行为所涉合同或者经营者团体的章程、决议、决定中的部分条款因违反反垄断法或者其他法律、行政法规的强制性规定而无效，当事人主张与该部分条款具有紧密关联、不具有独立存在意义或者便利被诉垄断行为实施的其他条款一并无效的，人民法院可予支持。

第四十九条 因垄断行为产生的损害赔偿请求权诉讼时效期间，从原告知道或者应当知道权益受到损害以及义务人之日起计算。

原告向反垄断执法机构举报被诉垄断行为的，诉讼时效从其举报之日起中断。反垄断执法机构决定不立案、撤销案件或者决定终止调查的，诉讼时效期间从原告知道或者应当知道该事由之日起重新计算。

反垄断执法机构调查后认定构成垄断行为的，诉讼时效期间从原告知道或者应当知道反垄断执法机构认定构成垄断行为的处理决定确定发生法律效力之日起重新计算。

六、附则

第五十条 人民法院审理垄断民事纠纷案件，适用被诉垄断行为发生时施行的反垄断法。被诉垄断行为发生在修改后的反垄断法施行之前，行为持续至或者损害后果出现在修改后的反垄断法施行之后的，适用修改后的反垄断法。

第五十一条 本解释自2024年7月1日起施行。《最高人民法院关于审理因垄断行为引发的民事纠纷案件应用法律若干问题的规定》（法释〔2012〕5号）同时废止。

本解释施行后，人民法院正在审理的第一审、第二审案件适用本解释；本解释施行前已经作出生效裁判，当事人申请再审或者依照审判监督程序再审的案件，不适用本解释。

不动产登记暂行条例

（2014年11月24日中华人民共和国国务院令第656号公布　根据2019年3月24日《国务院关于修改部分行政法规的决定》第一次修订　根据2024年3月10日《国务院关于修改和废止部分行政法规的决定》第二次修订）

第一章　总　　则

第一条 为整合不动产登记职责，规范登记行为，方便群众申请登记，保护权利人合法权益，根据《中华人民共和国民法典》等法律，制定本条例。

第二条 本条例所称不动产登记，是指不动产登记机构依法将不动产权利归属和其他法定事项记载于不动产登记簿的行为。

本条例所称不动产，是指土地、海域以及房屋、林木等定着物。

第三条 不动产首次登记、变更登记、转移登记、注销登记、更正登记、异议登记、预告登记、查封登记等，适用本条例。

第四条 国家实行不动产统一登记制度。

不动产登记遵循严格管理、稳定连续、方便群众的原则。

不动产权利人已经依法享有的不动产权利，不因登记机构和登记程序的改变而受到影响。

第五条 下列不动产权利，依照本条例的规定办理登记：

（一）集体土地所有权；

（二）房屋等建筑物、构筑物所有权；

（三）森林、林木所有权；

（四）耕地、林地、草地等土地承包经营权；

（五）建设用地使用权；

（六）宅基地使用权；

（七）海域使用权；

（八）地役权；

（九）抵押权；

（十）法律规定需要登记的其他不动产权利。

第六条 国务院自然资源主管部门负责指导、监督全国不动产登记工作。

县级以上地方人民政府应当确定一个部门为本行政区域的不动产登记机构，负责不动产登记工作，并接受上级人民政府不动产登记主管部门的指导、监督。

第七条 不动产登记由不动产所在地的县级人民政府不动产登记机构办理；直辖市、设区的市人民政府可以确定本级不动产登记机构统一办理所属各区的不动产登记。

跨县级行政区域的不动产登记，由所跨县级行政区域的不动产登记机构分别办理。不能分别办理的，由所跨县级行政区域的不动产登记机构协商办理；协商不成的，由共同的上一级人民政府不动产登记主管部门指定办理。

国务院确定的重点国有林区的森林、林木和林地，国务院批准项目用海、用岛，中央国家机关使用的国有土地等不动产登记，由国务院自然资源主管部门会同有关部门规定。

第二章　不动产登记簿

第八条 不动产以不动产单元为基本单位进行登记。不动产单元具有唯一编码。

不动产登记机构应当按照国务院自然资源主管部门的规定设立统一的不动产登记簿。

不动产登记簿应当记载以下事项：

（一）不动产的坐落、界址、空间界限、面积、用途等自然状况；

（二）不动产权利的主体、类型、内容、来源、期限、权利变化等权属状况；

（三）涉及不动产权利限制、提示的事项；

（四）其他相关事项。

第九条 不动产登记簿应当采用电子介质，暂不具备条件的，可以采用纸质介质。不动产登记机构应当明确不动产登记簿唯一、合法的介质形式。

不动产登记簿采用电子介质的，应当定期进行异地备份，并具有唯一、确定的纸质转化形式。

第十条 不动产登记机构应当依法将各类登记事项准确、完整、清晰地记载于不动产登记簿。任何人不得损毁不动产登记簿，除依法予以更正外不得修改登记事项。

第十一条 不动产登记工作人员应当具备与不动产登记工作相适应的专业知识和业务能力。

不动产登记机构应当加强对不动产登记工作人员的管理和专业技术培训。

第十二条 不动产登记机构应当指定专人负责不动产登记簿的保管，并建立健全相应的安全责任制度。

采用纸质介质不动产登记簿的，应当配备必要的防盗、防火、防渍、防有害生物等安全保护设施。

采用电子介质不动产登记簿的，应当配备专门的存储设施，并采取信息网络安全防护措施。

第十三条 不动产登记簿由不动产登记机构永久保存。不动产登记簿损毁、灭失的，不动产登记机构应当依据原有登记资料予以重建。

行政区域变更或者不动产登记机构职能调整的，应当及时将不动产登记簿移交相应的不动产登记机构。

第三章　登记程序

第十四条 因买卖、设定抵押权等申请不动产登记的，应当由当事人双方共同申请。

属于下列情形之一的，可以由当事人单方申请：

（一）尚未登记的不动产首次申请登记的；

（二）继承、接受遗赠取得不动产权利的；

（三）人民法院、仲裁委员会生效的法律文书或者人民政府生效的决定等设立、变更、转让、消灭不动产权利的；

（四）权利人姓名、名称或者自然状况发生变化，申请变更登记的；

（五）不动产灭失或者权利人放弃不动产权利，申请注销登记的；

（六）申请更正登记或者异议登记的；

（七）法律、行政法规规定可以由当事人单方申请的其他情形。

第十五条 当事人或者其代理人应当向不动产登记机构申请不动产登记。

不动产登记机构将申请登记事项记载于不动产登记簿前，申请人可以撤回登记申请。

第十六条 申请人应当提交下列材料，并对申请材料的真实性负责：

（一）登记申请书；

（二）申请人、代理人身份证明材料、授权委托书；

（三）相关的不动产权属来源证明材料、登记原因证明文件、不动产权属证书；

（四）不动产界址、空间界限、面积等材料；

（五）与他人利害关系的说明材料；

（六）法律、行政法规以及本条例实施细则规定的其他材料。

不动产登记机构应当在办公场所和门户网站公开申请登记所需材料目录和示范文本等信息。

第十七条 不动产登记机构收到不动产登记申请材料，应当分别按照下列情况办理：

（一）属于登记职责范围，申请材料齐全、符合法定形式，或者申请人按照要求提交全部补正申请材料的，应当受理并书面告知申请人；

（二）申请材料存在可以当场更正的错误的，应当告知申请人当场更正，申请人当场更正后，应当受理并书面告知申请人；

（三）申请材料不齐全或者不符合法定形式的，应当当场书面告知申请人不予受理并一次性告知需要补正的全部内容；

（四）申请登记的不动产不属于本机构登记范围的，应当当场书面告知申请人不予受理并告知申请人向有登记权的机构申请。

不动产登记机构未当场书面告知申请人不予受理的，视为受理。

第十八条 不动产登记机构受理不动产登记申请的，应当按照下列要求进行查验：

（一）不动产界址、空间界限、面积等材料与申请登记的不动产状况是否一致；

（二）有关证明材料、文件与申请登记的内容是否一致；

（三）登记申请是否违反法律、行政法规规定。

第十九条 属于下列情形之一的，不动产登记机构可以对申请登记的不动产进行实地查看：

（一）房屋等建筑物、构筑物所有权首次登记；

（二）在建建筑物抵押权登记；

（三）因不动产灭失导致的注销登记；

（四）不动产登记机构认为需要实地查看的其他情形。

对可能存在权属争议，或者可能涉及他人利害关系的登记申请，不动产登记机构可以向申请人、利害关系人或者有关单位进行调查。

不动产登记机构进行实地查看或者调查时，申请人、被调查人应当予以配合。

第二十条 不动产登记机构应当自受理登记申请之日起30个工作日内办结不动产登记手续，法律另有规定的除外。

第二十一条 登记事项自记载于不动产登记簿时完成登记。

不动产登记机构完成登记，应当依法向申请人核发不动产权属证书或者登记证明。

第二十二条 登记申请有下列情形之一的，不动产登记机构应当不予登记，并书面告知申请人：

（一）违反法律、行政法规规定的；

（二）存在尚未解决的权属争议的；

（三）申请登记的不动产权利超过规定期限的；

（四）法律、行政法规规定不予登记的其他情形。

第四章　登记信息共享与保护

第二十三条 国务院自然资源主管部门应当

会同有关部门建立统一的不动产登记信息管理基础平台。

各级不动产登记机构登记的信息应当纳入统一的不动产登记信息管理基础平台，确保国家、省、市、县四级登记信息的实时共享。

第二十四条 不动产登记有关信息与住房城乡建设、农业农村、林业草原等部门审批信息、交易信息等应当实时互通共享。

不动产登记机构能够通过实时互通共享取得的信息，不得要求不动产登记申请人重复提交。

第二十五条 自然资源、公安、民政、财政、税务、市场监管、金融、审计、统计等部门应当加强不动产登记有关信息互通共享。

第二十六条 不动产登记机构、不动产登记信息共享单位及其工作人员应当对不动产登记信息保密；涉及国家秘密的不动产登记信息，应当依法采取必要的安全保密措施。

第二十七条 权利人、利害关系人可以依法查询、复制不动产登记资料，不动产登记机构应当提供。

有关国家机关可以依照法律、行政法规的规定查询、复制与调查处理事项有关的不动产登记资料。

第二十八条 查询不动产登记资料的单位、个人应当向不动产登记机构说明查询目的，不得将查询获得的不动产登记资料用于其他目的；未经权利人同意，不得泄露查询获得的不动产登记资料。

第五章 法律责任

第二十九条 不动产登记机构登记错误给他人造成损害，或者当事人提供虚假材料申请登记给他人造成损害的，依照《中华人民共和国民法典》的规定承担赔偿责任。

第三十条 不动产登记机构工作人员进行虚假登记，损毁、伪造不动产登记簿，擅自修改登记事项，或者有其他滥用职权、玩忽职守行为的，依法给予处分；给他人造成损害的，依法承担赔偿责任；构成犯罪的，依法追究刑事责任。

第三十一条 伪造、变造不动产权属证书、不动产登记证明，或者买卖、使用伪造、变造的不动产权属证书、不动产登记证明的，由不动产登记机构或者公安机关依法予以收缴；有违法所得的，没收违法所得；给他人造成损害的，依法承担赔偿责任；构成违反治安管理行为的，依法给予治安管理处罚；构成犯罪的，依法追究刑事责任。

第三十二条 不动产登记机构、不动产登记信息共享单位及其工作人员，查询不动产登记资料的单位或者个人违反国家规定，泄露不动产登记资料、登记信息，或者利用不动产登记资料、登记信息进行不正当活动，给他人造成损害的，依法承担赔偿责任；对有关责任人员依法给予处分；有关责任人员构成犯罪的，依法追究刑事责任。

第六章 附 则

第三十三条 本条例施行前依法颁发的各类不动产权属证书和制作的不动产登记簿继续有效。

不动产统一登记过渡期内，农村土地承包经营权的登记按照国家有关规定执行。

第三十四条 本条例实施细则由国务院自然资源主管部门会同有关部门制定。

第三十五条 本条例自 2015 年 3 月 1 日起施行。本条例施行前公布的行政法规有关不动产登记的规定与本条例规定不一致的，以本条例规定为准。

中华人民共和国民营经济促进法*

（2025 年 4 月 30 日第十四届全国人民代表大会常务委员会第十五次会议通过　2025 年 4 月 30 日中华人民共和国主席令第 46 号公布　自 2025 年 5 月 20 日起施行）

---

* 本法规内容见附录部分第 247 页。

环境资源法

【大纲新增考点 · 法条说明】

2025 年,“环境资源法”学科大纲法律法规、考点调整如下所示。

章　节	2024 年大纲	2025 年大纲	提　示
第二章第三节　矿产资源法	矿产资源权属制度　矿产资源勘查开发管理(基本原则　管理部门　管理制度　集体矿山企业和个体采矿　矿区争议解决)　违反矿产资源管理秩序的法律责任(行为样态及责任　行政处罚的有关规定)	矿产资源权属制度　矿产资源勘查开发管理(基本原则　资源规划　管理制度)　矿区生态修复(总体要求　管理职责　生态修复义务　生态修复方案　生态修复费用)　矿产资源储备和应急(矿产资源储备制度　矿产资源应急制度)　监督管理(职权部门　监督检查职责和措施　监管工具)　矿产资源违法责任(违法行为样态及责任　违法责任追究)	《矿产资源法》修订,考点由 3 个增加为 6 个

大纲附录法律法规

项　目	法律法规
修订法规	**中华人民共和国矿产资源法** (1986 年 3 月 19 日第六届全国人民代表大会常务委员会第十五次会议通过　根据 1996 年 8 月 29 日第八届全国人民代表大会常务委员会第二十一次会议《关于修改〈中华人民共和国矿产资源法〉的决定》第一次修正　根据 2009 年 8 月 27 日第十一届全国人民代表大会常务委员会第十次会议《关于修改部分法律的决定》第二次修正　2024 年 11 月 8 日第十四届全国人民代表大会常务委员会第十二次会议修订)

2020~2024 年大纲变化考点 · 法条对照

年　份	章　节	新增与变化考点 · 法条
2024	无	
2023	无	
2022	无	
2021	无	
2020	修订法律法规:中华人民共和国森林法	

【大纲新增法条】

中华人民共和国矿产资源法

（1986年3月19日第六届全国人民代表大会常务委员会第十五次会议通过　根据1996年8月29日第八届全国人民代表大会常务委员会第二十一次会议《关于修改〈中华人民共和国矿产资源法〉的决定》第一次修正　根据2009年8月27日第十一届全国人民代表大会常务委员会第十次会议《关于修改部分法律的决定》第二次修正　2024年11月8日第十四届全国人民代表大会常务委员会第十二次会议修订）

【法条对照】

旧法条(2009)	新法条(2024)
第一章　总　　则	**第一章　总　　则**
第一条　为了发展矿业，加强矿产资源的勘查、开发利用和保护工作，保障社会主义现代化建设的当前和长远的需要，根据中华人民共和国宪法，特制定本法。	**第一条**　为了促进矿产资源合理开发利用，加强矿产资源和生态环境保护，维护矿产资源国家所有者权益和矿业权人合法权益，推动矿业高质量发展，保障国家矿产资源安全，适应全面建设社会主义现代化国家的需要，根据宪法，制定本法。
第二条　在中华人民共和国领域及管辖海域勘查、开采矿产资源，必须遵守本法。	**第二条**　在中华人民共和国领域及管辖的其他海域勘查、开采矿产资源，开展矿区生态修复等活动，适用本法。 本法所称矿产资源，是指由地质作用形成、具有利用价值的，呈固态、液态、气态等形态的自然资源。矿产资源目录由国务院确定并调整。
	第三条　矿产资源开发利用和保护工作应当坚持中国共产党的领导，贯彻总体国家安全观，统筹发展和安全，统筹国内国际，坚持开发利用与保护并重，遵循保障安全、节约集约、科技支撑、绿色发展的原则。

续表

旧法条(2009)	新法条(2024)
第三条 矿产资源属于国家所有,由国务院行使国家对矿产资源的所有权。地表或者地下的矿产资源的国家所有权,不因其所依附的土地的所有权或者使用权的不同而改变。 国家保障矿产资源的合理开发利用。禁止任何组织或者个人用任何手段侵占或者破坏矿产资源。各级人民政府必须加强矿产资源的保护工作。 勘查、开采矿产资源,必须依法分别申请、经批准取得探矿权、采矿权,并办理登记;但是,已经依法申请取得采矿权的矿山企业在划定的矿区范围内为本企业的生产而进行的勘查除外。国家保护探矿权和采矿权不受侵犯,保障矿区和勘查作业区的生产秩序、工作秩序不受影响和破坏。 从事矿产资源勘查和开采的,必须符合规定的资质条件。	**第四条** 矿产资源属于国家所有,由国务院代表国家行使矿产资源的所有权。地表或者地下的矿产资源的国家所有权,不因其所依附的土地的所有权或者使用权的不同而改变。 各级人民政府应当加强矿产资源保护工作。禁止任何单位和个人以任何手段侵占或者破坏矿产资源。 **第五条** 勘查、开采矿产资源应当依法分别取得探矿权、采矿权,本法另有规定的除外。 国家保护依法取得的探矿权、采矿权不受侵犯,维护矿产资源勘查、开采区域的生产秩序、工作秩序。
第五条 国家实行探矿权、采矿权有偿取得的制度;但是,国家对探矿权、采矿权有偿取得的费用,可以根据不同情况规定予以减缴、免缴。具体办法和实施步骤由国务院规定。 开采矿产资源,必须按照国家有关规定缴纳资源税和资源补偿费。	**第六条** 勘查、开采矿产资源应当按照国家有关规定缴纳费用。国务院可以根据不同情况规定减收或者免收有关费用。 开采矿产资源应当依法缴纳资源税。
第六条 除按下列规定可以转让外,探矿权、采矿权不得转让: (一)探矿权人有权在划定的勘查作业区内进行规定的勘查作业,有权优先取得勘查作业区内矿产资源的采矿权。探矿权人在完成规定的最低勘查投入后,经依法批准,可以将探矿权转让他人。 (二)已取得采矿权的矿山企业,因企业合并、分立,与他人合资、合作经营,或者因企业资产出售以及有其他变更企业资产产权的情形而需要变更采矿权主体的,经依法批准可以将采矿权转让他人采矿。 前款规定的具体办法和实施步骤由国务院规定。 禁止将探矿权、采矿权倒卖牟利。	
	第七条 国家建立健全地质调查制度,加强基础性地质调查工作,为矿产资源勘查、开采和保护等提供基础地质资料。
	第八条 国家完善政策措施,加大对战略性矿产资源勘查、开采、贸易、储备等的支持力度,推动战略性矿产资源增加储量和提高产能,推进战略性矿产资源产业优化升级,提升矿产资源安全保障水平。 战略性矿产资源目录由国务院确定并调整。 对国务院确定的特定战略性矿产资源,按照国家有关规定实行保护性开采。

续表

旧法条（2009）	新法条（2024）
第七条 国家对矿产资源的勘查、开发实行统一规划、合理布局、综合勘查、合理开采和综合利用的方针。	**第九条** 国家对矿产资源勘查、开采实行统一规划、合理布局、综合勘查、合理开采和综合利用的方针。 国务院自然资源主管部门会同国务院发展改革、应急管理、生态环境、工业和信息化、水行政、能源、矿山安全监察等有关部门，依据国家发展规划、全国国土空间规划、地质调查成果等，编制全国矿产资源规划，报国务院或者其授权的部门批准后实施。 省级人民政府自然资源主管部门会同有关部门编制本行政区域矿产资源规划，经本级人民政府同意后，报国务院自然资源主管部门批准后实施。 设区的市级、县级人民政府自然资源主管部门会同有关部门根据本行政区域内矿产资源状况和实际需要，编制本行政区域矿产资源规划，经本级人民政府同意后，报上一级人民政府自然资源主管部门批准后实施。
	第十条 国家加强战略性矿产资源储备体系和矿产资源应急体系建设，提升矿产资源应急保供能力和水平。
第八条 国家鼓励矿产资源勘查、开发的科学技术研究，推广先进技术，提高矿产资源勘查、开发的科学技术水平。	**第十一条** 国家鼓励、支持矿产资源勘查、开采、保护和矿区生态修复等领域的科技创新、科技成果应用推广，推动数字化、智能化、绿色化建设，提高矿产资源相关领域的科学技术水平。
第九条 在勘查、开发、保护矿产资源和进行科学技术研究等方面成绩显著的单位和个人，由各级人民政府给予奖励。	**第十二条** 对在矿产资源勘查、开采、保护和矿区生态修复工作中做出突出贡献以及在矿产资源相关领域科技创新等方面取得显著成绩的单位和个人，按照国家有关规定给予表彰、奖励。
第十条 国家在民族自治地方开采矿产资源，应当照顾民族自治地方的利益，作出有利于民族自治地方经济建设的安排，照顾当地少数民族群众的生产和生活。 民族自治地方的自治机关根据法律规定和国家的统一规划，对可以由本地方开发的矿产资源，优先合理开发利用。	**第十三条** 国家在民族自治地方开采矿产资源，应当照顾民族自治地方的利益，作出有利于民族自治地方经济建设的安排，照顾当地群众的生产和生活。 民族自治地方的自治机关根据法律规定和国家的统一规划，对可以由本地方开发的矿产资源，优先合理开发利用。
第十一条 国务院地质矿产主管部门主管全国矿产资源勘查、开采的监督管理工作。国务院有关主管部门协助国务院地质矿产主管部门进行矿产资源勘查、开采的监督管理工作。 省、自治区、直辖市人民政府地质矿产主管部门主管本行政区域内矿产资源勘查、开采的监督管理工作。省、自治区、直辖市人民政府有关主管部门协助同级地质矿产主管部门进行矿产资源勘查、开采的监督管理工作。	**第十四条** 国务院自然资源主管部门会同有关部门负责全国矿产资源勘查、开采和矿区生态修复等活动的监督管理工作。 县级以上地方人民政府自然资源主管部门会同有关部门负责本行政区域内矿产资源勘查、开采和矿区生态修复等活动的监督管理工作。 国务院授权的机构对省、自治区、直辖市人民政府矿产资源开发利用和监督管理情况进行督察。 **第十五条** 国家坚持平等互利、合作共赢的方针，积极促进矿产资源领域国际合作。

续表

旧法条(2009)	新法条(2024)
第二章　矿产资源勘查的登记和开采的审批	**第二章　矿　业　权**
	第十六条　国家实行探矿权、采矿权有偿取得的制度。 探矿权、采矿权统称矿业权。
	第十七条　矿业权应当通过招标、拍卖、挂牌等竞争性方式出让,法律、行政法规或者国务院规定可以通过协议出让或者其他方式设立的除外。 矿业权出让权限划分由国务院规定。县级以上人民政府自然资源主管部门按照规定权限组织矿业权出让。 矿业权出让应当按照国家规定纳入统一的公共资源交易平台体系。
	第十八条　县级以上人民政府自然资源主管部门应当加强对矿业权出让工作的统筹安排,优化矿业权出让工作流程,提高工作效率,保障矿业权出让工作与加强矿产资源勘查、开采的实际需要相适应。矿业权出让应当考虑不同矿产资源特点、矿山最低开采规模、生态环境保护和安全要求等因素。 国家鼓励单位和个人向县级以上人民政府自然资源主管部门提供可供出让的探矿权区块来源;对符合出让条件的,有关人民政府自然资源主管部门应当及时安排出让。 国务院自然资源主管部门应当加强对矿业权出让工作的指导和监督。 法律、行政法规规定在一定区域范围内禁止或者限制开采矿产资源的,应当遵守相关规定。
	第十九条　通过竞争性方式出让矿业权的,出让矿业权的自然资源主管部门(以下称矿业权出让部门)应当提前公告拟出让矿业权的基本情况、竞争规则、受让人的技术能力等条件及其权利义务等事项,不得以不合理的条件对市场主体实行差别待遇或者歧视待遇。
	第二十条　出让矿业权的,矿业权出让部门应当与依法确定的受让人以书面形式签订矿业权出让合同。 矿业权出让合同应当明确勘查或者开采的矿种、区域,勘查、开采、矿区生态修复和安全要求,矿业权出让收益数额与缴纳方式、矿业权的期限等事项;涉及特定战略性矿产资源的,还应当明确保护性开采的有关要求。矿业权出让合同示范文本由国务院自然资源主管部门制定。

续表

旧法条(2009)	新法条(2024)
	第二十一条 矿业权出让合同约定的矿业权出让收益数额与缴纳方式等,应当符合国家有关矿业权出让收益征收的规定。 矿业权出让收益征收办法由国务院财政部门会同国务院自然资源主管部门、国务院税务主管部门制定,报国务院批准后执行。制定矿业权出让收益征收办法,应当根据不同矿产资源特点,遵循有利于维护国家权益、调动矿产资源勘查积极性、促进矿业可持续发展的原则,并广泛听取各有关方面的意见和建议。
第十六条 开采下列矿产资源的,由国务院地质矿产主管部门审批,并颁发采矿许可证: (一)国家规划矿区和对国民经济具有重要价值的矿区内的矿产资源; (二)前项规定区域以外可供开采的矿产储量规模在大型以上的矿产资源; (三)国家规定实行保护性开采的特定矿种; (四)领海及中国管辖的其他海域的矿产资源; (五)国务院规定的其他矿产资源。 开采石油、天然气、放射性矿产等特定矿种的,可以由国务院授权的有关主管部门审批,并颁发采矿许可证。 开采第一款、第二款规定以外的矿产资源,其可供开采的矿产的储量规模为中型的,由省、自治区、直辖市人民政府地质矿产主管部门审批和颁发采矿许可证。 开采第一款、第二款和第三款规定以外的矿产资源的管理办法,由省、自治区、直辖市人民代表大会常务委员会依法制定。 依照第三款、第四款的规定审批和颁发采矿许可证的,由省、自治区、直辖市人民政府地质矿产主管部门汇总向国务院地质矿产主管部门备案。 矿产储量规模的大型、中型的划分标准,由国务院矿产储量审批机构规定。	**第二十二条** 设立矿业权的,应当向矿业权出让部门申请矿业权登记。符合登记条件的,矿业权出让部门应当将相关事项记载于矿业权登记簿,并向矿业权人发放矿业权证书。 矿业权变更、转让、抵押和消灭的,应当依法办理登记。 矿业权的设立、变更、转让、抵押和消灭,经依法登记,发生效力;未经登记,不发生效力,法律另有规定的除外。 矿业权登记的具体办法由国务院自然资源主管部门制定。
	第二十三条 探矿权人在登记的勘查区域内,享有勘查有关矿产资源并依法取得采矿权的权利。 采矿权人在登记的开采区域内,享有开采有关矿产资源并获得采出的矿产品的权利。 矿业权人有权依法优先取得登记的勘查、开采区域内新发现的其他矿产资源的矿业权,具体办法由国务院自然资源主管部门制定。 在已经登记的勘查、开采区域内,不得设立其他矿业权,国务院和国务院自然资源主管部门规定可以按照不同矿种分别设立矿业权的除外。

续表

旧法条(2009)	新法条(2024)
	第二十四条 探矿权的期限为五年。探矿权期限届满,可以续期,续期最多不超过三次,每次期限为五年;续期时应当按照规定核减勘查区域面积。法律、行政法规另有规定的除外。 探矿权人应当按照探矿权出让合同的约定及时开展勘查工作,并每年向原矿业权出让部门报告有关情况;无正当理由未开展或者未实质性开展勘查工作的,探矿权期限届满时不予续期。 采矿权的期限结合矿产资源储量和矿山建设规模确定,最长不超过三十年。采矿权期限届满,登记的开采区域内仍有可供开采的矿产资源的,可以续期;法律、行政法规另有规定的除外。 期限届满未申请续期或者依法不予续期的,矿业权消灭。
	第二十五条 探矿权人探明可供开采的矿产资源后可以在探矿权期限内申请将其探矿权转为采矿权;法律、行政法规另有规定的除外。原矿业权出让部门应当与该探矿权人签订采矿权出让合同,设立采矿权。 为了公共利益的需要,或者因不可抗力或者其他特殊情形,探矿权暂时不能转为采矿权的,探矿权人可以申请办理探矿权保留,原矿业权出让部门应当为其办理。探矿权保留期间,探矿权期限中止计算。
	第二十六条 矿业权期限届满前,为了公共利益的需要,原矿业权出让部门可以依法收回矿业权;矿业权被收回的,应当依法给予公平、合理的补偿。 自然保护地范围内,可以依法进行符合管控要求的勘查、开采活动,已设立的矿业权不符合管控要求的,应当依法有序退出。
	第二十七条 矿业权可以依法转让或者出资、抵押等,国家另有规定或者矿业权出让合同另有约定的除外。 矿业权转让的,矿业权出让合同和矿业权登记簿所载明的权利、义务随之转移,国家另有规定或者矿业权出让、转让合同另有约定的除外。 矿业权转让的具体管理办法由国务院制定。
	第二十八条 有下列情形之一的,无需取得探矿权: (一)国家出资勘查矿产资源; (二)采矿权人在登记的开采区域内为开采活动需要进行勘查; (三)国务院和国务院自然资源主管部门规定的其他情形。

续表

旧法条（2009）	新法条（2024）
	第二十九条 有下列情形之一的，无需取得采矿权： （一）个人为生活自用采挖只能用作普通建筑材料的砂、石、黏土； （二）建设项目施工单位在批准的作业区域和建设工期内，因施工需要采挖只能用作普通建筑材料的砂、石、黏土； （三）国务院和国务院自然资源主管部门规定的其他情形。 有前款第一项、第二项规定情形的，应当遵守省、自治区、直辖市规定的监督管理要求。
第十二条 国家对矿产资源勘查实行统一的区块登记管理制度。矿产资源勘查登记工作，由国务院地质矿产主管部门负责；特定矿种的矿产资源勘查登记工作，可以由国务院授权有关主管部门负责。矿产资源勘查区块登记管理办法由国务院制定。	
第十三条 国务院矿产储量审批机构或者省、自治区、直辖市矿产储量审批机构负责审查批准供矿山建设设计使用的勘探报告，并在规定的期限内批复报送单位。勘探报告未经批准，不得作为矿山建设设计的依据。	
第十七条 国家对国家规划矿区、对国民经济具有重要价值的矿区和国家规定实行保护性开采的特定矿种，实行有计划的开采；未经国务院有关主管部门批准，任何单位和个人不得开采。	
第十八条 国家规划矿区的范围、对国民经济具有重要价值的矿区的范围、矿山企业矿区的范围依法划定后，由划定矿区范围的主管机关通知有关县级人民政府予以公告。 矿山企业变更矿区范围，必须报请原审批机关批准，并报请原颁发采矿许可证的机关重新核发采矿许可证。	
第二十条 非经国务院授权的有关主管部门同意，不得在下列地区开采矿产资源： （一）港口、机场、国防工程设施圈定地区以内； （二）重要工业区、大型水利工程设施、城镇市政工程设施附近一定距离以内； （三）铁路、重要公路两侧一定距离以内； （四）重要河流、堤坝两侧一定距离以内； （五）国家划定的自然保护区、重要风景区，国家重点保护的不能移动的历史文物和名胜古迹所在地； （六）国家规定不得开采矿产资源的其他地区。	

续表

旧法条(2009)	新法条(2024)
第二十一条　关闭矿山,必须提出矿山闭坑报告及有关采掘工程、不安全隐患、土地复垦利用、环境保护的资料,并按照国家规定报请审查批准。	
第二十二条　勘查、开采矿产资源时,发现具有重大科学文化价值的罕见地质现象以及文化古迹,应当加以保护并及时报告有关部门。	
第三章　矿产资源的勘查	**第三章　矿产资源勘查、开采**
第二十三条　区域地质调查按照国家统一规划进行。区域地质调查的报告和图件按照国家规定验收,提供有关部门使用。 **第二十四条**　矿产资源普查在完成主要矿种普查任务的同时,应当对工作区内包括共生或者伴生矿产的成矿地质条件和矿床工业远景作出初步综合评价。	**第三十条**　县级以上人民政府自然资源主管部门会同有关部门组织开展基础性地质调查;省级以上人民政府自然资源主管部门会同有关部门组织开展战略性矿产资源、重点成矿区远景调查和潜力评价。
第二十五条　矿床勘探必须对矿区内具有工业价值的共生和伴生矿产进行综合评价,并计算其储量。未作综合评价的勘探报告不予批准。但是,国务院计划部门另有规定的矿床勘探项目除外。	
第二十六条　普查、勘探易损坏的特种非金属矿产、流体矿产、易燃易爆易溶矿产和含有放射性元素的矿产,必须采用省级以上人民政府有关主管部门规定的普查、勘探方法,并有必要的技术装备和安全措施。	
第十四条　矿产资源勘查成果档案资料和各类矿产储量的统计资料,实行统一的管理制度,按照国务院规定汇交或者填报。 **第二十七条**　矿产资源勘查的原始地质编录和图件,岩矿心、测试样品和其他实物标本资料,各种勘查标志,应当按照有关规定保护和保存。	**第三十一条**　开展地质调查和矿产资源勘查、开采活动,应当按照国家有关规定及时汇交原始地质资料、实物地质资料和成果地质资料。 汇交的地质资料应当依法保管、利用和保护。
第四章　矿产资源的开采	
第三十三条　在建设铁路、工厂、水库、输油管道、输电线路和各种大型建筑物或者建筑群之前,建设单位必须向所在省、自治区、直辖市地质矿产主管部门了解拟建工程所在地区的矿产资源分布和开采情况。非经国务院授权的部门批准,不得压覆重要矿床。	**第三十二条**　编制国土空间规划应当合理规划建设项目的空间布局,避免、减少压覆矿产资源。 建设项目论证时,建设单位应当查询占地范围内矿产资源分布和矿业权设置情况。省级以上人民政府自然资源主管部门应当为建设单位提供查询服务。 建设项目确需压覆已经设置矿业权的矿产资源,对矿业权行使造成直接影响的,建设单位应当在压覆前与矿业权人协商,并依法给予公平、合理的补偿。 战略性矿产资源原则上不得压覆;确需压覆的,应当经国务院自然资源主管部门或者其授权的省、自治区、直辖市人民政府自然资源主管部门批准。

续表

旧法条(2009)	新法条(2024)
第十五条 设立矿山企业,必须符合国家规定的资质条件,并依照法律和国家有关规定,由审批机关对其矿区范围、矿山设计或者开采方案、生产技术条件、安全措施和环境保护措施等进行审查;审查合格的,方予批准。	**第三十三条** 矿业权人依照本法有关规定取得矿业权后,进行矿产资源勘查、开采作业前,应当按照矿业权出让合同以及相关标准、技术规范等,分别编制勘查方案、开采方案,报原矿业权出让部门批准,取得勘查许可证、采矿许可证;未取得许可证的,不得进行勘查、开采作业。 矿业权人应当按照经批准的勘查方案、开采方案进行勘查、开采作业;勘查方案、开采方案需要作重大调整的,应当按照规定报原矿业权出让部门批准。
	第三十四条 国家完善与矿产资源勘查、开采相适应的矿业用地制度。编制国土空间规划应当考虑矿产资源勘查、开采用地实际需求。勘查、开采矿产资源应当节约集约使用土地。 县级以上人民政府自然资源主管部门应当保障矿业权人依法通过出让、租赁、作价出资等方式使用土地。开采战略性矿产资源确需使用农民集体所有土地的,可以依法实施征收。 勘查矿产资源可以依照土地管理法律、行政法规的规定临时使用土地。露天开采战略性矿产资源占用土地,经科学论证,具备边开采、边复垦条件的,报省级以上人民政府自然资源主管部门批准后,可以临时使用土地;临时使用农用地的,还应当按照国家有关规定及时恢复种植条件、耕地质量或者恢复植被、生产条件,确保原地类数量不减少、质量不下降、农民利益有保障。
第十九条 地方各级人民政府应当采取措施,维护本行政区域内的国有矿山企业和其他矿山企业矿区范围内的正常秩序。 禁止任何单位和个人进入他人依法设立的国有矿山企业和其他矿山企业矿区范围内采矿。	**第三十五条** 矿业权所在地的县级人民政府自然资勘查、开采矿产资源用地的范围和使用期限应当根据需要确定,使用期限最长不超过矿业权期限。源主管部门应当公告矿业权人勘查、开采区域范围。矿业权人在勘查、开采区域内勘查、开采矿产资源,可以依法在相邻区域通行,架设供电、供水、通讯等相关设施。 任何单位和个人不得实施下列行为: (一)进入他人的勘查、开采区域勘查、开采矿产资源; (二)扰乱勘查、开采区域的生产秩序、工作秩序; (三)侵占、哄抢矿业权人依法开采的矿产品; (四)其他干扰、破坏矿产资源勘查、开采活动正常进行的行为。
	第三十六条 石油、天然气等矿产资源勘查过程中发现可供开采的石油、天然气等矿产资源的,探矿权人依法履行相关程序后,可以进行开采,但应当在国务院自然资源主管部门规定的期限内依法取得采矿权和采矿许可证。

续表

旧法条（2009）	新法条（2024）
第三十二条 开采矿产资源，必须遵守有关环境保护的法律规定，防止污染环境。 开采矿产资源，应当节约用地。耕地、草原、林地因采矿受到破坏的，矿山企业应当因地制宜地采取复垦利用、植树种草或者其他利用措施。 开采矿产资源给他人生产、生活造成损失的，应当负责赔偿，并采取必要的补救措施。	**第三十七条** 国家鼓励、支持矿业绿色低碳转型发展，加强绿色矿山建设。 勘查、开采矿产资源，应当采用先进适用、符合生态环境保护和安全生产要求的工艺、设备、技术，不得使用国家明令淘汰的工艺、设备、技术。 开采矿产资源应当采取有效措施，避免、减少对矿区森林、草原、耕地、湿地、河湖、海洋等生态系统的破坏，并加强对尾矿库建设、运行、闭库等活动的管理，防范生态环境和安全风险。 **第三十八条** 勘查活动结束后，探矿权人应当及时对勘查区域进行清理，清除可能危害公共安全的设施、设备等，对废弃的探坑、探井等实施回填、封堵；破坏地表植被的，应当及时恢复。 勘查活动临时占用耕地的，应当及时恢复种植条件和耕地质量；临时占用林地、草地的，应当及时恢复植被和生产条件。
第二十九条 开采矿产资源，必须采取合理的开采顺序、开采方法和选矿工艺。矿山企业的开采回采率、采矿贫化率和选矿回收率应当达到设计要求。 **第三十条** 在开采主要矿产的同时，对具有工业价值的共生和伴生矿产应当统一规划，综合开采，综合利用，防止浪费；对暂时不能综合开采或者必须同时采出而暂时还不能综合利用的矿产以及含有有用组分的尾矿，应当采取有效的保护措施，防止损失破坏。	**第三十九条** 开采矿产资源，应当采取合理的开采顺序、开采方法，并采取有效措施确保矿产资源开采回采率、选矿回收率和综合利用率达到有关国家标准的要求。 开采矿产资源，应当采取有效措施保护地下水资源，并优先使用矿井水。 采矿权人在开采主要矿种的同时，对具有工业价值的共生和伴生矿产应当综合开采、综合利用，防止浪费；对暂时不能综合开采或者必须同时采出但暂时不能综合利用的矿产以及含有有用组分的尾矿，应当采取有效的保护措施，防止损失破坏。 国家制定和完善提高矿产资源开采回采率、选矿回收率、综合利用率的激励性政策措施。
	第四十条 国家建立矿产资源储量管理制度，具体办法由国务院制定。 矿业权人查明可供开采的矿产资源或者发现矿产资源储量发生重大变化的，应当按照规定编制矿产资源储量报告并报送县级以上人民政府自然资源主管部门。矿业权人应当对矿产资源储量报告的真实性负责。
	第四十一条 采矿权人应当按照国家有关规定将闭坑地质报告报送县级以上地方人民政府自然资源主管部门。 采矿权人应当在矿山闭坑前或者闭坑后的合理期限内采取安全措施、防治环境污染和生态破坏。 县级以上地方人民政府应当组织有关部门加强闭坑的监督管理。

续表

旧法条（2009）	新法条（2024）
	第四十二条 勘查、开采矿产资源，应当遵守有关生态环境保护、安全生产、职业病防治等法律、法规的规定，防止污染环境、破坏生态，预防和减少生产安全事故，预防发生职业病。
	第四十三条 勘查、开采矿产资源时发现重要地质遗迹、古生物化石和文物的，应当加以保护并及时报告有关部门。
第三十一条 开采矿产资源，必须遵守国家劳动安全卫生规定，具备保障安全生产的必要条件。	
第三十四条 国务院规定由指定的单位统一收购的矿产品，任何其他单位或者个人不得收购；开采者不得向非指定单位销售。	
第五章 集体矿山企业和个体采矿	
第三十五条 国家对集体矿山企业和个体采矿实行积极扶持、合理规划、正确引导、加强管理的方针，鼓励集体矿山企业开采国家指定范围内的矿产资源，允许个人采挖零星分散资源和只能用作普通建筑材料的砂、石、粘土以及为生活自用采挖少量矿产。 矿产储量规模适宜由矿山企业开采的矿产资源、国家规定实行保护性开采的特定矿种和国家规定禁止个人开采的其他矿产资源，个人不得开采。 国家指导、帮助集体矿山企业和个体采矿不断提高技术水平、资源利用率和经济效益。 地质矿产主管部门、地质工作单位和国有矿山企业应当按照积极支持、有偿互惠的原则向集体矿山企业和个体采矿提供地质资料和技术服务。	
第三十六条 国务院和国务院有关主管部门批准开办的矿山企业矿区范围内已有的集体矿山企业，应当关闭或者到指定的其他地点开采，由矿山建设单位给予合理的补偿，并妥善安置群众生活；也可以按照该矿山企业的统筹安排，实行联合经营。	
第三十七条 集体矿山企业和个体采矿应当提高技术水平，提高矿产资源回收率。禁止乱挖滥采，破坏矿产资源。 集体矿山企业必须测绘井上、井下工程对照图。	
第三十八条 县级以上人民政府应当指导、帮助集体矿山企业和个体采矿进行技术改造，改善经营管理，加强安全生产。	

续表

旧法条(2009)	新法条(2024)
	第四章　矿区生态修复
	第四十四条　矿区生态修复应当坚持自然恢复与人工修复相结合,遵循因地制宜、科学规划、系统治理、合理利用的原则,采取工程、技术、生物等措施,做好地质环境恢复治理、地貌重塑、植被恢复、土地复垦等。涉及矿区污染治理的,应当遵守相关法律法规和技术标准等要求。 国务院自然资源主管部门会同国务院生态环境主管部门等有关部门制定矿区生态修复技术规范。 国务院生态环境主管部门指导、协调和监督矿区生态修复工作。 县级以上地方人民政府应当加强对矿区生态修复工作的统筹和监督,保障矿区生态修复与污染防治、水土保持、植被恢复等协同实施,提升矿区生态环境保护和恢复效果。
	第四十五条　因开采矿产资源导致矿区生态破坏的,采矿权人应当依法履行生态修复义务。采矿权人的生态修复义务不因采矿权消灭而免除。 采矿权转让的,由受让人履行矿区生态修复义务,国家另有规定或者矿业权出让、转让合同另有约定的除外。 历史遗留的废弃矿区,矿区生态修复责任人灭失或者无法确认的,由所在地县级以上地方人民政府组织开展矿区生态修复。 国家鼓励社会资本参与矿区生态修复。
	第四十六条　开采矿产资源前,采矿权人应当依照法律、法规和国务院自然资源主管部门的规定以及矿业权出让合同编制矿区生态修复方案,随开采方案报原矿业权出让部门批准。矿区生态修复方案应当包括尾矿库生态修复的专门措施。 编制矿区生态修复方案,应当在矿区涉及的有关范围内公示征求意见,并专门听取矿区涉及的居民委员会、村民委员会、农村集体经济组织和居民代表、村民代表的意见。
	第四十七条　采矿权人应当按照经批准的矿区生态修复方案进行矿区生态修复。能够边开采、边修复的,应当边开采、边修复;能够分区、分期修复的,应当分区、分期修复;不能边开采、边修复或者分区、分期修复的,应当在矿山闭坑前或者闭坑后的合理期限内及时修复。
	第四十八条　矿区生态修复由县级以上地方人民政府自然资源主管部门会同生态环境主管部门等有关部门组织验收。验收应当邀请有关专家以及矿区涉及的居民委员会、村民委员会、农村集体经济组织和居民代表、村民代表参加,验收结果应当向社会公布。 矿区生态修复分区、分期进行的,应当分区、分期验收。

续表

旧法条(2009)	新法条(2024)
	第四十九条 采矿权人应当按照规定提取矿区生态修复费用,专门用于矿区生态修复。矿区生态修复费用计入成本。 县级以上人民政府自然资源主管部门应当会同财政等有关部门对矿区生态修复费用的提取、使用情况进行监督检查。 矿区生态修复费用提取、使用和监督管理的具体办法由国务院财政部门会同国务院自然资源主管部门制定。
	第五章 矿产资源储备和应急
	第五十条 国家构建产品储备、产能储备和产地储备相结合的战略性矿产资源储备体系,科学合理确定储备结构、规模和布局并动态调整。
	第五十一条 国务院发展改革、财政、物资储备、能源等有关部门和省、自治区、直辖市人民政府应当按照国家有关规定加强战略性矿产资源储备设施建设,组织实施矿产品储备,建立灵活高效的收储、轮换、动用机制。
	第五十二条 开采战略性矿产资源的采矿权人应当按照国家有关规定,落实产能储备责任,合理规划生产能力,确保应急增产需要。
	第五十三条 国务院自然资源主管部门会同有关部门,根据保障国家矿产资源安全需要,结合资源储量、分布情况及其稀缺和重要程度等因素,划定战略性矿产资源储备地。 战略性矿产资源储备地管理办法由国务院自然资源主管部门会同有关部门制定。
	第五十四条 国家建立和完善矿产资源供应安全预测预警体系,提高预测预警能力和水平,及时对矿产品供求变化、价格波动以及安全风险状况等进行预测预警。
	第五十五条 出现矿产品供需严重失衡、经济社会发展和人民生活受到重大影响等矿产资源应急状态的,省级以上人民政府应当按照职责权限及时启动应急响应,可以依法采取下列应急处置措施: (一)发布矿产品供求等相关信息; (二)紧急调度矿产资源开采以及矿产品运输、供应; (三)在战略性矿产资源储备地等区域组织实施矿产资源应急性开采; (四)动用矿产品储备; (五)实施价格干预措施、紧急措施; (六)其他必要措施。 出现矿产资源应急状态时,有关单位和个人应当服从统一指挥和安排,承担相应的应急义务,配合采取应急处置措施,协助维护市场秩序。 因执行应急处置措施给有关单位、个人造成损失的,应当按照有关规定给予补偿。 矿产资源应急状态消除后,省级以上人民政府应当按照职责权限及时终止实施应急处置措施。

续表

旧法条(2009)	新法条(2024)
	第六章　监督管理
	第五十六条　县级以上人民政府自然资源主管部门和其他有关部门应当按照职责分工,加强对矿产资源勘查、开采和矿区生态修复等活动的监督检查,依法及时查处违法行为。 上级人民政府自然资源主管部门和其他有关部门应当加强对下级人民政府自然资源主管部门和其他有关部门执法活动的监督。
	第五十七条　县级以上人民政府自然资源主管部门和其他有关部门实施监督检查,可以采取下列措施: (一)进入勘查、开采区域等实施现场查验、勘测; (二)询问与检查事项有关的人员,要求其对有关事项作出说明; (三)查阅、复制与检查事项有关的文件、资料; (四)查封、扣押直接用于违法勘查、开采的工具、设备、设施、场所以及违法采出的矿产品; (五)法律、法规规定的其他措施。 自然资源主管部门和其他有关部门依法实施监督检查,被检查单位及其有关人员应当予以配合,不得拒绝、阻碍。 自然资源主管部门和其他有关部门及其工作人员对监督检查过程中知悉的国家秘密、商业秘密、个人隐私和个人信息依法负有保密义务。
	第五十八条　国家建立矿产资源开发利用水平调查评估制度。 国务院自然资源主管部门建立矿产资源开发利用水平评估指标体系。县级以上人民政府自然资源主管部门应当加强对矿产资源勘查、开采情况的汇总、分析,并定期进行评估,提出节约集约开发利用矿产资源等方面的改进措施。
	第五十九条　国务院自然资源主管部门建立全国矿业权分布底图和动态数据库。 国务院自然资源主管部门组织建立全国矿产资源监督管理信息系统,提升监管和服务效能,依法及时公开监管和服务信息,并做好信息共享工作。 **第六十条**　县级以上人民政府自然资源主管部门应当按照国家有关规定,将矿业权人和从事矿区生态修复等活动的其他单位和个人的信用信息记入信用记录。
	第六十一条　任何单位和个人对违反矿产资源法律、法规的行为,有权向县级以上人民政府自然资源主管部门和其他有关部门举报,接到举报的部门应当及时依法处理。

续表

旧法条(2009)	新法条(2024)
第六章　法律责任	**第七章　法律责任**
第四十七条　负责矿产资源勘查、开采监督管理工作的国家工作人员和其他有关国家工作人员徇私舞弊、滥用职权或者玩忽职守,违反本法规定批准勘查、开采矿产资源和颁发勘查许可证、采矿许可证,或者对违法采矿行为不依法予以制止、处罚,构成犯罪的,依法追究刑事责任;不构成犯罪的,给予行政处分。违法颁发的勘查许可证、采矿许可证,上级人民政府地质矿产主管部门有权予以撤销。	**第六十二条**　县级以上人民政府自然资源主管部门和其他有关部门的工作人员在矿产资源勘查、开采和矿区生态修复等活动的监督管理工作中滥用职权、玩忽职守、徇私舞弊的,依法给予处分。
	第六十三条　违反本法规定,未取得探矿权勘查矿产资源的,由县级以上人民政府自然资源主管部门责令停止违法行为,没收违法所得以及直接用于违法勘查的工具、设备,并处十万元以上一百万元以下罚款;拒不停止违法行为的,可以责令停业整顿。 超出探矿权登记的勘查区域勘查矿产资源的,依照前款规定处罚;拒不停止违法行为,情节严重的,原矿业权出让部门可以吊销其勘查许可证。
第三十九条　违反本法规定,未取得采矿许可证擅自采矿的,擅自进入国家规划矿区、对国民经济具有重要价值的矿区范围采矿的,擅自开采国家规定实行保护性开采的特定矿种的,责令停止开采、赔偿损失,没收采出的矿产品和违法所得,可以并处罚款;拒不停止开采,造成矿产资源破坏的,依照刑法有关规定对直接责任人员追究刑事责任。 单位和个人进入他人依法设立的国有矿山企业和其他矿山企业矿区范围内采矿的,依照前款规定处罚。 围采矿的,责令退回本矿区范围内开采、赔偿损失,没收越界开采的矿产品和违法所得,可以并处罚款;拒不退回本矿区范围内开采,造成矿产资源破坏的,吊销采矿许可证,依照刑法有关规定对直接责任人员追究刑事责任。	**第六十四条**　违反本法规定,未取得采矿权开采矿产资源的,由县级以上人民政府自然资源主管部门责令停止违法行为,没收直接用于违法开采的工具、设备以及违法采出的矿产品,并处违法采出的矿产品市场价值三倍以上五倍以下罚款;没有采出矿产品或者违法采出的矿产品市场价值不足十万元的,并处十万元以上一百万元以下罚款;拒不停止违法行为的,可以责令停业整顿。 超出采矿权登记的开采区域开采矿产资源的,依照前款规定处罚;拒不停止违法行为,情节严重的,原矿业权出让部门可以吊销其采矿许可证。 违反本法规定,从事石油、天然气等矿产资源勘查活动,未在国务院自然资源主管部门规定的期限内依法取得采矿权进行开采的,依照本条第一款规定处罚。
	第六十五条　违反本法规定,建设项目未经批准压覆战略性矿产资源的,由县级以上人民政府自然资源主管部门责令改正,处十万元以上一百万元以下罚款。
	第六十六条　违反本法规定,探矿权人未取得勘查许可证进行矿产资源勘查作业的,由县级以上人民政府自然资源主管部门责令改正;拒不改正的,没收违法所得以及直接用于违法勘查的工具、设备,处十万元以上五十万元以下罚款,并可以责令停业整顿。

续表

旧法条(2009)	新法条(2024)
	第六十七条 违反本法规定,采矿权人未取得采矿许可证进行矿产资源开采作业的,由县级以上人民政府自然资源主管部门责令改正;拒不改正的,没收直接用于违法开采的工具、设备以及违法采出的矿产品,处违法采出的矿产品市场价值一倍以上三倍以下罚款,没有采出矿产品或者违法采出的矿产品市场价值不足十万元的,处十万元以上五十万元以下罚款,并可以责令停业整顿。 违反本法规定,从事石油、天然气等矿产资源勘查活动,未在国务院自然资源主管部门规定的期限内依法取得采矿许可证进行开采的,依照前款规定处罚。
第四十一条 盗窃、抢夺矿山企业和勘查单位的矿产品和其他财物的,破坏采矿、勘查设施的,扰乱矿区和勘查作业区的生产秩序、工作秩序的,分别依照刑法有关规定追究刑事责任;情节显著轻微的,依照治安管理处罚法有关规定予以处罚。	
第四十二条 买卖、出租或者以其他形式转让矿产资源的,没收违法所得,处以罚款。 违反本法第六条的规定将探矿权、采矿权倒卖牟利的,吊销勘查许可证、采矿许可证,没收违法所得,处以罚款。	
第四十三条 违反本法规定收购和销售国家统一收购的矿产品的,没收矿产品和违法所得,可以并处罚款;情节严重的,依照刑法有关规定,追究刑事责任。	
第四十四条 违反本法规定,采取破坏性的开采方法开采矿产资源的,处以罚款,可以吊销采矿许可证;造成矿产资源严重破坏的,依照刑法有关规定对直接责任人员追究刑事责任。	**第六十八条** 违反本法规定,有下列情形之一,造成矿产资源破坏的,由县级以上人民政府自然资源主管部门责令改正,处十万元以上五十万元以下罚款;拒不改正的,可以责令停业整顿;情节严重的,原矿业权出让部门可以吊销其勘查许可证、采矿许可证: (一)未按照经批准的勘查方案、开采方案进行矿产资源勘查、开采作业; (二)采取不合理的开采顺序、开采方法开采矿产资源; (三)矿产资源开采回采率、选矿回收率和综合利用率未达到有关国家标准的要求。 违反本法规定,未按照保护性开采要求开采特定战略性矿产资源的,依照前款规定处罚;法律、行政法规另有规定的,依照其规定。
	第六十九条 违反本法规定,勘查活动结束后探矿权人未及时对勘查区域进行清理或者未及时恢复受到破坏的地表植被的,由县级以上人民政府自然资源主管部门责令改正,可以处五万元以下罚款;拒不改正的,处五万元以上十万元以下罚款,由县级以上人民政府自然资源主管部门确定有关单位代为清理、恢复,所需费用由探矿权人承担。

续表

旧法条(2009)	新法条(2024)
	第七十条 未按照规定汇交地质资料,或者矿业权人未按照规定编制并报送矿产资源储量报告的,由县级以上人民政府自然资源主管部门责令改正,处二万元以上十万元以下罚款;情节严重的,处十万元以上五十万元以下罚款。 矿业权人故意报送虚假的矿产资源储量报告的,由县级以上人民政府自然资源主管部门没收违法所得,并处二十万元以上一百万元以下罚款;情节严重的,由原矿业权出让部门收回矿业权。
	第七十一条 违反本法规定,采矿权人不履行矿区生态修复义务或者未按照经批准的矿区生态修复方案进行矿区生态修复的,由县级以上人民政府自然资源主管部门责令改正,可以处矿区生态修复所需费用二倍以下罚款;拒不改正的,处矿区生态修复所需费用二倍以上五倍以下罚款,由县级以上人民政府自然资源主管部门确定有关单位代为修复,所需费用由采矿权人承担。
	第七十二条 出现矿产资源应急状态时,有关单位和个人违反本法规定,不服从统一指挥和安排、不承担相应的应急义务或者不配合采取应急处置措施的,由省级以上人民政府自然资源主管部门或者其他有关部门责令改正,给予警告或者通报批评;拒不改正的,对单位处十万元以上五十万元以下罚款,根据情节轻重,可以责令停业整顿或者依法吊销相关许可证件,对个人处一万元以上五万元以下罚款。
第四十五条 本法第三十九条、第四十条、第四十二条规定的行政处罚,由县级以上人民政府负责地质矿产管理工作的部门按照国务院地质矿产主管部门规定的权限决定。第四十三条规定的行政处罚,由县级以上人民政府工商行政管理部门决定。第四十四条规定的行政处罚,由省、自治区、直辖市人民政府地质矿产主管部门决定。给予吊销勘查许可证或者采矿许可证处罚的,须由原发证机关决定。 依照第三十九条、第四十条、第四十二条、第四十四条规定应当给予行政处罚而不给予行政处罚的,上级人民政府地质矿产主管部门有权责令改正或者直接给予行政处罚。	
第四十六条 当事人对行政处罚决定不服的,可以依法申请复议,也可以依法直接向人民法院起诉。 当事人逾期不申请复议也不向人民法院起诉,又不履行处罚决定的,由作出处罚决定的机关申请人民法院强制执行。	

续表

旧法条(2009)	新法条(2024)
第四十八条 以暴力、威胁方法阻碍从事矿产资源勘查、开采监督管理工作的国家工作人员依法执行职务的,依照刑法有关规定追究刑事责任;拒绝、阻碍从事矿产资源勘查、开采监督管理工作的国家工作人员依法执行职务未使用暴力、威胁方法的,由公安机关依照治安管理处罚法的规定处罚。	**第七十三条** 违反本法规定,矿业权人拒绝、阻碍监督检查,或者在接受监督检查时弄虚作假的,由县级以上人民政府自然资源主管部门或者其他有关部门责令改正;拒不改正的,处二万元以上十万元以下罚款。
	第七十四条 违反本法规定,破坏矿产资源或者污染环境、破坏生态,损害国家利益、社会公共利益的,人民检察院、法律规定的机关和有关组织可以依法向人民法院提起诉讼。
	第七十五条 违反本法规定,造成他人人身财产损害或者生态环境损害的,依法承担民事责任;构成违反治安管理行为的,依法给予治安管理处罚;构成犯罪的,依法追究刑事责任。
	第七十六条 勘查、开采矿产资源、开展矿区生态修复,违反有关生态环境保护、安全生产、职业病防治、土地管理、林业草原、文物保护等法律、行政法规的,依照有关法律、行政法规的规定处理、处罚。
第四十九条 矿山企业之间的矿区范围的争议,由当事人协商解决,协商不成的,由有关县级以上地方人民政府根据依法核定的矿区范围处理;跨省、自治区、直辖市的矿区范围的争议,由有关省、自治区、直辖市人民政府协商解决,协商不成的,由国务院处理。	
第七章　附　　则	**第八章　附　　则**
第五十条 外商投资勘查、开采矿产资源,法律、行政法规另有规定的,从其规定。	**第七十七条** 外商投资勘查、开采矿产资源,法律、行政法规另有规定的,依照其规定。
第五十一条 本法施行以前,未办理批准手续、未划定矿区范围、未取得采矿许可证开采矿产资源的,应当依照本法有关规定申请补办手续。	
	第七十八条 中华人民共和国境外的组织和个人,实施危害中华人民共和国国家矿产资源安全行为的,依法追究其法律责任。
	第七十九条 中华人民共和国缔结或者参加的国际条约与本法有不同规定的,适用国际条约的规定;但是,中华人民共和国声明保留的条款除外。
第五十二条 本法实施细则由国务院制定。	
第五十三条 本法自1986年10月1日施行。	**第八十条** 本法自2025年7月1日起施行。

劳动与社会保障法

【大纲新增考点·法条说明】

2025 年,“劳动与社会保障法”学科大纲考点、法律法规没有变化。

2020~2024 年大纲变化考点·法条对照

年　份	章　节	新增与变化考点·法条
2024	无	
2023	无	
2022	无	
2021	第一章第一节　劳动法概述	工会和劳动行政部门在劳动法上的地位
2020	无	

国 际 私 法

【大纲新增考点·法条说明】

2025 年,“国际私法”学科考点没有变化,法规修订 2 件、删除 1 件,调整如下所示。

章　节	2024 年大纲	2025 年大纲	提　示
第二章第三节　国家和国际组织	国家及其财产豁免(中国的实践)	国家及其财产豁免(中国的立法与实践)	子考点表述调整

大纲附录法律法规

项　目	法律法规
修订法规	**1. 外国人在中华人民共和国收养子女登记办法** (1999 年 5 月 12 日国务院批准　1999 年 5 月 25 日民政部发布　根据 2024 年 12 月 6 日《国务院关于修改和废止部分行政法规的决定》修正) **2. 最高人民法院关于认可和执行台湾地区法院民事判决的规定** (2015 年 6 月 2 日最高人民法院审判委员会第 1653 次会议通过　根据 2024 年 10 月 29 日最高人民法院审判委员会第 1928 次会议《关于修改〈最高人民法院关于认可和执行台湾地区法院民事判决的规定〉的决定》修正)　法释〔2024〕14 号
删除法规	**最高人民法院关于适用《中华人民共和国民事诉讼法》的解释** (2014 年 12 月 18 日最高人民法院审判委员会第 1636 次会议通过　根据 2020 年 12 月 23 日最高人民法院审判委员会第 1823 次会议《关于修改〈最高人民法院关于人民法院民事调解工作若干问题的规定〉等十九件民事诉讼类司法解释的决定》第一次修正　根据 2022 年 3 月 22 日最高人民法院审判委员会第 1866 次会议《关于修改〈最高人民法院关于适用《中华人民共和国民事诉讼法》的解释〉的决定》第二次修正)　法释〔2022〕11 号

2020~2024 年大纲新增考点对照

年　份	章　节	新增与变化考点・法条
2024	1. 新增法律法规: (1)中华人民共和国对外关系法 (2)中华人民共和国外国国家豁免法 (3)最高人民法院关于适用《中华人民共和国涉外民事关系法律适用法》若干问题的解释(二) (4)最高人民法院关于审理涉外民商事案件适用国际条约和国际惯例若干问题的解释 (5)最高人民法院关于内地与香港特别行政区法院相互认可和执行民商事案件判决的安排 2. 修订法律法规:最高人民法院关于设立国际商事法庭若干问题的规定	
2023	新增法律法规:最高人民法院关于涉外民商事案件管辖若干问题的规定	
2022	第四章第四节　公共秩序保留与强制性规定的直接适用	强制性规定的直接适用
	第五章第四节　商事关系	代理的法律适用　信托的法律适用
	第七章第二节　区际司法协助	内地与香港、澳门特别行政区法院就仲裁程序相互协助保全
	1. 新增法律法规:最高人民法院关于内地与澳门特别行政区就仲裁程序相互协助保全的安排 2. 修订法律法规:最高人民法院关于适用《中华人民共和国民事诉讼法》的解释	

续表

年　份	章　节	新增与变化考点·法条
2021	1. 新增法律法规：最高人民法院关于内地与香港特别行政区相互执行仲裁裁决的补充安排 2. 修订法律法规： （1）最高人民法院关于适用《中华人民共和国民事诉讼法》的解释 （2）最高人民法院关于适用《中华人民共和国涉外民事关系法律适用法》若干问题的解释（一） （3）最高人民法院关于涉外民商事案件诉讼管辖若干问题的规定 （4）最高人民法院关于涉外民事或商事案件司法文书送达问题若干规定 （5）最高人民法院关于依据国际公约和双边司法协助条约办理民商事案件司法文书送达和调查取证司法协助请求的规定 （6）最高人民法院关于中国公民申请承认外国法院离婚判决程序问题的规定	
2020	第七章第二节　区际司法协助	中国内地与香港特别行政区法院就仲裁程序相互协助保全
	1. 新增法律法规：最高人民法院关于内地与香港特别行政区法院就仲裁程序相互协助保全的安排 2. 修订法律法规：最高人民法院关于内地与澳门特别行政区法院就民商事案件相互委托送达司法文书和调取证据的安排	

【大纲新增、变化考点解读】

☞ 2024 考点 1　中国关于外国法的查明的规定★★

我国人民法院在审理国际民商事案件时遵循“以事实为根据，以法律为准绳”的原则。当依据我国冲突规范的指定，应当适用的法律为外国法时，人民法院有责任查明外国法的内容，当事人也有举证的责任。目前我国涉及外国法查明的法律、司法解释主要包括《涉外民事关系法律适用法》、最高人民法院《关于适用〈中华人民共和国涉外民事关系法律适用法〉若干问题的解释（一）》（以下简称《涉外民事关系法律适用法司法解释（一）》）以及最高人民法院《关于适用〈中华人民共和国涉外民事关系法律适用法〉若干问题的解释（二）》（以下简称《涉外民事关系法律适用法司法解释（二）》）。《涉外民事关系法律适用法司法解释（二）》已于 2023 年 8 月 30 日由最高人民法院审判委员会第 1898 次会议通过，自 2024 年 1 月 1 日起施行，该解释对我国有关外国法的查明责任、查明途径、查明程序和提供方式，审查认定外国法律的标准以及查明费用的负担等方面进行了系统完善。

1. 外国法的查明责任。我国《涉外民事关系法律适用法》第 10 条规定：“涉外民事关系适用的外国法律，由人民法院、仲裁机构或者行政机关查明。当事人选择适用外国法律的，应当提供该国法律。不能查明外国法律或者该国法律没有规定的，适用中华人民共和国法律。”这条规定明确了三点：一是人民法院、仲裁机构或者行政机关查明应当依职权查明的涉外民事关系应适用的外国法律；二是当事人根据意思自治原则选择适用外国法，该外国法应当由当事人提供，法院不必依职权查明；三是不能查明外国法律或者该国法律没有规定的，适用中国法律。《涉外民事关系法律适用法司法解释（二）》第 1 条规定，人民法院审理涉外民商事案件适用外国法律的，应当根据《涉外民事关系法律适用法》第 10 条第 1 款的规定查明该国法律。当事人选择适用外国法律的，应当提供该国法律。《涉外民事关系法律适用法司法解释（二）》第 2 条进一步规定，人民法院查明外国法律法时可以要求当事人协助提供外国法律，这意味着在当事人没有选择适用外国法律的情况下，人民法院查明应当适用的外国法律,也可以要求当事人提供协助。但第2条第3款规定“人民法院依据本条第1款第1项的规定要求当事人协助提供外国法律的,不得仅以当事人未予协助提供为由认定外国法律不能查明”。显然,我国在外国法查明责任方面秉持以法院查明为主、当事人提供为辅的规则。

2. 外国法的查明途径。《涉外民事关系法律适用法司法解释(二)》在总结原有司法解释规定的基础上,于第2条第1款规定了人民法院查明外国法律的七种途径。一是由当事人提供,这是最常见的途径;二是通过司法协助渠道由对方的中央机关或者主管机关提供;三是通过最高人民法院请求我国驻该国使领馆或者该国驻我国使领馆提供;四是由最高人民法院建立或者参与的法律查明合作机制参与方提供;五是由最高人民法院国际商事专家委员会专家提供;六是由法律查明服务机构或者中外法律专家提供;七是其他适当途径。该条款的规定拓展了查明外国法律的途径,与《最高人民法院关于设立国际商事法庭若干问题的规定》第8条第1款规定的外国法律查明途径保持一致,体现司法解释之间的统一性和协调性。

3. 查明外国法律的程序和提供形式。《涉外民事关系法律适用法司法解释(二)》第3条首先对当事人提供外国法律的范围作了规定,包括具体规定、获得途径、效力情况、与案件争议的关联性等内容。如果外国法律为判例法时,还应当提供判例全文。第4条规定,法律查明服务机构、法律专家提供外国法律的,除提交材料外,还应当提交法律查明服务机构的资质证明、法律专家的身份及资历证明,并附与案件无利害关系的书面声明。为减少无效劳动,提高查明外国法律的效率和准确性,第6条规定,在查明外国法律之前,人民法院可以召集庭前会议或者以其他适当方式,确定需要查明的外国法律的范围。当然,前述规定的应当提交的内容,并不限制当事人继续提交有关外国法律的学术著作、学理阐述等参考辅助资料,或者其他对外国法律的理解与适用的意见等。

4. 审查认定外国法律的程序。外国法律是决定当事人权利义务如何分配的准据法,人民法院应当充分保障当事人发表意见的权利。《涉外民事关系法律适用法司法解释(二)》第5条规定,查明的外国法律的相关材料均应在法庭上出示,法院应当听取各方当事人对外国法律的内容及理解与适用。在此基础上,第7条规定,法律查明服务机构、法律专家可以出庭协助查明外国法律。一方面,人民法院认为有必要时可以通知法律查明服务机构或法律专家出庭接受询问;另一方面,当事人可以申请法律查明服务机构或法律专家出庭作出说明,人民法院认为有必要的可以准许。

5. 审查认定外国法律的标准。对于在法庭上出示的外国法律,如何确认其真实性并予以准确理解和适用,历来是涉外民商事审判的难题。《涉外民事关系法律适用法司法解释(二)》第8条分三种情形作出规定。一是对当事人无异议时如何处理作出规定,即“当事人对外国法律的内容及其理解与适用均无异议的,人民法院可以予以确认”。二是对当事人有异议时如何处理作出规定。一方面,为防止当事人以对外国法律有异议为由拖延诉讼,规定当事人提出异议需要说明理由;另一方面,理由成立的,人民法院可以通过补充查明或补充提供材料的方式解决异议。三是基于诉讼经济原则和方便当事人诉讼原则,对于生效裁判已经查明认定的外国法律,规定人民法院“应当予以确认”,同时考虑外国法律有可能被修订、废止,因此规定“但有相反证据足以推翻的除外”。

6. 裁判文书必须记载查明外国法律的过程。《涉外民事关系法律适用法司法解释(二)》第10条要求,裁判文书中应当载明外国法律的查明过程及外国法律的内容,如果认定外国法律不能查明的,则应当载明不能查明的理由。

7. 查明费用的处理原则。我国法律和《诉讼费用交纳办法》并未明确查明外国法律的费用为诉讼费用。鉴于此,《涉外民事关系法律适用法司法解释(二)》第11条就当事人将查明费用作为诉讼请求提出时如何处理进行了规定。当事人约定法律查明费用负担的,应充分尊重当事人的意思自治,按照其约定处理;没有约定的,人民法院需要根据当事人主张,结合外国法律查明情况和案件具体情况酌情支持合理的查明费用。

8. 港澳法律查明的参照适用规则。在涉港澳民商事审判实践中,人民法院经常需要查明港澳法律。《涉外民事关系法律适用法司法解释(二)》第12条对查明香港特别行政区、澳门特别行政区法律参照适用本解释作了规定。同时规定"有关法律和司法解释对查明香港特别行政区、澳门特别行政区的法律另有规定的,从其规定",为内地与香港港特别行政区、澳门特别行政区进一步建立各类新型的法律查明途径及合作机制预留充分空间。

9. 外国法不能查明的处理。关于外国法不能查明问题的处理,《涉外民事关系法律适用法司法解释(二)》作出了详细规定。第15条规定:"人民法院通过由当事人提供、已对中华人民共和国生效的国际条约规定的途径、中外法律专家提供等合理途径仍不能获得外国法律的,可以认定为不能查明外国法律。"根据《涉外民事关系法律适用法》第10条第1款和《涉外民事关系法律适用法司法解释(二)》第9条第2款的规定,当事人应当提供外国法律,其在人民法院指定的合理期限内无正当理由未提供该外国法律的,可以认定为不能查明外国法律。

另外,根据我国民事诉讼法,民事案件实行两审终审制,无法律审与事实审的区别。根据"有错必纠"的原则,对我国法院在审理国际民商事案件时发生的适用外国法的错误,无论是适用内国冲突规范的错误,还是适用外国法本身的错误,当事人均可对之提起上诉,要求加以纠正。

☞ 2024 考点2 中国关于国际民事案件管辖权的规定★★★

1. 普通地域管辖。我国以被告住所地为普通管辖的依据,采用原告就被告的原则,凡是涉外民事案件中的被告住所地在我国,我国法院就有管辖权。如果被告的住所地与经常居住地不一致,只要其经常居住地在我国领域内,我国法院也有管辖权。以上被告包括自然人、法人和其他组织。自然人的住所地指户籍所在地,经常居住地指公民离开其住所至起诉时连续居住1年以上的地方。法人或者其他组织的住所地是指法人或者其他组织的主要办事机构所在地。但对于不在我国领域内居住的人提起的有关身份关系的诉讼,则可以由原告住所地或经常居住地的我国法院管辖。

2. 特别地域管辖。《民事诉讼法》第276条规定,因涉外民事纠纷,对在我国领域内没有住所的被告提起除身份关系以外的诉讼,如果合同签订地、合同履行地、诉讼标的物所在地可供扣押财产所在地、侵权行为地、代表机构所在地位于我国领域内的,可以由合同签订地、合同履行地、诉讼标的物所在地、可供扣押的财产所在地、侵权行为地、代表机构住所地人民法院管辖。除前述规定外,涉外民事纠纷与我国存在其他适当联系的,可以由人民法院管辖。另外,《民事诉讼法》第22条至第33条有关国内特别地域管辖的规定可类推适用于涉外民事案件。

3. 专属管辖。(1)因不动产纠纷提起的诉讼,由不动产所在地人民法院管辖;(2)因港口作业中发生纠纷提起的诉讼,由港口所在地人民法院管辖;(3)因继承遗产纠纷提起的诉讼,由被继承人死亡时的住所地或者主要遗产所在地人民法院管辖;(4)因在我国领域内设立的法人或者其他组织的设立、解散、清算,以及该法人或者其他组织作出的决议的效力等纠纷提起的诉讼,因与在我国领域内审查授予的知识产权的有效性有关的纠纷提起的诉讼,因在我国履行的中外合资经营企业合同、中外合作经营企业合同、中外合作勘探开发自然资源合同发生的纠纷提起的诉讼,我国人民法院有专属管辖权。

最高人民法院《关于适用〈中华人民共和国民事诉讼法〉的解释》(以下简称《民诉解释》)第529条第2款规定,属于我国人民法院专属管辖的案件,当事人不得用书面协议选择其他国家法院管辖,但协议选择仲裁裁决的除外。因此，在我国，如果当事人选择以诉讼的方式解决争议，则当事人不得以书面协议排除我国法院的专属管辖权；如果当事人选择以仲裁的方式解决争议，则其仲裁协议具有排除我国法院专属管辖权的法律效力。

4. 协议管辖。《民事诉讼法》第 277 条明确规定，涉外民事纠纷的当事人书面协议选择人民法院管辖的，可以由人民法院管辖，但协议管辖不得违反我国《民事诉讼法》对级别管辖和专属管辖的规定。2017 年 9 月 12 日，中国政府签署了 2005 年海牙《选择法院协议公约》。

5. 应诉管辖。《民事诉讼法》第 278 条明确规定，当事人未提出管辖异议，并应诉答辩或者提出反诉的，视为人民法院有管辖权。

6. 级别管辖。我国《民事诉讼法》规定基层人民法院管辖第一审涉外民事案件，中级人民法院管辖第一审重大涉外案件。重大涉外案件包括争议标的额大的案件、案情复杂的案件，或者一方当事人人数众多等具有重大影响的案件。2018 年 1 月 1 日起施行的最高人民法院《关于明确第一审涉外民商事案件级别管辖标准以及归口办理有关问题的通知》明确了第一审涉外民商事案件级别管辖标准以及十类案件归口涉外审判庭或专门合议庭办理。

7. 非方便法院。《民事诉讼法》第 282 条明确规定，人民法院受理的涉外民事案件，被告提出管辖异议，且同时有下列情形的，可以裁定驳回起诉，告知原告向更方便的外国法院提起诉讼：(1) 案件争议的基本事实不是发生在中国领域内，人民法院审理案件和当事人参加诉讼均明显不方便；(2) 当事人之间不存在选择人民法院管辖的协议；(3) 案件不属于人民法院专属管辖；(4) 案件不涉及中国主权、安全或者社会公共利益；(5) 外国法院审理案件更为方便。裁定驳回起诉后，外国法院对纠纷拒绝行使管辖权，或者未采取必要措施审理案件，或者未在合理期限内审结，当事人又向人民法院起诉的，人民法院应当受理。

8. 平行诉讼。《民事诉讼法》第 280 条规定，当事人之间的同一纠纷，一方当事人向外国法院起诉，另一方当事人向人民法院起诉，或者一方当事人既向外国法院起诉，又向人民法院起诉，人民法院依照本法有管辖权的，可以受理。当事人订立排他性管辖协议选择外国法院管辖且不违反本法对专属管辖的规定，不涉及中国主权、安全或者社会公共利益的，人民法院可以裁定不予受理；已经受理的，裁定驳回起诉。第 281 条规定，人民法院依据前条规定受理案件后，当事人以外国法院已经先于人民法院受理为由，书面申请人民法院中止诉讼的，人民法院可以裁定中止诉讼，但是存在下列情形之一的除外：(1) 当事人协议选择人民法院管辖，或者纠纷属于人民法院专属管辖；(2) 由人民法院审理明显更为方便。外国法院未采取必要措施审理案件，或者未在合理期限内审结的，依当事人的书面申请，人民法院应当恢复诉讼。外国法院作出的发生法律效力的判决、裁定，已经被人民法院全部或者部分承认，当事人对已经获得承认的部分又向人民法院起诉的，裁定不予受理；已经受理的，裁定驳回起诉。

9. 遵守国际条约的规定。目前，我国参加的涉及管辖权的条约主要有：《统一国际航空运输某些规则的公约》和《国际油污损害民事责任公约》等。如果我国法律规定与公约的规定有不同的，除我国声明保留的条款外，应优先适用公约的规定。

10. 集中管辖。以下沉管辖权为原则，集中管辖为例外。2022 年 8 月 16 日，最高人民法院通过了《关于涉外民商事案件管辖若干问题的规定》，自 2023 年 1 月 1 日起施行。该规定主要内容如下：(1) 对涉外民商事案件的集中管辖机制进行了重大改革，以管辖权下沉为原则，集中管辖为例外，下沉第一审涉外民商事案件的管辖权。改变了以往由极少数基层人民法院和少量中级人民法院集中管辖第一审涉外民商事案件的规定，以《民事诉讼法》第 18~21 条关于级别管辖的规定为一般原则，即基层人民法院管辖第一审涉外民商事案件;中级人民法院管辖辖区内争议标的额大、案情复杂或者一方当事人人数众多的以及其他在本辖区有重大影响的涉外民商事案件;高级人民法院管辖诉讼标的额人民币50亿元以上(含本数)或者其他在本辖区内有重大影响第一审涉外民商事案件。以确有必要高级人民法院根据实际情况报批最高人民法院后指定的一个或数个基层或中级人民法院实行区域集中管辖和法律、司法解释另有规定的为例外。(2)优化以往复杂的标的额管辖标准,根据实际,统一规定高级人民法院管辖案件的标的额为50亿元以上,中级人民法院管辖案件的标的额划分为2000万元以上和4000万元以上两个梯度,适用的标准更加清晰明确。(3)明确了适用的纠纷类别,原则上基层人民法院与中级人民法院拥有所有类型涉外民商事纠纷案件的第一审管辖权,但海事海商、涉外知识产权、涉外生态环境损害赔偿以及涉外环境民事公益诉讼案件除外。(4)涉及香港、澳门特别行政区和台湾地区的民商事案件参照适用本规定。

11. 国际商事法庭的管辖权。根据最高人民法院《关于设立国际商事法庭若干问题的规定》,国际商事法庭受理下列案件:(1)当事人依照《民事诉讼法》第277条的规定协议选择最高人民法院管辖且标的额为人民币3亿元以上的第一审国际商事案件;(2)高级人民法院对其所管辖的第一审国际商事案件,认为需要由最高人民法院审理并获准许的;(3)在全国有重大影响的第一审国际商事案件;(4)依照本规定第14条申请仲裁保全、申请撤销或者执行国际商事仲裁裁决的;(5)最高人民法院认为应当由国际商事法庭审理的其他国际商事案件。

表1　中国关于国际民事案件管辖权规则

管辖类型	内容
普通地域管辖	采用原告就被告的原则
特别地域管辖	(1)对在我国领域内没有住所的被告提起除身份关系以外的涉外民事纠纷,如果合同签订地、合同履行地、诉讼标的物所在地、可供扣押的财产所在地、侵权行为地、代表机构住所地人民法院管辖。除前述规定外,涉外民事纠纷与我国存在其他适当联系的,可以由合同签订地、合同履行地、诉讼标的物所在地、可供扣押的财产所在地、侵权行为地、代表机构住所地人民法院均可以行使管辖权; (2)涉外民事纠纷与我国存在其他适当联系的,可以由人民法院管辖; (3)《民事诉讼法》第23条至第35条有关国内特别地域管辖的规定可类推适用于涉外民事案件
专属管辖	(1)因不动产纠纷提起的诉讼,由不动产所在地人民法院管辖; (2)因港口作业中发生纠纷提起的诉讼,由港口所在地人民法院管辖; (3)因继承遗产纠纷提起的诉讼,由被继承人死亡时的住所地或者主要遗产所在地人民法院管辖; (4)因在我国领域内设立的法人或者其他组织的设立、解散、清算,以及该法人或者其他组织作出的决议的效力等纠纷提起的诉讼,我国法院有专属管辖权; (5)因与在中华人民共和国领域内审查授予的知识产权的有效性有关的纠纷提起的诉讼,我国法院有专属管辖权; (6)因在我国履行的中外合资经营企业合同、中外合作经营企业合同、中外合作勘探开发自然资源合同发生的纠纷提起的诉讼,我国法院有专属管辖权; (7)属于我国法院专属管辖的案件,当事人不得用书面协议选择其他国家法院管辖,但协议选择仲裁裁决的除外
协议管辖	(1)涉外民事纠纷的当事人可以协议选择解决争议的法院,不限于涉外合同或其他财产权益纠纷; (2)选择必须是书面的; (3)不要求争议必须与我国有实际联系; (4)不得违反专属管辖和级别管辖
应诉管辖	当事人提出管辖异议,并应诉答辩或提出反诉的,视为人民法院有管辖权

续表

管辖类型	内容
级别管辖	(1)基层人民法院管辖第一审涉外民事案件; (2)中级人民法院管辖第一审重大涉外案件; (3)高级人民法院管辖在本辖区有重大影响的第一审涉外民事案件; (4)最高人民法院管辖在全国有重大影响的第一审涉外民事案件
非方便法院	被告提出管辖异议,且同时符合下列情形: (1)案件争议的基本事实不是发生在中国领域内,人民法院审理案件和当事人参加诉讼均明显不方便; (2)当事人之间不存在选择人民法院管辖的协议; (3)案件不属于人民法院专属管辖; (4)案件不涉及中国主权、安全或者社会公共利益; (5)外国法院审理案件更为方便
平行诉讼	我国允许平行诉讼,同时采取一事不再理原则、判决在先原则,以及受理在先可申请中止诉讼
国际条约优先	国际条约的规定优先适用
集中管辖	以下沉管辖权为原则,集中管辖为例外
国际商事法庭管辖权	受理五类案件

☞ 2024 考点3 中国关于司法协助的规定★★★

我国十分重视国际民事司法协助。除了《民事诉讼法》对司法协助问题作了专门规定外,我国加入了联合国《纽约公约》、海牙《关于向国外送达民事或商事司法文书和司法外文书公约》(以下简称《海牙送达公约》)、海牙《关于从国外调取民事或商事证据的公约》(以下简称《海牙取证公约》)。此外,最高人民法院还先后发布了一系列司法解释,特别是《关于依据国际公约和双边司法协助条约办理民商事案件司法文书送达和调查取证司法协助请求的规定》(以下简称《办理司法协助请求的规定》)。

根据《民事诉讼法》的规定,我国有关司法协助的规定主要有以下几个方面.

(1)关于司法协助的范围。我国法院和外国法院可以在我国缔结或参加的国际条约或互惠的基础上,相互请求进行司法协助,包括送达文书、调查取证、承认与执行外国法院判决和外国仲裁裁决以及进行其他诉讼行为。但外国法院请求协助的事项有损我国的主权、安全或社会公共利益的,我国法院不予执行。

(2)关于司法协助请求提出的途径。应当根据我国缔结或参加的国际条约所规定的途径进行;没有条约关系的,通过外交途径进行。对于与我国既无条约关系又无互惠关系的国家的法院提出的司法协助请求,《民诉解释》第547条规定,与中华人民共和国没有司法协助条约又无互惠关系的国家的法院,未通过外交途径,直接请求人民法院提供司法协助的,人民法院应予退回,并说明理由。此外,外国驻我国使领馆可以向其本国公民送达文书和调查取证,但不得违反我国法律,并不得采取强制措施。未经我国主管机关的准许,任何其他外国机关或个人不得在我国领域内送达文书和调查取证。

(3)关于司法协助请求书的文本要求。外国法院请求人民法院提供司法协助的请求书及其所附文件,应当附有中文译本或者国际条约规定的其他文字文本。人民法院请求外国法院提供司法协助的请求书及其所附文件，应当附有该国文字译本或者国际条约规定的其他文字文本。

(4)关于提供司法协助的程序。我国法院提供司法协助，依我国法律规定的程序进行，外国法院请求采用特殊方式进行的，也可以按照其请求的特殊方式进行，但请求采用的方式不得违反我国的法律。

(5)涉公约或条约的送达规定。《办理司法协助请求的规定》在总结经验的基础上，对域外送达与域外取证的原则、管理机制和相关制度建设等作出了进一步的规定。该规定适用于我国法院与外国法院或者其他主管机构依据《海牙送达公约》《海牙取证公约》和双边民事司法协助条约相互委托办理民商事案件司法文书送达和民商事案件调查取证请求。此处的双边民事司法协助条约，包括双边民事、民商事、民刑事和民商刑事司法协助条约、协定。通过外交途径办理民商事案件司法文书送达和调查取证，不适用该规定。

《办理司法协助请求的规定》明确了以下几方面的内容：一是司法协助的原则，即人民法院提出、办理民商事案件司法文书送达、调查取证国际司法协助请求时应当遵循便捷高效原则（第1条）、对等原则（第2条）和依法审查原则（第3条）。二是人民法院国际司法协助工作的管理机制，即统一管理和专人负责相结合的管理机制（第6条）。三是人民法院国际司法协助工作的制度建设，包括登记制度和档案制度（第7条、第8条）。此外，委托外国送达民商事案件司法文书和进行民商事案件调查取证，需要提供译文的，应当委托我国领域内的翻译机构进行翻译。翻译件不加盖人民法院印章，但应由翻译机构或翻译人员签名或盖章证明译文与原文一致（第5条）。经最高人民法院授权的高级人民法院，可以依据《海牙送达公约》《海牙取证公约》直接对外发出本辖区各级人民法院提出的民商事案件司法文书送达和调查取证请求（第9条）。

☞ 2024 考点4 中国关于域外送达文书的规定★★

《民事诉讼法》第283条规定，人民法院对在中华人民共和国领域内没有住所的当事人送达诉讼文书，可以采用下列方式：(1)依照受送达人所在国与中国缔结或者共同参加的国际条约中规定的方式送达；(2)通过外交途径送达；(3)对具有中国国籍的受送达人，可以委托中国驻受送达人所在国的使领馆代为送达；(4)向受送达人在本案中委托的诉讼代理人送达；(5)向受送达人在中国领域内设立的独资企业、代表机构、分支机构或者有权接受送达的业务代办人送达；(6)受送达人为外国人、无国籍人，其在中国领域内设立的法人或者其他组织担任法定代表人或者主要负责人，且与该法人或者其他组织为共同被告的，向该法人或者其他组织送达；(7)受送达人为外国法人或者其他组织，其法定代表人或者主要负责人在中华人民共和国领域内的，向其法定代表人或者主要负责人送达；(8)受送达人所在国的法律允许邮寄送达的，可以邮寄送达，自邮寄之日起满3个月，送达回证没有退回，但根据各种情况足以认定已经送达的，期间届满之日视为送达；(9)采用能够确认受送达人收悉的电子方式送达，但是受送达人所在国法律禁止的除外；(10)以受送达人同意的其他方式送达，但是受送达人所在国法律禁止的除外；(11)不能用上述方式送达的，公告送达，自发出公告之日起，经过60日，即视为送达。至于外国法院向在我国的受送达人送达，应当根据该国与我国缔结或共同参加的条约所规定的途径送达；没有条约关系的，按外交途径送达；外国驻我国使领馆可以向其本国公民送达文书，但不得违反我国法律，并不得采取强制措施。

《海牙送达公约》自1992年1月1日起对我国生效。为此，我国又分别于1992年3月4日和1992年9月19日联合发布了《关于执行〈关于向国外送达民事或商事司法文书和司法外文书公约〉有关程序的通知》和《关于执行海牙送达公约的实施办法》，具体规定了运用该公约设立的协助机制进行文书域外送达的程序。另外,我国就司法协助问题,其中包括司法文书送达问题,已经同许多国家签订了双边司法协助协定。

最高人民法院《涉外民事或商事案件司法文书送达问题若干规定》(以下简称《涉外送达规定》)对涉外民事或商事案件司法文书送达中带有普遍性又亟待解决的一些问题作出进一步详细规定。

(1)适用范围。该规定适用于人民法院受理的涉外民事或商事案件需向在我国领域内没有住所的受送达人送达司法文书的情形。《涉外送达规定》适用的案件范围包括人民法院审理的涉外民事或商事案件,既包括传统的涉外民事案件,如涉外的婚姻家庭、劳动争议、不当得利、无因管理等案件,也包括当事人在经济贸易活动中发生的涉外合同、侵权等商事纠纷案件。另外,该规定采用"司法文书"的概念,因这一概念从外延上讲比"诉讼文书"更为广泛,且与我国加入的国际公约或所签订的双边司法协助协定所使用的概念保持一致。

(2)送达方式。第一,对于在我国领域内没有住所的受送达人在我国领域内出现时可否向其直接送达,法律没有明确规定,《涉外送达规定》第3条则明确规定,作为受送达人的外国自然人或者企业、其他组织的法定代表人、主要负责人在我国领域内出现时,人民法院可以向其直接送达。《民诉解释》第533条第2款进一步明确,外国企业、组织的主要负责人包括该企业、组织的董事、监事、高级管理人员等。第二,《涉外送达规定》第4条明确了"有权接受送达的诉讼代理人"的含义,即除受送达人在授权委托书中明确表明其诉讼代理人无权代为接收有关司法文书外,其委托的诉讼代理人为《民事诉讼法》规定的有权代其接受送达的诉讼代理人,人民法院可以向该诉讼代理人送达。第三,《涉外送达规定》第5条,规定受送达人在我国领域内设立有代表机构的,人民法院向受送达人送达司法文书,可以送达给其代表机构。第四,《涉外送达规定》第6条规定:人民法院向在中华人民共和国领域内没有住所的受送达人送达司法文书时,若该受送达人所在国与中华人民共和国签订有司法协助协定,可以依照司法协助协定规定的方式送达;若该受送达人所在国是《海牙送达公约》的成员国,可以依照该公约规定的方式送达。依照受送达人所在国与中华人民共和国缔结或者共同参加的国际条约中规定的方式送达的,根据最高人民法院《办理司法协助请求的规定》办理。根据《办理司法协助请求的规定》第1条的规定,不再坚持双边条约优先适用的原则,人民法院应当根据便捷、高效的原则确定依据《海牙送达公约》或者双边民事司法协助条约,对外提出民商事案件司法文书送达和调查取证请求。第五,《涉外送达规定》第8条规定,判断不能以邮寄方式送达的期间为3个月。第六,《涉外送达规定》第10条还规定,除本规定上述送达方式外,人民法院可以通过传真、电子邮件等能够确认收悉的其他适当方式向受送达人送达。在适用本条时应注意两点:一是必须是"适当"的送达方式,该送达方式不能违反受送达人所在国的禁止性规定;二是如果适用其他方式送达,必须确认受送达人已经收悉有关司法文书。

(3)是否送达的认定。关于不能送达的认定,《涉外送达规定》第7条对不能适用公约、协定、外交途径以及邮寄方式送达作出了规定:自我国有关机关将司法文书转递受送达人所在国有关机关之日起满6个月,如果未能收到送达与否的证明文件,且根据各种情况不足以认定已经送达的,视为不能用该种方式送达。该规定可以使人民法院在一个相对确定的时间内对能否适用该种方式送达作出判断,以便于在这种方式不能送达的情况下及时采取其他送达方式,避免使案件因为送达问题长时间地搁置而处于久拖不决的状态。为缩短送达时间,《民诉解释》第534条规定,自邮寄之日起满3个月,如果未收到送达的证明文件,且根据各种情况不足以认定已经送达的,视为不能用邮寄方式送达。

关于合法送达的认定,《涉外送达规定》第13条主要规定了在受送达人未对人民法院送达的司法文书履行签收手续时,如何认定是否已经合法送达。该条规定了在两种具体的情形下可以视为送达:一是受送达人书面向人民法院提及了所送达司法文书的内容,二是受送达人已经按照所送达司法文书的内容履行。该条第3项所规定的"其他可以视为送达的情形"是一项兜底性的规定,人民法院可以根据该项规定,在具体案件中具体把握。

☞ 2024 考点5　域外取证的方式★★★

域外取证方式主要包括:(1)代为取证,是指一国受理案件的司法机关向证据所在地国的司法机关提出请求,由后者代为取证。(2)领事取证,即通过本国驻他国领事或外交人员在驻在国直接调查取证,一般是向本国国民调查取证。这种取证方式为大多数国家所接受。但采取这种取证方式不得违反当地的法律,也不得采取强制措施。(3)特派员取证,即受诉法院委派专门的官员在外国调查取证。这一取证方式主要为英美法系国家所采用,大陆法系国家对此一般持谨慎态度。根据我国有关规定,我国原则上不允许外国特派员在我国境内取证,但在特殊情况下可特许外国特派员在我国境内取证。(4)当事人或诉讼代理人自行取证,这种方式主要存在于一些普通法系国家,尤其是美国。大多数国家对此种取证方式采取反对态度。根据我国有关规定,未经我国主管机关准许,任何外国当事人或其诉讼代理人都不得在我国境内自行取证。

我国《民事诉讼法》第284条规定,当事人申请人民法院调查收集的证据位于中华人民共和国领域外,人民法院可以依照证据所在国与中华人民共和国缔结或者共同参加的国际条约中规定的方式,或者通过外交途径调查收集。在所在国法律不禁止的情况下,人民法院可以采用下列方式调查收集:(1)对具有中华人民共和国国籍的当事人、证人,可以委托中华人民共和国驻当事人、证人所在国的使领馆代为取证;(2)经双方当事人同意,通过即时通讯工具取证;(3)以双方当事人同意的其他方式取证。

对于在我国领域外形成的证据的效力,根据最高人民法院《关于民事诉讼证据的若干规定》第16条的规定:"当事人提供的公文书证系在中华人民共和国领域外形成的,该证据应当经所在国公证机关证明,或者履行中华人民共和国与该所在国订立的有关条约中规定的证明手续。中华人民共和国领域外形成的涉及身份关系的证据,应当经所在国公证机关证明并经中华人民共和国驻该国使领馆认证,或者履行中华人民共和国与该所在国订立的有关条约中规定的证明手续。当事人向人民法院提供的证据是在香港、澳门、台湾地区形成的,应当履行相关的证明手续。"其第17条还规定,当事人向人民法院提供外文书证或者外文说明资料,应当附有中文译本。

☞ 2024 考点6　中国关于外国法院判决承认与执行的规定★★★★

关于申请承认与执行外国法院判决需要提交的文件,《民诉解释》第541条规定:申请人向人民法院申请承认和执行外国法院作出的发生法律效力的判决、裁定,应当提交申请书,并附外国法院作出的发生法律效力的判决、裁定正本或者经证明无误的副本以及中文译本。外国法院判决、裁定为缺席判决、裁定的,申请人应当同时提交该外国法院已经合法传唤的证明文件,但判决、裁定已经对此予以明确说明的除外。中华人民共和国缔结或者参加的国际条约对提交文件有规定的,按照规定办理。

关于承认与执行的法院,根据《民事诉讼法》第297~298条的规定,我国人民法院和外国法院作出的判决、裁定,要在对方国家得到承认与执行,既可以由当事人直接向有管辖权的法院提出(在我国为被执行人住所地或财产所在地的中级人民法院)，也可以由法院按照条约的规定或者互惠原则请求对方国家的法院承认与执行。

关于承认与执行外国法院判决的一般规定。《民事诉讼法》第299条规定，人民法院对申请或者请求承认和执行的外国法院作出的发生法律效力的判决、裁定，依照中国缔结或者参加的国际条约，或者按照互惠原则进行审查后，认为不违反中国法律的基本原则且不损害国家主权、安全、社会公共利益的，裁定承认其效力；需要执行的，发出执行令，依照本法的有关规定执行。如果某国与我国既无条约关系也不存在互惠关系时，我国法院将裁定驳回承认与执行申请，对该外国法院的判决不予以承认与执行。在此种情形下，当事人可以向我国法院起诉，由有管辖权的法院作出判决并予以执行。

关于拒绝承认和执行外国法院判决的情形。《民事诉讼法》第300条规定，对申请或者请求承认和执行的外国法院作出的发生法律效力的判决、裁定，人民法院经审查，有下列情形之一的，裁定不予承认和执行：(1)依据本法第301条的规定，外国法院对案件无管辖权；(2)被申请人未得到合法传唤或者虽经合法传唤但未获得合理的陈述、辩论机会，或者无诉讼行为能力的当事人未得到适当代理；(3)判决、裁定是通过欺诈方式取得；(4)人民法院已对同一纠纷作出判决、裁定，或者已经承认第三国法院对同一纠纷作出的判决、裁定；(5)违反中国法律的基本原则或者损害国家主权、安全、社会公共利益。

关于对外国法院间接管辖权的认定。《民事诉讼法》第301条明确规定，有下列情形之一的，人民法院应当认定该外国法院对案件无管辖权：(1)外国法院依照其法律对案件没有管辖权，或者虽然依照其法律有管辖权但与案件所涉纠纷无适当联系；(2)违反本法对专属管辖的规定；(3)违反当事人排他性选择法院管辖的协议。

关于承认外国判决中的中止诉讼，《民事诉讼法》第302条规定，当事人向人民法院申请承认和执行外国法院作出的发生法律效力的判决、裁定，该判决、裁定涉及的纠纷与人民法院正在审理的纠纷属于同一纠纷的，人民法院可以裁定中止诉讼。外国法院作出的发生法律效力的判决、裁定不符合本法规定的承认条件的，人民法院裁定不予承认和执行，并恢复已经中止的诉讼；符合本法规定的承认条件的，人民法院裁定承认其效力；需要执行的，发出执行令，依照本法的有关规定执行；对已经中止的诉讼，裁定驳回起诉。

关于不服裁定的复议救济。《民事诉讼法》第303条规定，当事人对承认和执行或者不予承认和执行的裁定不服的，可以自裁定送达之日起10日内向上一级人民法院申请复议。

关于申请承认与执行的期间。当事人申请承认和执行外国法院作出的发生法律效力的判决、裁定或者外国仲裁裁决的期间，适用《民事诉讼法》第250条的规定，即申请执行的期间为2年。申请执行时效的中止、中断，适用法律有关诉讼时效中止、中断的规定。当事人仅申请承认而未同时申请执行的，申请执行的期间自人民法院对承认申请作出的裁定生效之日起重新计算。

2018年8月，《中华人民共和国最高人民法院和新加坡最高法院关于承认与执行商事案件金钱判决的指导备忘录》签订，这是我国最高人民法院签订的首个关于外国法院判决承认与执行的指导备忘录。该备忘录虽然不具有法律约束力，但标志着中国和新加坡在民事司法领域的合作进入了更加务实阶段。

【大纲新增法条】

外国人在中华人民共和国收养子女登记办法

（1999年5月12日国务院批准　1999年5月25日民政部发布　根据2024年12月6日《国务院关于修改和废止部分行政法规的决定》修订）

第一条　为了规范涉外收养登记行为，根据《中华人民共和国民法典》（以下简称民法典），制定本办法。

第二条　外国人在中华人民共和国境内收养子女（以下简称外国人在华收养子女），应当依照本办法办理登记。

收养人夫妻一方为外国人，在华收养子女，也应当依照本办法办理登记。

第三条　外国人在华收养子女，应当符合中国有关收养法律的规定，并应当符合收养人所在国有关收养法律的规定；因收养人所在国法律的规定与中国法律的规定不一致而产生的问题，由两国政府有关部门协商处理。

第四条　外国人在华收养子女，应当通过所在国政府或者政府委托的收养组织（以下简称外国收养组织）向中国政府委托的收养组织（以下简称中国收养组织）转交收养申请并提交收养人的家庭情况报告和证明。

前款规定的收养人的收养申请、家庭情况报告和证明，是指由其所在国有权机构出具，经其所在国外交机关或者外交机关授权的机构认证，并经中华人民共和国驻该国使馆或者领馆认证的，或者履行中华人民共和国缔结或者参加的国际条约规定的证明手续的下列文件：

（一）跨国收养申请书；

（二）出生证明；

（三）婚姻状况证明；

（四）职业、经济收入和财产状况证明；

（五）身体健康检查证明；

（六）有无受过刑事处罚的证明；

（七）收养人所在国主管机关同意其跨国收养子女的证明；

（八）家庭情况报告，包括收养人的身份、收养的合格性和适当性、家庭状况和病史、收养动机以及适合于照顾儿童的特点等。

在华工作或者学习连续居住一年以上的外国人在华收养子女，应当提交前款规定的除身体健康检查证明以外的文件，并应当提交在华所在单位或者有关部门出具的婚姻状况证明，职业、经济收入或者财产状况证明，有无受过刑事处罚证明以及县级以上医疗机构出具的身体健康检查证明。

第五条　送养人应当向省、自治区、直辖市人民政府民政部门提交本人的居民户口簿和居民身份证（社会福利机构作送养人的，应当提交其负责人的身份证件）、被收养人的户籍证明等情况证明，并根据不同情况提交下列有关证明材料：

（一）被收养人的生父母（包括已经离婚的）为送养人的，应当提交生父母有特殊困难无力抚养的证明和生父母双方同意送养的书面意见；其中，被收养人的生父或者生母因丧偶或者一方下落不明，由单方送养的，并应当提交配偶死亡或者下落不明的证明以及死亡的或者下落不明的配偶的父母不行使优先抚养权的书面声明；

（二）被收养人的父母均不具备完全民事行为能力，由被收养人的其他监护人作送养人的，应当提交被收养人的父母不具备完全民事行为能力且对被收养人有严重危害的证明以及监护人有监护权的证明；

（三）被收养人的父母均已死亡，由被收养人的监护人作送养人的，应当提交其生父母的死亡证明、监护人实际承担监护责任的证明，以及其他有抚养义务的人同意送养的书面意见；

（四）由社会福利机构作送养人的，应当提交弃婴、儿童被遗弃和发现的情况证明以及查找其父母或者其他监护人的情况证明；被收养人是孤儿的，应当提交孤儿父母的死亡或者宣告死亡证明，以及有抚养孤儿义务的其他人同意送养的书面意见。

送养残疾儿童的，还应当提交县级以上医疗机构出具的该儿童的残疾证明。

第六条 省、自治区、直辖市人民政府民政部门应当对送养人提交的证件和证明材料进行审查，对查找不到生父母的弃婴和儿童公告查找其生父母；认为被收养人、送养人符合民法典规定条件的，将符合民法典规定的被收养人、送养人名单通知中国收养组织，同时转交下列证件和证明材料：

（一）送养人的居民户口簿和居民身份证（社会福利机构作送养人的，为其负责人的身份证件）复制件；

（二）被收养人是弃婴或者孤儿的证明、户籍证明、成长情况报告和身体健康检查证明的复制件及照片。

省、自治区、直辖市人民政府民政部门查找弃婴或者儿童生父母的公告应当在省级地方报纸上刊登。自公告刊登之日起满60日，弃婴和儿童的生父母或者其他监护人未认领的，视为查找不到生父母的弃婴和儿童。

第七条 中国收养组织对外国收养人的收养申请和有关证明进行审查后，应当在省、自治区、直辖市人民政府民政部门报送的符合民法典规定条件的被收养人中，参照外国收养人的意愿，选择适当的被收养人，并将该被收养人及其送养人的有关情况通过外国政府或者外国收养组织送交外国收养人。外国收养人同意收养的，中国收养组织向其发出来华收养子女通知书，同时通知有关的省、自治区、直辖市人民政府民政部门向送养人发出被收养人已被同意收养的通知。

第八条 外国人来华收养子女，应当亲自来华办理登记手续。夫妻共同收养的，应当共同来华办理收养手续；一方因故不能来华的，应当书面委托另一方。委托书应当经所在国公证和认证。中华人民共和国缔结或者参加的国际条约另有规定的，按照国际条约规定的证明手续办理。

收养人对外国主管机关依据本办法第四条第二款和前款提及的国际条约出具的证明文书的真实性负责，签署书面声明，并承担相应法律责任。

第九条 外国人来华收养子女，应当与送养人订立书面收养协议。协议一式三份，收养人、送养人各执一份，办理收养登记手续时收养登记机关收存一份。

书面协议订立后，收养关系当事人应当共同到被收养人常住户口所在地的省、自治区、直辖市人民政府民政部门办理收养登记。

第十条 收养关系当事人办理收养登记时，应当填写外国人来华收养子女登记申请书并提交收养协议，同时分别提供有关材料。

收养人应当提供下列材料：

（一）中国收养组织发出的来华收养子女通知书；

（二）收养人的身份证件和照片。

送养人应当提供下列材料：

（一）省、自治区、直辖市人民政府民政部门发出的被收养人已被同意收养的通知；

（二）送养人的居民户口簿和居民身份证（社会福利机构作送养人的，为其负责人的身份证件）、被收养人的照片。

第十一条 收养登记机关收到外国人来华收养子女登记申请书和收养人、被收养人及其送养人的有关材料后，应当自次日起7日内进行审查，对符合本办法第十条规定的，为当事人办理收养登记，发给收养登记证书。收养关系自登记之日起成立。

收养登记机关应当将登记结果通知中国收养组织。

第十二条 收养关系当事人办理收养登记后，各方或者一方要求办理收养公证的，应当到收养登记地的具有办理涉外公证资格的公证机构办理收养公证。

第十三条 被收养人出境前，收养人应当凭收养登记证书到收养登记地的公安机关为被收养人办理出境手续。

第十四条 外国人在华收养子女，应当向登记机关交纳登记费。登记费的收费标准按照国家有关规定执行。

中国收养组织是非营利性公益事业单位，为外国收养人提供收养服务，可以收取服务费。服务费的收费标准按照国家有关规定执行。

为抚养在社会福利机构生活的弃婴和儿童，国家鼓励外国收养人、外国收养组织向社会福利机构捐赠。受赠的社会福利机构必须将捐赠财物全部用于改善所抚养的弃婴和儿童的养育条件，不得挪作它用，并应当将捐赠财物的使用情况告知捐赠人。受赠的社会福利机构还应当接受有关部门的监督，并应当将捐赠的使用情况向社会公布。

第十五条 中国收养组织的活动受国务院民政部门监督。

第十六条 本办法自发布之日起施行。1993年11月3日国务院批准，1993年11月10日司法部、民政部发布的《外国人在中华人民共和国收养子女实施办法》同时废止。

最高人民法院关于认可和执行台湾地区法院民事判决的规定

（2015年6月2日最高人民法院审判委员会第1653次会议通过　根据2024年10月29日最高人民法院审判委员会第1928次会议《关于修改〈最高人民法院关于认可和执行台湾地区法院民事判决的规定〉的决定》修正）　法释〔2024〕14号

为正确审理认可和执行台湾地区法院民事判决案件，依法保障海峡两岸民事主体的合法权益，根据民事诉讼法等相关法律规定，结合审判实践，制定本规定。

第一条 台湾地区法院民事判决的当事人以及当事人的继承人、权利承受人可以根据本规定，作为申请人向人民法院申请认可和执行该判决，该判决中的对方当事人为被申请人。双方当事人都提出认可和执行申请的，均列为申请人。

第二条 本规定所称台湾地区法院民事判决，包括台湾地区法院作出的生效民事判决、裁定、和解笔录、调解笔录、支付命令等。

申请认可台湾地区法院在刑事案件中作出的有关民事损害赔偿的生效判决、裁定、和解笔录的，适用本规定。

申请认可由台湾地区乡镇市调解委员会等出具并经台湾地区法院核定，与台湾地区法院生效民事判决具有同等效力的调解文书的，参照适用本规定。

第三条 申请人同时提出认可和执行台湾地区法院民事判决申请的，人民法院先按照认可程序进行审查，裁定认可后，由人民法院执行机构执行。

申请人仅提出认可台湾地区法院民事判决申请，人民法院对应否认可进行审查并作出裁定；台湾地区法院民事判决具有给付内容的，人民法院在受理认可申请及作出认可裁定时，应当向申请人释明其可以向人民法院申请执行。

申请人直接申请执行的，人民法院应当告知其一并提交认可申请；坚持不申请认可的，裁定驳回其申请。

第四条 申请认可台湾地区法院民事判决的案件，由申请人住所地、经常居住地或者被申请人住所地、经常居住地、财产所在地中级人民法院或者专门人民法院受理。

申请人向两个以上有管辖权的人民法院申请认可的，由最先立案的人民法院管辖。

申请人向被申请人财产所在地人民法院申请认可的，应当提供财产存在的相关证据。

第五条 申请人委托他人代理申请认可台湾地区法院民事判决的，应当向人民法院提交由委托人签名或者盖章的授权委托书。

台湾地区当事人签名或者盖章的授权委托书应当履行相关公证或者查明手续，但授权委托书经人民法院法官线上视频或者线下见证签署，或者经中国大陆公证机关公证证明是在中国大陆签署的除外。

持有台湾居民居住证的台湾地区当事人委托中国大陆执业律师或者其他人代理的，代理人向人民法院转交的授权委托书无需公证或者履行相关查明手续。

第六条 申请认可台湾地区法院民事判决，应当提交下列材料：

（一）申请书，并按照被申请人人数提交副本；

（二）判决正本或者经证明无误的副本；

（三）判决确定证明书正本或者经证明无误的副本，依据台湾地区有关规定不需另行出具证明书的调解笔录等除外；

（四）身份证明材料（申请人为自然人的，应当提交居民身份证、台湾居民居住证、台湾居民来往大陆通行证等身份证件复印件；申请人为法人或者非法人组织的，应当提交注册登记证书的复印件以及法定代表人或者主要负责人的身份证件复印件；申请人为当事人的继承人、权利承受人的，应当提交证明其继承人、权利承受人身份的证明材料）。

身份证明材料在中国大陆以外形成的，申请人应当依据民事诉讼法及相关司法解释的规定履行证明手续。

第七条 申请书应当载明下列事项：

（一）申请人和被申请人的基本情况：申请人或者被申请人为自然人的，包括姓名、住所、身份证件信息、通讯方式等；申请人或者被申请人为法人或者非法人组织的，包括名称、住所及其法定代表人或者主要负责人的姓名、职务、住所、身份证件信息、通讯方式等；

（二）作出判决的台湾地区法院名称、裁判文书案号、诉讼程序开始日期和判决日期；

（三）请求事项和理由；

（四）申请认可的判决的执行情况；

（五）其他需要说明的情况。

第八条 对于符合本规定第四条至第七条规定条件的申请，人民法院应当在收到申请后七日内立案，并通知申请人和被申请人。对于不符合上述规定的申请，人民法院应当在七日内裁定不予受理，同时说明不予受理的理由。已经受理的，裁定驳回申请。申请人对裁定不服的，可以提起上诉。

申请人提交的材料不符合要求的，人民法院应当一次性书面告知在指定期限内补正。在指定期限内补正的，人民法院决定是否立案的期间，自收到补正材料之日起计算。在指定期限内没有补正的，退回申请并记录在册；坚持提出申请的，裁定不予受理。经补正仍不符合要求的，裁定不予受理。

人民法院裁定不予受理或者驳回申请后，申请人再次申请并符合受理条件的，人民法院应予受理。

第九条 人民法院应当在立案之日起五日内将申请书副本送达被申请人。被申请人应当在收到申请书副本之日起十五日内提交意见；被申请人在中国大陆没有住所的，应当在收到申请书副本之日起三十日内提交意见。被申请人在上述期限内不提交意见的，不影响人民法院审查。被申请人申请延期的，是否准许，由人民法院决定。

第十条 对申请认可台湾地区法院民事判决的案件，人民法院应当组成合议庭进行审查。

第十一条 申请人申请认可台湾地区法院民事判决，应当提供相关证明文件，以证明该判决真实并且已经生效。台湾地区法院民事判决为缺席判决的，申请人应当同时提交台湾地区法院已经合法传唤当事人的证明文件，但判决已经对此予以明确说明的除外。

申请人可以申请人民法院通过海峡两岸调查取证司法互助途径查明台湾地区法院民事判决的真实性和是否生效以及当事人得到合法传唤的证明文件；人民法院认为必要时，也可以就有关事项依职权通过海峡两岸司法互助途径向台湾地区请求调查取证。

第十二条 申请人提供的台湾地区法院民事判决以及相关证明文件等证据，系通过海峡两岸公证书使用查证渠道转递的，人民法院应当确认其真实性，但有相反证据足以推翻的除外。

第十三条 人民法院受理认可台湾地区法院

民事判决的申请之前或者之后，可以依据民事诉讼法及相关司法解释的规定，根据申请人的申请，裁定采取保全措施。

第十四条 人民法院受理认可台湾地区法院民事判决的申请后，作出裁定前，申请人请求撤回申请的，可以裁定准许。

第十五条 人民法院受理认可台湾地区法院民事判决的申请后，应当在立案之日起六个月内审结。有特殊情况需要延长的，报请上一级人民法院批准。

通过海峡两岸司法互助途径送达文书和调查取证的期间，不计入审查期限。

第十六条 台湾地区法院民事判决具有下列情形之一的，裁定不予认可：

（一）申请认可的民事判决，是在被申请人缺席且未经合法传唤，或者在被申请人无诉讼行为能力且未得到适当代理的情况下作出的；

（二）案件系人民法院专属管辖的；

（三）案件双方当事人订有有效仲裁协议，且无放弃仲裁管辖情形的；

（四）判决是通过欺诈方式取得的；

（五）人民法院已经就同一纠纷作出裁判，或者已经承认或认可其他国家或地区就同一纠纷作出的裁判的；

（六）仲裁庭在中国大陆已经就同一纠纷作出仲裁裁决，或者人民法院已经承认或认可仲裁庭在其他国家或地区就同一纠纷作出的仲裁裁决的。

认可该民事判决将违反一个中国原则等国家法律的基本原则或者损害国家主权、安全、社会公共利益的，人民法院应当裁定不予认可。

第十七条 人民法院经审查能够确认台湾地区法院民事判决真实并且已经生效，而且不具有本规定第十六条所列情形的，裁定认可其效力。不能认可判决全部判项的，可以认可其中的部分判项。不能确认该民事判决的真实性或者已经生效的，裁定驳回申请人的申请。

裁定驳回申请的案件，申请人再次申请并符合受理条件的，人民法院应予受理。

第十八条 经人民法院裁定认可的台湾地区法院民事判决，与人民法院作出的生效判决具有同等效力。

第十九条 人民法院依据本规定第十六条、第十七条作出的裁定，一经送达即发生法律效力。

申请人或者被申请人对裁定不服的，可以自裁定送达之日起十日内向上一级人民法院申请复议。

第二十条 申请人向人民法院申请认可台湾地区法院民事判决，该判决涉及的纠纷与人民法院正在审理的纠纷属于同一纠纷的，人民法院可以裁定中止诉讼。

经审查，裁定不予认可台湾地区法院民事判决的，恢复已经中止的诉讼；裁定认可的，对已经中止的诉讼，裁定驳回起诉。

第二十一条 审查认可台湾地区法院民事判决申请期间，申请人或者被申请人就同一纠纷向人民法院起诉的，裁定不予受理；已经受理的，裁定中止诉讼。

第二十二条 台湾地区法院民事判决已经被人民法院裁定全部或者部分认可，申请人或者被申请人对已经获得认可的部分又向人民法院起诉的，裁定不予受理；已经受理的，裁定驳回起诉。

台湾地区法院民事判决已经被人民法院裁定不予认可或者部分不予认可的，申请人对不予认可部分再次申请认可的，裁定不予受理；已经受理的，裁定驳回申请。但申请人可以对不予认可部分向人民法院起诉。

第二十三条 台湾地区法院民事判决被人民法院裁定全部或者部分认可后，申请人对认可部分申请执行的，依据民事诉讼法关于执行程序的规定予以执行。

第二十四条 申请人申请认可和执行台湾地区法院民事判决的期间，适用民事诉讼法第二百五十条的规定，但申请认可台湾地区法院有关身份关系的判决除外。

申请人仅申请认可而未同时申请执行的，申请执行的期间自人民法院对认可申请作出的裁定生效之日起重新计算。

第二十五条 人民法院在办理申请认可和执行台湾地区法院民事判决案件中作出的法律文书，应当依法送达申请人和被申请人。

第二十六条 申请认可和执行台湾地区法院

民事判决,应当参照《诉讼费用交纳办法》的规定,交纳相关费用。

第二十七条 本规定自2015年7月1日起施行。《最高人民法院关于人民法院认可台湾地区有关法院民事判决的规定》(法释〔1998〕11号)、《最高人民法院关于当事人持台湾地区有关法院民事调解书或者有关机构出具或确认的调解协议书向人民法院申请认可人民法院应否受理的批复》(法释〔1999〕10号)、《最高人民法院关于当事人持台湾地区有关法院支付命令向人民法院申请认可人民法院应否受理的批复》(法释〔2001〕13号)和《最高人民法院关于人民法院认可台湾地区有关法院民事判决的补充规定》(法释〔2009〕4号)同时废止。

国际经济法

【大纲新增考点·法条说明】

2025年,"国际经济法"学科,考点、大纲附录法律法规没有变化。

2020~2024年大纲新增考点对照

年　份	章　节	新增与变化考点·法条
2024	第一章　导论	国际经济法领域的新发展
2023	新增法律法规:中华人民共和国对外贸易法	
2022	无	
2021	第五章第一节　中国的对外贸易法	外贸法律制度
	新增法律法规:中华人民共和国出口管制法	
2020	第二章第二节　《国际贸易术语解释通则》	《国际贸易术语解释通则® 2020》对《国际贸易术语解释通则® 2010》的主要修改　《国际贸易术语解释通则® 2020》
	第七章第二节　国际投资法	中国有关外商投资的立法
	新增法律法规: (1)中华人民共和国外商投资法实施条例 (2)最高人民法院关于适用《中华人民共和国外商投资法》若干问题的解释	

民事诉讼法与仲裁制度

【大纲新增考点 · 法条说明】

2025年,"民事诉讼法与仲裁制度"学科大纲附录没有变动,大纲考点调整如下所示。

章 节	2024年大纲	2025年大纲	提 示
第三章第五节 诉的合并与分离	诉的合并	诉的合并(诉的合并在民事诉讼中的体现)	明确子考点
第四章第四节 地域管辖	协议管辖	协议管辖(协议管辖异议的处理)	明确子考点
第四章第五节 裁定管辖	管辖权转移	管辖权转移(管辖权转移的限定)	明确子考点
第五章第一节 当事人概述	当事人的诉讼权利与诉讼义务	当事人的诉讼权利与诉讼义务(权利的行使条件与法律后果 不履行义务的法律后果 法院没有依法保障当事人权利行使的法律后果)	明确子考点
第七章第二节 民事证据的种类	书证	书证(文书提出命令)	明确子考点
第九章第二节 人民法院调解的原则		查明事实与分清是非原则	增加考点

2020~2024年大纲新增考点对照

年 份	章 节	新增与变化考点 · 法条
2024	第十七第二节 涉外民事诉讼管辖	涉外民事诉讼的管辖 涉外民事诉讼管辖权的冲突及其解决
	第十七章第三节 涉外民事诉讼中的送达、调查取证、期间	涉外民事诉讼中的调查取证
	第十八章第五节 指定遗产管理人案件的审理	指定遗产管理人案件的申请 审理与判决 遗产管理人的变更
	第二十一章第三节 执行措施及保全执行	保全执行
	第二十一章第四节 执行救济	执行回转
	第二十一章第五节 暂缓执行、执行中止和执行终结	终结本次执行
	第二十三章第二节 仲裁协会	仲裁协会的设立
	修订法律法规:中华人民共和国民事诉讼法	

续表

<table>
<tr><th>年　份</th><th>章　节</th><th>新增与变化考点·法条</th></tr>
<tr><td>2023</td><td>第二十二章第一节　仲裁概述</td><td>仲裁的类型</td></tr>
<tr><td rowspan="2">2022</td><td>第二章第一节　基本原则</td><td>在线诉讼原则</td></tr>
<tr><td colspan="2">修订法律法规：
(1)中华人民共和国民事诉讼法
(2)最高人民法院关于适用《中华人民共和国民事诉讼法》的解释</td></tr>
<tr><td rowspan="7">2021</td><td>第十一章第三节　撤诉和缺席判决</td><td>撤诉</td></tr>
<tr><td>第十二章第三节　对小额案件审理的特别规定</td><td>小额诉讼适用的条件与范围</td></tr>
<tr><td>第十五章第一节　公益诉讼</td><td>民事公益诉讼的概念、意义　民事公益诉讼的类型　普通民事公益诉讼的程序设置适用范围　公益诉讼的程序　民事检察公益诉讼的程序设置</td></tr>
<tr><td>第十五章第二节　第三人撤销之诉</td><td>第三人撤销之诉的概念与意义　第三人撤销之诉的性质与特征　第三人撤销之诉的程序设置　当事人　第三人撤销之诉的程序与裁判</td></tr>
<tr><td>第二十一章第四节　执行救济</td><td>当事人、利害关系人异议　案外人异议　分配方案异议　案外人异议之诉　许可执行之诉　分配方案异议之诉</td></tr>
<tr><td>第二十五章第一节　仲裁当事人与代理人</td><td>仲裁当事人</td></tr>
<tr><td colspan="2">1. 新增法律法规：
(1)最高人民法院关于在审理经济纠纷案件中涉及经济犯罪嫌疑若干问题的规定
(2)最高人民法院关于人民法院执行工作若干问题的规定(试行)
(3)最高人民法院关于执行和解若干问题的规定
2. 修订法律法规：
(1)最高人民法院关于适用《中华人民共和国民事诉讼法》的解释
(2)最高人民法院关于审理民事级别管辖异议案件若干问题的规定
(3)最高人民法院关于人民法院民事调解工作若干问题的规定
(4)最高人民法院关于适用简易程序审理民事案件的若干规定
(5)最高人民法院关于适用《中华人民共和国民事诉讼法》审判监督程序若干问题的解释
(6)最高人民法院关于适用《中华人民共和国民事诉讼法》执行程序若干问题的解释
(7)最高人民法院关于人民法院民事执行中查封、扣押、冻结财产的规定
(8)最高人民法院关于人民法院民事执行中拍卖、变卖财产的规定
(9)最高人民法院关于人民法院办理执行异议和复议案件若干问题的规定</td></tr>
<tr><td rowspan="2">2020</td><td>第十六章第五节　认定公民无民事行为能力、限制民事行为能力案件的审理</td><td>认定公民无民事行为能力、限制民事行为能力</td></tr>
<tr><td colspan="2">修订法律法规：最高人民法院关于民事诉讼证据的若干规定</td></tr>
</table>

【大纲新增、变化考点解读】

☞ 2025 考点　重复起诉的识别标准★★★★

重复起诉是指，当事人就已经向法院提起的诉讼事项，在诉讼的过程中或者已经作出判决生效后，再次向法院提起诉讼的行为。根据司法解释的规定，构成重复诉讼应当同时符合以下条件：

1. **后诉与前诉的当事人相同**。这是重复构成要件在诉讼主体方面的要求，后诉与前诉的当事人完全相同，既不增加也不减少。

2. **后诉与前诉的诉讼标的相同**。这是重复诉讼构成要件在诉讼客体方面的要求，后诉与前诉应当是针对同一个诉讼标的的诉讼。

3. **后诉与前诉的诉讼请求相同，或者后诉的诉讼请求实质否定前诉裁判结果**。后诉的诉讼请求与前诉是同一诉讼请求，比如都是基于双方的买卖合同提出的支付货款的诉讼请求；后诉的诉讼请求实质上否定前诉的裁判结果，比如前诉原告要求被告承担违约责任并获得胜诉判决，而后诉原审被提出确认合同无效的诉讼请求，后诉请求实质是否定了前诉判决结果，此种情况也属于重复诉讼。

当事人提起的诉讼构成重复诉讼的，法院应当裁定不予受理；已经受理的，应当裁定驳回起诉。

☞ 2024 考点 1　涉外民事诉讼管辖的原则★★

涉外民事诉讼管辖，是指一国法院对涉外民事案件的审判权限和内部分工。为了维护我国的国家尊严，正确解决涉外民事纠纷，保护我国当事人的合法权益，同时也为了尊重其他国家的主权和法律制度，我国《民事诉讼法》在确定我国法院对涉外民事诉讼的管辖时，主要遵循了以下三项原则：

1. **维护国家主权原则**。涉外民事诉讼管辖直接关系到国家主权，它是国家主权在涉外民事诉讼中的具体体现。《民事诉讼法》在确定涉外民事诉讼管辖时一直坚持国家主权原则，当事人关于管辖权的约定，不得损害我国主权。

2. **诉讼与法院所在地适当联系原则**。《民事诉讼法》在诉讼与法院所在地实际联系的原则之外，将“其他适当联系”原则作为人民法院管辖涉外民事纠纷案件的连结点，更加便于中外当事人通过人民法院解决纠纷，更好维护各方当事人的权益。

3. **尊重当事人原则**。对于涉外民商事纠纷当事人协议选择我国法院管辖的，《民事诉讼法》取消了“实际联系”的要求。对于涉外民商事纠纷当事人通过排他性协议选择外国法院管辖的，在不违反专属管辖的规定、不涉及我国主权、安全或者社会公共利益的前提下，可以排除我国法院的管辖权。在涉外民事诉讼程序中，可以遵循如下步骤来确定管辖法院：第一，我国参加或缔结的国际条约中可适用的规定；第二，经识别后在《民事诉讼法》第四编“涉外民事诉讼程序的特别规定”中寻找管辖权根据；第三，如没有规定，在《民事诉讼法》第二章的一般规定中寻找管辖权根据。同时，在确定具体的管辖法院时，还需要考虑司法解释的相关规定。

☞ 2024 考点 2　涉外民事诉讼的级别管辖★★★

涉外民事诉讼级别管辖是指我国人民法院对一定范围涉外民事案件的审判权限和各级各类人民法院受理第一审涉外民事案件的分工权限。2022 年最高人民法院《关于涉外民商事案件管辖若干问题的规定》规定，基层人民法院管辖第一审涉外民商事案件，法律、司法解释另有规定的除外。

中级人民法院管辖争议标的额大的、案情复杂或者一方当事人人数众多的、其他在本辖区有重大影响的第一审涉外民商事案件。高级人民法院管辖诉讼标的额人民币50亿元以上(包含本数)或者其他在本辖区有重大影响的第一审涉外民商事案件。

☞ 2024 考点3　涉外民事诉讼的地域管辖★★★

《民事诉讼法》第四编并未对涉外民事诉讼的一般管辖作出特殊规定,因此适用《民事诉讼法》第二章的一般规定。

1. 地域管辖。为了方便人民法院审理被告在我国领域内无住所的涉外案件,更好维护国家主权、安全和发展利益,平等保护中外当事人合法权益,《民事诉讼法》增加了管辖涉外案件的类型,扩大了人民法院的管辖依据。

根据《民事诉讼法》的规定,因涉外民事纠纷,对在中华人民共和国领域内没有住所的被告提起除身份关系以外的诉讼,如果合同签订地、合同履行地、诉讼标的物所在地、可供扣押财产所在地、侵权行为地、代表机构住所地位于中华人民共和国领域内的,可以由合同签订地、合同履行地、诉讼标的物所在地、可供扣押财产所在地、侵权行为地、代表机构住所地人民法院管辖。除前款规定外,涉外民事纠纷与中华人民共和国存在其他适当联系的,可以由人民法院管辖。

由此可见,涉外民事诉讼程序的地域管辖规则有以下特点:

(1)人民法院对于各类财产案件均可以行使管辖权。《民事诉讼法》在涉外民事诉讼地域管辖上的特别规定主要适用于财产案件,对于身份关系的案件,应当适用国内民事诉讼的管辖规则。

(2)主体条件是被告在我国领域内没有住所。如果被告在我国领域内有住所,不论其国籍如何,依据司法主权的地域效力范围,我国法院均有管辖权。被告住所地与经常居住地不一致的,只要其经常居住地在我国领域内,我国法院也可以行使管辖权。

特殊地域管辖突破实际联系,以适当联系为原则。该条第1款规定体现了诉讼与法院所在地实际联系的原则,实际联系体现为:①合同在我国领域内签订的或者履行的,由合同签订地或者履行地人民法院管辖;②诉讼标的物所在地在我国领域内的,由标的物所在地人民法院管辖;③被告有财产在我国领域内可供扣押的,由被告可供扣押的财产所在地人民法院管辖;④侵权行为或者侵权结果发生在我国领域内的,由侵权行为发生地或者结果地人民法院管辖;⑤被告在我国领域内设有代表机构的,由代表机构所在地人民法院管辖。

该条第2款则强调与我国具有"其他适当联系"作为案件管辖的连结点。即使我国法院与涉外民事案件不具有实际联系,也可以依据其他适当联系行使管辖权。例如,最高人民法院在"康文森无线许可有限公司与中兴通讯股份有限公司标准必要专利许可纠纷管辖权异议上诉案"①中指出,对于在中国境内没有住所和代表机构的被告提起的涉外民事纠纷案件,中国法院是否具有管辖权,应审查该纠纷与中国是否存在适当联系。判断被告在中国没有住所和办事机构的标准必要专利许可纠纷是否与中国存在适当联系,可以考虑许可标的所在地、专利实施地、合同签订地、合同履行地等是否在中国境内。前述地点之一在中国境内的,应当认为该案件与中国存在适当联系,中国法院对该案件具有管辖权。

2. 专属管辖。专属管辖是指依照国际条约或国内立法,某些涉外案件只能由特定国家的法院具有独占管辖权,而排除任何其他国家法院对此类案件的管辖权。通常情况下,被列入专属管辖的案

---

① 参见最高人民法院(2019)最高法知民辖终157号民事裁定书。

件一般都与内国的政治、经济、法律或公共秩序有密切联系。专属管辖的效力即具有独占并且排他的管辖权，也就是凡属于一国专属管辖的案件，其他任何国家的法院均无管辖权，也不允许当事人协议选择其他国家的法院管辖。《民事诉讼法》拓展了我国法院的管辖范围，新增了我国法院有权对在我国领域内设立的法人、非法人组织的法定事项提起的诉讼和审查授予的知识产权的有效性提起的诉讼进行管辖的规定。下列民事案件，由人民法院专属管辖：

(1)因在中华人民共和国领域内设立的法，或者其他组织的设立、解散、清算，以及该法人或者其他组织作出的决议的效力等纠纷提起的诉讼；

(2)因与在中华人民共和国领域内审查授予的知识产权的有效性有关的纠纷提起的诉讼；

(3)因在中华人民共和国领域内履行中外合资经营企业合同、中外合作经营企业合同、中外合作勘探开发自然资源合同发生纠纷提起的诉讼。

《民事诉讼法》第34条规定："下列案件，由本条规定的人民法院专属管辖：(一)因不动产纠纷提起的诉讼，由不动产所在地人民法院管辖；(二)因港口作业中发生纠纷提起的诉讼，由港口所在地人民法院管辖；(三)因继承遗产纠纷提起的诉讼，由被继承人死亡时住所地或者主要遗产所在地人民法院管辖。"这一规定主要是针对国内案件而言，就涉外案件而言，由于本条规定的是双边性管辖权依据，很难构成"专属性"的管辖。

3. 协议管辖。协议管辖，是指双方当事人出于方便考虑，在不违背国内专属管辖的前提下，以协商一致的方式来选择管辖法院。协议管辖是契约自由和私法自治原则在涉外民事诉讼领域的自然延伸。

《民事诉讼法》规定了涉外协议管辖制度。根据当事人选择的法院不同，涉外协议管辖可以分为协议选择我国法院管辖、协议选择外国法院管辖两类情形。

(1)协议选择我国法院管辖。涉外民事纠纷的当事人书面协议选择人民法院管辖的，可以由人民法院管辖。当事人约定不明时，根据管辖协议，起诉时能够确定管辖法院的，从其约定；不能确定的，依照民事诉讼法的相关规定确定管辖。由此可见，当事人协议选择我国法院管辖的，须满足以下条件：

①管辖协议须采用书面协议形式。

②当事人选择我国法院管辖，应当体现双方的真实意思，符合《民法典》关于法律行为有效性的规定。

③选择我国法院管辖的，不再要求争议与我国有"实际联系"。只要当事人协议选择我国法院管辖的，我国法院均享有管辖权。

(2)排他性管辖协议选择外国法院管辖。当事人订立排他性管辖协议选择外国法院管辖且不违反中国民事诉讼法对专属管辖的规定，不涉及中华人民共和国主权、安全或者社会公共利益的，人民法院可以裁定不予受理；已经受理的，裁定驳回起诉。由此可见，与选择我国法院的管辖协议效力不同，当事人协议选择外国法院管辖的，则需要满足以下条件，才能排除我国法院的管辖权：

①当事人订立的管辖协议是排他性管辖协议。对同一争议，我国法院和外国法院均享有管辖权时，产生的管辖权积极冲突，根据司法主权原则，我国法院依法行使管辖权，不受外国法院是否已经行使管辖权的影响。但是为了避免浪费司法资源和维护当事人的意思自治，当事人可以订立排他性管辖协议选择外国法院管辖，赋予被选择法院或者被选择地的法院专有、排他的管辖权。只有排他性管辖协议具有排除其他法院的管辖权的效力，非排他性管辖协议则不具有此效力。

②排他性管辖协议选择外国法院管辖。

③不得违反法律对专属管辖的规定,不涉及我国主权、安全或者社会公共利益。否则,构成对强制性规定和公共秩序的违反,管辖协议将被认定为无效。

在司法实践中,关于排他性管辖协议存在若干争议问题。例如,排他性管辖协议的认定问题。当事人在合同中约定"可"向某国法院起诉的,是否应视为排他性管辖?对此,最高人民法院在"徐某某与张某某股权转让合同纠纷案"①中指出,当事人在合同中约定一方违约,对方"可"向某国法院起诉的管辖条款,结合其他合同条款可推断双方当事人具有选择该国法院管辖的真实意思和特定意图,且不违反我国《民事诉讼法》关于涉外管辖及专属管辖规定的情况下,应视为排他性管辖,当事人认为还可向其他国家法院起诉的,没有合同依据。

又如,排他性管辖协议还经常涉及不对称管辖条款的问题。不对称管辖权条款是涉外金融合同文件中常见条款,此类文件通常约定当事人一方必须在指定国家(或地区)的法院对另一方提起诉讼,而另一方则可以任意选择司法辖区进行起诉。最高人民法院在"交通银行信托有限公司与中国国储能源化工集团股份公司合同纠纷再审案"②中指出,基于当事人对诉讼权利的自由处分原则,双方可以约定不对称的管辖条款,即一方权利受到管辖约束,另一方不受约束,这是对一方诉讼权利义务重大的例外限制,这种例外应当具有当事人清晰明确的意思表示,没有明确表示的情况下,不能推定、解读出构成不公平不平等的权利义务。因此,人民法院判定当事人的约定是否构成不对称管辖条款,应当坚持表述清晰、明确、严格的认定标准,避免对双方当事人协议管辖法院方面的意思自治造成不适当的妨碍。案涉协议管辖条款中虽然强调了被上诉人应当遵守香港特别行政区法院的排他性管辖权,但并没有上诉人可以不受该管辖条款约束且可以依法向其他有管辖权的法院起诉的表述,再综合案涉合同的表述,应当认定案涉协议管辖条款的内容不构成不对称管辖条款,上诉人与被上诉人同等受该管辖条款约束,香港特别行政区法院对本案享有排他管辖权。

4. 应诉管辖。应诉管辖,也称为默示协议管辖,是指双方当事人在没有管辖协议的情况下,一方当事人向法院起诉,另一方当事人对法院行使管辖权不提出异议,并应诉答辩或者提出反诉的,视为人民法院有管辖权。应诉管辖实际上是通过对当事人意图的推定,进而确定人民法院的管辖权。应诉管辖需要同时满足以下条件:

(1)被告对中华人民共和国人民法院管辖未提出异议。

(2)被告应诉答辩或者提出反诉。"应诉答辩"应该理解为被告就案件的实质进行了答辩,如果是特别出庭抗议管辖权,则意味着对人民法院的管辖权提出了异议。

5. 集中管辖。集中管辖,是指将以往分散由各基层人民法院、中级人民法院管辖的涉外民商事件集中交由少数受案较多、审判力量较强的中级人民法院和基层人民法院管辖。为正确审理涉外民商事案件,最高人民法院《关于涉外民商事案件管辖若干问题的规定》对有关涉外民商事案件诉讼管辖的问题实施集中管辖。高级人民法院根据本辖区的实际情况,认为确有必要的,经报最高人民法院批准,可以指定一个或数个基层人民法院、中级人民法院分别对一审涉外民商事案件实行跨区域集中管辖。依据前款规定实行跨区域集中管辖的,高级人民法院应及时向社会公布该基层人民法院、中级人民法院相应的管辖区域。2018 年 7 月,最高人民法院成立了最高人民法院国际商事法庭,审理国际商事案件。作为最高人民法院的常设审判机构,国际商事法庭受理下列案件:

(1)当事人依照民事诉讼法第二百七十七条的规定协议选择最高人民法院管辖且标的额为人

① 参见最高人民法院(2015)民申字第 471 号民事裁定书。

② 参见最高人民法院(2021)最高法民再 277 号民事裁定书。

民币 3 亿元以上的第一审国际商事案件；

(2)高级人民法院对其所管辖的第一审国际商事案件，认为需要由最高人民法院审理并获准许的；

(3)在全国有重大影响的第一审国际商事案件；

(4)当事人协议选择国际商事仲裁机构仲裁，并申请仲裁保全、申请撤销或者执行国际商事仲裁裁决的；

(5)最高人民法院认为应当由国际商事法庭审理的其他国际商事案件。

☞ 2024 考点 4 涉外民事诉讼中的调查取证★

《民事诉讼法》规定，当事人申请人民法院调查收集的证据位于中华人民共和国领域外，人民法院可以依照证据所在国与中华人民共和国缔结或者共同参加的国际条约中规定的方式，或者通过外交途径调查收集。在所在国法律不禁止的情况下，人民法院可以采用下列方式调查收集：

(1)对具有中华人民共和国国籍的当事人、证人，可以委托中华人民共和国驻当事人、证人所在国的使领馆代为取证；

(2)经双方当事人同意，通过即时通讯工具取证；

(3)以双方当事人同意的其他方式取证。

由此可见，我国法律所规定的法院之间的域外取证途径主要包括：条约途径、外交途径、使领馆途径、当事人同意的途径。

1. 条约途径取证。根据目前我国所签订的司法协助条约的情况，条约途径主要分为两种：

(1)《海牙取证公约》。我国目前加入的影响较大的普遍性公约有《海牙取证公约》，其对协助请求的提出、中央机关的确定、请求的执行和通知、请求的拒绝等相关程序、机制、文件要求等都作了明确的规定。作为《海牙取证公约》的加入国，在当事人申请人民法院调查收集的证据位于我国领域外时，如果证据所在国也加入了《海牙取证公约》，则可以根据该公约规定的具体程序和方式进行调查取证。

(2)双边司法协助条约。目前中国已经与近百个国家签订了双边民商事司法协助条约。针对有的国家既是《海牙取证公约》的缔约国，又与我国签订了双边司法协助条约的情形，当双边司法协助条约与《海牙取证公约》不一致时，双边司法协助公约优先适用。

2. 外交取证。如果中华人民共和国与证据所在国并未就调查取证的相关事项缔结双边条约，也未共同参加相关的国际条约，则两国之间就涉外民事案件的调查取证问题可以通过外交途径解决。

3. 使领馆途径取证。在使领馆途径取证中，需要注意以下几个问题：

(1)采取委托使领馆代为取证方式的前提，必须是使领馆的驻在国法律未明确禁止此类取证方式，并且不得采取强制措施。

(2)使领馆受托代为取证的对象既包括证人，也包括当事人。

(3)采取此种方式调查取证，对象必须是具有我国国籍的当事人、证人，否则将不能采用。

4. 当事人同意的方式取证。

(1)经双方当事人同意，通过即时通讯工具取证。考虑到即时通讯工具作为一种新的调查取证方式刚刚出现，需要在提升调查取证效率与保障当事人诉讼权利之间做好平衡。通过即时通讯工具调查取证的，必须经过双方当事人的同意。

(2)以双方当事人同意的其他方式取证。“以双方当事人同意的其他方式取证”作为兜底条款，主要为保证域外调查取证方式的开放性，在充分尊重当事人诉讼权利的基础上，允许通过双方均认可的其他方式调查取证。

☞ 2024 考点5 指定遗产管理人案件的审理★★★

1. 申请指定遗产管理人案件的条件及管辖法院。

(1)必须由利害关系人或有关组织向人民法院申请。利害关系人，是指被继承人的继承人、受遗赠人以及债权人。

(2)申请的事由为申请人对遗产管理人的确定有争议。

(3)申请指定遗产管理人案件的管辖法院为被继承人死亡时住所地或者主要遗产所在地基层人民法院。

(4)指定遗产管理人案件申请书应当写明被继承人死亡的时间、申请事由和具体请求，并附有被继承人死亡的相关证据。

2. 审理与判决。

人民法院受理申请后，应当审查核实，并按照有利于遗产管理的原则，判决指定遗产管理人。

3. 遗产管理人的变更。

(1)被指定的遗产管理人死亡、终止、丧失民事行为能力或者存在其他无法继续履行遗产管理职责情形的，人民法院可以根据利害关系人或者本人的申请另行指定遗产管理人。

(2)遗产管理人违反遗产管理职责，严重侵害继承人、受遗赠人或者债权人合法权益的，人民法院可以根据利害关系人的申请，撤销其遗产管理人资格，并依法指定新的遗产管理人。

☞ 2024 考点6 保全执行★★★★

保全执行，是指为了保证将来的强制执行能够得到顺利执行，以固定债务人现有财产关系或事实状态的一种执行措施。一般认为保全执行具有以下特点：

(1)暂时性。保全执行只是为了实现权利义务的最终执行所采取的暂时性或临时性措施。**(2)紧急性或及时性。**为了避免被执行财产将来不能顺利执行，执行机构需要及时对被执行财产采取相应的保全措施。**(3)保密性。**保全执行能够有效需要在一定程度上具有保密性。**(4)附属性。**保全执行是依附于强制执行的一种附随性程序和措施。

保全执行申请既可以向做出保全裁定的人民法院提出，并由该人民法院执行，保全申请人也可以向被保全财产所在地或者被保全行为地人民法院申请执行。

执行机构在保全执行中，不得对保全标的物采取变价、划拨等处分措施。保全标的物具有下列情形之一的，人民法院可以责令当事人及时处理，由人民法院保全价款，必要时，人民法院可予以变卖、保全价款：**(1)系季节性、鲜活、易腐烂变质以及其他不宜长期保存；(2)不及时变价会导致价值严重贬损；(3)保管困难或者保管费用过高。**

人民法院依据保全裁定采取的查封等措施，进入终局执行之后，自动转为终局执行的执行措施。终局执行的执行措施依据确定的履行期限届满、所附条件成就之日起30日内，债权人未申请执行的，做出保全裁定的人民法院可以根据被保全人的申请，裁定解除保全。

保全中的担保，是指第三人向人民法院提供财产担保、保证或者以责任保险合同等方式提供担保，人民法院据此变更保全内容或解除保全的，进入终局执行后，人民法院可以裁定直接执行担保财产、第三人在保证范围内的财产或者由保险人赔偿被保全人遭受的损失。

☞ 2024 考点7 终结本次执行★★★

终结本次执行，是指对于已经开始的执行案件，在经过调查这时候没有发现可供执行的财产时，在申请人签字或执行法院合议庭审查核实，经法院院长批准之后，裁定终结本次执行程序的制度。

根据最高人民法院《关于严格规范终结本次执行程序的规定（试行）》第1条的规定，终结本次执行应同时符合以下条件：**(1)已向被执行人发出执行通知、责令被执行人报告财产；(2)已向被执行人发出限制消费令，并将符合条件的被执行人纳入失信被执行人名单；(3)已穷尽财产调查措施，未发现被执行人有可供执行的财产或者发现的财产不能处置；(4)自执行案件立案之日起已超过三个月；(5)被执行人下落不明的，已依法予以查找；被执行人或者其他人妨害执行的，已依法采取罚款、拘留等强制措施，构成犯罪的，已依法启动刑事责任追究程序。**

☞ 2024 考点8 仲裁的类型★★

1. 国内仲裁与涉外仲裁。国内仲裁，是指本国仲裁机构对不具有涉外因素的国内民商事纠纷的仲裁。**即基于一国自然人、法人或其他组织之间及其相互之间在本国内发生的纠纷，由该国仲裁机构进行的仲裁。**例如，北京仲裁委员会受理的当事人双方均为中国公民并发生在国内的合同纠纷仲裁，即为我国国内仲裁。根据我国法律的规定，依照我国法律成立的外资企业是中国法人或组织，因此，当属于外资企业性质的法人或组织与我国国内民商事主体在国内发生纠纷，所进行的仲裁为国内仲裁。

涉外仲裁，是指涉及外国或外法域的民商事纠纷仲裁，即基于自然人、法人或其他组织之间及其相互之间，在涉外经济贸易、运输和海事中发生的民商事纠纷的仲裁。**需要强调的是，涉及我国香港特别行政区、澳门特别行政区和台湾地区的仲裁案件，即一方当事人是我国香港特别行政区、澳门特别行政区或者台湾地区的自然人、法人或者其他组织时，该仲裁案件为涉外法域的仲裁案件，视为涉外仲裁。**

我国仲裁法颁布后，所有仲裁机构均可根据当事人的仲裁协议受理国内仲裁案件和涉外仲裁案件，改变了此前专设涉外仲裁机构的做法。

2. 机构仲裁和临时仲裁。机构仲裁，是指根据双方当事人达成的仲裁协议，将纠纷提交给约定的某一常设仲裁机构所进行的仲裁。临时仲裁，是指根据双方当事人达成的仲裁协议，将纠纷提交给由双方当事人选择的仲裁员临时组成的仲裁庭所进行的仲裁。我国仲裁法规定的仲裁为机构仲裁，在此基础上，最高人民法院《关于为自由贸易试验区建设提供司法保障的意见》第9条特别规定，“在自贸试验区内注册的企业相互之间约定在内地特定地点、按照特定仲裁规则、由特定人员对有关争议进行仲裁的，可以认定该仲裁协议有效”。该规定为我国在特定条件下的临时仲裁提供了依据。

3. 依法仲裁和友好仲裁。依法仲裁，是指严格依照法律的规定进行的仲裁。依法仲裁是世界各国普遍使用的仲裁方式，依这种方式进行仲裁，必须有明确的法律依据，必须严格遵守由法律认可的仲裁规则所确定的仲裁程序。

友好仲裁，是指依据双方当事人的授权，仲裁庭不以严格的法律规范为依据，而是以其所认为的公平的标准为依据作出对当事人具有约束力的裁决。这种公平的标准包括自然公正的原则、商业惯例、公平善良的精神等。尽管友好仲裁具有很大的灵活性，但友好仲裁必须以双方当事人的授权为前提，必须遵循仲裁地法的公共政策和强制性规定。

☞ 2024 考点 9　仲裁协会的设立★

仲裁协会是仲裁行业协会的简称，是以仲裁委员会为主要成员的自律性、管理性的行业组织。按照《仲裁法》第 15 条的规定，中国仲裁协会是社会团体法人，是仲裁委员会的自律性组织。中国仲裁协会经民政部登记后成立，并取得社会团体法人资格。根据《仲裁法》的规定，中国仲裁协会于 2022 年 10 月 14 日在民政部注册成立。

仲裁协会应有自己的章程。仲裁协会章程应载明下列事项：**(1) 名称，即中国仲裁协会；(2) 宗旨，即设立仲裁协会的目的；(3) 组织机构，即仲裁协会的内部机构；(4) 仲裁协会会长的产生程序和职权；(5) 职责；(6) 对仲裁委员会和仲裁员的监督；(7) 经费来源；(8) 章程的修改程序；(9) 其他必要事项。**

中国仲裁协会章程由全国会员大会制定。中国仲裁协会实行会员制，各仲裁委员会是中国仲裁协会的法定会员。中国仲裁协会以团体会员为主，也可以接纳个人会员。

附　录

最高人民法院、最高人民检察院
关于办理侵犯知识产权刑事案件适用法律若干问题的解释

（2025 年 4 月 7 日最高人民法院审判委员会第 1947 次会议、2025 年 4 月 11 日最高人民检察院第十四届检察委员会第 51 次会议通过　2025 年 4 月 23 日公布　自 2025 年 4 月 26 日起施行）　法释〔2025〕5 号

为依法惩治侵犯知识产权犯罪，维护社会主义市场经济秩序，根据《中华人民共和国刑法》《中华人民共和国刑事诉讼法》等法律的有关规定，结合司法实践，现就办理侵犯知识产权刑事案件适用法律的若干问题解释如下：

第一条　未经注册商标所有人许可，在同一种商品、服务上使用与其注册商标相同的商标，具有下列情形之一的，应当认定为刑法第二百一十三条规定的“同一种商品、服务”：

（一）行为人实际生产销售的商品名称、实际提供的服务名称与权利人注册商标核定使用的商品、服务名称相同的；

（二）商品名称不同，但在功能、用途、主要原料、消费对象、销售渠道等方面相同或者基本相同，相关公众一般认为是同种商品的；

（三）服务名称不同，但在服务的目的、内容、方式、对象、场所等方面相同或者基本相同，相关公众一般认为是同种服务的。

认定“同一种商品、服务”，应当在权利人注册商标核定使用的商品、服务和行为人实际生产销售的商品、实际提供的服务之间进行比较。

第二条　与被假冒的注册商标完全相同，或者

与被假冒的注册商标基本无差别、足以对相关公众产生误导的商标,应当认定为刑法第二百一十三条规定的“与其注册商标相同的商标”。具有下列情形之一的,应当认定为与被假冒的注册商标基本无差别、足以对相关公众产生误导的商标:

(一)改变注册商标的字体、字母大小写或者文字横竖排列,与注册商标基本无差别的;

(二)改变注册商标的文字、字母、数字等之间的间距,与注册商标基本无差别的;

(三)改变注册商标颜色,不影响体现注册商标显著特征的;

(四)在注册商标上仅增加商品通用名称、型号等缺乏显著特征要素,不影响体现注册商标显著特征的;

(五)与立体注册商标的三维标志及平面要素基本无差别的;

(六)其他与注册商标基本无差别、足以对相关公众产生误导的。

第三条 未经注册商标所有人许可,在同一种商品上使用与其注册商标相同的商标,具有下列情形之一的,应当认定为刑法第二百一十三条规定的“情节严重”:

(一)违法所得数额在三万元以上或者非法经营数额在五万元以上的;

(二)假冒两种以上注册商标,违法所得数额在二万元以上或者非法经营数额在三万元以上的;

(三)二年内因实施刑法第二百一十三条至第二百一十五条规定的行为受过刑事处罚或者行政处罚后再次实施,违法所得数额在二万元以上或者非法经营数额在三万元以上的;

(四)其他情节严重的情形。

未经注册商标所有人许可,在同一种服务上使用与其注册商标相同的商标,具有下列情形之一的,应当认定为刑法第二百一十三条规定的“情节严重”:

(一)违法所得数额在五万元以上的;

(二)假冒两种以上注册商标,违法所得数额在三万元以上的;

(三)二年内因实施刑法第二百一十三条至第二百一十五条规定的行为受过刑事处罚或者行政处罚后再次实施,违法所得数额在三万元以上的;

(四)其他情节严重的情形。

既假冒商品注册商标,又假冒服务注册商标,假冒商品注册商标的违法所得数额不足本条第一款规定标准,但与假冒服务注册商标的违法所得数额合计达到本条第二款规定标准的,应当认定为刑法第二百一十三条规定的“情节严重”。

违法所得数额、非法经营数额达到本条前三款相应规定标准十倍以上的,应当认定为刑法第二百一十三条规定的“情节特别严重”。

第四条 销售假冒注册商标的商品,具有下列情形之一的,可以认定为刑法第二百一十四条规定的“明知”,但有证据证明确实不知道的除外:

(一)知道自己销售的商品上的注册商标被涂改、调换或者覆盖的;

(二)伪造、涂改商标注册人授权文件或者知道该文件被伪造、涂改的;

(三)因销售假冒注册商标的商品受过刑事处罚或者行政处罚,又销售同一种假冒注册商标的商品的;

(四)无正当理由以明显低于市场价格进货或者销售的;

(五)被行政执法机关、司法机关发现销售假冒注册商标的商品后,转移、销毁侵权商品、会计凭证等证据或者提供虚假证明的;

(六)其他可以认定为明知是假冒注册商标的商品的情形。

第五条 销售明知是假冒注册商标的商品,违法所得数额在三万元以上的,应当认定为刑法第二百一十四条规定的“违法所得数额较大”;具有下列情形之一的,应当认定为刑法第二百一十四条规定的“其他严重情节”:

(一)销售金额在五万元以上的;

(二)二年内因实施刑法第二百一十三条至第二百一十五条规定的行为受过刑事处罚或者行政处罚后再次实施,违法所得数额在二万元以上或者销售金额在三万元以上的;

(三)假冒注册商标的商品尚未销售,货值金额达到本款前两项规定的销售金额标准三倍以上,或者已销售商品的销售金额不足本款前两项标准,但与尚未销售商品的货值金额合计达到本款前两项规定的销售金额标准三倍以上的。

违法所得数额、销售金额、货值金额或者销售金额与货值金额合计达到本条前款相应规定标准十倍以上的，应当认定为刑法第二百一十四条规定的“违法所得数额巨大或者有其他特别严重情节”。

第六条 伪造、擅自制造他人注册商标标识或者销售伪造、擅自制造的注册商标标识，具有下列情形之一的，应当认定为刑法第二百一十五条规定的“情节严重”：

（一）标识数量在一万件以上，或者违法所得数额在二万元以上，或者非法经营数额在三万元以上的；

（二）伪造、擅自制造或者销售伪造、擅自制造两种以上注册商标标识，标识数量在五千件以上，或者违法所得数额在一万元以上，或者非法经营数额在二万元以上的；

（三）二年内因实施刑法第二百一十三条至第二百一十五条规定的行为受过刑事处罚或者行政处罚后再次实施，标识数量在五千件以上，或者违法所得数额在一万元以上，或者非法经营数额在二万元以上的；

（四）销售他人非法制造的注册商标标识，尚未销售的标识数量达到本款前三项规定标准三倍以上，或者已销售的标识数量不足本款前三项标准，但与尚未销售的标识数量合计达到本款前三项规定标准三倍以上的；

（五）其他情节严重的情形。

标识数量、违法所得数额、非法经营数额达到本条前款相应规定标准五倍以上的，应当认定为刑法第二百一十五条规定的“情节特别严重”。

第七条 本解释所称“两种以上注册商标”，是指识别商品、服务不同来源的两种以上注册商标。虽然注册商标不同，但在同一种商品、服务上使用，均指向同一商品、服务来源的，不应当认定为“两种以上注册商标”。

本解释所称注册商标标识“件”，一般是指标有完整商标图样的一份标识。对于在一件有形载体上印制数个标识图样，该标识图样不能脱离有形载体单独使用的，应当认定为一件标识。

第八条 实施刑法第二百一十三条规定的假冒注册商标犯罪，又销售该假冒注册商标的商品，构成犯罪的，应当依照刑法第二百一十三条的规定，以假冒注册商标罪定罪处罚。

实施刑法第二百一十三条规定的假冒注册商标犯罪，又销售明知是他人的假冒注册商标的商品，构成犯罪的，应当实行数罪并罚。

第九条 具有下列情形之一的，应当认定为刑法第二百一十六条规定的“假冒他人专利”：

（一）伪造或者变造他人的专利证书、专利文件或者专利申请文件的；

（二）未经许可，在其制造或者销售的产品、产品包装上标注他人专利号的；

（三）未经许可，在合同、产品说明书或者广告等宣传材料中使用他人的专利号，使人误认为是他人发明、实用新型或者外观设计的。

第十条 假冒他人专利，具有下列情形之一的，应当认定为刑法第二百一十六条规定的“情节严重”：

（一）违法所得数额在十万元以上或者非法经营数额在二十万元以上的；

（二）给专利权人造成直接经济损失三十万元以上的；

（三）假冒两项以上他人专利，违法所得数额在五万元以上或者非法经营数额在十万元以上的；

（四）二年内因实施假冒他人专利的行为受过刑事处罚或者行政处罚后再次实施，违法所得数额在五万元以上或者非法经营数额在十万元以上的；

（五）其他情节严重的情形。

第十一条 实施侵犯著作权或者与著作权有关的权利的行为，没有取得著作权人、录音录像制作者、表演者授权，或者伪造、涂改授权许可文件，或者超出授权许可范围，应当认定为刑法第二百一十七条规定的“未经著作权人许可”、“未经录音录像制作者许可”、“未经表演者许可”。

在刑法第二百一十七条规定的作品、录音录像制品上以通常方式署名的自然人、法人或者非法人组织，应当推定为著作权人或者录音录像制作者，且该作品、录音录像制品上存在着相应权利，但有相反证据的除外。

在涉案作品、录音录像制品种类众多且权利人分散的案件中，有证据证明涉案作品、录音录像制品系非法出版、复制发行、通过信息网络向公众传播，且出版者、复制发行者、信息网络传播者不能提供获得著作权人、录音录像制作者、表演者许可的相关证据材料的，可以认定为刑法第二百一十七条规定的“未经著作权人许可”、“未经录音录像制作者许可”、“未经表演者许可”。但是，有证据证明权利人放弃权利、涉案作品的著作权或者录音录像制品、表演者的有关权利不受我国著作权法保护、权利保护期限已经届满等情形除外。

第十二条 未经著作权人或者与著作权有关的权利人许可，既复制又发行或者为发行而复制作品、录音录像制品的行为，应当认定为刑法第二百一十七条规定的“复制发行”。

未经著作权人或者与著作权有关的权利人许可，以有线或者无线的方式向公众提供，使公众可以在其选定的时间和地点获得作品、录音录像制品、表演的，应当认定为刑法第二百一十七条规定的“通过信息网络向公众传播”。

第十三条 实施刑法第二百一十七条规定的侵犯著作权或者与著作权有关的权利的行为，违法所得数额在三万元以上的，应当认定为刑法第二百一十七条规定的“违法所得数额较大”；具有下列情形之一的，应当认定为刑法第二百一十七条规定的“其他严重情节”：

(一)非法经营数额在五万元以上的；

(二)二年内因实施刑法第二百一十七条、第二百一十八条规定的行为受过刑事处罚或者行政处罚后再次实施，违法所得数额在二万元以上或者非法经营数额在三万元以上的；

(三)复制发行他人作品或者录音录像制品，复制件数量合计在五百份(张)以上的；

(四)通过信息网络向公众传播他人作品、录音录像制品或者表演，数量合计在五百件(部)以上的，或者下载数量达到一万次以上的，或者被点击数量达到十万次以上的，或者以会员制方式传播，注册会员数量达到一千人以上的；

(五)数额或者数量虽未达到本款第一项至第四项规定标准，但分别达到其中两项以上标准一半以上的。

明知他人实施侵犯著作权犯罪，而向他人提供主要用于避开、破坏技术措施的装置或者部件，或者为他人避开、破坏技术措施提供技术服务，违法所得数额、非法经营数额达到前款规定标准的，应当以侵犯著作权罪追究刑事责任。

数额、数量达到本条前两款相应规定标准十倍以上的，应当认定为刑法第二百一十七条规定的“违法所得数额巨大或者有其他特别严重情节”。

第十四条 销售明知是刑法第二百一十七条规定的侵权复制品，违法所得数额在五万元以上的，应当认定为刑法第二百一十八条规定的“违法所得数额巨大”；具有下列情形之一的，应当认定为刑法第二百一十八条规定的“其他严重情节”：

(一)销售金额在十万元以上的；

(二)二年内因实施刑法第二百一十七条、第二百一十八条规定的行为受过刑事处罚或者行政处罚后再次实施，违法所得数额在三万元以上或者销售金额在五万元以上的；

(三)销售他人作品或者录音录像制品，复制件数量合计在一千份(张)以上的；

(四)侵权复制品尚未销售，货值金额或者侵权复制品数量达到本款前三项规定标准三倍以上，或者已销售侵权复制品的销售金额、数量不足本款前三项标准，但与尚未销售的侵权复制品的货值金额、数量合计达到本款前三项规定标准三倍以上的。

第十五条 实施刑法第二百一十七条规定的侵犯著作权犯罪，又销售该侵权复制品，构成犯罪的，应当依照刑法第二百一十七条的规定，以侵犯著作权罪定罪处罚。

实施刑法第二百一十七条规定的侵犯著作权犯罪，又销售明知是他人的侵权复制品，构成犯罪的，应当实行数罪并罚。

第十六条 采取非法复制等方式获取商业秘密的，应当认定为刑法第二百一十九条第一款第一项规定的“盗窃”；未经授权或者超越授权使用计算机信息系统等方式获取商业秘密的，应当认定为刑法第二百一十九条第一款第一项规定的“电子侵入”。

第十七条 侵犯商业秘密,具有下列情形之一的,应当认定为刑法第二百一十九条规定的"情节严重":

(一)给商业秘密的权利人造成损失数额在三十万元以上的;

(二)因侵犯商业秘密违法所得数额在三十万元以上的;

(三)二年内因实施刑法第二百一十九条、第二百一十九条之一规定的行为受过刑事处罚或者行政处罚后再次实施,造成损失数额或者违法所得数额在十万元以上的;

(四)其他情节严重的情形。

侵犯商业秘密,直接导致商业秘密的权利人因重大经营困难而破产、倒闭的,或者数额达到本条前款相应规定标准十倍以上的,应当认定为刑法第二百一十九条规定的"情节特别严重"。

第十八条 本解释规定的侵犯商业秘密"损失数额",按照下列方式予以认定:

(一)以不正当手段获取权利人的商业秘密,尚未披露、使用或者允许他人使用的,损失数额可以根据该项商业秘密的合理许可使用费确定;

(二)以不正当手段获取权利人的商业秘密后,披露、使用或者允许他人使用的,损失数额可以根据权利人因被侵权造成利润的损失确定,但该损失数额低于商业秘密合理许可使用费的,根据合理许可使用费确定;

(三)违反保密义务或者权利人有关保守商业秘密的要求,披露、使用或者允许他人使用其所掌握的商业秘密的,损失数额可以根据权利人因被侵权造成利润的损失确定;

(四)明知商业秘密是不正当手段获取或者是违反保密义务、权利人有关保守商业秘密的要求披露、使用、允许使用,仍获取、披露、使用或者允许他人使用的,损失数额可以根据权利人因被侵权造成利润的损失确定;

(五)因侵犯商业秘密行为导致商业秘密已为公众所知悉或者灭失的,损失数额可以根据该项商业秘密的商业价值确定。商业秘密的商业价值,可以根据该项商业秘密的研究开发成本、实施该项商业秘密的收益等因素综合确定。

前款第二项至第四项规定的权利人因被侵权造成利润的损失,可以根据权利人因被侵权造成产品销售量减少的总数乘以权利人每件产品的合理利润确定;产品销售量减少的总数无法确定的,可以根据侵权产品销售量乘以权利人每件产品的合理利润确定。商业秘密系用于服务等其他经营活动的,损失数额可以根据权利人因被侵权而减少的合理利润确定。

商业秘密的权利人为减轻对商业运营、商业计划的损失或者重新恢复计算机信息系统安全、其他系统安全而支出的补救费用,应当计入给商业秘密的权利人造成的损失。

第十九条 本解释规定的侵犯商业秘密"违法所得数额",是指因披露、允许他人使用商业秘密而获得的财物或者其他财产性利益的价值,或者因使用商业秘密所获得的利润。该利润可以根据侵权产品销售量乘以每件侵权产品的合理利润确定。

第二十条 为境外机构、组织、人员窃取、刺探、收买、非法提供商业秘密,具有本解释第十七条规定情形的,应当认定为刑法第二百一十九条之一规定的"情节严重"。

第二十一条 在刑事诉讼程序中,当事人、辩护人、诉讼代理人或者案外人书面申请对有关商业秘密或者其他需要保密的商业信息的证据、材料采取保密措施的,应当根据案件情况采取组织诉讼参与人签署保密承诺书等必要的保密措施。

违反前款有关保密措施的要求或者法律法规规定的保密义务的,依法承担相应责任。擅自披露、使用或者允许他人使用在刑事诉讼程序中接触、获取的商业秘密,构成犯罪的,依法追究刑事责任。

第二十二条 明知他人实施侵犯知识产权犯罪,具有下列行为之一的,以共同犯罪论处,但法律和司法解释另有规定的除外:

(一)提供生产、制造侵权产品的主要原材料、辅助材料、半成品、包装材料、机械设备、标签标识、生产技术、配方等帮助的;

(二)提供贷款、资金、账号、许可证件、支付结算等服务的;

(三)提供生产、经营场所或者运输、仓储、保管、快递、邮寄等服务的；

（四）提供互联网接入、服务器托管、网络存储、通讯传输等技术支持的；

（五）其他帮助侵犯知识产权犯罪的情形。

第二十三条 实施侵犯知识产权犯罪，具有下列情形之一的，一般酌情从重处罚：

（一）主要以侵犯知识产权为业的；

（二）在重大自然灾害、事故灾难、公共卫生事件期间，假冒抢险救灾、防疫物资等商品或者服务注册商标的；

（三）拒不交出违法所得的。

第二十四条 实施侵犯知识产权犯罪，具有下列情形之一的，可以依法从轻处罚：

（一）认罪认罚的；

（二）取得权利人谅解的；

（三）以不正当手段获取权利人的商业秘密后尚未披露、使用或者允许他人使用的。

犯罪情节轻微的，可以依法不起诉或者免予刑事处罚。情节显著轻微危害不大的，不以犯罪论处。

第二十五条 实施侵犯知识产权犯罪的，应当综合考虑犯罪违法所得数额、非法经营数额、给权利人造成的损失数额、侵权假冒物品数量及社会危害性等情节，依法判处罚金。

罚金数额一般在违法所得数额的一倍以上十倍以下确定。违法所得数额无法查清的，罚金数额一般按照非法经营数额的百分之五十以上一倍以下确定。违法所得数额和非法经营数额均无法查清，判处三年以下有期徒刑、拘役或者单处罚金的，一般在三万元以上一百万元以下确定罚金数额；判处三年以上有期徒刑的，一般在十五万元以上五百万元以下确定罚金数额。

第二十六条 单位实施刑法第二百一十三条至第二百一十九条之一行为的，对单位判处罚金，并对其直接负责的主管人员和其他直接责任人员，依照本解释规定的定罪量刑标准处罚。

第二十七条 除特殊情况外，假冒注册商标的商品、非法制造的注册商标标识、侵犯著作权的复制品、主要用于制造假冒注册商标的商品、注册商标标识或者侵权复制品的材料和工具，应当依法予以没收和销毁。

上述物品需要作为民事、行政案件的证据使用的，经权利人申请，可以在民事、行政案件终结后或者采取取样、拍照等方式对证据固定后予以销毁。

第二十八条 本解释所称“非法经营数额”，是指行为人在实施侵犯知识产权行为过程中，制造、储存、运输、销售侵权产品的价值。已销售侵权产品的价值，按照实际销售的价格计算。尚未销售侵权产品的价值，按照已经查清的侵权产品实际销售平均价格计算。实际销售平均价格无法查清的，按照侵权产品的标价计算。无法查清实际销售价格或者侵权产品没有标价的，按照被侵权产品的市场中间价格计算。

本解释所称“货值金额”，依照前款规定的尚未销售的侵犯知识产权的产品价值认定。

本解释所称“销售金额”，是指行为人在实施侵犯知识产权行为过程中，出售侵权产品后所得和应得的全部违法收入。

本解释所称“违法所得数额”，是指行为人出售侵犯知识产权的产品后所得和应得的全部违法收入扣除原材料、所售产品的购进价款；提供服务的，扣除该项服务中所使用产品的购进价款。通过收取服务费、会员费或者广告费等方式营利的，收取的费用应当认定为“违法所得”。

第二十九条 多次实施侵犯知识产权行为，未经处理且依法应当追诉的，定罪量刑所涉数额、数量等分别累计计算。

对于已经制作完成但尚未附着或者尚未全部附着假冒注册商标标识的产品，有证据证明该产品将假冒他人注册商标的，其价值计入非法经营数额。

第三十条 人民法院依法受理侵犯知识产权刑事自诉案件，对于当事人因客观原因不能取得的证据，在提起自诉时能够提供有关线索，申请人民法院调取的，人民法院应当依法调取。

第三十一条 本解释自 2025 年 4 月 26 日起施行。

本解释施行后，《最高人民法院、最高人民检察院关于办理侵犯知识产权刑事案件具体应用法律若干问题的解释》（法释〔2004〕19 号）、《最高人民法院、最高人民检察院关于办理侵犯知识产权刑事案件具体应用法律若干问题的解释(二)》(法释〔2007〕6号)、《最高人民法院、最高人民检察院关于办理侵犯知识产权刑事案件具体应用法律若干问题的解释(三)》(法释〔2020〕10号)及《最高人民法院、最高人民检察院关于办理侵犯著作权刑事案件中涉及录音录像制品有关问题的批复》(法释〔2005〕12号)同时废止。

本解释施行后,之前发布的司法解释和规范性文件与本解释不一致的,以本解释为准。

中华人民共和国民营经济促进法

(2025年4月30日第十四届全国人民代表大会常务委员会第十五次会议通过　2025年4月30日中华人民共和国主席令第46号公布　自2025年5月20日起施行)

目　录

第一章　总　　则

第一条　为优化民营经济发展环境,保证各类经济组织公平参与市场竞争,促进民营经济健康发展和民营经济人士健康成长,构建高水平社会主义市场经济体制,发挥民营经济在国民经济和社会发展中的重要作用,根据宪法,制定本法。

第二条　促进民营经济发展工作坚持中国共产党的领导,坚持以人民为中心,坚持中国特色社会主义制度,确保民营经济发展的正确政治方向。

国家坚持和完善公有制为主体、多种所有制经济共同发展,按劳分配为主体、多种分配方式并存,社会主义市场经济体制等社会主义基本经济制度;毫不动摇巩固和发展公有制经济,毫不动摇鼓励、支持、引导非公有制经济发展;充分发挥市场在资源配置中的决定性作用,更好发挥政府作用。

第三条　民营经济是社会主义市场经济的重要组成部分,是推进中国式现代化的生力军,是高质量发展的重要基础,是推动我国全面建成社会主义现代化强国、实现中华民族伟大复兴的重要力量。促进民营经济持续、健康、高质量发展,是国家长期坚持的重大方针政策。

国家坚持依法鼓励、支持、引导民营经济发展,更好发挥法治固根本、稳预期、利长远的保障作用。

国家坚持平等对待、公平竞争、同等保护、共同发展的原则,促进民营经济发展壮大。民营经济组织与其他各类经济组织享有平等的法律地位、市场机会和发展权利。

第四条　国务院和县级以上地方人民政府将促进民营经济发展工作纳入国民经济和社会发展规划,建立促进民营经济发展工作协调机制,制定完善政策措施,协调解决民营经济发展中的重大问题。

国务院发展改革部门负责统筹协调促进民营经济发展工作。国务院其他有关部门在各自职责范围内,负责促进民营经济发展相关工作。

县级以上地方人民政府有关部门依照法律法规和本级人民政府确定的职责分工,开展促进民营经济发展工作。

第五条　民营经济组织及其经营者应当拥护中国共产党的领导,坚持中国特色社会主义制度,积极投身社会主义现代化强国建设。

国家加强民营经济组织经营者队伍建设，加强思想政治引领，发挥其在经济社会发展中的重要作用；培育和弘扬企业家精神，引导民营经济组织经营者践行社会主义核心价值观，爱国敬业、守法经营、创业创新、回报社会，坚定做中国特色社会主义的建设者、中国式现代化的促进者。

第六条 民营经济组织及其经营者从事生产经营活动，应当遵守法律法规，遵守社会公德、商业道德，诚实守信、公平竞争，履行社会责任，保障劳动者合法权益，维护国家利益和社会公共利益，接受政府和社会监督。

第七条 工商业联合会发挥在促进民营经济健康发展和民营经济人士健康成长中的重要作用，加强民营经济组织经营者思想政治建设，引导民营经济组织依法经营，提高服务民营经济水平。

第八条 加强对民营经济组织及其经营者创新创造等先进事迹的宣传报道，支持民营经济组织及其经营者参与评选表彰，引导形成尊重劳动、尊重创造、尊重企业家的社会环境，营造全社会关心、支持、促进民营经济发展的氛围。

第九条 国家建立健全民营经济统计制度，对民营经济发展情况进行统计分析，定期发布有关信息。

第二章 公平竞争

第十条 国家实行全国统一的市场准入负面清单制度。市场准入负面清单以外的领域，包括民营经济组织在内的各类经济组织可以依法平等进入。

第十一条 各级人民政府及其有关部门落实公平竞争审查制度，制定涉及经营主体生产经营活动的政策措施应当经过公平竞争审查，并定期评估，及时清理、废除含有妨碍全国统一市场和公平竞争内容的政策措施，保障民营经济组织公平参与市场竞争。

市场监督管理部门负责受理对违反公平竞争审查制度政策措施的举报，并依法处理。

第十二条 国家保障民营经济组织依法平等使用资金、技术、人力资源、数据、土地及其他自然资源等各类生产要素和公共服务资源，依法平等适用国家支持发展的政策。

第十三条 各级人民政府及其有关部门依照法定权限，在制定、实施政府资金安排、土地供应、排污指标、公共数据开放、资质许可、标准制定、项目申报、职称评定、评优评先、人力资源等方面的政策措施时，平等对待民营经济组织。

第十四条 公共资源交易活动应当公开透明、公平公正，依法平等对待包括民营经济组织在内的各类经济组织。

除法律另有规定外，招标投标、政府采购等公共资源交易不得有限制或者排斥民营经济组织的行为。

第十五条 反垄断和反不正当竞争执法机构按照职责权限，预防和制止市场经济活动中的垄断、不正当竞争行为，对滥用行政权力排除、限制竞争的行为依法处理，为民营经济组织提供良好的市场环境。

第三章 投资融资促进

第十六条 支持民营经济组织参与国家重大战略和重大工程。支持民营经济组织在战略性新兴产业、未来产业等领域投资和创业，鼓励开展传统产业技术改造和转型升级，参与现代化基础设施投资建设。

第十七条 国务院有关部门根据国家重大发展战略、发展规划、产业政策等，统筹研究制定促进民营经济投资政策措施，发布鼓励民营经济投资重大项目信息，引导民营经济投资重点领域。

民营经济组织投资建设符合国家战略方向的固定资产投资项目，依法享受国家支持政策。

第十八条 支持民营经济组织通过多种方式盘活存量资产，提高再投资能力，提升资产质量和效益。

各级人民政府及其有关部门支持民营经济组织参与政府和社会资本合作项目。政府和社会资本合作项目应当合理设置双方权利义务，明确投资收益获得方式、风险分担机制、纠纷解决方式等事项。

第十九条 各级人民政府及其有关部门在项目推介对接、前期工作和报建审批事项办理、要素获取和政府投资支持等方面，为民营经济组织投资提供规范高效便利的服务。

第二十条 国务院有关部门依据职责发挥货币政策工具和宏观信贷政策的激励约束作用，按照市场化、法治化原则，对金融机构向小型微型民营经济组织提供金融服务实施差异化政策，督促引导金融机构合理设置不良贷款容忍度、建立健全尽职免责机制、提升专业服务能力，提高为民营经济组织提供金融服务的水平。

第二十一条 银行业金融机构等依据法律法规，接受符合贷款业务需要的担保方式，并为民营经济组织提供应收账款、仓单、股权、知识产权等权利质押贷款。

各级人民政府及其有关部门应当为动产和权利质押登记、估值、交易流通、信息共享等提供支持和便利。

第二十二条 国家推动构建完善民营经济组织融资风险的市场化分担机制，支持银行业金融机构与融资担保机构有序扩大业务合作，共同服务民营经济组织。

第二十三条 金融机构在依法合规前提下，按照市场化、可持续发展原则开发和提供适合民营经济特点的金融产品和服务，为资信良好的民营经济组织融资提供便利条件，增强信贷供给、贷款周期与民营经济组织融资需求、资金使用周期的适配性，提升金融服务可获得性和便利度。

第二十四条 金融机构在授信、信贷管理、风控管理、服务收费等方面应当平等对待民营经济组织。

金融机构违反与民营经济组织借款人的约定，单方面增加发放贷款条件、中止发放贷款或者提前收回贷款的，依法承担违约责任。

第二十五条 健全多层次资本市场体系，支持符合条件的民营经济组织通过发行股票、债券等方式平等获得直接融资。

第二十六条 建立健全信用信息归集共享机制，支持征信机构为民营经济组织融资提供征信服务，支持信用评级机构优化民营经济组织的评级方法，增加信用评级有效供给，为民营经济组织获得融资提供便利。

第四章 科技创新

第二十七条 国家鼓励、支持民营经济组织在推动科技创新、培育新质生产力、建设现代化产业体系中积极发挥作用。引导民营经济组织根据国家战略需要、行业发展趋势和世界科技前沿，加强基础性、前沿性研究，开发关键核心技术、共性基础技术和前沿交叉技术，推动科技创新和产业创新融合发展，催生新产业、新模式、新动能。

引导非营利性基金依法资助民营经济组织开展基础研究、前沿技术研究和社会公益性技术研究。

第二十八条 支持民营经济组织参与国家科技攻关项目，支持有能力的民营经济组织牵头承担国家重大技术攻关任务，向民营经济组织开放国家重大科研基础设施，支持公共研究开发平台、共性技术平台开放共享，为民营经济组织技术创新平等提供服务，鼓励各类企业和高等学校、科研院所、职业学校与民营经济组织创新合作机制，开展技术交流和成果转移转化，推动产学研深度融合。

第二十九条 支持民营经济组织依法参与数字化、智能化共性技术研发和数据要素市场建设，依法合理使用数据，对开放的公共数据资源依法进行开发利用，增强数据要素共享性、普惠性、安全性，充分发挥数据赋能作用。

第三十条 国家保障民营经济组织依法参与标准制定工作，强化标准制定的信息公开和社会监督。

国家为民营经济组织提供科研基础设施、技术验证、标准规范、质量认证、检验检测、知识产权、示范应用等方面的服务和便利。

第三十一条 支持民营经济组织加强新技术应用，开展新技术、新产品、新服务、新模式应用试验，发挥技术市场、中介服务机构作用，通过多种方式推动科技成果应用推广。

鼓励民营经济组织在投资过程中基于商业规则自愿开展技术合作。技术合作的条件由投资各方遵循公平原则协商确定。

第三十二条 鼓励民营经济组织积极培养使用知识型、技能型、创新型人才，在关键岗位、关键工序培养使用高技能人才，推动产业工人队伍建设。

第三十三条 国家加强对民营经济组织及其经营者原始创新的保护。加大创新成果知识产权保护力度，实施知识产权侵权惩罚性赔偿制度，依法查处侵犯商标专用权、专利权、著作权和侵犯商业秘密、仿冒混淆等违法行为。

加强知识产权保护的区域、部门协作，为民营经济组织提供知识产权快速协同保护、多元纠纷解决、维权援助以及海外知识产权纠纷应对指导和风险预警等服务。

第五章　规范经营

第三十四条　民营经济组织中的中国共产党的组织和党员，按照中国共产党章程和有关党内法规开展党的活动，在促进民营经济组织健康发展中发挥党组织的政治引领作用和党员先锋模范作用。

第三十五条　民营经济组织应当围绕国家工作大局，在发展经济、扩大就业、改善民生、科技创新等方面积极发挥作用，为满足人民日益增长的美好生活需要贡献力量。

第三十六条　民营经济组织从事生产经营活动应当遵守劳动用工、安全生产、职业卫生、社会保障、生态环境、质量标准、知识产权、网络和数据安全、财政税收、金融等方面的法律法规；不得通过贿赂和欺诈等手段牟取不正当利益，不得妨害市场和金融秩序、破坏生态环境、损害劳动者合法权益和社会公共利益。

国家机关依法对民营经济组织生产经营活动实施监督管理。

第三十七条　支持民营资本服务经济社会发展，完善资本行为制度规则，依法规范和引导民营资本健康发展，维护社会主义市场经济秩序和社会公共利益。支持民营经济组织加强风险防范管理，鼓励民营经济组织做优主业、做强实业，提升核心竞争力。

第三十八条　民营经济组织应当完善治理结构和管理制度、规范经营者行为、强化内部监督，实现规范治理；依法建立健全以职工代表大会为基本形式的民主管理制度。鼓励有条件的民营经济组织建立完善中国特色现代企业制度。

民营经济组织中的工会等群团组织依照法律和章程开展活动，加强职工思想政治引领，维护职工合法权益，发挥在企业民主管理中的作用，推动完善企业工资集体协商制度，促进构建和谐劳动关系。

民营经济组织的组织形式、组织机构及其活动准则，适用《中华人民共和国公司法》、《中华人民共和国合伙企业法》、《中华人民共和国个人独资企业法》等法律的规定。

第三十九条　国家推动构建民营经济组织源头防范和治理腐败的体制机制，支持引导民营经济组织建立健全内部审计制度，加强廉洁风险防控，推动民营经济组织提升依法合规经营管理水平，及时预防、发现、治理经营中违法违规等问题。

民营经济组织应当加强对工作人员的法治教育，营造诚信廉洁、守法合规的文化氛围。

第四十条　民营经济组织应当依照法律、行政法规和国家统一的会计制度，加强财务管理，规范会计核算，防止财务造假，并区分民营经济组织生产经营收支与民营经济组织经营者个人收支，实现民营经济组织财产与民营经济组织经营者个人财产分离。

第四十一条　支持民营经济组织通过加强技能培训、扩大吸纳就业、完善工资分配制度等，促进员工共享发展成果。

第四十二条　探索建立民营经济组织的社会责任评价体系和激励机制，鼓励、引导民营经济组织积极履行社会责任，自愿参与公益慈善事业、应急救灾等活动。

第四十三条　民营经济组织及其经营者在海外投资经营应当遵守所在国家或者地区的法律，尊重当地习俗和文化传统，维护国家形象，不得从事损害国家安全和国家利益的活动。

第六章　服务保障

第四十四条　国家机关及其工作人员在促进民营经济发展工作中，应当依法履职尽责。国家机关工作人员与民营经济组织经营者在工作交往中，应当遵纪守法，保持清正廉洁。

各级人民政府及其有关部门建立畅通有效的政企沟通机制，及时听取包括民营经济组织在内各类经济组织的意见建议，解决其反映的合理问题。

第四十五条　国家机关制定与经营主体生产经营活动密切相关的法律、法规、规章和其他规范性文件，最高人民法院、最高人民检察院作出属于审判、检察工作中具体应用法律的相关解释，或者作出有关重大决策，应当注重听取包括民营经济组织在内各类经济组织、行业协会商会的意见建议；在实施前应当根据实际情况留出必要的适应调整期。

根据《中华人民共和国立法法》的规定，与经营主体生产经营活动密切相关的法律、法规、规章和其他规范性文件，属于审判、检察工作中具体应用法律的解释，不溯及既往，但为了更好地保护公民、法人和其他组织的权利和利益而作的特别规定除外。

第四十六条　各级人民政府及其有关部门应当及时向社会公开涉及经营主体的优惠政策适用范围、标准、条件和申请程序等，为民营经济组织申请享受有关优惠政策提供便利。

第四十七条　各级人民政府及其有关部门制定鼓励民营经济组织创业的政策，提供公共服务，鼓励创业带动就业。

第四十八条　登记机关应当为包括民营经济组织在内的各类经济组织提供依法合规、规范统一、公开透明、便捷高效的设立、变更、注销等登记服务，降低市场进入和退出成本。

个体工商户可以自愿依法转型为企业。登记机关、税务机关和有关部门为个体工商户转型为企业提供指引和便利。

第四十九条　鼓励、支持高等学校、科研院所、职业学校、公共实训基地和各类职业技能培训机构创新人才培养模式，加强职业教育和培训，培养符合民营经济高质量发展需求的专业人才和产业工人。

人力资源和社会保障部门建立健全人力资源服务机制，搭建用工和求职信息对接平台，为民营经济组织招工用工提供便利。

各级人民政府及其有关部门完善人才激励和服务保障政策措施，畅通民营经济组织职称评审渠道，为民营经济组织引进、培养高层次及紧缺人才提供支持。

第五十条　行政机关坚持依法行政。行政机关开展执法活动应当避免或者尽量减少对民营经济组织正常生产经营活动的影响，并对其合理、合法诉求及时响应、处置。

第五十一条　对民营经济组织及其经营者违法行为的行政处罚应当按照与其他经济组织及其经营者同等原则实施。对违法行为依法需要实施行政处罚或者采取其他措施的，应当与违法行为的事实、性质、情节以及社会危害程度相当。违法行为具有《中华人民共和国行政处罚法》规定的从轻、减轻或者不予处罚情形的，依照其规定从轻、减轻或者不予处罚。

第五十二条　各级人民政府及其有关部门推动监管信息共享互认，根据民营经济组织的信用状况实施分级分类监管，提升监管效能。

除直接涉及公共安全和人民群众生命健康等特殊行业、重点领域依法依规实行全覆盖的重点监管外，市场监管领域相关部门的行政检查应当通过随机抽取检查对象、随机选派执法检查人员的方式进行，抽查事项及查处结果及时向社会公开。针对同一检查对象的多个检查事项，应当尽可能合并或者纳入跨部门联合检查范围。

第五十三条　各级人民政府及其有关部门建立健全行政执法违法行为投诉举报处理机制，及时受理并依法处理投诉举报，保护民营经济组织及其经营者合法权益。

司法行政部门建立涉企行政执法诉求沟通机制，组织开展行政执法检查，加强对行政执法活动的监督，及时纠正不当行政执法行为。

第五十四条　健全失信惩戒和信用修复制度。实施失信惩戒，应当依照法律、法规和有关规定，并根据失信行为的事实、性质、轻重程度等采取适度的惩戒措施。

民营经济组织及其经营者纠正失信行为、消除不良影响、符合信用修复条件的，可以提出信用修复申请。有关国家机关应当依法及时解除惩戒措施，移除或者终止失信信息公示，并在相关公共信用信息平台实现协同修复。

第五十五条　建立健全矛盾纠纷多元化解机制，为民营经济组织维护合法权益提供便利。

司法行政部门组织协调律师、公证、司法鉴定、基层法律服务、人民调解、商事调解、仲裁等相关机构和法律咨询专家，参与涉及民营经济组织纠纷的化解，为民营经济组织提供有针对性的法律服务。

第五十六条　有关行业协会商会依照法律、法规和章程,发挥协调和自律作用,及时反映行业诉求,为民营经济组织及其经营者提供信息咨询、宣传培训、市场拓展、权益保护、纠纷处理等方面的服务。

第五十七条 国家坚持高水平对外开放,加快构建以国内大循环为主体、国内国际双循环相互促进的新发展格局;支持、引导民营经济组织拓展国际交流合作,在海外依法合规开展投资经营等活动;加强法律、金融、物流等海外综合服务,完善海外利益保障机制,维护民营经济组织及其经营者海外合法权益。

第七章 权益保护

第五十八条 民营经济组织及其经营者的人身权利、财产权利以及经营自主权等合法权益受法律保护,任何单位和个人不得侵犯。

第五十九条 民营经济组织的名称权、名誉权、荣誉权和民营经济组织经营者的名誉权、荣誉权、隐私权、个人信息等人格权益受法律保护。

任何单位和个人不得利用互联网等传播渠道,以侮辱、诽谤等方式恶意侵害民营经济组织及其经营者的人格权益。网络服务提供者应当依照有关法律法规规定,加强网络信息内容管理,建立健全投诉、举报机制,及时处置恶意侵害当事人合法权益的违法信息,并向有关主管部门报告。

人格权益受到恶意侵害的民营经济组织及其经营者有权依法向人民法院申请采取责令行为人停止有关行为的措施。民营经济组织及其经营者的人格权益受到恶意侵害致使民营经济组织生产经营、投资融资等活动遭受实际损失的,侵权人依法承担赔偿责任。

第六十条 国家机关及其工作人员依法开展调查或者要求协助调查,应当避免或者尽量减少对正常生产经营活动产生影响。实施限制人身自由的强制措施,应当严格依照法定权限、条件和程序进行。

第六十一条 征收、征用财产,应当严格依照法定权限、条件和程序进行。

为了公共利益的需要,依照法律规定征收、征用财产的,应当给予公平、合理的补偿。

任何单位不得违反法律、法规向民营经济组织收取费用,不得实施没有法律、法规依据的罚款,不得向民营经济组织摊派财物。

第六十二条 查封、扣押、冻结涉案财物,应当遵守法定权限、条件和程序,严格区分违法所得、其他涉案财物与合法财产,民营经济组织财产与民营经济组织经营者个人财产,涉案人财产与案外人财产,不得超权限、超范围、超数额、超时限查封、扣押、冻结财物。对查封、扣押的涉案财物,应当妥善保管。

第六十三条 办理案件应当严格区分经济纠纷与经济犯罪,遵守法律关于追诉期限的规定;生产经营活动未违反刑法规定的,不以犯罪论处;事实不清、证据不足或者依法不追究刑事责任的,应当依法撤销案件、不起诉、终止审理或者宣告无罪。

禁止利用行政或者刑事手段违法干预经济纠纷。

第六十四条 规范异地执法行为,建立健全异地执法协助制度。办理案件需要异地执法的,应当遵守法定权限、条件和程序。国家机关之间对案件管辖有争议的,可以进行协商,协商不成的,提请共同的上级机关决定,法律另有规定的从其规定。

禁止为经济利益等目的滥用职权实施异地执法。

第六十五条 民营经济组织及其经营者对生产经营活动是否违法,以及国家机关实施的强制措施存在异议的,可以依法向有关机关反映情况、申诉,依法申请行政复议、提起诉讼。

第六十六条 检察机关依法对涉及民营经济组织及其经营者的诉讼活动实施法律监督,及时受理并审查有关申诉、控告。发现存在违法情形的,应当依法提出抗诉、纠正意见、检察建议。

第六十七条 国家机关、事业单位、国有企业应当依法或者依合同约定及时向民营经济组织支付账款,不得以人员变更、履行内部付款流程或者在合同未作约定情况下以等待竣工验收批复、决算审计等为由,拒绝或者拖延支付民营经济组织账款;除法律、行政法规另有规定外,不得强制要求以审计结果作为结算依据。

审计机关依法对国家机关、事业单位和国有企业支付民营经济组织账款情况进行审计监督。

第六十八条 大型企业向中小民营经济组织

采购货物、工程、服务等，应当合理约定付款期限并及时支付账款，不得以收到第三方付款作为向中小民营经济组织支付账款的条件。

人民法院对拖欠中小民营经济组织账款案件依法及时立案、审理、执行，可以根据自愿和合法的原则进行调解，保障中小民营经济组织合法权益。

第六十九条 县级以上地方人民政府应当加强账款支付保障工作，预防和清理拖欠民营经济组织账款；强化预算管理，政府采购项目应当严格按照批准的预算执行；加强对拖欠账款处置工作的统筹指导，对有争议的鼓励各方协商解决，对存在重大分歧的组织协商、调解。协商、调解应当发挥工商业联合会、律师协会等组织的作用。

第七十条 地方各级人民政府及其有关部门应当履行依法向民营经济组织作出的政策承诺和与民营经济组织订立的合同，不得以行政区划调整、政府换届、机构或者职能调整以及相关人员更替等为由违约、毁约。

因国家利益、社会公共利益需要改变政策承诺、合同约定的，应当依照法定权限和程序进行，并对民营经济组织因此受到的损失予以补偿。

第八章 法律责任

第七十一条 违反本法规定，有下列情形之一的，由有权机关责令改正，造成不良后果或者影响的，对负有责任的领导人员和直接责任人员依法给予处分：

（一）未经公平竞争审查或者未通过公平竞争审查出台政策措施；

（二）在招标投标、政府采购等公共资源交易中限制或者排斥民营经济组织。

第七十二条 违反法律规定实施征收、征用或者查封、扣押、冻结等措施的，由有权机关责令改正，造成损失的，依法予以赔偿；造成不良后果或者影响的，对负有责任的领导人员和直接责任人员依法给予处分。

违反法律规定实施异地执法的，由有权机关责令改正，造成不良后果或者影响的，对负有责任的领导人员和直接责任人员依法给予处分。

第七十三条 国家机关、事业单位、国有企业违反法律、行政法规规定或者合同约定，拒绝或者拖延支付民营经济组织账款，地方各级人民政府及其有关部门不履行向民营经济组织依法作出的政策承诺、依法订立的合同的，由有权机关予以纠正，造成损失的，依法予以赔偿；造成不良后果或者影响的，对负有责任的领导人员和直接责任人员依法给予处分。

大型企业违反法律、行政法规规定或者合同约定，拒绝或者拖延支付中小民营经济组织账款的，依法承担法律责任。

第七十四条 违反本法规定，侵害民营经济组织及其经营者合法权益，其他法律、法规规定行政处罚的，从其规定；造成人身损害或者财产损失的，依法承担民事责任；构成犯罪的，依法追究刑事责任。

第七十五条 民营经济组织及其经营者生产经营活动违反法律、法规规定，由有权机关责令改正，依法予以行政处罚；造成人身损害或者财产损失的，依法承担民事责任；构成犯罪的，依法追究刑事责任。

第七十六条 民营经济组织及其经营者采取欺诈等不正当手段骗取表彰荣誉、优惠政策等的，应当撤销已获表彰荣誉、取消享受的政策待遇，依法予以处罚；构成犯罪的，依法追究刑事责任。

第九章 附 则

第七十七条 本法所称民营经济组织，是指在中华人民共和国境内依法设立的由中国公民控股或者实际控制的营利法人、非法人组织和个体工商户，以及前述组织控股或者实际控制的营利法人、非法人组织。

民营经济组织涉及外商投资的，同时适用外商投资法律法规的相关规定。

第七十八条 本法自 2025 年 5 月 20 日起施行。